A cristandade insular

Jesuítas e Inquisidores em Goa (1540-1682)

Célia Cristina da Silva Tavares

A cristandade insular

Jesuítas e Inquisidores em Goa (1540-1682)

COMPANHIA DAS ÍNDIAS
UNIVERSIDADE FEDERAL FLUMINENSE
CAPES
alameda
CNPq
Conselho Nacional de Desenvolvimento Científico e Tecnológico
FAPERJ

Grafia atualizada segundo o Acordo Ortográfico da Língua Portuguesa de 1990, que entrou em vigor no Brasil em 2009.

Edição: Haroldo Ceravolo Sereza
Assistente acadêmica: Tamara Santos
Projeto gráfico, diagramação e capa: Ana Júlia Ribeiro e Emanuela Godoy
Revisão: Alexandra Colontini
Imagens da capa: Acervo da autora.

Esta obra foi publicada com apoio da Fapesp, nº do processo 2015/22120-3.

CIP-BRASIL. CATALOGAÇÃO NA PUBLICAÇÃO
SINDICATO NACIONAL DOS EDITORES DE LIVROS, RJ

T229c

Tavares, Célia Cristina da Silva
A cristandade insular : jesuítas e inquisidores em Goa (1540-1682) / Célia Cristina da Silva Tavares. - 1. ed. - São Paulo : Alameda, 2024.
384 p. ; 21 cm.

ISBN 9786559662531

1. Jesuítas - Índia - Goa - História. 2. Inquisição - Índia - Goa - História. 3. Inquisição - Portugal - Colônias - História. I. Título.

CDD: 272.7095478
24-93450 CDU: 27-9(540.55)

Meri Gleice Rodrigues de Souza - Bibliotecária - CRB-7/6439

21/08/2024 26/08/2024

ALAMEDA CASA EDITORIAL
Rua 13 de Maio, 353 – Bela Vista
CEP 01327-000 – São Paulo, SP
Tel. (11) 3012-2403
www.alamedaeditorial.com.br

SUMÁRIO

Esclarecimentos da autora para a edição brasileira

O texto deste livro reproduz a tese de doutorado intitulada *A Cristandade insular: jesuítas e inquisidores (1540-1682)*, defendida em 2002, na Pós-graduação em História Social da Universidade Federal Fluminense (UFF), que foi integralmente publicada em 2004 pela Roma Editora de Lisboa com o título encurtado, como aqui também se encontra. Esta edição esgotou-se rapidamente. Por esta razão decidiu-se fazer nova edição, agora no Brasil, pela prestigiosa editora Alameda, com sede em São Paulo.

Esta primeira edição brasileira justifica-se, além disso, pelo fato da tese e da publicação do livro estarem completando por volta de 20 anos do seu surgimento e por marcarem o início da tendência de estudos acadêmicos de historiadores brasileiros que se debruçam sobre temas que envolvem os ambientes asiáticos e suas ligações com o ocidente. Muitos desses pesquisadores integram a rede denominada *Visões da Ásia*, tais como Patrícia Faria, Margareth Gonçalves, André Bueno, Eduardo Borges Nogueira, Rozely Menezes Vigas Oliveira, Rômulo Ehalt, Kamila Czepula, entre outros. É preciso mencionar ainda os nomes de Andréa Doré, Adma Fadul Muhana, Ana Paula Gomide e Jorge Leão que com seus estudos enriqueceram a produção acadêmica nacional sobre temas relacionados com culturas asiáticas na época moderna. Trata-se de um campo ainda em formação e que tem atraído jovens pesquisadores em busca de uma perspectiva que investigue as complexas tramas de ligações entre o continente asiático, o Brasil, a África e a Europa, identificando os processos de mundialização entre os séculos XVI a XVIII.

A presente publicação reproduz integralmente os textos originais da tese e da edição portuguesa com o objetivo de preservar suas características da época em que foi escrita, apenas tendo sido retirado o conjunto de mapas e gravuras que foram colocados em anexo, tanto na tese quanto na primeira edição, por limitações editoriais, além de terem sido feitas atualizações ortográficas e outras alterações de revisão de texto.

Por último, é necessário agradecer o apoio incondicional do Grupo de Pesquisa do CNPq – Companhia das Índias, na figura de seu coordenador Ronaldo Vainfas e dos coordenadores executivos Rodrigo Bentes Monteiro e Daniela Calainho que financiaram com recursos do Pronex – CNPq/FAPERJ a presente edição. A Capes também colaborou para o mesmo fim, através dos recursos disponibilizados pelo Programa de Pós-Graduação em História Social – PPGHS da Faculdade de Formação de Professores (UERJ), com autorização de sua coordenadora Maria Aparecida Cabral. Cabe ainda um agradecimento especial à editora Alameda, na figura de Joana Monteleone que não hesitou um segundo em abraçar o projeto de publicação da edição brasileira.

Rio de Janeiro, dezembro de 2023

Agradecimentos

O trabalho de pesquisa é por natureza uma atividade solitária. Horas incontáveis são dedicadas à leitura silenciosa em arquivos e bibliotecas ou até mesmo em casa, mas tendo de se manter distante da convivência por conta da concentração exigida. Escrever uma tese, complemento de todo o esforço de estudo de fontes e livros, também é um exercício onde a solidão e o silêncio são quebrados apenas por apelos sociais da vida cotidiana e por ricas conversas de orientação e de discussão de idéias. Para uma pessoa gregária como eu, silêncio e solidão beiram a sensação de tormento e, com certeza, sem ajuda de muitas pessoas não teria conseguido realizar essa tarefa. Para alguns, agradecer é uma obrigação; para mim, trata-se de um prazer privilegiado. Portanto, é com extrema felicidade que inicio uma longa lista de agradecimentos àqueles que povoaram meu caminho e que tornaram mais fácil percorrê-lo. São muitos. Alguns velhos conhecidos de toda a vida ou de mais de vinte anos de convivência. Outros são amigos recentes, mas nem por isso conquistas menos importantes ou queridas. Há também a multidão de alunos que não posso nomear um a um, ou escolher alguns exemplos que acabem redundando em injustiça. Portanto, refiro-me a todos quando declaro a importância que a sala de aula ocupa na minha vida.

O apoio das instituições de pesquisa é de grande importância, merecendo o destaque por serem iniciativas raras no Brasil. Contei tanto com a bolsa de doutorado do Conselho Nacional de Desenvolvimento

Científico e Tecnológico - CNPq, quanto com a bolsa sanduíche da Fundação Coordenação de Aperfeiçoamento de Pessoal de Nível Superior - CAPES, que possibilitou meus estudos em Lisboa por quatro meses e meio. Esse período foi fundamental para o amadurecimento do trabalho, pois descortinou uma significativa quantidade de fontes e de bibliografia cuja qualidade trouxe densidade às análises desenvolvidas na redação.

Agradeço toda e qualquer colaboração que tenha recebido dos funcionários de bibliotecas e arquivos nos quais pesquisei: a Biblioteca Nacional do Rio de Janeiro, o Instituto Histórico e Geográfico Brasileiro, o Real Gabinete Português de Leitura, as bibliotecas da Universidade de São Paulo, a Biblioteca da Ajuda, o Arquivo Nacional da Torre do Tombo e a Biblioteca Nacional de Lisboa. Destaco a excelência profissional do atendimento das duas últimas instituições, que possibilitam uma otimização do trabalho de pesquisa e que por isso merecem os maiores elogios.

Importante contribuição partiu da Universidade do Estado do Rio de Janeiro - UERJ que, em função da licença por um ano de minhas atividades docentes, permitiu a possibilidade de aumentar a solidão, quero dizer, a tranquilidade para desenvolver leituras e pesquisas, e elaborar o texto final do trabalho. Um agradecimento especial quero deixar registrado para María del Carmen Fernández Corrales, do DCARH-SR2, pela sempre cordial atenção. Aproveito e faço o mesmo para os meus colegas da Faculdade de Formação de Professores de todos os departamentos e, especialmente, ao de Ciências Humanas, que apoiaram meu pedido de licenciamento. Como são muitos deixo o registro geral a todos.

Também devo agradecimentos aos professores do Departamento de História da Universidade Federal Fluminense, que participaram de minha formação acadêmica. Registro especialmente as professoras doutoras Maria de Fátima Gouvêa e Fernanda Bicalho, que no curso *Pacto e Soberania no Império Português*, ministrado quando fazia os créditos do doutoramento, abriram uma perspectiva que colaborou significativamente para o desenvolvimento do trabalho.

Subsídio fundamental foi dado pelas professoras doutoras Lana Lage e Maria Regina Celestino de Almeida no momento do exame de qualificação da tese do doutorado. As observações atentas e sugestões de encaminhamento tanto do texto apresentado quanto da pesquisa ainda por ser desenvolvida foram preciosas.

Meu orientador, professor doutor Ronaldo Vainfas, teve uma enorme importância para o desenvolvimento desse trabalho, e sua colaboração foi inestimável. Primeiro porque me encorajou a iniciar um estudo sobre o Oriente, especialmente sobre a Inquisição de Goa, confiando que eu poderia desempenhar tal tarefa, que muitas vezes eu mesma duvidei sinceramente de que seria capaz de fazer. Além disso, foi sempre um leitor atento, indicando-me soluções mais corajosas para os problemas que eu esboçava, realçando perspectivas que eu apenas enunciava, exortando-me a investigar redes de intrigas que envolveram até assassinato.

Em Lisboa tive a oportunidade de ser orientada pelo professor doutor António Dias Farinha, que me acolheu de forma muito atenciosa e promoveu, talvez sem o saber, a minha salvação, pois sem o delicado convite para participar das aulas do curso de mestrado em História dos Descobrimentos e da Expansão Portuguesa da Faculdade de Letras da Universidade de Lisboa eu não teria a oportunidade de fazer tão bons amigos, sem os quais, creio, não teria forças para enfrentar a saudade que sentia. A atenção carinhosa de Zélia Sampaio, Maria da Luz Brás Lopes Sobral, João Caldeira, José Viegas, Ana Sofia Veran, Ricardo, Benvinda, Clara Filipe, Conceição Pequito, Maria Helena de Brito, Maria Manuel Marques, Bruno Neves e Carla Delgado de Piedade não só me amparou como foi uma oportunidade ímpar de conhecer a cultura portuguesa da qual herdamos tantas coisas, mas da qual tantas outras esquecemos. Um agradecimento especial devo à Carla que, com um raro dom na arte da maiêutica, elaborou duas ou três perguntas que me deram norte quando eu estava à deriva no mar de documentos e leituras no qual me perdi diversas vezes, revelando rotas que antes estavam enubladas. Também pude assistir às aulas muito estimulantes dos professores doutores João

Cosme e Maria Benedita Araújo, e as impressionantes demonstrações de poder analítico de Maria Leonor García da Cruz.

Ainda em solo português tive a oportunidade de conhecer José Carlos Ferreira, sua esposa Ginita, seu filho Miguel, seu irmão Pedro e sua mãe, D. Eulália Fernandes, que me abrigou em sua casa, e que, graças ao seu grande carinho, também foi responsável por manter-me tranqüila nas horas difíceis em que a saudade apertava.

A equipe da RTP 2 do programa *O lugar da história* foi muito simpática comigo toda vez que nos encontramos: Teresa Catanho, Carlos Oliveira, Maria João Cargaleiro e Acácia Dourado, além de ótimos profissionais, são excelente companhia. Um agradecimento especial quero deixar para Maria Julia Fernandes por sua gentil recepção e acolhida, além de ter dado-me uma inestimável oportunidade de ver imagens gravadas em Goa que ainda seriam editadas para um futuro programa.

Conheci em Lisboa alguns brasileiros e quero agradecer imensamente a Marco Antônio Nunes da Silva por sua generosa indicação de toda referência que achava sobre Goa nos Cadernos de Promotor da Inquisição de Lisboa, que ele explorava; foi uma contribuição inestimável para esse trabalho. A companhia divertida que Iris Kantor e Rafael Chambouleyron proporcionaram também ajudou muito.

De volta ao Brasil, há a lista dos amigos. Agradeço a Sérgio Lamarão as indicações de leitura da revista *Lusotopie*, cujos artigos foram de grande utilidade. A Therezinha de Freitas pago o tributo a uma professora de biologia que teve a paciência de ouvir horas de conversa sobre Inquisição, por pura amizade, tenho certeza. A Pedro Paulo Soares agradeço a leitura atenta do item sobre o hinduísmo. As trocas sobre os estudos acerca do Oriente que fiz com Andréa Doré também merecem destaque. Há ainda um agradecimento a Fernando Amado Aymoré que gentilmente enviou-me a lista de jesuítas que foram para o Oriente, obtida em uma publicação existente em uma biblioteca alemã.

Aos velhos amigos nem sei bem por onde começar, de tanto que tenho a agradecer. Pela paciência com o meu estado de espírito atarantado dos últimos tempos estou grata a José Roberto Pinto de Góes, Daniela Buono Calainho – a quem agradeço também a leitura crítica do capítulo III – Regina Marques, Leila Name, Lúcia Bastos Pereira das Neves, Guilherme Paulo Pereira das Neves, Ana Regina Vasconcelos Ribeiro Bastos, Jefferson Miranda e Victor Ramos de Paiva Jr. Um agradecimento especial faço a Maria Letícia Corrêa, que com seu olhar arguto ajudou-me a dar mais consistência à redação final. E por último, apenas para dar todo o destaque que merece, agradeço a Maria Fernanda Vieira Martins todo o esforço de revisão do texto, toda a paciência, todas as idéias compartilhadas em mais de vinte anos de amizade.

Há ainda a família de origem nordestina, portanto, imensa, o que me impede de mencionar todos, mas que ficam registrados nessa frase. Agradeço à Tia Vivinha pela acolhida em São Paulo e à prima Amélia que, com a paciência que faz jus ao nome, ouvia-me falar sem parar depois de um dia inteiro calada lendo livros nas bibliotecas da USP. Sou grata também ao discreto apoio de Tia Letícia, mesmo de longe, lá em Sergipe. Aos meus irmãos, cunhado, cunhada e sobrinhos, que também tiveram paciência comigo nesse período final, agradeço muitíssimo, especialmente a Tânia, pelo fato de ser também irmã na profissão. E por último agradeço à minha mãe, Aída, um grande apoio em toda vida.

Introdução

Eis a cidade morta, a solitária Goa!
Seis templos alvejando entre um palmar enorme!
Eis o Mandovi-Tejo, a oriental Lisboa!
Onde em jazigo régio, imensa glória dorme.

A Velha Goa. Poema de Tomás Ribeiro. Séc. XIX

Em 1998 ocorreu um colóquio na cidade de Macau sobre os estudos de modalidades discursivas no encontro de culturas, com o sugestivo título: "a vertigem do Oriente". Em uma das comunicações presentes nesse encontro, Maria Luísa Leal definiu a "experiência de vertigem", que muitos estudiosos da história da Ásia vivem ao desenvolver seus trabalhos, utilizando a imagem das reações ambivalentes que a maioria das pessoas vivenciam diante do abismo. Ora recuam com temor das diferenças, ora sentem o desejo de avançar e mergulhar, óbvio fascínio, poderosa sedução. Complementa dizendo que "para o olhar ocidental, o Oriente é o abismo que seduz, imobiliza ou rejeita, e quando se encontram ou se confrontam focos de percepção tão diferentes como os que globalmente designamos por Ocidente e Oriente, é natural que se coloque o problema da vertigem".[1]

---

1 Maria Luísa Leal. Regresso e espaço residual: os quatro legados do Japão nos escritos de Luís Fróis, Duarte de Sande e no filme "Os olhos da Ásia" de João Mário Grilo. In: Ana Paula Laborinho, Maria Alzira Seixo e Maria José Meira (orgs). *A*

Esta definição é uma bela metáfora sobre o desafio que se constituiu desenvolver o presente trabalho. Inúmeras vezes a tarefa de estudar a cristianização realizada na Índia por jesuítas e inquisidores nos séculos XVI e XVII pareceu um precipício, um enorme vão que distanciava a possibilidade da realização desse estudo. Apesar dos fios condutores das análises serem os conhecidos olhares de inacianos e de juízes inquisitoriais, a realidade que eles descortinavam era a do complexo Oriente, de culturas com padrões muito diferenciados do ponto de vista de uma historiadora ocidental. Goa pode ser considerada como símbolo da ambivalência da vertigem, no seu limite. A cristianização, como sinônimo de ocidentalização, confronta-se na cidade com o hinduísmo, a sociedade de castas, o islamismo e uma série de outras redes culturais que se superpõem umas às outras, criando as familiaridades e os estranhamentos que são sempre enfrentados pelo historiador.

Fernand Braudel considera que existia um vasto conflito "no essencial debate de civilizações" entre o Ocidente e o Oriente, enraizado desde as origens das civilizações associadas ao Mediterrâneo. O autor identifica o estabelecimento de "correntes culturais principais, do mais rico ao mais pobre, do Ocidente ao Oriente ou do Oriente ao Ocidente", variando conforme a supremacia existente em determinados períodos.[2] Ressalta que não há nisso nenhum juízo de valor, mas sim uma constatação de alternâncias históricas definidas pelas próprias circunstâncias econômicas, políticas e culturais das civilizações. Desde o colapso do Império Romano, por exemplo, era o Oriente que detinha a vantagem. A partir das Cruzadas desenvolveu-se uma reviravolta, "o cristão apoderou-se do mar" e consolidou "as superioridades e as riquezas que o domínio das rotas e dos tráficos significa". Ou seja, no século XVI "houve

---

vertigem do Oriente: modalidades discursivas no encontro de culturas. Lisboa/ Macau: Cosmos/ Instituto Português do Oriente, 1999. p. 63.

2 Fernand Braudel. *O Mediterrâneo e o mundo mediterrânico na época de Filipe II*. Lisboa: Martins Fontes, 1984. v. 2, p. 160.

a invasão do Oriente pelo Ocidente: uma invasão que levava consigo os elementos de uma dominação".[3]

Note-se que Braudel está utilizando nessa argumentação o conceito de cristão como o de representante do ocidente. Essa justaposição também foi largamente utilizada no presente trabalho. Considera-se aqui como conceitos perfeitamente intercambiáveis os de *cristianização* e de *ocidentalização*, uma vez que são os cristãos e o discurso evangelizador que se colocaram em conflito com as tradições culturais existentes no Oriente. Em contrapartida, dos encontros dessas culturas derivaram também apropriações de elementos orientais por parte dos europeus, o que foi definido por George Davison Winius como *orientalização* ou *indianização* – e para evitar possível confusão com os habitantes das Américas, pode-se criar um neologismo: *hinduização* –, sendo também utilizado nessa pesquisa com o intuito de se perceber o processo de trocas que se estabeleceu.[4]

Braudel afirma que "as civilizações ou as culturas – não há aqui inconveniente na confusão entre as duas palavras – são oceanos de hábitos, de pressões, de condescendências, de conselhos, de afirmações", e deve-se lembrar que "uma civilização é ao mesmo tempo permanência e movimento".[5] No contato entre civilizações existem trocas de bens culturais que passam por um processo de aceitação ou rejeição. Geralmente a religião é "a característica mais forte do cerne das civilizações, a um tempo o seu passado e o seu presente",[6] sendo que para o caso do hinduísmo

---

3 *Idem*, p. 160-161.

4 George Davison Winius. *A lenda negra da Índia Portuguesa:* Diogo do Couto, os seus contemporâneos e o *Soldado Prático*. Contributo para o estudo da corrupção política nos impérios do início da Europa moderna. Trad. Ana Barradas. Lisboa: Edições Antígona, 1994, p. 185.

5 Fernand Braudel. *Civilização material, economia e capitalismo – séculos XV-XVIII*: as estruturas do quotidiano. Trad. Telma Costa. Lisboa: Teorema, 1992. t. 1, p. 495.

6 Fernand Braudel. *Gramática das civilizações*. Trad. Antônio de Pádua Danese. São Paulo: Martins Fontes, 1989, p. 36.

essa questão é ainda mais complicada, pois "o religioso confunde-se com todas as formas de vida humana: o Estado é religião, a filosofia é religião, a moral é religião, as relações sociais são religião".[7]

Assim, o que ocorreu em algumas regiões da Índia, nomeadamente em Goa na época do domínio português, foi um contato entre culturas que possuíam significativas diferenças e interagiram intensamente, produzindo uma rica série de processos de trocas que ora tendiam à ocidentalização, ora caminhavam para a orientalização. No entanto, é importante notar que o resultado desse processo de mão-dupla – que pode ser definido como de negociação, de interação ou de "histórias conectadas", mas que comporta também reações e rejeições, além de assimilações – é uma síntese que Serge Gruzinski classifica como *mestiçagem cultural*[8]. A cristianização de Goa através da ação da Companhia de Jesus e da Inquisição oriental é um objeto que se enquadra perfeitamente nessa perspectiva, sendo uma rara oportunidade de se analisar a expansão ocidental a partir do século XV.

Por outro lado, o processo de cristianização ocorrido em Goa caracterizou-se por um confinamento, uma limitação territorial, que correspondia ao próprio modelo de construção do domínio português no Oriente, e que nunca conseguiu transpor as enormes dificuldades de ocupação que as civilizações orientais impunham, seja em termos de população, seja por outros recursos de defesa. Derivado dessa constatação, o título do presente trabalho, *A Cristandade Insular*, ilustra as fortes limitações que circunscreveram o esforço de cristianização realizado na Índia portuguesa.

O corte cronológico desta pesquisa tem como momento inicial o ano de 1540, que marca a atitude intolerante do governo português com as populações hindus de Goa, quando se promoveu a destruição dos templos locais. A partir de então, a atuação da Companhia de Jesus

---

7 *Idem*. p. 170.

8 Serge Gruzinski. Les mondes mêlés de la monarchie catholique et autres "connected histories". In: *ANNALES HSS*. Paris, nº 1, janvier-février 2001, p. 88-89.

e da Inquisição começou a ser delineada, e configurou-se o processo de efetiva cristianização de Goa. Escolheu-se como marco final desse trabalho o ano de 1682, quando os padres Pascoal da Costa Jeremias, José Cabral, Simão Vaz e José da Silva, todos brâmanes, fundaram a primeira congregação especificamente goesa, a Congregação do Oratório de Santa Cruz de Goa.[9] Esse fato simboliza a atitude do clero nativo diante dos problemas de enquadramento na vida eclesiástica local, mais especificamente, no anseio de participação nas atividades missionárias, e desnuda as grandes contradições do processo de cristianização que se desenvolveu na capital do Estado da Índia.

O corte geográfico está vinculado aos limites das chamadas *Velhas Conquistas*, incluindo as três províncias que formavam Goa, a saber, Tisvadi, Salcete e Bardez, a *Goa Dourada*, como definida pelos textos portugueses da época. Por vezes foi necessário extrapolar essa delimitação territorial, uma vez que a cidade era também a capital do Estado da Índia, e a iniciativa da ação evangelizadora partia de lá e alcançava outras regiões do Oriente. Sempre que necessário para a argumentação de alguma premissa desse trabalho, o olhar espraiou-se para outras regiões da Índia.

O trabalho divide-se em quatro capítulos. No capítulo I, cujo título é *De Ceuta a Goa: o esboço do "império português"*, foi elaborada uma visão panorâmica sobre a expansão marítima portuguesa, com destaque para o balanço da produção historiográfica sobre o tema, além de definirem-se as características gerais das regiões envolvidas na expansão lusitana e os impactos da presença portuguesa no Oriente e seus desdobramentos, principalmente a construção do *Estado da Índia*.

Evitou-se aqui a discussão, muito recorrente quando se trata de um estudo sobre Goa, das duas linhas historiográficas antagônicas que a tem como objeto, ou seja, a oposição entre a *Goa Dourada* e *Goa Índica*. As duas tendências têm um viés ideológico muito marcado, uma vez que à primeira estão vinculados historiadores que viam-na como uma colô-

9 Luís Felipe F. R. Thomaz. *De Ceuta a Timor*. Lisboa: Difel, 1994, p. 287.

nia esplendorosa colocada como um enclave no território indiano, emblema da enriquecedora presença portuguesa; já os estudiosos ligados ao segundo grupo assumem uma postura anticolonial e enfatizam a importância da herança hindu na sociedade goesa, afirmando que a presença portuguesa foi um mero acidente na história. Ou seja, a *Goa Índica* é vista como resposta nacionalista para a construção colonial da *Goa Dourada*.[10]

Mesmo sendo um capítulo com forte apoio na produção historiográfica, ainda assim foi utilizado um acervo documental a partir da obra de Antônio da Silva Rego, *Documentação para a história das missões do padroado português do Oriente (Índia)*, para analisar as características da presença portuguesa na Índia no período anterior à chegada dos jesuítas.[11]

No segundo capítulo, intitulado *Os jesuítas na finisterra da fé*, há o estudo sobre a atuação dos jesuítas no Oriente, através da análise dos procedimentos dos inacianos no processo de cristianização dos goeses e de populações vizinhas na costa da Índia, assim como as alterações nas práticas de catequese e os dilemas decorrentes, no período determinado da pesquisa. Para este capítulo, a pesquisa baseou-se nas cartas dos religiosos da Companhia de Jesus compiladas nas obras do já citado Antônio da Silva Rego e de José Wicki, *Documenta Indica*, trabalho monumental, que reúne a correspondência jesuítica em 18 volumes.[12] Como todo esse material concentra-se no século XVI, para estudar o século XVII foram utilizadas as publicações das cartas ânuas, além da inestimável transcrição de epístolas feitas pela pesquisadora portuguesa Maria de Deus Beites

---

10 Raghuraman S. Trichur. Politics of Goan historiography. In: *Lusotopie 2000* "Lusophonies asiatiques, Asiatiques en lusophonies". Paris; Karthala, mars 2001, p. 637-641.

11 Antônio da Silva Rego. *Documentação para a história das missões do padroado português do Oriente (Índia)*. Edição facsimilar da de 1952. Lisboa: Agência Geral das Colônias, 1991-1996. 13 v.

12 José Wicki. *Documenta Indica*. Romae: Monumenta Historica Societatis Iesu, 1948-1988, 18 v.

Manso no Arquivo Jesuítico de Roma.[13] Na Biblioteca da Ajuda também se localizou importante coleção com material relativo aos inacianos que auxiliou no resgate de informações. Foram ainda utilizadas várias obras produzidas pelos próprios inacianos sobre a história da Companhia de Jesus no Oriente e estudos sobre os indianos, que serviram para complementar as informações trabalhadas nas correspondências.

No Capítulo III, *O Santo Ofício Goês: a luta pela pureza da fé*, procedeu-se a uma análise sobre a instalação do Tribunal de Goa e sua atuação até a segunda metade do século XVII. O material documental aqui utilizado reuniu o resultado das pesquisas do que sobreviveu à provável destruição dos papéis da Inquisição de Goa no século XIX. Foram trabalhados os acervos da Biblioteca Nacional do Rio de Janeiro, do Arquivo da Torre do Tombo, da Biblioteca da Ajuda e da Biblioteca Nacional de Lisboa. As correspondências, minutas, denúncias, pareceres, consultas e até mesmo alguns poucos traslados de processos permitiram analisar o funcionamento do tribunal. Além desses documentos, também foi utilizada a publicação de Antônio Baião, *A Inquisição de Goa*, que no seu segundo volume reúne a correspondência dos inquisidores da Índia com o Conselho Geral da Inquisição em Lisboa, no período de 1569-1630.[14] Outro conjunto de fontes utilizado nesse capítulo foram os relatos de três viajantes: Jan Huygen van Linschoten; François Pyrard de Laval e Charles Dellon, que serviram para complementar a visão acerca da Inquisição de Goa.

Por fim, no capítulo IV, cujo título é *Goa: cidadela cristã no Oriente*, o foco concentrou-se no estudo das principais características da capital do Estado da Índia, pois nos outros capítulos houve uma preocupação maior com as instituições que desenvolveram a cristianização no Oriente, a Companhia de Jesus e a Inquisição. Assim, procedeu-se a

---

13 Maria de Deus Beites Manso. *A Companhia de Jesus na Índia: 1542-1622*. Aspectos da sua ação missionária e cultural. Évora, 1999. 2 v. Tese (Doutorado em História). Universidade de Évora. mimeo.

14 Antônio Baião. *A Inquisição de Goa*. Correspondência dos inquisidores da Índia (1569-1630). Coimbra: Imprensa da Universidade, 1930, v. II.

análise das tensões, das colaborações e dos conflitos existentes entre as instituições portuguesas - as duas citadas juntamente com a administração eclesiástica e civil lusitanas - ocorridas nos limites de Goa e adjacências, decorrentes do processo de conversão de populações hindus locais, a partir da crise geral que caracterizou o século XVII e do aumento das pressões do papado sobre o padroado português.

Complementarmente, foi estudada a fundação da Congregação do Oratório de Santa Cruz de Goa, fundamentando a reflexão sobre os limites e problemas do processo de cristianização desenvolvido nas *Velhas Conquistas*. A documentação na qual se baseia esse capítulo foi recolhida nas publicações de Wicki e no material sobre a Inquisição de Goa localizadas nas instituições de pesquisa já citadas, além da obra de M. da Costa Nunes, *Documentação para a História da Congregação do Oratório de Santa Cruz dos Milagres do clero natural de Goa*, que reúne o material utilizado no processo de beatificação de José Vaz, padre goês que pertenceu a essa ordem.[15]

15 M. da Costa Nunes. *Documentação para a História da Congregação do Oratório de Santa Cruz dos Milagres do clero natural de Goa*. Lisboa: Centro de Estudos Históricos Ultramarinos, 1966.

I. De Ceuta a Goa: o esboço do Império português

Se não houvesse mercadores que fossem procurar os tesouros da terra no Oriente e nas Índias ocidentais, quem transportaria para lá os pregadores que levam os tesouros celestes? Os pregadores levam o Evangelho e os mercadores levam os pregadores.

Padre Antônio Vieira, *História do Futuro.*

1. A expansão marítima portuguesa: percursos

Havia muito as velas portuguesas singravam o Atlântico quando as primeiras naus chegaram a Calicute. Desde a conquista de Ceuta em 1415, considerada tradicionalmente como marco inicial da expansão portuguesa, passaram-se mais de 80 anos de viagens e de explorações até a chegada de Vasco da Gama à Índia em 1498.

Na medida em que os navegadores portugueses avançavam em direção ao sul pelo oceano Atlântico, foram descobrindo as ilhas de Porto Santo (1418), da Madeira (1419), dos Açores (1431) e de Cabo Verde (1460), onde iniciaram a colonização a partir da implantação do sistema das capitanias hereditárias[1].

---

1 Existem indícios de que algumas dessas ilhas já haviam sido visitadas no século XIV, ou até mesmo antes, na Antigüidade, o que justificaria o uso do termo "re-

Ao mesmo tempo, prosseguiram explorando a costa ao sul do Marrocos até conseguirem contornar os cabos Não e Bojador (1434), o que possibilitou o contato com a África negra ao encontrar-se, em 1444, a embocadura do rio Senegal, na época considerado um braço do Nilo. Até 1460 já haviam explorado o litoral do continente africano até a altura de Serra Leoa, e em 1486 chegavam a Serra Parda, próximo ao trópico de Capricórnio.

Portanto, quando em 1487 Bartolomeu Dias superou o cabo das Tormentas – a partir de então denominado cabo da Boa Esperança –, estabeleceu finalmente o conhecimento do fim do continente, o extremo sul da África, descortinando a possibilidade de chegar às Índias pela via marítima. Tal objetivo foi alcançado por Vasco da Gama em 1498, inaugurando um itinerário que será seguido pelas naus de carreira do reino de Portugal, com a passagem por Moçambique e Melinde, na costa oriental africana.

As viagens pioneiras de Bartolomeu Dias e Vasco da Gama abriram o caminho para uma série de expedições portuguesas, inicialmente a de Pedro Álvares Cabral, que partiu de Portugal em março de 1500. Com a missão oficial de consolidar as posições anteriormente estabelecidas por Vasco da Gama no Oriente, presumivelmente também partira com o objetivo de assegurar a Portugal a conquista e domínio das terras sul-americanas, conforme estabelecido pelo Tratado de Tordesilhas de 1494,[2] o que efetivamente irá ocorrer com a "descoberta"[3] do Brasil e sua incorporação ao Império português.

---

descoberta". Ver: Paul Teyssier. O século glorioso. In: Michel Chandeigne (org). *Lisboa Ultramarina (1415-1580)*: a invenção do mundo pelos portugueses. Trad. Lucy Magalhães. Rio de Janeiro: Jorge Zahar Editor, 1992, p. 14.

2 Para reflexões sobre o Tratado de Tordesilhas ver: Renato Pereira Brandão. *A cruz de Cristo na Terra de Santa Cruz*: a geopolítica dos descobrimentos e o domínio estratégico do Atlântico sul. Niterói, 1999. Tese (Doutorado em História). Universidade Federal Fluminense. mimeo. p. 79-101 e Jacqueline Hermann. Tratado de Tordesilhas. *In*: Ronaldo Vainfas (dir). *Dicionário de Brasil Colonial* (1500-1808). Rio de Janeiro: Objetiva, 2000. p, 559-561.

3 O conceito está sendo apresentado entre aspas para guardar o seu aspecto polêmico entre os historiadores. Para uma sistematização da discussão ver Ronaldo

Após os primeiros contatos no Oriente, os portugueses conquistaram diversos pontos estratégicos na Ásia, desenvolvendo as feitorias de Calicute e de Cochim em 1500, além de Cananor, em 1501.[4] Goa foi conquistada em 1510 e, em seguida, Malaca (na Indonésia) em 1511 e Ormuz, na entrada do Golfo Pérsico, em 1515. Três anos depois, foi estabelecido um forte em Colombo, no Ceilão (atual Sri Lanka); Baçaim foi adquirida em 1534 e a importante cidade portuária de Diu conquistada em 1535; Damão só seria dominada em 1599.

Assim, no último quartel do século XVI, quando finalmente foram consolidados os contatos com a China, o domínio português estendia-se, grosso modo, do litoral brasileiro nas Américas até o Japão, compreendendo diversos entrepostos, feitorias e fortalezas nas costas ocidentais e orientais africanas, na entrada do golfo pérsico com o estreito de Ormuz, no litoral da Índia (costas do Concão, de Canará, do Malabar e de Coromandel), no Ceilão, na Malásia, no Timor, em Macau e em Nagasaki.

Esta breve e resumida cronologia tem por objetivo definir as rotas e os limites extremos da expansão marítima portuguesa e a subsequente formação do império, apenas para balizar algumas das reflexões que serão desenvolvidas a seguir.

2. A expansão marítima portuguesa: interpretações.

A produção tradicional dos historiadores portugueses esteve durante muito tempo fortemente associada a um discurso nacionalista, que procurava enaltecer os descobrimentos como o grande momento do passado português, destacando-se a bravura de Portugal, sua capacidade de enfrentar os desafios e o glorioso domínio de vastas extensões de terras. Por outro lado, esse tempo áureo teria sido substituído por um longo

---

Vainfas. Descobrimento. *In: Dicionário de Brasil Colonial* (1500-1808). Rio de Janeiro: Objetiva, 2000, p. 182-184.

4 A primeira foi destruída e as duas últimas foram substituídas por fortes logo depois: Cochim em 1503 e Cananor em 1505.

processo de decadência, principalmente em termos da presença portuguesa no Oriente.[5] No entanto, a partir das primeiras décadas do século XX pode-se perceber um esforço para o desenvolvimento de explicações menos ideológicas acerca daquele momento histórico.

Parte da historiografia lusitana se refere à expansão marítima portuguesa como resultado do "renascimento comercial" europeu, a partir do século XII, destacando-se nessa tendência Antônio Sérgio e Jaime Cortesão.

Antônio Sérgio defendia uma "reforma da mentalidade" na cultura portuguesa e dedicou-se a inúmeros trabalhos de ordem pedagógica e histórica publicados em vários artigos nas revistas "Seara Nova" e "Lusitânea", mais tarde reunidos nos oito volumes dos *Ensaios*, no final da década de 1920.

Em ensaio clássico, intitulado *Breve interpretação da história de Portugal*, Antônio Sérgio apresenta de maneira sucinta a revolução de 1383-1385 como sendo caracteristicamente burguesa, e sua vitória "prepara a missão histórica de Portugal":[6] os descobrimentos. Para o autor, a expansão ultramarina veio solucionar o problema europeu relativo ao comércio com o Oriente.[7] A conquista de Ceuta, em 1415, serviu para abastecer Portugal do trigo necessário para fazer o pão que a população precisava para sobreviver. No entanto, afirma que o objetivo principal do infante D. Henrique era chegar à Índia. Como comprovação refere-se aos dizeres de uma carta de D. Manuel de 1502 que atribuía ao tio a intenção de descobrir e achar a Índia.[8] Portanto para Antônio Sérgio:

---

5 Para aprofundamento da produção historiográfica portuguesa do século XIX ver interessante estudo de Maria Leonor García da Cruz. *Os «Fumos da Índia»: uma leitura crítica da expansão portuguesa.* Com uma antologia de textos dos séculos XVI-XIX e uma cronologia da expansão portuguesa e do império ultramarino (c. 1336-1899). Lisboa: Cosmos, 1998.

6 Antônio Sérgio. *Breve interpretação da história de Portugal.* Lisboa: Sá da Costa, 1988, p. 33.

7 *Idem*, p. 33.

8 *Idem*, p. 41.

> os descobrimentos do século XV foram uma façanha de gente metódica, dotada de clara inteligência política, de visão lúcida, muito precisa, dos escopos práticos a que tendia, e do estudo minucioso dos meios adequados a tais escopos: em suma, um vasto plano de conjunto, capacidades raras de organização: nada que se assemelhe ao aventurismo inconsciente com que a pintaram, depois, os românticos celticistas do século XIX.[9]

Contemporâneo aos trabalhos de Antônio Sérgio, o livro de Jaime Cortesão integrava a coleção dirigida por Damião Peres *História de Portugal*, publicada entre os anos de 1931 a 1934 e reconhecida pela historiografia portuguesa como obra fundamental. Trata-se de um estudo clássico sobre a expansão portuguesa, marcado pelo estilo narrativo e rico em descrições, que explica a expansão como resultado do crescimento comercial ocorrido nos fins da Idade Média, que teria alimentado a necessidade e criado as condições para a busca de novos mercados.[10]

Há também um grande destaque ao papel exercido pelo infante D. Henrique, como se pode depreender do trecho a seguir:

> basta divisar em conjunto a marcha geral da expansão do homem no planeta para se tornar patente que o momento decisivo, nessa série de tentativas por tantos séculos dispersas, é aquele em que os portugueses sob a direção ou inspiração do Infante conseguem, não só dar o corpo e unidade aos esforços do passado, mas assegurar-lhes, pela eficiência do novo impulso, a continuidade no futuro.[11]

No entanto, Jaime Cortesão soube destacar aspectos cruciais. Percebeu a importância das rotas comerciais mediterrânicas, tanto de eu-

9 *Idem*, p. 44.

10 Jaime Cortesão. *História da expansão portuguesa*. Lisboa: Imprensa Nacional/ Casa da Moeda, 1993, p. 19.

11 *Idem*, p 13.

ropeus quanto de muçulmanos, e suas relações com outros eixos comerciais, como os do norte da Europa, do Índico e do norte da África, identificando como fundamental a participação de Portugal na conexão do comércio entre a região de Flandres e da Inglaterra com o Mediterrâneo.[12] Por outro lado, associou o caráter religioso aos fatores econômicos da expansão, além de fornecer uma análise política da Revolução de Avis, que para o autor foi um movimento caracteristicamente urbano e popular, responsável pela formação das origens nacionais portuguesas[13] e fator indissociável da expansão.

Um outro aspecto importante diz respeito à conquista de Ceuta, destacando seu papel de ligação com o comércio do Levante e de local estratégico no confronto com os corsários muçulmanos e para o controle do estreito de Gibraltar, ajustando assim a questão do interesse pelo trigo daquela região.[14] Entretanto, assim como Antônio Sérgio, vê no domínio de Ceuta o primeiro passo de um grande plano português já delineado de chegar-se ao Oriente.

É importante destacar que neste livro a noção de *Império Português* está vinculada ao Oriente, posto que a expressão só é utilizada na parte três, correspondente ao estudo dessa região. Os outros capítulos utilizam as expressões *expansão portuguesa* e *colonização,* principalmente para o caso do Brasil, evidenciando uma abordagem diferente quanto à ação dos portugueses na América.

Embora concedam um grande destaque à grandiosidade e à bravura do feito dos portugueses, numa clara afirmação nacionalista, o ponto principal que aproxima a obra de ambos os autores é o esforço de interpretação que os tornam distintos daqueles historiadores que tinham a preocupação de apenas enaltecer os descobrimentos.

Além da discussão de ordem econômica, pode-se encontrar uma abordagem da questão da expansão marítima associada à lógica religiosa

12 *Idem*, p 20-26.

13 *Idem*, p 28.

14 *Idem*, p 37.

e aos interesses políticos envolvendo o papado e a Coroa portuguesa em Antônio da Silva Rego.[15] O autor considera que Portugal tinha a obrigação de evangelizar os povos das regiões que vinha descobrindo ao desenvolver sua batalha cruzadística contra os mouros do continente africano. Chega a afirmar que "era esse espírito de cruzada que levava Portugal a perseguir o Islamismo, obrigado a fugir em franca debandada".[16] Apesar do tom exagerado, o que torna seu trabalho digno de nota é o fato de que ele esmiúça a consolidação do padroado português.

Segundo Rego pode-se encontrar a definição de padroado no código de Direito Canônico (Cânon 1448): "suma de privilégios, e de alguns encargos que por concessão da Igreja, competem aos fundadores católicos de igrejas, capelas, ou benefícios, assim como a seus sucessores".[17]

Em geral, essa concessão implica direitos e deveres concedidos pelos papas aos reis ou a particulares. No caso do padroado português, os principais direitos eram a posse das dioceses, o que envolvia a administração dos recursos destinados para esse fim pela Coroa; a apresentação pelo rei à Santa Sé dos prelados das dioceses; e a apresentação do rei ao bispo de cônegos, párocos, beneficiados, etc. Em contrapartida, os principais deveres eram a conservação e manutenção das dioceses e do pessoal a elas relacionado, além da obrigação de propagar a fé católica.[18]

---

15 Antonio da Silva Rego. *O padroado português do Oriente*: esboço histórico. Lisboa: Agência Geral das Colônias, 1940.

16 *Idem*, p. 5.

17 *Idem*, p. 23.

18 Deve-se lembrar que o padroado, ou *patronazgo*, caracterizou igualmente a Igreja na Espanha e seus domínios. Também através dele a Coroa espanhola recebia a concessão dos dízimos e era responsável pela indicação dos ocupantes de cargos eclesiásticos, além do sustento dos clérigos e das igrejas. A grande diferença entre o padroado espanhol e o português estava na obrigação que o rei de Espanha tinha de enviar missionários ao Novo Mundo e de dar-lhes o devido sustento, coisa que não estava explícita nos textos de Roma para os reis de Portugal. Ver Arlindo Rubert. *História de la Iglesia en Brasil*. Madri: Mapfre, 1992. p. 41 e Miguel de Oliveira. *História eclesiástica de Portugal*. Lisboa: Europa-América, 1994, p. 139.

O padroado português não foi concedido de uma só vez, mas sua consolidação foi feita ao longo de inúmeras concessões papais e de negociações entre a Santa Sé e a Coroa portuguesa.

A bula *Dum Di Versas* de Nicolau V (1452) – que concedia ao rei D. Afonso V e a seus descendentes o direito de conquistar e de subjugar todos os reinos e terras dos infiéis e de possuir os seus bens públicos e particulares –, pavimentou o caminho para uma outra bula do mesmo papa, a *Romanus Pontifex* (1455) que, segundo o autor, deve ser considerada a definidora do padroado português. Nela ficou estabelecido o direito dos reis de Portugal em fundar e erigir igrejas nas suas conquistas, e de as prover com o clero necessário para o seu bom funcionamento. No ano seguinte, em 1456, a bula *Inter Coetera,* do papa Calisto III, concedeu à Ordem de Cristo, cujo 'regedor e conservador' era o Infante D. Henrique, o direito de padroado, de cobrança de dízimos e a administração espiritual por parte da ordem sobre todas as conquistas portuguesas. O papa Sisto IV, através da bula *Aeterni Regis Clementia* de 1481, fez a revisão de todos os privilégios concedidos à Coroa portuguesa até então, reafirmando todos os direitos e deveres concedidos. Além disso, em 1514, as bulas *Dum Fidei Constantium* e *Ius Praesentandi* atribuíram ao rei de Portugal, D. Manuel I, o direito de provisão de bispados, paróquias e cargos eclesiásticos em troca do financiamento das atividades eclesiásticas. E a partir de D. João II, que era ao mesmo tempo rei de Portugal e Grão-Mestre administrador da Ordem de Cristo, ambas concessões pontifícias acabaram por se reunir nas mãos do monarca português. Mas essa condição que já existia de fato só foi formalizada pela bula do papa Paulo III *Praeclara charissimi*, de 1551, afirmando a incorporação da ordem pelos reis de Portugal.[19]

---

19 Antonio da Silva Rego. *Op. cit*, p. 8. Ver também os verbetes de Guilherme P. C. Pereira das Neves. Padroado. *In*: Maria Beatriz Nizza da Silva (org). *Dicionário da História da colonização portuguesa no Brasil.* Lisboa/São Paulo: Verbo, 1994. p. 605-607 e *In*: Ronaldo Vainfas (dir). *Op. cit.*; e os trabalhos de Charles-Martial de Witte. Les bulles pontificales et l'expansion portugaise au XVe siècle. In: *Revue d'histoire Ecclésiastique*. t. XLVIII, 1953. p. 683-471; Miguel de Oliveira. *História*

Por fim, o autor conclui que o papado transferira uma série de atribuições que seriam de sua alçada aos reis ibéricos, uma vez que:

> os papas tinham as mãos cheias com os negócios de Roma e da Europa e não podiam, materialmente falando, pensar em converter infiéis. Faltava-lhes tudo. Para a Santa Sé, era quase um favor o que os Reis de Portugal faziam.[20]

Mesmo que não se considere algumas de suas conclusões, sem dúvida os conhecimentos de Rego sobre as questões relacionadas à Igreja são muito úteis para embasar uma análise da expansão que extrapole as interpretações que privilegiam fatores de ordem econômica.

A obra de Vitorino Magalhães Godinho, *Os descobrimentos e a economia mundial*,[21] é outro grande clássico sobre a expansão lusitana. Alinhado a uma vertente historiográfica mais crítica, no prefácio da segunda edição portuguesa defende que não há do que se envergonhar ou se vangloriar sobre esse episódio da história, mas sim de estudá-lo melhor. Tese de doutoramento apresentada na Sorbonne em 1958 com declarada influência de Lucien Febvre e Fernand Braudel, preocupa-se em destacar "o papel dos fatores econômicos na gênese dos Descobrimentos e expansão ultramarina",[22] centrando-se na análise de estruturas e conjunturas ao longo dos séculos XV e XVI.

---

eclesiástica de Portugal. Lisboa: Europa-América, 1994. p. 138-139; Lana Lage da Gama Lima. *A confissão pelo avesso*: o crime de solicitação no Brasil colonial. São Paulo, 1990. Tese (Doutorado em História). Universidade de São Paulo. mimeo. p. 375-377; Joel Serrão. *Dicionário de História de Portugal*. Lisboa: Iniciativas Editoriais, 1968. v. 3. p. 272-275. Para a informação sobre as ordens militares em Portugal ver Fortunato de Almeida. *História da Igreja em Portugal*. Porto: Portucalense, 1967. v 1, p. 345-352.

20 Antônio da Silva Rego. *Op. cit*, p. 11.

21 Vitorino Magalhães Godinho. *Os descobrimentos e a economia mundial*. 2ª ed. Lisboa: Editorial Presença, 1981-1985. 4 v.

22 *Idem*. v. 1, p. 7.

O autor declara que pretende preencher uma lacuna nos estudos sobre a expansão portuguesa nos séculos supracitados, uma vez que enfatiza a excelência dos trabalhos de vários historiadores portugueses para o século XIV, destacando, entre outros, o de Jaime Cortesão.

A obra está dividida em quatro volumes. Os dois primeiros estão centrados no estudo da importância dos metais – ouro, prata e cobre – e da economia monetária relacionada ao processo de expansão marítima. Os dois últimos desenvolvem estudos sobre as rotas comerciais e a formação de mercados estruturados na dinâmica do Império português, destacando-se a análise de alguns produtos fundamentais para o comércio lusitano, tais como especiarias, açúcar e escravos. O conjunto da obra, portanto, ressalta o caráter moderno do processo de expansão marítima portuguesa.

Em relação à motivação da conquista de Ceuta, o autor observa que se atribuir ao vetor alimentar como garantia para o abastecimento de pão para o reino como justificativa para essa ação militar tornou-se uma questão muito complexa e deve-se atentar para a existência de diferentes realidades regionais do Marrocos e períodos distintos no processo de ocupação do norte da África.[23] Mesmo assim, conclui que "em vez de contribuir para resolver o problema do pão no reino, a conquista das quatro cidades do Habt levou finalmente ao agravamento do déficit português de cereais".[24]

Outra importante contribuição analítica de Godinho está na definição de uma contradição no processo de expansão marítima e na própria construção do Império português, nos séculos XV e XVI: as tradições medievais em oposição à orientação mercantil. Disso resultará a formação de um tipo social híbrido definido pelo autor como "cavaleiro-mercador", assim como a própria estruturação política e econômica de Portugal, que se constituirá no maior entrave ao posterior desenvolvimento lusitano:

---

23 *Idem*. v. 3, p. 245.

24 *Idem*. v. 3, p. 251. As quatro cidades eram Ceuta, Alcácer Ceguer, Arzila e Tânger.

> o Estado mercantilizou-se, mas não se organizou como empresa comercial. O cavaleiro deixou-se arrastar pela cobiça, mas não soube tornar-se mercador e arruinou-se nos gastos demasiados. O mercador quis ser, ou viu-se forçado a pretender ser cavaleiro, e a hipertrofia do Estado-negociante obstou ao desenvolvimento de forte burguesia mercantil e industrial. Descobriu-se a necessidade da poupança, mas desviou-se para a colocação imobiliária, sem fomentar o investimento. O dinheiro da expansão irá sobretudo para as igrejas multiplicadas no deslumbramento da talha, e para os solares a polvilhar a província – e o solar e a igreja ainda serão os pólos da construção urbana, fora disso assaz modesta. O investimento, quando se deu, inscreveu-se nos quadros senhoriais – cavaleiro-mercador, senhorio capitalista, Estado mercantilista-senhorial definem talvez a fugidia, cambiante, tão emaranhada realidade desses dois séculos.[25]

Em obra posterior, *Mito e Mercadoria*,[26] Godinho procurou refletir mais sobre aspectos relativos às formas de pensar os descobrimentos e os contatos culturais entre o Ocidente e o Oriente. Logo no primeiro capítulo fez um balanço da produção historiográfica sobre a expansão

---

25 *Idem*. v. 1. p. 62. Como contraponto à visão da hipertrofia do Estado português definido por Godinho, ver Antônio M. Hespanha. *As vésperas do Leviathan*. Instituições e poder político. Portugal Século XVII. Coimbra: Almedina, 1994, que percebe as limitações do poder central diante da profusão de poderes locais, pelo menos até o século XVIII. Para uma maior reflexão sobre as características gerais do Estado Absolutista nos tempos modernos ver Perry Anderson. *Linhagens do Estado Absolutista*. São Paulo: Brasiliense, 1985; Emmanuel Le Roy Ladurie. *O Estado monárquico*: França – 1460-1610. São Paulo: Companhia das Letras, 1994; Charles Tilly. *Coerção, capital e Estados europeus*. Trad. Geraldo Gerson de Souza. São Paulo: Edusp, 1996: e Ernst H. Kantorowicz. *Os dois corpos do rei:* um estudo sobre teologia política medieval. Trad. Cid Knipel Moreira. São Paulo: Companhia das Letras, 1998.

26 Vitorino Magalhães Godinho. *Mito e mercadoria, utopia e prática de navegar* (séculos XIII-XVIII). Lisboa: Difel, 1990.

marítima, destacando o início da década de 60 como marco de uma alteração nas abordagens de pesquisa sobre o tema, indicando a crescente influência da escola francesa. Ao longo do livro, apresenta as principais características culturais do Oriente, principalmente do oceano Índico, até a chegada dos portugueses. Traça, portanto, um rico painel sobre características religiosas, políticas e econômicas da região e o resultado dos primeiros contatos entre portugueses e indianos.

Como contraponto a essas leituras clássicas, pode-se identificar uma produção mais atual da historiografia portuguesa, sendo que os trabalhos de Luís Filipe Thomaz devem ser estudados com muita atenção, principalmente devido à combinação de seu olhar crítico sobre a produção historiográfica portuguesa com sua enorme erudição, o que dá extrema solidez às suas afirmações e conclusões, servindo como a base das reflexões apresentadas no presente capítulo.

O principal livro de Thomaz, *De Ceuta a Timor,* é um alentado volume que tem como maior preocupação uma abordagem de história política e possui uma poderosa orientação analítica. Publicado em 1994, reúne uma série de estudos desenvolvidos pelo autor ao longo de cerca de vinte anos de ensino da História dos Descobrimentos nas universidades de seu país. Thomaz apresenta uma revisão crítica das principais considerações da historiografia portuguesa sobre a expansão marítima. Para ele, com exceção dos descobrimentos henriquinos e das conquistas albuquerquianas, tudo mais está por fazer ou refazer, principalmente porque embora exista um bom conhecimento dos fatos que se ligam à expansão, no entanto, as interpretações deixam a desejar. É bem verdade que, cerca de seis anos depois dessas afirmações, já se pode verificar um significativo avanço nos estudos sobre o assunto, como será visto mais adiante. Mas sem dúvida a sua contribuição foi fundamental para as novas reflexões sobre a matéria.[27]

Em relação à tradicional afirmação de que a expansão marítima foi resultado do desenvolvimento do comércio europeu, Thomaz reco-

---

27 Luís Filipe Thomaz. *De Ceuta a Timor.* Lisboa: Difel, 1994.

menda que se desconfie do nexo de causalidade direta entre os dois, e de que esta tenha sido um fenômeno uno e coerente. Deve-se procurar determinar os fatores que se vinculam especificamente à realidade portuguesa e os que estão relacionados aos aspectos gerais da Europa.[28]

Dessa forma, o historiador passa a analisar cada um deles para fazer uma classificação de suas relações com o processo de expansão. Alguns ele classifica como "causas instrumentais relevantes, mas não suficientes para a produção do evento"[29] – o desenvolvimento da marinha e do comércio; legado da civilização árabe; encontro das técnicas de navegação do Mediterrâneo com as de construção naval do Atlântico. Outros são definidos como "condições prévias, mas não determinantes"[30] – posição geográfica privilegiada de Portugal; fatores políticos estruturais, tais como centralização do poder régio, estabilidade de fronteiras, precoce consciência coletiva de nacionalidade. Há os que ele considera anacrônicos – as interpretações que ressaltam o desejo de contrabalançar a pressão turca sobre os Bálcãs –, ou aprisionados a conjunturas específicas – os desejos de encontrar o reino de Preste João, o de chegar às fontes de ouro do Sudão e o de prevenir a conquista castelhana do Marrocos –, o que não os colocaria na condição de determinantes da expansão.[31] Os fatores ideológicos – a idéia de cruzada e o espírito franciscano – classifica como causas formais, enquanto as materiais seriam o crescimento do Ocidente europeu e a inserção de Portugal no comércio entre o Mediterrâneo e o mar do Norte, que resultou no seu desenvolvimento interno.[32] Por fim conclui:

> na sua eclosão o fenômeno expansionista português parece essencialmente como fenômeno local, embora mergulhe suas raízes mais profundas naquele crescimento orgânico do

28 *Idem*, p. 3-6.

29 *Idem*, p. 6.

30 *Idem*, p. 7-8.

31 *Idem*, p. 9.

32 *Idem*, p. 13-19.

> Ocidente europeu de que as demais expansões têm também remota origem. [...] De fenômeno predominantemente local, logo inflecte para se enxertar no grande tronco do movimento comercial europeu já em curso.[33]

As críticas mais duras recaem sobre Antônio Sérgio. Suas definições do caráter moderno e do interesse burguês na conquista de Ceuta são refutadas por Thomaz, que vê esse episódio mais vinculado à realidade de uma história medieval e de defesa dos interesses da aristocracia. Para comprovar sua hipótese afirma que:

> a longo prazo, D. João I e a classe dirigente não tinham ainda senão planos muito nebulosos. [...] Quando já se encontrava diante da cidade, o rei reuniu à pressa o conselho na coberta do seu navio, para discutir se não valia mais apoderar-se de Gibraltar. Tendo-lhe parecido ser a cidade demasiado pequena para uma tão grande armada, o que servia mal os objetivos de prestígio da expedição, e sendo, por outro lado, da conquista dos reis de Castela, acabou por se decidir não mudar de objetivo. Após a conquista, o conselho reuniu-se uma vez mais para decidir se [...] a cidade se deveria arrasar ou, pelo contrário, ser ocupada em permanência. A segunda hipótese prevaleceu [...].[34]

Segundo Thomaz, o fato de existir essa hesitação entre destruir-se a cidade ou ocupá-la denota a mentalidade medieval que já havia inspirado outros episódios semelhantes protagonizados por genoveses, sicilianos e aragoneses em expedições no norte da África, durante a Baixa Idade Média. Para o autor, o Marrocos interessava fundamentalmente a nobreza militar que lá encontraria pilhagens, prêmios, cargos.[35]

---

33 *Idem*, p. 36.

34 *Idem*, p. 64.

35 *Idem*, p. 27.

Contra a justificativa de que o trigo de Ceuta seria outro elemento de incentivo à conquista, Thomaz afirma que, na verdade, "o celeiro de trigo localizava-se mais ao sul, na costa atlântica de Marrocos".[36] Aproveita a ocasião para confirmar a avaliação final de Godinho de que a manutenção daquela praça resultou em problemas de abastecimento de trigo para o reino.

Outro ponto que é descartado por Thomaz em relação às teses de Antônio Sérgio refere-se à definição da chegada à Índia como objetivo final da expansão. Thomaz classifica a explicação de Sérgio como teleológica, pois dá esse sentido desde os primórdios das explorações, o que, segundo o primeiro, só vai ser desenhado tempos depois.[37] Thomaz adverte que o fato de se encontrar nas fontes menção à palavra "Índia" ou "Índias" só pode ser interpretada à luz dos conhecimentos e crenças geográficas daquela época, que dessa forma designava "o conjunto de países ribeirinhos do Oceano Índico, compreendendo, portanto, a África Oriental ou «Etiópia»",[38] identificada com o reino semimítico do Preste João na obra de Jourdain de Séverac, em 1329, mas que outrora acreditava-se situado na Ásia Central, segundo Otão de Freising (1145). Daí não se poder usar esse argumento como elemento para defender a clareza de objetivos da expansão pela própria imprecisão de sua definição ao longo da Idade Média.

Thomaz reconhece o esforço de Jaime Cortesão em dar ênfase às motivações econômicas e sociais em detrimento das políticas, religiosas e culturais, em abordagem que ele classifica como "socializante". Mas não o poupa da crítica de também elaborar uma explicação teleológica, similar a de Antônio Sérgio para o "plano das Índias", por reforçar a definição precoce dos objetivos da expansão marítima portuguesa.[39]

---

36 *Idem*, p. 24.

37 *Idem*, p. 43.

38 *Idem*, p. 156.

39 *Idem*, p. 44.

Após esta dura revisão crítica, Thomaz inicia uma minuciosa exposição do processo de expansão marítima. Sugere que a conquista do Marrocos foi o primeiro projeto expansionista português, após a reconquista do Algarve, em 1250. Existiram ainda dois outros projetos que ao primeiro se juntaram, no século XIV: a conquista de Granada e a ocupação das Canárias. Apesar de haver uma certa preferência pela conquista do Marrocos, dependendo das circunstâncias políticas de uma dada conjuntura da península ibérica e do reino de Portugal, podia-se tender para os outros dois.[40]

Ou seja, na verdade, tais projetos acabaram por ter vinculações com as disputas políticas que a própria sociedade portuguesa do século XIV enfrentava. De um lado, uma tendência nobiliárquica e feudalizante; do outro, uma política centralista apoiada pelo terceiro estado. A primeira apoiava o estreitamento dos laços com Castela; já a segunda interessava-se em fortalecer as relações comerciais com a Inglaterra e Flandres. É somente com o "estabelecimento da Casa de Avis" que a estratégia atlântica sobrepuja a estratégia ibérica.[41]

A conquista de Ceuta simboliza, portanto, um momento em que todos esses elementos devem ser considerados. Ela pode servir tanto para iniciar a conquista do Marrocos, quanto para ser base de um ataque a Granada; ou ainda transformar-se em chave do controle do Mediterrâneo para consolidar o comércio com a Sicília, esta sim a fornecedora de trigo para o reino de Portugal. Mais uma vez o autor insiste na falta de clareza de objetivos ou dos desdobramentos do tradicionalmente considerado marco da expansão marítima portuguesa:

---

40 *Idem*, p. 44-49.

41 *Idem*, p. 56-58. Thomaz ainda detecta algumas oscilações em outros reinados, mas destaca a gradativa vitória da estratégia atlântica, ao longo do século XV. Para uma visão complementar da presença portuguesa no Marrocos ver Antônio Dias Farinha. *Os portugueses no Marrocos*. Lisboa: Instituto Camões/ Coleção Lazúli, 1999.

> Ceuta era antes da conquista portuguesa não só uma escala importante do comércio Leste-Oeste através do Estreito – função que a presença lusa deve ter incentivado – mas também próspera escápula do tráfego Norte-Sul como articulação que era do reino de Granada com o Magrebe e, através dele, com o resto do mundo muçulmano, levantino e sudanês. Esta função desvaneceu-se logicamente com a conquista portuguesa, passando o comércio muçulmano que se dirigia a Granada a preferir outros portos e rotas alternativas. É possível que os dirigentes portugueses não tivessem previsto desde logo tal desvio, que hoje se nos afigura inevitável; mas ainda que o previssem, as riquezas acumuladas na cidade que se pretendia tomar pela surpresa deviam oferecer excelentes perspectivas de saque, o que só por si constituía um poderoso incentivo à expedição.[42]

Aos poucos foi sendo desenvolvida a consciência de que a conquista do Marrocos era tarefa muito complexa e necessitava de um grande esforço de organização que só ao rei caberia promover. Além disso, as tensões na península ibérica aumentavam graças aos conflitos entre Aragão e Castela, que ameaçavam a neutralidade portuguesa. Da combinação desses fatores surgem, no século XV, mais dois projetos de expansão que se juntam aos já existentes no século anterior: o de povoamento das ilhas do Atlântico e o de exploração do litoral do norte da África ocidental. É nesse contexto que Thomaz destaca a ação do infante D. Henrique. O historiador afirma que, a princípio, o objetivo das expedições promovidas pelo infante era fazer um reconhecimento dos limites territoriais do inimigo, para consolidar uma estratégia de envolvimento pelo sul do Marrocos. Desde o início da década de 20 do século XV D. Henrique começou a mandar navios de sua frota corsária para alcançar o Bojador. Gradativamente seu interesse no Atlântico foi sendo aumentado, principalmente quando D. Duarte, rei de Portugal, concedeu-lhe

42 *Idem*, p. 62-63.

uma série de mercês em 1433: exclusivo da pesca do atum na costa do Algarve; isenção do quinto das presas devido à Coroa pela sua armada de corso; título vitalício de senhorio da Madeira.[43]

Mas D. Duarte reativou os planos de conquista do Marrocos ao organizar uma campanha contra Tânger (1437), na qual os portugueses foram derrotados e o infante D. Fernando, irmão de D. Henrique, feito refém dos muçulmanos como garantia para a retirada do domínio lusitano de Ceuta.[44] Os debates e hesitações decorrentes desse fracasso teriam contribuído para a opção de expansão comercial e de colonização de espaços vazios, apesar de posteriormente terem ocorrido outras campanhas de conquista do Marrocos.[45]

A partir de 1441 as expedições à costa da África passaram a conjugar o corso e o comércio, ganhando ainda maiores incentivos com o patrocínio de particulares (1442) e da própria Coroa – em 1443 o regente D. Pedro concedeu a D. Henrique o exclusivo do comércio e do corso para além do Bojador, enviando ainda uma caravela com as de seu irmão. Percebe-se aí o aumento das intercessões de interesses que se envolveram na expansão, que faz Thomaz afirmar que "a partir da segunda metade do século XV consolidou-se o processo de aburguesamento dos nobres e nobilitação dos burgueses, suavizando os choques de interesses".[46]

A política ultramarina de D. João II é considerada pelo historiador como a primeira a ser coerente e integrada, apesar de guardar ainda a tradição medieval. Para comprovar essa afirmação, demonstra o planejamento de sete frentes de ação definidas pelo monarca: preparação técnica das expedições; exploração do comércio na costa ocidental afri-

---

43 *Idem*, p. 70-75. Thomaz destaca a proximidade entre essa data e o sucesso de Gil Eanes em ultrapassar o Bojador (1434), sob ordens do infante.

44 D. Duarte morreu em 1438, não sem antes deixar registrado seu pedido para que os portugueses saíssem de Ceuta para salvar D. Fernando, que em 1443 morreu ainda prisioneiro dos muçulmanos.

45 *Idem*, p, 102.

46 *Idem*, p. 138.

cana; coleta de informações no Oriente – as viagens de Pero da Covilhã e Afonso de Paiva; tentativa de penetração no continente africano – Diogo Cão e João Afonso de Aveiro; cristianização do Congo (1491); atividades diplomáticas para garantir a influência portuguesa na costa africana e no Atlântico sul.[47] Não se tratava de um projeto de caráter colonial – que, segundo o autor, só no governo de D. João III começará a existir –, mas sim imperial, no sentido medieval do termo, ou seja, D. João II seria soberano em vários territórios, sem formar um Estado centralizado e unitário, mas com direito de tributação.[48] Essa afirmação é muito interessante para a discussão da estrutura do Império Português que será abordada ao longo do desenvolvimento desta pesquisa.

Assim, pode-se concluir que o autor destaca ao menos dois momentos distintos no processo de expansão marítima portuguesa:

> se em vida de D. Henrique a exploração comercial do Atlântico Sul tinha ainda o seu quê de «feudal» – concedida a um grande senhor, a título vitalício, em troca dos serviços nobres, assaz genéricos, que um vassalo era esperado prestar ao seu suserano – com o contrato de Fernão Gomes modernizara-se um pouco: fora arrendada a um mercador, por prazo limitado, e a troco de uma renda em dinheiro. Com D. João II tende a ser absorvida pela administração central do reino, na dependência direta da realeza, que assim opta decididamente por se tomar em empresa mercantil. Este aspecto deve ser retido em mente, sob pena de se continuar indefinidamente a lavrar em erros grosseiros, como o de estabelecer uma relação unívoca e direta entre comércio e burguesia, identificando interesses comerciais com aspirações da burguesia, esquecendo que a principal empresa de comércio é o Estado, e que os seus agentes são, em maioria,

---

47 *Idem*, p. 159-164.

48 *Idem*, p. 165.

> pequenos nobres e não exatamente burgueses – embora estes, naturalmente, não sejam marginalizados do processo.[49]

Outra observação do historiador que enriquece o olhar sobre a expansão marítima refere-se à demora em organizar-se uma expedição ao Oriente após a viagem de Bartolomeu Dias e a consolidação do conhecimento da passagem para o Índico. Somente cerca de dez anos mais tarde Vasco da Gama seria enviado para completar o percurso até as Índias[50].

Para Thomaz esse hiato demonstra que na corte portuguesa no final do reinado de D. João II e início do de D. Manuel I havia pelo menos duas facções que se opunham: um grupo apoiava a consolidação da presença portuguesa no Atlântico; outro alimentava a perspectiva de estabelecimento no Índico. Por fim, D. Manuel I conseguiu fazer prevalecer seu plano em relação ao Oriente, graças à combinação de um messianismo que envolvia o rei e o caráter autocrático de seu governo. O plano era muito complexo, uma vez que partia da crença de que o soberano português seria responsável pela construção de uma nova era, de uma nova ordenação do mundo, que se consubstanciaria com a tomada de Jerusalém. Tinha como objetivo dominar o Índico e a entrada do Mar Vermelho para enviar um ataque em duas vertentes – uma partindo do Magrebe e outra do Egito – para conquistar a Terra Santa.[51] Contava que receberia apoio dos muitos reinos

---

49 *Idem*, p 153-154.

50 Há explicações de ordem técnico-científica para essa demora, pois ela teria sido necessária para o ajuste da rota correta para a ultrapassagem do Cabo da Boa Esperança. *Cf.* Renato Pereira Brandão.*Op. cit*, p. 105.

51 Luís Filipe Thomaz. *Op. cit*. p. 192. O autor define o messianismo em torno do rei como resultado do modo inusitado que este chegou ao poder, após a morte de outros seis melhores colocados à sucessão, considerado como um sinal de sua predestinação a grandes feitos, além do fato de ter sido educado em sua juventude com influências da filosofia joaquimita – Joaquim de Fiora, século XII, cujos preceitos eram abordagem trinitária da História, interpretação literal das Escrituras para alcançar a espiritualidade e uma visão apocalíptica – e da existência de alguns conselheiros do rei que partilhavam dessa filosofia. Com isso, Thomaz sugere um outro momento de messianismo na realeza lusitana, além do consagrado Sebastianismo, posteriormente.

cristãos que existiriam no Oriente, especialmente o de Preste João e o da cristandade, que teria sido convertido pela ação evangelizadora no Oriente de São Tomé, logo após a morte de Jesus Cristo.[52]

Disto pode-se entender porque Vasco da Gama quando convidado a conhecer templos hindus, na verdade enxergou igrejas:

> Aqui nos levaram a uma grande igreja, em a qual estavam as coisas seguintes:
> Primeiramente o corpo da igreja é da grandura dum mosteiro, toda lavrada de cantaria, telhada de ladrilho [...] e dentro estava uma imagem pequena, a qual eles diziam que era de Nossa Senhora. [...] E outros muitos santos estavam pintados pela parede da igreja [...].[53]

Outro trabalho que se enquadra numa produção mais recente da historiografia portuguesa sobre a expansão marítima é o de Luís Filipe Barreto. Há uma clara influência da escola francesa, com destaque para as reflexões de Lucien Febvre.[54] O autor afirma fazer um estudo no âmbito da História da Cultura, utilizando o método de hermenêutica proposto por Paul Ricoeur.[55] Seu maior esforço concentra-se no estabelecimento

---

52 Esta é uma das mais antigas e fortes tradições na história da Igreja no Oriente, e muito divulgada na Idade Média. Textos apócrifos surgidos por volta do século III relatam a obra de cristianização do apóstolo Tomé na Ásia. Para uma explicação detalhada desses relatos ver Samuel Hugh Moffett. *Christianity in Asia*: beginnins to 1500. New York: Orbis Books, 1998. v. 1, p. 24-44.

53 Álvaro Velho. *Relação da Primeira Viagem à Índia pela armada chefiada por Vasco da Gama*. *Apud* Rui Loureiro, O encontro de Portugal com a Ásia no século XVI. *In*: Luís de Albuquerque *et alli*. *O confronto do olhar*: o encontro dos povos na época das navegações portuguesas. Lisboa: Caminho, 1990, p. 157-158.

54 Luís Filipe Barreto. *Descobrimentos e Renascimento*: formas de ser e pensar nos séculos XV e XVI. Lisboa: Imprensa Nacional/Casa da Moeda, 1983; *Os descobrimentos e a ordem do saber*: uma análise sociocultural. Lisboa: Gradiva, 1989 e *Caminhos do Saber no Renascimento português*: estudos de história e teoria da cultura. Lisboa: Imprensa Nacional/Casa da Moeda, 1986.

55 Luís Filipe Barreto. *Caminhos do Saber no Renascimento português*... p. 316.

das relações existentes entre o Renascimento e o fenômeno dos descobrimentos portugueses, destacando a extrema complexidade do mundo quinhentista graças às sobrevivências das características medievais convivendo com os elementos modernos que se formavam. Para o autor:

> os descobrimentos foram o fenômeno sociocultural mais significativo gerado no e pelo Renascimento português. No entanto, não devem ser lidos como um fenômeno nacional (ista) mas como um elemento comparticipante de todo um alargamento de fronteiras da Europa à conquista do Mundo. O Renascimento português, como todo e qualquer Renascimento, é um fenômeno de continuidade e descontinuidade frente ao herdado. Uma conservação e uma superação dos sistemas de valor institucionalizados que abre as fronteiras da Idade Moderna.[56]

Pela própria proposta de seu trabalho e pelo método utilizado, Luís Filipe Barreto não tem uma grande preocupação em discutir os grandes marcos do processo de expansão marítima portuguesa, preferindo procurar nos discursos e nas suas contradições as principais características da cultura lusitana relacionada às técnicas de navegação, aos conhecimentos geográficos e aos aspectos dos contatos entre culturas, do ponto de vista antropológico, afirmando que "os portugueses são os olhos e ouvidos da Europa, o comunicador intercivilizacional por excelência da cristandade".[57]

Além da produção dos historiadores portugueses, existem muitos outros autores que trabalham com a questão dos descobrimentos lusitanos que merecem destaque. Charles R. Boxer é responsável pela produção de diversos estudos sobre a expansão marítima portuguesa desenvolvidos ao longo de sua extensa vida, com artigos e livros produzidos desde

---

56 Luís Filipe Barreto. *Descobrimentos e Renascimento* ... p. 48. O que o autor chama de *Renascimento português* por ele é datado no período que vai de meados do século XV até as décadas de 1620 e 1630.

57 Luís Filipe Barreto. *Os descobrimentos e a ordem do saber* ... p. 58.

a década de 30 até os anos 80 do século XX.[58] Há pequenos trabalhos com enfoque detalhista, mas existem também estudos generalizantes, principalmente *O Império marítimo português (1415-1825)*, publicado em primeira edição inglesa em 1969, cujo título já demonstra que o autor privilegia a noção de império.

Neste livro, Boxer assimila muitas das informações apresentadas por Godinho, mas acrescenta outras reflexões, como, por exemplo, a menção que faz às afirmações de Gilberto Freyre sobre a tolerância racial típica do português, que teria sido resultado da longa presença muçulmana na península ibérica. Boxer faz restrições a esse raciocínio, enfatizando as pressões decorrentes dos critérios de "pureza de sangue" que vieram a se enraizar na legislação portuguesa.[59]

Estando distante dos conflitos de ordem nacionalista que por vezes ficam evidenciados nos debates de alguns historiadores portugueses, Boxer percebe a dificuldade em isolar as razões da expansão marítima, optando por apresentá-las sem hierarquia, mas sim como resultado de uma mistura que incorporaria fatores religiosos, econômicos, estratégicos e políticos.[60] É muito interessante notar a sua sensibilidade de interpretação em pequenas observações que podem se desdobrar em enormes derivações, ricas em perspectivas de análise:

> há boas razões para crer que tanto os motivos de natureza apostólica e religiosa como uma curiosidade inteligente (mas quase nada científica) alimentaram a persistência do Infante D. Henrique em enviar os seus navios e caravelas para sul do cabo

58 Alguns exemplos: C. R. Boxer. *From Lisbon to Goa (1500-1750)*: studies in portuguese maritime enterprise. Aldershot: Variorum, 1997; *A Igreja e a expansão ibérica (1440- 1770)*. Lisboa: Edições 70, 1990; *A mulher na expansão ultramarina ibérica (1415-1815): alguns factos, ideias e personalidades*. Lisboa: Livros Horizonte, 1977; *Império colonial português*. Trad. Inês Silva Duarte. Lisboa: Edições 70, 1977.

59 C. R. Boxer. *Império colonial português...* p. 26.

60 *Idem*, p. 41.

> Não; mas causas econômicas desempenharam também o seu papel, *se bem que possam não ter sido muito importantes nas primeiras fases* [não está grifado no original].[61]

Portanto, o autor relativiza as motivações econômicas do período inicial da expansão, sem descartá-las, sugerindo antes uma imbricação de fatores do que uma hierarquia.

Na década de 1960, Frédéric Mauro analisou alguns aspectos da expansão portuguesa, como parte do processo de longa duração da expansão européia, que remontaria ao desenvolvimento do comércio no período de 1200 a 1350.[62] Os portugueses teriam assumido o comando do movimento porque reuniam os avanços técnicos associados ao ouro da Guiné.[63] Reconhece a presença de fatores religiosos na expansão, mas conclui que:

> a expansão portuguesa no Oriente é uma expansão capitalista de que se beneficia em primeiro lugar o rei, que reserva para si um monopólio, partilhando-o ocasionalmente com particulares, mesmo estrangeiros. Mas é um capitalismo de circulação, orientado para os produtos de luxo, que representam um valor elevado para um pequeno volume, dão lucros vultuosos, mas sujeitos à especulação, à moda, e sem larga base de um consumo de massas. Na medida em que o comércio oriental e a rota das Índias dominam o conjunto da atividade imperial, esta mantém-se, pois, precária e frágil.[64]

---

61 *Idem*. p. 46. Essa pequena observação foi detalhadamente esmiuçada por Thomaz, como demonstrado anteriormente.

62 Frédéric Mauro. *A expansão européia*. Trad. Franco de Sousa. Lisboa: Editorial Estampa, 1988. p. 21; ver também do mesmo autor *Portugal, o Brasil e o Atlântico* (1570-1670). Trad. Manuela Barreto. Lisboa: Editorial Estampa, 1997.

63 *Idem*. *A expansão européia*... p. 43-44.

64 *Idem*. *Portugal, o Brasil e o Atlântico* (1570-1670)... p. 27.

Por criar tal generalização, Mauro perde a possibilidade de perceber as sutilezas e, até mesmo, as indefinições do processo de expansão de Portugal.

Já o trabalho de Bailey W. Diffie e George D. Winius, obra em dois volumes publicada em 1977 na versão em inglês,[65] elabora uma síntese do processo de expansão marítima, com um interessante eixo de reflexão que é o da construção do Império português no Oriente. Possui forte influência do trabalho de Charles. R. Boxer no seu desenvolvimento, o que é explicitado pelos autores logo na introdução do livro.[66] A maior diferença repousa no fato dos autores terem concentrado seus esforços analíticos nas fontes da época, não possuindo uma profunda discussão da produção historiográfica sobre o tema.

Na década de 80, por iniciativa da Cambridge University Press, uma *Nova História da Índia* começou a ser idealizada para substituir a edição dos anos 20 e 30. A obra foi estruturada para ser composta por eixos temáticos, e um dos volumes ficou a cargo do historiador M. N. Pearson.[67] O autor declara que seu objetivo é avaliar o impacto da presença portuguesa na Índia. De início ele inventaria as possíveis razões para a expansão, destacando as questões de ordem política, econômica, social e religiosa clássicas, associando-as à superação da crise do feudalismo, discutindo as principais teses dos economicistas e dos deterministas geográficos. Nessa altura faz uma advertência interessante:

> mas isto não nos deve levar a ver os portugueses como uma raça de marinheiros intrépidos. Na sua maioria, eram camponeses, que nada sabiam acerca do mar e não dependiam economicamente dele. O estado dos conhecimentos de navegação dos portugueses, no começo dos descobrimentos, está bem pa-

---

65 Bailey W. Diffie e George D. Winius. *A fundação do Império Português* (1415-1580). Lisboa: Vega, 1993, 2 v.

66 *Idem*, p. 16.

67 M. N. Pearson. *Os portugueses na Índia*. Trad. Ana Mafalda Telo. Lisboa: Teorema, 1990.

> tente no fato de a frota que foi conquistar Ceuta, em 1415, ter tido grande dificuldade em atravessar o estreito de Gibraltar. No entanto, as coisas não tardaram a mudar; os portugueses fizeram experiências e aperfeiçoaram tanto os navios como as técnicas de navegação, de modo a poderem continuar a avançar para mares desconhecidos.[68]

Pearson também se preocupa em relativizar a afirmação de que os portugueses foram os primeiros europeus a chegarem em algumas regiões do Índico, destacando a presença de mercadores italianos que teriam aproveitado a "*Pax Mongolica*" para fazer tais incursões. Mas concorda em dar destaque à presença portuguesa, pois entende que ela teve um caráter de "irrupção maciça" no Oriente, com efeitos incomparáveis aos contatos irregulares de outros europeus que até então tinham alcançado aquela região.

O indiano Sanjay Subrahmanyam[69] trouxe a perspectiva do Oriente para a interpretação da expansão portuguesa. O livro foi escrito no início de 1990 e faz interlocução com as reflexões de Luís Felipe Thomaz. O autor assume a abordagem de história política e econômica e declara que não pretende fazer nenhuma incursão nas dimensões da interação cultural entre os portugueses e a Ásia, nos séculos XVI e XVII. O propósito maior de seu estudo é contribuir para a discussão sobre a continuidade ou descontinuidade entre a expansão portuguesa na Ásia e a holandesa e a inglesa, ou seja, uma comparação dos modelos de império que existiram no Oriente.

---

68 *Idem*. p. 24-25. Sobre as técnicas de navegação há várias publicações, das quais destacam-se: Luís Albuquerque. *Dúvidas e certezas na História dos descobrimentos portugueses* (2ª parte). Lisboa: Vega, 1991; Luís Felipe Barreto. *Os descobrimentos portugueses...* e *Caminhos do saber no Renascimento...*; Bailey W. Diffie. *Prelúdio ao Império*: navegações e comércio pré-henriquinos. Trad. Flávia Coelho Dias. Lisboa: Teorema, 1989; Gaetano Ferro. *As navegações portuguesas no Atlântico e no Índico*. Trad. José Colaço Barreiros. Lisboa: Teorema, 1989.

69 Sanjay Subrahmanyam. *O império asiático português – 1500-1700*: uma história política e econômica. Lisboa: Difel, 1995.

Como intelectual que tem a oportunidade de trabalhar em uma encruzilhada cultural, a Índia, Subrahmanyam tem acesso às fontes ocidentais, e também pode utilizar uma série de outros registros vinculados ao universo oriental. Logo de início o autor transcreve um texto malaio, provavelmente escrito no início do século XVIII, que descreve a presença portuguesa em Malaca.[70] É um relato cheio de imprecisões, segundo o autor, mas rico em informações para o historiador, ainda mais por ser um registro decorrente da ótica dos orientais, diferente das fontes européias, mais freqüentemente trabalhadas.

Sua perspectiva a partir do Oriente pode ser comprovada pela própria estrutura da obra: o primeiro capítulo faz um retrato da Ásia entre 1500 e 1700, e somente no segundo capítulo o autor apresenta as características de Portugal de 1200 a 1500. Essa sutil inversão de uma tradicional apresentação do problema não serve apenas como crítica à visão eurocêntrica, mas enriquece o entendimento do multifacetado mundo oriental. Subrahmanyam afirma que:

> os portugueses não chegaram a uma Ásia estática, nem agiram sobre uma *tabula rasa*. Em vez disso, os portugueses viram-se instalados, nos séculos XVI e XVII, num mundo cujo equilíbrio de forças geopolíticas, sociais e econômicas estava em permanente mutação.[71]

No capítulo sobre o Estado e a sociedade portuguesa o historiador indiano se dedica ao período da ocupação muçulmana na península ibérica, desde o início do século VIII para investigar o desenvolvimento da formação do reino de Portugal: "pois, num certo sentido, os mouros foram as parteiras que assistiram ao nascimento da nação portuguesa [...]".[72] Apresenta um resumo do processo de Reconquista com o intuito de destacar a importância de dois aspectos que acompanharam a defi-

70 *Idem*, p. 3-8.

71 *Idem*, p. 40.

72 *Idem*, p. 43.

nição de Portugal como Estado, não apenas no seu nascimento, mas em outros períodos de sua história: a luta contra os mouros e a necessidade de se diferenciar dos reinos vizinhos que se formaram naquele mesmo contexto.

O autor também analisa a sociedade portuguesa identificando as suas características e variações em relação às regiões e aos momentos históricos. Percebe que existiam antagonismos que acabaram por se enfrentar na crise de sucessão de 1383-1385, mas apesar da vitória da tendência centralista, não houve a eliminação dos conflitos.

Subrahmanyam considera a estratégia de D. João I bifurcada, ou seja, a expansão norte africana tinha um caráter mais militar que comercial, enquanto as expedições no Atlântico eram predominantemente comerciais e não militares. Essa simplificação reduz a uma fórmula muito esquemática de algo que foi detalhadamente descrito por Thomaz. Em relação à política de D. João II, o historiador indiano classifica-a como predominantemente comercial e decisivamente distanciada dos interesses de Castela, daí a opção pela rota atlântica.

Já o plano de D. Manuel é definido a partir do messianismo apontado anteriormente por Thomaz, mas Subrahmanyam enfatiza as tensões internas decorrentes do confronto do grupo que considerava essa estratégia por demais perigosa e dispendiosa.

Também na mesma década de 1990 há o trabalho de Marc Ferro que realizou um estudo das colonizações européias dos séculos XIII a XX,[73] onde demonstra grande preocupação em combater a visão europocêntrica, o que está presente em todas as suas obras. Denunciando esse tipo de abordagem, afirma que:

> não se deve iniciar a história da colonização com os Grandes Descobrimentos ultramarinos, ou seja, com a busca de um caminho para as Índias. Por certo, os descobrimentos deram

73 Marc Ferro. *História das colonizações*: das conquistas às independências – séculos XIII a XX. Trad. Rosa Freire D'Aguiar. São Paulo: Companhia das Letras, 1996.

> nova dimensão ao fenômeno da colonização, e por vezes à sua natureza, mas o expansionismo lhe é anterior. A necessidade de contornar o Império Turco, com tudo que isso implicava, não explica por si só as diferentes dimensões do fenômeno expansionista colonial. É exatamente a visão da tradição árabe. Esta considera que a expansão européia começa com as Cruzadas, primeira expressão do "imperialismo". A tradição ocidental, ao contrário, considera as Cruzadas uma tentativa de reconquistar a Terra Santa do islamismo, que se apossara de uma terra cristã.[74]

Apesar de ser um bom alerta, o olhar muito crítico, mas um tanto apressado, por se propor a fazer uma análise abrangente e de um longo período histórico, às vezes transforma sua explicação numa versão muito simplista.

Fernand Braudel também adicionou algumas reflexões ao debate geral sobre a expansão marítima, especialmente ao papel de Portugal, discordando da visão tradicional de enfatizarem-se as carências de recursos do país para desenvolver tal empreendimento. Considera que Portugal não é "nem anormalmente pequeno, nem anormalmente pobre, nem fechado sobre si próprio, é, no conjunto da Europa, uma potência autônoma, capaz de iniciativa (prova-lo-á) e livre nas suas decisões".[75]

O trabalho de sistematização mais recente sobre esse assunto foi realizado pela obra dirigida pelo historiador português Francisco Bethencourt e o indiano Kirti Chaudhuri,[76] pois trata-se de um enorme esforço tanto de revisão historiográfica da expansão portuguesa, quanto

74 *Idem*. p. 19.

75 Fernand Braudel. *A civilização material, economia e capitalismo – séculos XV-XVIII*: o tempo do mundo. Trad. Telma Costa. Lisboa: Teorema, 1993. t. 3, p. 115.

76 Francisco Bethencourt e Kirti Chaudhuri (dirs.). *História da expansão portuguesa*. Lisboa: Círculo de Leitores e Autores, 1998-99. v. 1 (A formação do Império – 1415-1570), 2 (Do Índico ao Atlântico – 1570-1697) e 3 (O Brasil na balança do Império – 1697-1808).

de abordagem de novos temas e objetos de pesquisa. A obra foi publicada em 5 volumes, a partir de 1998, mas só os três primeiros abrangem a temporalidade da presente pesquisa. É formada por vários artigos de autoria dos organizadores, além de historiadores de renome, como A. J. R. Russel-Wood, José Mattoso, Diogo Ramada Curto, Joaquim Romero Magalhães, Caio Boschi, apenas para citar alguns.

A obra reúne estudos de cunho econômico, político, demográfico e de viés antropológico, permitindo um vasto painel sobre o Império português. Talvez o mais interessante no que se refere à estruturação da obra seja a definição de eixos temáticos, que são investigados em relação à divisão cronológica definida em cada volume e à região correspondente do Império português, como por exemplo "fluxos de imigração", "a sociedade portuguesa no ultramar", ou ainda, "articulações regionais e economias mundo". Naturalmente que foi dada maior atenção aos textos referentes à temática do Oriente para a realização do presente trabalho, mas deve-se destacar a interessante visão de conjunto que a obra proporciona, com painéis sobre a presença portuguesa na América, na África e na Ásia.

A título de exemplo da contribuição que esta obra proporcionou ao presente estudo, pode-se resgatar a discussão anterior em relação ao trabalho de Luís Filipe Thomaz. Como complemento à afirmação daquele autor sobre o caráter imperial da política joanina, mencionada acima, pode-se incluir as reflexões de Russel-Wood sobre a ação de D. Manuel I, que classifica de "primeiro esboço oficial de uma política de colonização",[77] ao menos no que se refere ao Oriente.

A estrutura geral da obra possibilitou ainda um grande acúmulo de informações e reflexões em relação ao outro eixo de leituras desenvolvido: a presença portuguesa em Goa, uma vez que muitos dos trabalhos lá publicados analisam as relações de poder e convivência entre portugueses e os habitantes da Índia.

77 A. J. R. Russel-Wood. Fronteiras de Integração. In: Francisco Bethencourt e Kirti Chaudhuri (dirs.). *Op. cit.* v. 1, p. 244.

Merece destaque por sua importância para o cerne da pesquisa o texto de Diogo Ramada Curto, em especial a seção sobre a produção de escritos jesuíticos.[78] O autor afirma que apesar de existir uma orientação geral por parte da Companhia de Jesus em matéria de tolerância em relação aos usos e costumes dos habitantes locais, existiam discordâncias entre alguns religiosos dessa ordem.[79] Sem dúvida, esse é um aspecto que será mais aprofundado no decorrer do trabalho, uma vez que é essencial para o entendimento dos conflitos entre a Companhia de Jesus e a Inquisição no processo de cristianização de Goa.

3. O Oriente antes da chegada dos portugueses

A partir da orientação dada por Sanjay Subrahmanyam de não se olhar para o Oriente como uma realidade estática, uma *tabula rasa* na qual os portugueses exerceriam seu poder e influência, deve-se traçar um esboço das características gerais desse universo multifacetado.

Um dos argumentos de Subrahmanyam para negar a visão de que o Oriente era estático em oposição ao dinamismo de Portugal baseia-se nas estimativas de população para a Ásia no século XV. Segundo o autor, embora o cálculo seja difícil, pode-se verificar que a partir de meados desse século houve uma recuperação demográfica do impacto resultante da peste negra, tendo a população de todo o continente alcançado o número de 200 a 225 milhões, em 1500. Informa ainda que a tendência de crescimento continuará ao longo dos séculos XVI e XVII, chegando à cifra de 500 milhões. A distribuição dessa população era desigual, havendo uma maior concentração demográfica na Ásia tropical e subtropical. Esse crescimento proporcionou reflexos tanto na expansão urbana, como no aumento de terras cultivadas e na produção de manufaturas.[80] Em contrapartida, na Europa, Godinho estima que em meados do século XVII

78 Diogo Ramada Curto. Cultura escrita e práticas de identidade. In: Francisco Bethencourt e Kirti Chaudhuri (dirs.). *Op. cit.* v. 2, p. 469-477.

79 *Idem*, p. 472.

80 Sanjay Subrahmanyam. *Op. cit.* p. 13-14.

em Portugal haja 2 milhões de habitantes, enquanto na Itália, 11 milhões; na França, 16 milhões; na Espanha, cerca de 7 milhões e meio; ou seja, a partir da comparação desses dados percebe-se uma considerável desproporção demográfica entre a Europa e o Oriente.[81]

O principal eixo geográfico que pode ser adotado para esse estudo centra-se no Oceano Índico. Banhando a borda oriental da África, como caminho para o Pacífico e em função de seus contatos com o Mar Vermelho, o Golfo Pérsico e o litoral da península hindustani, o Índico era uma importante chave estratégica para o comércio no Oriente. Portanto, havia muitos contatos entre as várias culturas que se avizinhavam nesse espaço, assim como existiam rotas comerciais que se estendiam até a Indochina, Malásia e a própria China.

Segundo o historiador africano Ki-Zerbo, desde o fim do século XII até o do século XIV, toda a África negra conheceu um grande desenvolvimento simultâneo de várias regiões, do ponto de vista econômico, político e cultural.[82] No litoral da África Oriental, na parte que se estende do Cabo da Boa Esperança até o chifre africano, existiam os importantes portos de Sofala, Quíloa, Mombaça e Melinde, entremeados por aldeias, de pequena expressão. Quase toda essa região está sujeita às monções (com exceção das regiões mais ao sul, como Inhambane e a ponta meridional de Madagascar), o que garante chuvas sazonais regulares. No entanto, a África Oriental, observando-se a noção de macrorregião, é marcada por grandes variações climáticas, alternando períodos de boa precipitação pluviométrica, e outros de longas secas, com efeitos dramáticos para a sobrevivência de pessoas e animais. Geralmente essa instabilidade climática é apontada como um importante fator de fomento das freqüentes guerras entre as populações que habitam a região.[83]

---

81 Vitorino Magalhães Godinho. *Mito e mercadoria*... p. 375.

82 Joseph Ki-Zerbo. *Storia dell'Africa nera*: un continente tra la preistoria e il futuro. Roma: Einaudi, 1977, p. 157.

83 Malyn Newitt. O impacto dos portugueses no comércio, política e estruturas de parentesco da África oriental no século XVI. In: *Oceanos*: culturas do Índico.

Outra característica da área é a existência de uma divisão em terras altas do interior e terras baixas na faixa litorânea. O vale do rio Zambeze marca uma faixa de planície que se aprofunda no interior da África Central. Associada aos fatores climáticos, a criação de gado era mais desenvolvida nas terras altas, enquanto que nas terras baixas havia agricultura de regadio complementada pela caça, exploração de minérios e atividades comerciais. A maior parte do ouro da África Oriental era originária das terras altas acidentadas do Zimbábue.

Os grupos étnicos que habitavam as terras baixas ao sul do Zambeze eram conhecidos como Tonga. Viviam em pequenas aldeias que tinham seus respectivos chefes. A agricultura era precária e as atividades comerciais, a caça e a prestação de serviços (carregadores, remadores, etc) complementavam sua subsistência. Os Tonga mantinham contatos regulares com as cidades muçulmanas de Sofala e Quilomane. Alguns chefes Tonga controlavam portos fluviais do Zambeze e participavam do comércio no interior.

As terras altas ao sul do Zambeze eram habitadas pelos Karanga, que se caracterizavam por estarem organizados em algumas chefaturas submetidas a dinastias de proprietários de gado que reconheciam laços dinásticos entre si. Esta organização tem sido identificada como "império do Monomotapa", cujos limites territoriais chegaram a alcançar desde o deserto de Kalahari até Sofala, em fins do século XV.[84] A principal atividade econômica era a criação de gado e o comércio ocupava posição secundária, sendo controlado pelos chefes que podiam dar permissão para comerciantes de outras regiões entrarem no território, mediante pagamento. Entretanto, constituía-se como uma área estratégica de acesso às minas de ouro do Zimbábue.

Lisboa, nº 34, abr-jun 1998, p. 64.

84 Para Malyn Newitt. *Idem*, p. 69 deve-se entender que essa denominação está relacionada às fontes portuguesas da época que dessa maneira referiam-se a esses grupos étnicos. Já Joseph Ki-Zerbo. *Op. cit*, p. 234 tem uma análise mais detalhada e faz um histórico da formação do Reino de Monomotapa, indicando como seu fundador Matope.

Ao norte do rio Zambeze, nas terras altas viviam os Maravi, e nas terras baixas os Nguni, mas as informações sobre esses grupos são escassas, muitas vezes assemelhando-se às descrições dos Tonga.

É importante entender que todos esses grupos étnicos aqui descritos com seus contatos acabavam por criar uma complexa rede de comércio que, associada às cidades muçulmanas da costa oriental africana, tinham muito dinamismo e serviam de base para alimentar as trocas com as outras regiões asiáticas. Assim, ouro, marfim, madeira, peles exóticas, pérolas e escravos eram trocados por tecidos de algodão indiano e artigos de luxo, como porcelana, trazidos por embarcações que vinham do Mar Vermelho, Índia, Malásia e China.

As famílias de comerciantes muçulmanos dos principais portos da África Oriental mantinham laços com as das outras cidades das regiões do Hadramaut, do Golfo Pérsico e da costa ocidental da Índia, através de uma rede de casamentos. Dessa forma, muitos aglomerados mercantis originavam-se da fragmentação de grupos hegemônicos, promovendo a ocupação de ilhas e difundindo o islamismo.

Boxer destaca que as cidades mais ao norte da costa oriental da África, Quíloa, Mombaça e Melinde, eram suaíles, com alto grau de florescimento cultural, com forte influência árabe e prosperidade comercial, mas com graus de islamização variados, oscilando entre superficial e profundo.[85] É importante notar que a expansão do islamismo no Índico desenvolveu-se entre os séculos XIII e XV.[86] Uma característica dessa religião é criar uma identidade cultural e econômica, graças ao preceito básico de que todo muçulmano tinha que saber o árabe para praticar as rezas e a leitura do Corão. Dessa forma, desde o califado Abássida – considerado o último período da unidade política do Islã que, grosso modo,

---

85 C. R. Boxer. O *Império português*... p. 60. O termo suaíle é usado para designar tanto o povo quanto à língua falada em muitas regiões da África oriental. De origem banto, sofreu uma série de influências dos contatos culturais ocorridos graças às presenças árabe, persa e portuguesa na região.

86 Sugata Bose. Estado, economia e cultura na orla do Índico: teoria e história. *In*: *Oceanos*: culturas do Índico. Lisboa, nº 34, abr-jun 1998, p. 32.

se manteve até o início do século X –, o mundo muçulmano conheceu um processo efetivo de fragmentação política, mas que não resultou em enfraquecimento cultural e econômico, havendo um florescimento, retro-alimentado por expansões como a que ocorreu no Índico.[87]

Na Abissínia havia o reino cristão copta, vizinho aos domínios muçulmanos do Egito e da própria península arábica. No Golfo Pérsico o destaque era Ormuz, de domínio islâmico. Era uma pequena ilha com "condições de vida duríssimas por não dispor de água (ou melhor, apenas possui alguns poços de água salobra), nem produtos agrícolas porque o solo tem elevada concentração de sal".[88] Entretanto, era um dos entrepostos mais ricos do mundo daquela época, graças ao grande valor estratégico de sua localização geográfica. Naquele mercado eram comercializados os produtos vindos da Índia, da Pérsia, da Indonésia e os cavalos da Arábia.[89]

Mais ao norte existiam dois estados muçulmanos que começavam a se expandir: o Império Otomano e a Pérsia da dinastia Safávida, que no início do século XVI irão se chocar e medir forças[90], com vantagem para o primeiro.

A noroeste da península hindustani localizava-se o principado de Guzerate, com o domínio de maometanos, mas com forte presença de populações hindus, muitas delas islamizadas e que se dedicaram às atividades comerciais marítimas no Índico.

No norte da Índia havia se instalado o Império Mogol, que se considerava descendente dos mongóis que invadiram o Turquestão, liderados ainda por Gengis Can, no século XIII. Na verdade, os mogóis eram descendentes muito distantes dos seus alegados ancestrais, mas

87 *Cf.* Albert Hourani. *Uma história dos povos árabes.* Trad. Marcos Santarrita. São Paulo: Companhia das letras, 1994, p. 57-61.

88 Antônio Dias Farinha. *Os portugueses no Golfo Pérsico (1507-1538)*: contribuição documental e crítica para a sua história. p. L

89 Sugata Bose. *Op. cit,* p. 60.

90 Sanjay Subrahmanyam. *Op. cit,* p. 15.

utilizaram essa ligação para sustentar sua expansão. Eram islamizados na tradição do sufismo, pois receberam forte influência da cultura persa (o nome Mogol é a designação persa para Mongol), onde essa tendência havia se difundido.[91] No reinado de Babur, já no século XVI, os mogores aprofundaram-se mais ao sul no interior da península. Lá, ao sul do Decão, havia o reino hindu de Vijayanagar (posteriormente denominado pelos portugueses de Império de Bisnaga), fundado em 1340 e que viveu seu apogeu no século XV, sendo um importante núcleo de resistência ao domínio muçulmano na região. No entanto, sem acesso ao mar, acabou fragmentando-se em função do avanço mogol. A nordeste existia o principado de Bengala, também dominado por muçulmanos.[92]

O sultanato de Bijapur possuía um importante porto no litoral ocidental da Índia: Goa. Nessa costa encontravam-se pequenos estados independentes hindus, sendo Calicute o de maior destaque. Muitas comunidades muçulmanas haviam instalado-se na região e viviam de atividades comerciais, desenvolvendo relações com as comunidades hindus, mas com forte influência no poder político.[93] Do ponto de vista cultural, percebe-se que havia uma oposição entre a forte identidade islâmica e a concepção de castas do hinduísmo, o que possibilitou a construção de

---

91 O sufismo é uma corrente do Islão que defende a manifestação do misticismo, com características de esoterismo e exaltação de um ideal asceta de vida. Surgiu no século VIII e trouxe algumas desconfianças entre os muçulmanos ortodoxos que viam com reservas a defesa de experiências pessoais de união com Deus feita pelos sufistas. Ver Mircea Eliade. *A history of religious ideas*. Trad. Alf Hiltebeitel e Diane Apostolos-Cappadona. Chicago: The University Press of Chicago, 1985. v. 3. p. 122-125.

92 C. R. Boxer. O *Império português*... p. 61.

93 É importante salientar que a expansão islâmica na Índia obedeceu duas formas: vagas sucessivas de invasões afegãs, turcas e mongóis; mas por outro lado, ao sul da península hindustani, uma islamização ocorreu graças aos contatos pacíficos de comerciantes árabes e persas. *Cf.* Geneviève Bouchon. *L'Asie du Sud à l'époque des Grandes Decouvertes*. Londres: Variorum, 1987, p. 29. Para conhecer detalhes sobre a expansão muçulmana na Índia ver Eduardo Dias. *O Islão na Índia*. Lisboa: Livraria Clássica, 1942.

uma espécie de fronteira étnica.[94] Mas isso não impedia uma forma de interação, principalmente através de casamentos entre os comerciantes muçulmanos e mulheres hindus, geralmente de castas mais baixas.

Havia rivalidades entre os estados das costas de Concão, Canará e Malabar. Um bom exemplo são as disputas entre o rajá de Cochim e o samorim de Calicute; também existiam laços de vassalagem entre alguns deles, caso de Chalé em relação à mesma Calicute.[95]

Na região também havia algumas comunidades cristãs nestorianas e sírias, assim como a presença de muitos judeus, oriundos da Europa, ou de outras regiões do Oriente Médio – corredor sírio-palestino, península arábica, por exemplo. Na verdade, existiam dois grupos de judeus: os paradesis, ou *judeus brancos* e os malabares, ou *judeus negros*. Os primeiros alcançaram a Índia em tempos mais recentes, ao contrário dos outros que descendiam de judeus que foram para a região em tempos muito mais remotos.[96]

Mais ao sul, em torno do cabo Camorim, a "costa da Pescaria", localizava-se uma comunidade hindu denominada de Paravás, uma casta marítima que vivia da pesca e da exploração de pérolas. Concentravam-se em cerca de 30 povoações com chefes locais que não obedeciam a uma hierarquia de poder muito rígida. Os Paravás tinham um baixo estatuto econômico e ritual na lógica das comunidades hindus, e sofriam pressões de muçulmanos que haviam se instalado na costa do Coromandel e tinham interesse na exploração de pérolas. Esses conflitos desdobraram-se

94 Jackie Assayag. Por e contra, muçulmanos e hindus. A construção do outro numa cultura compósita: a Índia. *In*: *Oceanos*: culturas do Índico. Lisboa, nº 34, abr-jun 1998,p. 154.

95 C. R. Boxer. O *Império português...* p. 61 e José Manuel Correia. *Os portugueses no Malabar (1498-1580)*. Lisboa: Imprensa Nacional/Casa da Moeda, 1997, p. 25-28.

96 Um interessante estudo sobre o tema foi feito por José Alberto Rodrigues da Silva Tavim. Uma presença portuguesa em torno da «sinagoga nova» de Cochim. *In*: *Oceanos*: Diáspora e expansão – os judeus e os descobrimentos portugueses. Lisboa, nº 29, p. 108- 117, jan-mar 1997. A palavra *paradesi* deriva do sânscrito e quer dizer "estrangeiro".

em disputas pelo transporte de cargas comerciais na direção do Ceilão e de Malaca, já no século XVI.[97]

Na costa de Coromandel havia a coexistência de comunidades muçulmanas e hindus mas, a noroeste deste litoral, existia uma comunidade cristã síria que depois será denominada pelos portugueses de São Tomé de Meliapor.

Na ilha de Sri Lanka a presença muçulmana era discreta, sendo que a população era em sua maioria de singaleses budistas.

No que se refere ao lado oriental do oceano Índico, as informações são escassas.[98] Pode-se afirmar que existiam estados com predominância de práticas hindus, como o caso do Camboja; já o budismo espalhava-se na Birmânia e no Sião.

A península da Malásia possuía vários reinos, mas o de maior destaque era o sultanato de Malaca, uma vez que se constituíra como um porto de substancial importância para o comércio no Oriente, assim como Ormuz, na extremidade oposta do Índico, por receber muitas mercadorias de vários pontos, inclusive da China e Japão. O islamismo estava espalhando-se pelo arquipélago indonésio e espraiava-se também até Bornéu, com o sultanato de Brunei.

Além das sociedades existentes ao redor do Índico, cabe ainda apresentar algumas linhas gerais sobre as civilizações mais orientais, já no oceano Pacífico, como a China e o Japão. A China da dinastia Ming havia promovido no século XV uma tentativa de expansão marítima, cujo maior exemplo é a chegada do almirante Cheng Ho no litoral da África Oriental. Mas em fins desse século já não havia nenhum esforço por parte das autoridades chinesas em incentivar tais iniciativas. De forma isolada, alguns mercadores do país mantinham contatos pouco regulares com a Indonésia, especialmente Malaca.

---

97 Kenneth McPherson. Uma história de duas conversões: Deus, a cobiça e o desenvolvimento de novas comunidades na região do Índico. *In*: *Oceanos*: culturas do Índico. Lisboa, nº 34, abr-jun 1998, p. 75-77.

98 C. R. Boxer. *Império português...* p. 61-62.

No Japão, o século XV foi marcado pelas disputas de autoridade entre os imperadores, o *shogun*, e os *daymios*, espécie de nobreza feudal, que só seriam resolvidas no início do século XVII com a consolidação da autoridade dos *Tokugawas*. Até lá o Estado não estabeleceria grandes intervenções de caráter comercial, embora os comerciantes japoneses circulassem nas rotas em direção ao Índico.

A essa altura talvez seja interessante sistematizar as principais rotas comerciais que existiam no Oriente, por volta de 1500. A rota mais longa era a de Adém, no Iêmen, na saída do Mar Vermelho, até Malaca, passando por Guzerate ou Malabar. Tecidos de lã, sedas ouro e prata saíam do Mar Vermelho; tecidos e índigo do Guzerate; pimenta e canela do Malabar eram trocados em Malaca por noz-moscada e cravo da Indonésia e sedas e porcelanas da China. Outra rota importante era a que ligava a África Oriental à costa ocidental da Índia, havendo as trocas de marfim, ébano e escravos por contas e produtos alimentares. Havia também a rota que passava por Ormuz com a comercialização de cavalos, pérolas, tapetes persas, corantes, que eram trocados pelas especiarias e tecidos da Índia e da Indonésia, além de produtos de luxo da China.[99]

Tudo que até aqui foi exposto serve para compreender algumas reflexões do historiador indiano Subrahmanyam. Para ele o olhar clássico sobre o Oriente sempre enfatizou o caráter estático daquelas sociedades. Melhor exemplo disso seriam as teorias que definem o "modo de produção asiático" ou o "despotismo oriental", que sempre acentuaram uma tendência de imutabilidade das sociedades asiáticas. Para o autor esta visão deve ser combatida através de estudos cada vez mais apurados sobre cada uma das regiões aqui apresentadas.[100]

Subrahmanyam recomenda ainda muito cuidado com a tradicional tipologia dos estados da Ásia, que define duas modalidades de organização: as sólidas formações imperiais de base agrária (exemplos: Otomanos, Safávidas, Vijayanagar, os Mogores, os Ming da China, os

---

99 M. N. Pearson. *Op. cit*, p. 40

100 Sanjay Subrahmanyam. *Op. cit*, p. 16.

Mataram em Java); e os pequenos estados, geralmente costeiros, com base econômica no comércio (exemplos: Quíloa, Ormuz, Calicute, Malaca). O historiador indiano considera o uso destes modelos válido, mas alerta para a dificuldade de se encaixar todas as realidades do Oriente nessas duas "caixas", uma vez que havia muitas variações tanto em termos cronológicos, como em processos de formação econômico-social.[101]

Outra importante constatação do historiador indiano refere-se ao entendimento de que o comércio oriental seria de domínio árabe. Para ele essa afirmação tem um caráter simplista e não leva em conta a participação de mercadores asiáticos de diversas origens que participavam desse tráfico. Entretanto, reconhece que os séculos XIV e XV foi de expansão do Islã no Índico, com o aumento significativo da presença de comunidades muçulmanas nas regiões costeiras. Portanto, deve-se perceber também que o período é caracterizado por uma redefinição do mapa religioso no Oriente, incluindo a expansão do islamismo e do budismo,[102] além da própria presença judaica no litoral da Índia, principalmente do lado ocidental, sem mencionar as comunidades cristãs nestorianas e sírias, o que acrescenta mais elementos de diferenciação à uma realidade já muito diversificada.

É esse universo complexo, muitas vezes acompanhado por tensões de ordem cultural e religiosa, vigoroso por suas riquezas e potencialidades comerciais, que os portugueses encontraram no final do século XV. Carregavam em suas naus um entendimento muito próprio do que seria o Oriente, e tiveram dificuldades de ajustar o olhar para aquela nova realidade.[103]

101 *Idem*, p. 16-27.

102 *Idem*. p. 41.

103 Para Luís Filipe Barreto. *Lavrar o mar*: os portugueses e a Ásia (c. 1480-c. 1630). Lisboa: Comissão Nacional para as Comemorações dos Descobrimentos Portugueses, 2000. p. 63-76, é possível definir três momentos dos contatos dos portugueses com a Ásia, do ponto de vista cultural. O primeiro período de 1498 a 1510 teria sido marcado por movimentos de encontros e desencontros, derivados da pouca informação que se tinha do Oriente. O segundo momento foi de 1511 a 1545, que com o aumento da presença portuguesa na Índia desenvolve-

4. As tradições culturais da população goesa

Após o quadro mais genérico sobre o Oriente traçado anteriormente, há a necessidade de fazer-se uma análise das tradições culturais da população goesa que iriam sofrer, posteriormente, a ação direta da presença portuguesa. O domínio português - denominado de "velhas conquistas" para distinguir das outras conquistas realizadas na região principalmente no século XVIII - situado na costa ocidental da Índia, na região de Concão, compreendia três províncias: a de Tisvadi, aglomeração de ilhas formadas pelas voltas dos rios Mandovi e Zuari, que desciam da cordilheira dos Gates Ocidentais; a de Bardez, na margem norte do Mandovi e a de Salcete, na margem sul do Zuari. A cidade de Goa foi construída na ilha de Tisvadi, que era uma faixa de terra de cerca de setenta quilômetros quadrados entre o rio Mondavi, ao norte, e o rio Zuari, ao sul.[104] Segundo Teotônio R. de Souza há sinais da presença de uma cultura neolítica de cerca de 2000 a. C. e "Goa assumiu várias designações no decurso da sua história, mas nunca lhe faltou o prefixo *Go*, significando «vaca» em Sânscrito. Desta forma, chamou-se *Gomanchal*, *Goparashtra*, *Govarashtra*, *Gopakapura*, *Gopakapattana*, *Govapuri*, *Gomantaka*, *Gove* e, finalmente, Goa".[105]

A região é caracterizada pelo clima de monções, com uma longa estação de chuvas, seguida de um longo período de calor. O principal produto cultivado, no interior, era o arroz, mas o solo arenoso do litoral servia melhor às palmeiras, tendo poucos arrozais. Os principais produtos para exportação da região costeira eram a amêndoa de coco, o peixe seco e o sal. Havia abundância de pastagens para animais que forneciam

ram "conhecimentos pontuais" sobre a sociedade local. E finalmente, a partir de 1546 em diante o conhecimento dos europeus sobre a Ásia aprofundou-se.

104 Teotônio R. de Souza. *Goa Medieval*: a cidade e o interior no século XVII. Lisboa: Editorial Estampa, 1994, p. 51.

105 Teotônio R. de Souza. *Goa: roteiro histórico-cultural*. Lisboa: Grupo de trabalho do Ministério da Educação para as comemorações dos Descobrimentos Portugueses, 1996, p. 19-21.

leite. Com a posterior cristianização, houve alteração da dieta dos habitantes locais, que nela passaram a incluir a carne bovina.[106]

A maior parte da população de Goa no momento da conquista portuguesa praticava o hinduísmo – palavra criada pelos ingleses no século XIX e que se usa hoje para designar "um conjunto de concepções e práticas religiosas que têm a Índia como berço".[107] Só se pode ser hindu por nascimento, ou seja, nessa religião não há preocupação com a conversão. O uso da designação de palavra de origem estrangeira da religião hindu explica-se pelo fato de não existir uma definição própria nas línguas existentes na península hindustani, isso porque "as pessoas definem-se geralmente de acordo com a casta e a comunidade local e, entre elas, não há uma única escritura, divindade ou mestre religioso comum a tudo o que possa ser designado como cerne do hinduísmo".[108] É importante enfatizar que existe uma enorme variação regional de tradições, costumes e práticas religiosas no hinduísmo, portanto muitas das características da sociedade goesa não podem ser generalizadas para toda a Índia.

Havia ainda em Goa a presença de muçulmanos, uma vez que, no início do século XVI a cidade pertencia ao sultanato de Bijapur, além da existência de comunidades judaicas. Pode-se dizer, portanto, que havia o convívio de religiões e culturas diferentes, um caráter heterogêneo, que a princípio poderia, em tese, facilitar a convivência com outros estrangeiros. Mas é preciso lembrar que apesar dessas diferenças conviverem entre si, havia áreas de atrito em Goa, pelo menos do ponto de vista político, o que, aliás, foi utilizado como instrumento para a consolidação da presença portuguesa, quando Afonso de Albuquerque se apresentou como o libertador

---

106 Teotônio R. de Souza. *Goa Medieval*... p.52-53.

107 Jean Delumeau e Sabine Melchior-Bonnet. *De religiões e de homens*. Trad. Nadyr de Salles Penteado. São Paulo: Edições Loyola, 2000, p. 305.

108 Cybelle Shattuck. *Hinduísmo*. Trad. Carmo Vasconcelos Romão. Lisboa: Edições 70, 2001, p. 13-14.

de Goa. Mas a política inicial de tolerância possibilitou a manutenção da convivência, até mesmo de mouros, apesar destes serem mais hostilizados.

Outra importante questão para definir-se o ambiente religioso na região relaciona-se com a migração de muitos cristãos-novos para Goa oriundos de Portugal, que em contato com as comunidades judaicas que há muito existiam na região, por vezes, reaproximavam-se das práticas religiosas judaicas.

O relacionamento dessas culturas variadas e de suas respectivas crenças religiosas, no entanto, não significava que existisse um processo de integração entre elas. Principalmente da parte do hinduísmo, pois sua doutrina estabelece que o pertencimento à religião é determinado pelo fato de se nascer em uma das castas, ou ser pária ou ainda intocável, ou seja, converter-se a outra religião é deixar de ser hindu e, portanto, deixar de pertencer à sua casta. Por ser o grupo majoritário em Goa e nas ilhas adjacentes e ser o objeto de intenso interesse por parte dos membros da Companhia de Jesus, aqui se dará maior atenção ao estudo dos hindus e suas práticas religiosas e culturais.

As origens do hinduísmo remontam ao período próximo a 1500 a. C., quando da invasão ariana, oriunda do norte, e que teriam trazido a religião védica. *Veda* é uma palavra do sânscrito arcaico que significa "saber" ou "revelação", designando o conjunto de textos sagrados mais antigos que, junto com o *Smiriti* – "tradição confiada à memória", textos constituídos no início da era cristã –, fundamentam a religião hindu.[109] Portanto, não há fundador humano, e os hindus acreditam que os textos foram registros de revelação sagrada.[110]

No entanto, há quem identifique elementos ainda mais remotos na formação dessa religião. Trevor Ling afirma que antes da invasão ariana existia uma civilização urbana, denominada de *dravídica*, no vale do rio Indo e no Punjab, ou seja, de sudoeste para noroeste da península.

109 Jean Delumeau e Sabine Melchior-Bonnet. *Op. cit,* p. 305.

110 Jean Delumeau. *As grandes religiões do mundo.* Lisboa: Presença, 1997, p. 339-342.

Pesquisas arqueológicas determinaram alguns aspectos religiosos dessa antiga civilização e o autor informa que pelo menos cinco deles mantêm relação às práticas hindus posteriores. São eles: o culto a deusa-mãe; o deus iogue; o emblema fálico, a árvore sagrada; a ênfase no culto doméstico.[111] Há indícios também de que a noção de *karma* – lei que preside os renascimentos sucessivos em função dos atos realizados em vidas anteriores – foi assimilada da tradição dravídica pelos arianos, na medida em que aprofundaram sua expansão na península.

Para Delumeau, "o hinduísmo é ao mesmo tempo uma doutrina e uma mitologia".[112] O hinduísmo clássico é relacionado ao *Smiriti*, pois este é composto, entre outros livros, dos *Códigos de Manu*, que contêm os direitos e deveres dos *varnas* (castas fundamentais) e a explicação dos ciclos cósmicos – *yuga*, aspecto peculiar dessa religião. Eliade explica que a doutrina dos ciclos cósmicos

> [...] é o verdadeiro "eterno retorno", a eterna repetição do ritmo fundamental do Cosmos: sua destruição e recriação periódicas. [...]. Evidentemente, a doutrina dos *yuga* foi elaborada pelas elites intelectuais, e, se ela se tornou uma doutrina pan-indiana, não pensemos que revelava seu aspecto terrífico a todas as populações da Índia. Eram sobretudo as elites religiosas e filosóficas que sentiam desespero perante o Tempo cíclico, que se repetia até o infinito, o eterno retorno à existência graças ao *karma*, a lei da causalidade universal. Por outro lado, o Tempo era equiparado à ilusão cósmica (*mâyâ*), e o eterno retorno à existência significava o prolongamento indefinido do sofrimento e da escravidão. A única esperança para as elites religiosas e filosóficas era o não-retorno à existência, a abolição

111 Trevor Ling. *História das religiões*. Lisboa: Presença, 1993, p. 40-41.

112 Jean Delumeau e Sabine Melchior-Bonnet. *Op. cit*, p. 307.

> do *karma*; em outras palavras, a libertação definitiva (*moksha*), que implicava a transcendência do Cosmos.[113]

Segundo o autor essa perspectiva leva a uma visão pessimista da existência e acaba justificando as condições sociais de cada casta.

O panteão védico tem como destaque os deuses *Varuna* e *Mitra*, enquanto que no hinduísmo clássico a importância maior é dada ao *trimûrti* - tríade divina - *Brahma*, *VisŠu* e *Shiva*. Posteriormente, por volta do século VI-V a. C., surgiu o budismo como variação do hinduísmo, mas a partir do século XI, ele desapareceu da Índia, tendo, no entanto, obtido pleno sucesso na sua difusão pelo sudeste da Ásia, Ceilão, Tibete, China, Japão e Coréia.

O sistema de castas (*jatis*) é fundamental para entender a organização social hindu, e, por outro lado, é um dos aspectos que distinguem o hinduísmo de outras religiões. Em uma original tese de doutoramento, Eduardo Judas Barros define o "sistema de castas como um fenômeno cultural, especificamente hindu, enraizado no sistema de valores e na filosofia hindu, sendo incompreensível fora deste marco de referência".[114] O autor informa que a palavra "casta", é oriunda do "vocábulo latino *castus* e significa pureza de nascimento",[115] sendo a designação usada pelos portugueses para definir as *jatis*, uma vez que perceberam a forte estratificação, a hierarquia e a obrigatoriedade de distanciamento entre os grupos.

---

113 Mircea Eliade. *O sagrado e o profano*: a essência das religiões. Trad. Rogério Fernandes. São Paulo: Martins Fontes, 1996. p, 95-96.

114 Eduardo Judas Barros. *Classes castóides em Goa colonial*: um estudo micros-sociológico da dinâmica das relações de castas numa aldeia cristã de Goa, na Índia. São Paulo, 1981. Tese (Doutoramento em Ciências Sociais). Universidade de São Paulo. mimeo, p. 4. Já Valerio Valeri. Casta. In: Ruggiero Romano (dir). *Enciclopédia Einaudi*: Parentesco. Lisboa: Imprensa Nacional/Casa da Moeda, 1989. v. 20. p. 199, define casta como grupos de estatutos cujas funções rituais e econômicas têm uma relação sistemática e conscientemente justificada por uma ideologia que subordina as partes do todo, além das características mais comumente mencionadas de desigualdade e ausência de mobilidade vertical.

115 *Idem*, p. 30.

Os *varnas* fundamentais na tradição védica eram quatro: os brâmanes (espécie de sacerdotes e letrados); os kxátrias (guerreiros), os váixias (comerciantes) e os sudras (trabalhadores braçais). Os homens das três primeiras castas são *dvijas*, "duas vezes nascido", pois considera-se que receberam o *upanayana* (iniciação).[116] Os párias ou intocáveis não pertencem a nenhum *varna* e não podem ter contato com nenhum deles. A partir dos últimos tempos védicos, ocorreu um processo de desintegração social que promoveu a multiplicação das castas (*jatis*), o que gerou uma série de subcastas e castas mistas, criando uma enorme complexidade da divisão social.[117] Deve-se entender que a existência dessas castas fragmentadas é um fenômeno local e muitas delas existem apenas em uma só região, ou seja, muitas castas que existiam em Goa não possuíam semelhantes em outras regiões, por exemplo, "nenhuma casta de Goa se encontra em Damão, e raras são as de Damão que se encontram também em Diu".[118]

Cada casta tem o seu grau de pureza, os membros das superiores são mais puros que os das inferiores, e arriscam-se a perder a sua pureza em caso de mistura. Existe uma série de interditos de ordem sexual, alimentar e ritual por conta disto. Assim, o casamento só pode ocorrer dentro da mesma casta (endogamia), geralmente a profissão está associada à ela e existem regras de comensalidade determinadas por essa divisão social. "Cada casta tem uma posição definida na hierarquia, podendo esta posição ser alterada num grupo inteiro, mas não em indivíduos isolados,

116 Mircea Eliade e I. P. Couliano. *Dicionário das religiões.* São Paulo: Martins Fontes, 1995, p. 177.

117 Eduardo Judas Barros.*Op. cit,* p. 38-39. O autor informa que esse processo é contínuo e até hoje ocorre, sendo que se contabilizou para cada região da Índia cerca de 200 castas, que se subdividem em 3.000 unidades menores. Para atender a perspectiva pan-indiana costuma-se aceitar os varnas como modelo genérico para o hinduísmo.

118 Luís Felipe Thomaz. O cristianismo e as tradições pagãs na Índia portuguesa. In: *Actas do Congresso Internacional de Etnografia.* Lisboa: Junta de Investigações do Ultramar, 1965. v. 4, p. 4-5.

a menos que algum deles seja expulso e perca assim seu estatuto". Há ainda os estados de impureza transitórios pelo qual todos os seres humanos passam, como exemplos podem ser citados o parto, a menstruação e a morte. Entidades naturais podem restituir a pureza nesses casos: a água e a urina e os excrementos da vaca.[119]

Os brâmanes, os kxátrias e os váixias consideravam-se os únicos três *varnas* de sangue ariano. Mas o grupo de maior destaque na sociedade hindu é o dos brâmanes. O *Código de Manu* afirma que:

> a ele [o brâmane] o ser que existe por si próprio criou da sua própria boca; só ele, depois de ter observado os preceitos sagrados, pode apresentar manteiga purificada aos deuses e arroz aos progenitores da humanidade, para a conservação do Mundo.[120]

Os brâmanes não se alimentam de carne de vaca, cebola, alho, vinagre e não podem beber vinho. Sua vida está dividida em quatro estágios: *brahmachari* (iniciação - não basta ser brâmane por nascimento, deve ser iniciado no conhecimento dos livros sagrados); *grihastha* (vida de casado); *vanaprastha* (renúncia à sociedade e isolamento na floresta); *saniassa* (completa renúncia).

A noção de hierarquia no hinduísmo é muito importante, pois define uma distinção radical entre religião e política, sendo que a segunda está submetida à primeira, mas as duas fazem parte da totalidade social. Valeri afirma que "a hierarquia social corresponde portanto à hierarquia dos valores tal como é estabelecida por uma ideologia religiosa que justifica uma totalidade social articulada em funções complementares".[121] Assim sendo, toda a lógica do hinduísmo reforça a totalidade social em detrimento do interesse individual.

---

119 Valerio Valeri.*Op. cit*, p. 204-209.

120 *Apud* Mariano Feio. *As castas hindus de Goa.* Lisboa: Junta de Investigação Científica do Ultramar/ Centro de Estudos de Antropologia Cultural, 1979, p. 24.

121 Valerio Valeri. *Op. cit*, p. 205.

Segundo Cybelle Shattuck "o hinduísmo é uma religião centrada mais no comportamento do que na crença. Há uma grande diversidade de crenças, há diferentes divindades, filosofias e caminhos, mas todos eles requerem o cumprimento de regras especiais de comportamento". Essas regras são definidas pelo termo *dharma*, que pode ser traduzido por "lei, dever, justiça, virtude" e, na falta de uma palavra nas línguas indianas equivalente para "religião", é o que mais próximo chega da designação ocidental.[122]

No hinduísmo muitas práticas religiosas eram domésticas, mas o pagode (*devullas*), ou templo hindu, também tinha muitas funções. De forma retangular, os pagodes tinham diante da porta principal um grande vestíbulo coberto (*montâp* ou *sonddavô*), depois vinha o *sarvoli*, três naves que circundam o *chouco*, que por sua vez se comunica com o santuário (*garbahacudd*). Nesse último, só os brâmanes podiam entrar e no *chouco* os outros hindus, com exceção dos párias; os que não eram hindus não passavam do *sarvoli*. Em frente aos pagodes erguiam-se torres de alguns andares (*stambha* ou *khambo*), e junto deles existiam tanques quadrados com escadarias, denominados *tirtha*, onde os hindus faziam suas abluções, e os *bottos* (sacerdotes) as suas rezas. Nos pagodes eram feitos os cultos a uma divindade principal, dentre os mais comuns *Brahma*, *VisŠu*, *Shiva*, *Ganesha*. Suas imagens, que também eram designadas pela palavra pagode, eram o objeto de veneração e podiam ser feitas de pedra, madeira, cobre, prata ou ouro. Outra importante característica dos pagodes era o cuidado artístico e arquitetônico na sua construção.[123]

No caso específico de Goa, a população hindu goesa (que era a predominante no momento da chegada dos portugueses) pode ser defi-

122 Cybelle Shattuck. *Op. cit*, p. 14. Segundo a autora há quatro famílias lingüísticas distintas na Índia: indo-européia; dravídica, tibeto-birmanesa e austro-asiática. Delas decorrem as variações. O tâmil, o malaiala, o telugu e o kannada são línguas dravídicas faladas no sul da Índia.

123 A. B. de Bragança Pereira. *Etnografia da Índia portuguesa*: as civilizações da Índia. Bastorá: Tipografia Rangel, 1940. v. 1, p. 226-228.

nida geograficamente como "Concão-Marata", etnicamente, como indo-ariana e lingüisticamente, como indo-européia. Os portugueses se referiam a ela usando o termo "canarim", de forma equivocada, pois a palavra designaria os habitantes do Canará, uma região do Decão, com grupos étnicos de características distintas dos de Goa. O termo "canarim" às vezes era utilizado para designar aqueles que haviam se convertido ao cristianismo, outras para aqueles que continuavam hindus.[124] Esse é um pequeno exemplo da dificuldade de análise que obriga o pesquisador a uma cautelosa leitura das fontes, pois a realidade multiforme da Índia, de difícil compreensão, por vezes era reduzida a fórmulas simples e equivocadas pelos observadores europeus dos séculos XVI e XVII.

A composição da sociedade de Goa é marcada pela diversidade. Há a presença muito antiga de comunidades compostas por sudras, enquanto os brâmanes estabeleceram-se tempos depois na região, o que corresponde ao padrão de ocupação da invasão ariana da península hindustani e a decorrente subordinação dos grupos que lá viviam anteriormente.[125]

As subdivisões da casta brâmane em Goa eram denominadas de *chitpavanas*, *padhês*, *caradés*, *zoixis* e *sarasvats*. A última é a mais numerosa em Goa e divide-se em *visŠuítas* – pois afirmam a supremacia de *VisŠu* – e em *shivaítas* – dão preferência a *Shiva*. Os *visŠuítas* ainda subdividiam-se em *sasticares* – naturais de Salcete – e *bardescares* – nascidos em Bardez. Por sua vez, os *shivaítas* dividiam-se em *smartas* e *pednemcares*.[126] A casta kxátria tinha a correspondência em Goa nos *maratas* que se dividiam em duas subcastas: *maratas* (descendentes dos oficiais nobres) e *cunebi-maratas* (descendentes dos soldados). Ao terceiro gru-

---

124 A advertência é de C. R. Boxer. *As relações raciais no Império colonial português: 1415-1825*. Porto: Afrontamento, 1988, p. 85.

125 Antônio Emílio d'Almeida Azevedo. *As comunidades de Goa*: história das instituições antigas. Lisboa: Viúva Bertrand e Cª.; Sucessores Carvalho & Cª., 1890. p. 25.

126 Eduardo Judas Barros, *Op. cit.* p. 96.

po de castas, os váixias, correspondiam os *vanis*. Brâmanes, maratas e vanis usam a linha sagrada que os distingue como superiores.[127]

Os sudras possuíam muitas subdivisões: *cumbares* (oleiros); *piducares* (vendedores de miçangas); *mitt-gauddés* (salineiros); *gauddés* e *kunnbis* – chamados de curumbins pelos portugueses – (trabalhadores braçais na agricultura); *bandaris* (destiladores de vinho de palma); *telis* (extraem óleo de coco); *mainatos* (lavadeiros); *calavantas* (bailadeiros do templo); *bavinas* (serventes dos templos); *malés* (barbeiros) e mais uma série de outras. Os intocáveis de Goa, naturais da cidade, eram os *mahares* (farazes) e os *chamar* (alparqueiros). Havia ainda os *mangas* (varredores de ruas), que vinham do Canará e os *bonguis* (fazem a limpeza das privadas, cuspideiras, carregam as fezes humanas), cuja origem é o norte da Índia.[128]

Além desses grupos propriamente hindus, devem ser mencionados os indianos das castas cristãs que surgiram do processo de cristianização desenvolvido com o domínio português na região. As castas cristãs estão divididas em três grupos: os brâmanes; os chardós (ou charodós, como aparece grafado em algumas fontes); e os sudras.[129] Portanto não há entre os cristãos os váixias, uma vez que, segundo Eduardo Judas Barros, o comércio ficara "concentrado nas mãos dos hindus, que não tinham acesso aos cargos públicos no início da colonização portuguesa".[130] Também não existem os intocáveis entre os cristãos de Goa.

---

127 Mariano Feio, *Op. cit.* p. 21.

128 Eduardo Judas Barros, *Op. cit.* p. 97-98.

129 Panduranga Pissurlencar. *Goa pré-portuguesa através dos escritores lusitanos dos séculos XVI e XVII*. Bastorá: Tipografia Rangel, 1962, p. 38-39. Grosso modo se associa os chardós ao varna kxátria, mas este autor discorda dessa associação. Já os outros grupos mantiveram sua designação original: brâmanes e sudras. Em interessante estudo de ordem geográfica e antropológica sobre Goa do século XX Raquel Soeiro de Brito. *Goa e as praças do Norte*. Lisboa: Junta de Investigações do Ultramar, 1966, p. 36, informa que, posteriormente, outra casta formou-se em Goa: a dos descendentes, isto é, goeses de origem portuguesa. O dialeto cristão concanim os designa por "mestiços".

130 Eduardo Judas Barros, *Op. cit.* p. 98.

As unidades fundamentais da organização social, cultural e econômica de Goa eram as comunidades aldeãs, os gancares, de longa tradição local, como explica Barros:

> sabe-se que os primeiros povoadores de Goa se dividiram em famílias constituindo *vangores* e que estes vangores foram classificados conforme a importância dos elementos da produção por eles prestados a favor da comunidade, em 1°, 2° e 3° vangor e assim por diante. Depois dividiram o território em *málos* ou províncias *gãos* ou aldeias, e um certo número de vangores formaram uma *gaumponna* ou comunidade. As aldeias ou novas sociedades agrícolas tinham o seu regime especial interno, e achavam-se ao mesmo tempo confederados, sendo cada uma delas representada por um vangor nas deliberações de comum interesse, que era discutido num corpo central chamado *gaumpónn* ou câmara agrária, que demorava na capital da província, e onde se reuniam, e ainda hoje reúnem os principais *gãocares*, representantes de cada aldeia. Cada vangor tinha um voto nas deliberações da câmara agrária ou geral. As *gãocarias* ou comunidades das aldeias dividiram-se em *vaddós* ou bairros, e os terrenos de cada *vaddo*, em solo de 1ª e 2ª qualidade.[131]

As terras de primeira qualidade eram utilizadas para os arrozais e estavam divididas em três partes: uma reservada para o culto religioso e o sustento da administração; outra para uso da própria comunidade e por último, a designada por *nelli* ou *namoxins*, que servia para sustentar os servidores da comunidade. As terras de segunda qualidade eram para a cultura de coqueiros, mangueiras, cajueiros e outras árvores frutíferas.

---

131 *Idem*, p. 58-59. *Gancaria ou Gãocaria* é a comunidade da aldeia, organização rural muito antiga na Índia. Era baseado no sistema social e econômico das castas e governava-se por lei costumária, até a consolidação feita pelo Foral. Sob o domínio português, a comunidade responsabilizava-se pelo pagamento do foro ao Estado, pela manutenção do culto e pelas obras públicas e de caridade na aldeia. Somente os filhos homens tinham direito à gancaria.

Também foram divididas em três: uma parte para a construção e conservação dos pagodes; outra para construção e conservação de estradas públicas e a terça parte era dividida em aforamentos.[132] É sobre essa estrutura existente que os portugueses adaptaram sua dominação, como prova a elaboração do Foral de Usos e Costumes de 1526.

Toda a organização da comunidade aldeã estava vinculada ao sistema de castas do hinduísmo, obedecendo à lógica da hierarquia a ele associada, com a correspondente posse do poder político e econômico por parte das castas altas, a saber, os brâmanes e chardós, que eram os gancares, os que tinham direito à posse comum das terras das comunidades. Já os sudras tinham o direito de usufruto das terras em troca da prestação de serviços associados à condição de cada uma de suas subcastas.[133]

Essas aldeias possuíam certa independência administrativa e, além de um Conselho da Aldeia (formado por cinco membros oriundos das castas altas), tinham seus oficiais e artífices que eram responsáveis por funções públicas. Grosso modo, havia um cabeça da aldeia (autoridade administrativa, judicial e comercial); um escrivão (sempre um brâmane, responsável pela escrituração e contabilidade); um médico, entre outros cargos, que eram remunerados. "Um oficial de aldeia não podia ser privado do seu cargo, salvo por crime de traição, e ainda neste caso não se tirava o cargo à família, mas passava ao descendente mais próximo que não houvesse incorrido no crime".[134] O estatuto social mais simples nas aldeias era os *vangores* (famílias ou parentelas), que, por sua vez, também estavam fundamentados nas castas.

No plano das crenças religiosas, todas as aldeias tinham o seu deus próprio e exclusivo designado genericamente de *gram-deu*. A ele eram atribuídas várias funções: cuidar da segurança dos habitantes da aldeia; protegê-los contra os espíritos ruins; ajudá-los nas ocasiões de crise; consagrar a semeadura e a colheita. Mas o *gram-deu* podia recusar-se a aceitar as

132 *Idem*, p. 59.

133 *Idem*, p. 62.

134 *Idem*, p. 62.

solicitações, ou porque tinha outras coisas a fazer ou por considerar o pedido fora da sua jurisdição (que não era apenas territorial, necessariamente, podendo fazer a proteção de uma pessoa fora da aldeia).[135]

Havia dois tipos de espíritos ruins: *bhut* que era um espírito alevantado de uma mulher morta quando grávida, parida ou impura; e *mharú*, o mesmo tipo de espírito de um homem morto. Para os dois casos, a condição de espírito ruim advinha do fato de não terem recebido sacrifícios, por terem praticado o suicídio ou por serem vítimas de acidentes.[136]

Em Goa ocorria uma cerimônia muito importante para reforçar os vínculos entre a aldeia e o *gram-deu*, chamada de *shimá-ullanghána* (*shimá* significa limite; *ullanghána*, ato de atravessar). Por nove noites festejava-se o *gram-deu* e no décimo dia ele era levado em procissão até o limite da aldeia para que ele visse as terras da comunidade e pudesse assim reafirmar sua jurisdição e enfrentar os *bhuts* e *mharús* que estivessem a ameaçá-la. Essa festa realizava-se entre os meses de setembro e outubro. Uma das mais importantes festividades agrícolas era o *Addan*, onde havia a benção da primeira espiga.[137]

Santeri (também conhecida como *Roina* e por *Shanta Durga*) era uma das divindades mais cultuadas em Goa e nas ilhas adjacentes no século XVI. O nome da deusa designava também o montículo de formigas que, depois de abandonado por elas, podia vir a ser habitado por uma cobra muito peçonhenta que ameaçava constantemente os trabalhadores das lavouras, pois estes costumavam utilizar esse material na preparação

---

135 As terras nas aldeias estavam divididas em três grupos. Havia as terras de propriedade comum das aldeias, parte desses campos tinham suas rendas reservada aos cultos divinos (*Kushivrat*). Existiam também terras que pertenciam individualmente a membros da comunidade. Por último havia os *namoxins*, terras que poderiam ser doadas pelo rei a quem se distinguisse em alguma atividade. Maria Selma de Vieira Velho. *Goa – a synthesis of Indo-portuguese cultural relations*. Lisboa: Instituto de investigação Científica Tropical, 1985, p. 471.

136 Panduranga Pissurlencar. *Op. cit*, p. 27-29. Além das divindades cultuadas na aldeia, havia as de culto doméstico.

137 *Idem*, p. 28. Os festejos religiosos hindus obedeciam a um calendário lunar.

dos campos cultivados. É um culto geralmente atribuído a rituais de fertilidade agrícola.[138] Em frente a todas as casas das aldeias de Goa e adjacências havia um *tulâss*, planta considerada sagrada que se acreditava tivesse a função de proteger o lar.[139] O principal alimento consumido pela população local era o arroz e o caril. O uso de comer com a mão sobre olas ou folhas de bananeira era considerado sagrado entre os hindus.[140]

Havia ainda uma série de celebrações rituais para marcar vários acontecimentos sociais ao longo da vida. Nessas festividades eram desenvolvidas muitos procedimentos que tinham o objetivo de proteger as pessoas e a comunidade. No nascimento de uma criança eram feitas preces e doações ao templo, além de se bostejar a casa com o objetivo de garantir a proteção da criança contra os espíritos maus. No sexto dia do nascimento fazia-se uma festa noturna. As festividades de casamento podiam durar muitos dias, de dez a quinze, geralmente. Havia abluções rituais; unturas; oferendas de bétele areca e de grinaldas de abolim (flor vermelha muito estimada em Goa); procissões; trocas de presentes; reunião de parentes dos noivos nas vésperas da boda; a cerimônia de *pitans* (moer arroz durante a noite, com grande festa). Muitas preces eram feitas por todos os convivas com votos de muitas felicidades, além de festejos com música e loas dos noivos cantadas em concanim.[141] Já o luto durava dez dias. Antes

---

138 *Idem*, p. 38-39. Outros deuses muito populares na região eram *Vetal*, *Maya*, *Ravalnath*. O culto a *Santeri* parece ser anterior à invasão ariana. Ver Teotônio R. de Souza. *Goa: roteiro histórico-cultural...*, p. 21. Outro interessante trabalho é de Rosa Maria Perez. Hinduísmo e cristianismo em Goa (II). Deuses clandestinos e devotos e fiéis. In: *Oceanos*: culturas do Índico. Lisboa, nº 34, p. 174-180, abr-jun 1998.

139 Trata-se de um arbusto muito parecido com o manjericão e por isso muitas vezes confundido nas fontes portuguesas. Ver Sebastião Rodolfo Dalgado. *Glossário luso-asiático*. Coimbra: Imprensa da Universidade, 1919. v. 2, p. 382.

140 Luís Filipe Thomaz. O cristianismo e as tradições pagãs na Índia portuguesa..., p. 7-10.

141 Antônio Emílio d'Almeida Azevedo. *Op. cit*, p. 63 e Luís Filipe Thomaz. Luís Felipe Thomaz. O cristianismo e as tradições pagãs na Índia portuguesa... p. 6-7. Bétele é uma planta aromática originária da Índia, cujas folhas são utilizadas para mascar, e cuja noz, por produzir cor vermelha, é empregada em tinturaria; é também a mistura em que entram as folhas dessa planta, tabaco e o fruto de

da presença portuguesa, as viúvas tinham que praticar a cerimônia do *sati*, ou seja, com a presença de todos os familiares, jogar-se espontaneamente na pira que consumia o corpo do marido. Mas com a proibição feita por Afonso de Albuquerque houve a substituição dessa prática pelo hábito de colocar-se sobre o corpo do marido, antes de ser tirado de casa em cortejo fúnebre, uma porção do cabelo da viúva. Complementando as práticas fúnebres havia banquetes, praticavam-se bostejamentos rituais e lâmpadas eram deixadas acesas no quarto do morto, dia e noite. Fazia-se o panegírico poético do defunto e era comum demonstrações de dor de todos os presentes. Havia uma grande preocupação em ter-se um filho varão, pois ele seria responsável por purificar as cinzas do pai.[142]

No período inicial da conquista de Goa os portugueses fizeram poucas alterações e interferências na vida das populações hindus que habitavam a região. Não houve repressão aos cultos hindus nem a seus templos, tanto que por volta de 1540 havia em Goa 116 pagodes, em Bardez 176, em Salcete 264. Eles foram sistematicamente destruídos a partir de então, juntamente com muitas das práticas culturais descritas, graças à alteração da política de tolerância que existia desde o início da presença portuguesa.[143]

---

areca (tipo de palmeira), e que é usada para mastigar. Ver Sebastião Rodolfo Dalgado. *Op. cit.* v. 1, p. 121, informa ainda que seu oferecimento e aceitação era sinal de amizade, acordo ou pacto.

142 Antônio Emílio d'Almeida Azevedo. *Op. cit*, p. 63. Segundo José Ignácio de Andrade. *Cartas da Índia e da China*. Macau: Livros do Oriente/Imprensa Oficial de Macau, 1998. p. 37-38, "Brama não inventou este bárbaro holocausto, foram suas mulheres. Quando essa divindade expirou, estas julgando-se viúvas da primeira pessoa da trindade, tomaram em ponto de honra não lhe sobreviver; lançaram-se na fogueira devoradora do seu idolatrado. Esse exemplo levou as mulheres dos bramas e dos militares [...] a fazerem o mesmo". Começaram a surgir justificativas para incentivar essa prática: a viúva que ardesse na fogueira do seu marido, não transmigraria, atingindo a purificação. Mas a que rejeitasse seria lançada no inferno e ainda arrastaria todos os parentes, que ficavam impuros e para limparem-se entregavam a viúva à condição de pária. Não se queimavam mulheres que tivessem filhos menores, estivessem grávidas ou doentes e aquela a quem morreu o marido estando ele ausente.

143 Teresa Albuquerque. *Santa Cruz: Calapor* – profile of a village in Goa. Goa: Fernandes Publication, 1989, p. 9.

5. Os portugueses no Oriente e a fundação do *Estado da Índia*

De uma maneira geral, os historiadores costumam enfatizar a chegada de Vasco da Gama a Calicute, deixando em segundo plano outros contatos que se desenvolveram ao longo de sua viagem, isso porque para muitos, como já foi visto anteriormente, "chegar às Índias" sempre fora o maior objetivo das viagens dos portugueses. Mas mesmo aqueles estudiosos que não compartilham dessa visão teleológica, ainda assim, concentram maior atenção nos aspectos dos primeiros contatos entre os portugueses e o samorim (designação do título do rei local) de Calicute.

É novamente Subrahmanyam que sugere uma alteração do foco de análise da primeira viagem de Vasco da Gama. A armada era composta dos navios S. Gabriel, S. Rafael e Bérrio, além de uma embarcação de abastecimentos que não chegou à Índia. Partindo de Portugal em 8 de julho de 1497, alcançou o Cabo da Boa Esperança em 19 de novembro, mas somente em 20 e 21 de maio de 1498 chegaria a Calicute, totalizando uma viagem de 316 dias. Vasco da Gama percorreu, por cerca de quatro meses, boa parte do litoral da África Oriental. Em princípio estabeleceu contato com a ilha de Moçambique onde, embora os primeiros encontros tenham sido amistosos, enfrentou conflitos cujas origens são desconhecidas, mas que resultaram em combate entre as forças locais e os navios portugueses, o mesmo ocorrendo em Mombaça. Em Melinde, no entanto, receberam uma melhor acolhida. Segundo o historiador indiano essas experiências definiram o comportamento tenso de Vasco da Gama nos primeiros contatos com o samorim de Calicute.[144]

Ao chegar nesse reino, o navegador aguardou que embarcações locais se aproximassem das naus e mandou um membro dispensável da tripulação para terra, o degredado João Nunes. Essa passagem, apesar de muito citada, merece novamente registro, pois João Nunes encontrou no

144 Sanjay Subrahmanyam. *Op. cit*, p. 75-83.

porto dois comerciantes tunisinos, que sabiam falar castelhano e genovês, travando o seguinte diálogo:

> - Ao diabo que te dou; quem te trouxe cá?
> E perguntaram-lhe o que vínhamos buscar tão longe.
> E ele respondeu:
> - Vimos buscar cristãos e especiaria.
> E eles lhe disseram:
> - Por que não manda cá el-rei de Castela e el-rei de França e a senhoria de Veneza?
> E ele lhe respondeu:
> - El-rei de Portugal não queria consentir que eles cá mandassem.
> E eles disseram que:
> - Fazia bem.[145]

Nesse diálogo é possível identificar não apenas a preocupação econômica, como também a questão da procura por cristãos no Oriente com o intuito de formar uma coligação contra os muçulmanos e, ainda, uma postura cosmopolita da região, que pelo menos de início, não demonstrou nenhuma agressividade em relação aos portugueses. Isso nega uma série de registros posteriores, tanto de fontes portuguesas quanto de relatos árabes, que indicaram os desentendimentos entre o samorim de Calicute e os portugueses como tendo ocorrido quase que imediatamente, ao primeiro contato.

O primeiro mal-estar promovido pela diferença de expectativas ocorreu no momento da oferta de Vasco da Gama dos presentes enviados pelo rei de Portugal, após vencido o primeiro temor de contato:

> quando o feitor e o alcaide (bal ou catual) do samorim de Calicute se aperceberam que a oferta preparada por Vasco da

145 Álvaro Velho. *Roteiro da primeira viagem de Vasco da Gama. Apud* John Villiers. Vasco da Gama, o Preste João das Índias e os cristãos de São Tomé. In: *Oceanos*: Vasco da Gama. Lisboa, nº 33, jan-mar 1998, p. 58.

> Gama era constituída por doze lambéis, quatro capuzes de lã, seis chapéus, quatro ramais de coral, seis bacias, uma caixa de açúcar, dois barris de azeite e outros dois de mel, teriam começado a rir (segundo o próprio relato de Álvaro Velho), dizendo que não era presente digno do mais pobre mercador vindo de Meca e que o samorim não aceitaria aquilo, apenas ouro como era de costume.[146]

Esse episódio é uma boa ilustração de como os portugueses estavam distantes da imagem dos ricos comerciantes orientais que freqüentavam esse importante porto indiano.

Os portugueses permaneceram cerca de três meses na região e não guardaram boa impressão de Calicute, assim como acabaram sendo mal vistos pelo samorim. Apesar da animosidade e das desconfianças, no entanto, não houve um conflito aberto, ao menos nesse momento.

Além disso, a compreensão que tiveram das características culturais e religiosas da região foi obliterada pelos juízos preliminares que já traziam.[147] Tanto é verdade que o rei D. Manuel escreveu, em agosto de 1499, uma carta para o cardeal Alpedrinha, que vivia em Roma, para informar detalhes sobre o descobrimento da Índia, onde diz:

> o rei desta cidade se tem por cristão e assim a maior parte de seu povo, os quais mais com verdade se devem ter como he-

146 Francisco Bethencourt. O contato entre povos e civilizações: a Índia. *História da expansão portuguesa...* v. 1, p. 93. Segundo D. Raphael Bluteau. *Vocabulário Portuguez e Latino* Rio de Janeiro: UERJ, 2000. [cd-rom] lambéis são panos de lã grossos, comumente listados de várias cores e que servem para cobertura de algum banco.

147 A atitude dos europeus em relação aos povos asiáticos foi muito diferente daquela ocorrida com os indígenas americanos, povos novos que eles sequer haviam imaginado e de quem nada sabiam segundo Geneviève Bouchon. Premières experiences d'une societè coloniale: Goa au XVIe siècle. In: *Inde découverte, Inde retrouvée (1498-1630).* Études d'histoire indo-portugaise. Lisboa/Paris: Centre Culturel Calouste Gulbenkian/Comissão Nacional para as Comemorações dos Descobrimentos Portugueses, 1999, p. 291.

> reges, vista a forma de sua cristandade, de que ao Santo Padre escrevemos. [...] Carne não comem, geralmente havendo por mal matá-la para isso. [...] Afirmam estes haver na Índia 38 reis e a maior parte deles cristãos da mesma maneira dos de Calicute.[148]

A partir dessa constatação, o rei demonstrou que mesmo os aspectos considerados estranhos eram atribuídos a uma má formação cristã e não necessariamente ao fato de que, simplesmente não se tratava de cristãos aqueles com quem entraram em contato. Não se pode imputar essa opinião apenas aos registros daqueles que haviam participado da viagem, mesmo porque Vasco da Gama trouxe alguns homens da região. É o próprio rei que informa ao mesmo cardeal:

> trouxeram-nos os nossos cinco ou seis índios naturais de Calicute, dos quais um deles era mouro e já agora cristão, e os outros cristãos da maneira em cima dita. Estes índios são menos pretos que os Guinéus, de uma pretidão sobre roxo, porém seus cabelos corredios, e em narizes e todas outras particulares feições e jeito de seu rosto semelhantes de todo às gentes de cá.[149]

Malgrado todo equívoco desses primeiros contatos, o que de resto pode ser afirmado é que a viagem de Vasco da Gama serviu para selar o projeto de expansão para o Oriente, que não era hegemônico no reino e que sofria oposição daqueles que apoiavam a alternativa da conquista do Marrocos.[150]

---

148 Antônio da Silva Rego. *Documentação para a história das missões do padroado português do Oriente (Índia)*. Lisboa: Agência Geral das Colônias, 1947. v. 1 (1499-1522), p. 8.

149 *Idem*, p. 9.

150 Concordam com essa argumentação Luís Filipe Thomaz. *Op. cit.*; Sanjay Subrahmanyam. *Op. cit.*; e Kirti Chaudhuri. O estabelecimento no Oriente. *História da expansão portuguesa*... v. 1, p. 171.

A viagem de Pedro Álvares Cabral seria responsável por mais um passo no processo de consolidação do projeto de expansão para o Oriente. Mesmo havendo ainda alguma resistência, D. Manuel conseguiu organizar uma armada de grande porte, treze navios com mais de mil homens, objetivando a consolidação de algumas posições na Índia. Alguns fragmentos das instruções de D. Manuel para Cabral foram transcritos por Antônio da Silva Rego e neles pode-se mais uma vez observar a preocupação com a questão dos cristãos, além do olhar de interesse material:

> [...] desejando muito saber das coisas daquela terra da Índia e das gentes dela, principalmente por serviço de Nosso Senhor, por termos informação que ele e seus súditos e moradores de seu reino são cristãos e de nossa fé, e com que devemos folgar de ter todo trato, amizade e prestança, nos dispusemos a enviar algumas vezes nossos navios a buscar a via da Índia, por sabermos que os indianos são assim cristãos, e homens de tal fé, e verdade e trato, que devem ser buscados, para mais inteiramente haverem praticar de nossa fé, e serem nas coisas dela doutrinados e ensinados, como cumpre a serviço de Deus e salvação de suas almas, e depois, para nos prestarmos e tratarmos com eles, e eles conosco, levando das mercadorias de nossos reinos a eles necessários, e assim trazendo das suas [...].[151]

Muitos utilizam essa passagem para reforçar o caráter pouco correto, eticamente condenável, da associação de fé e cobiça, mas é importante perceber que estas questões não estavam necessariamente dissociadas no imaginário dos homens da época, e mesmo de tempos depois, como se pode ler na epígrafe deste capítulo, na justificativa de Vieira, no século XVII, para aproximar mercadores e clérigos.

D. Manuel também pretendeu consolidar uma feitoria em Calicute, primeira etapa para a consolidação posterior de uma fortaleza – estratégia

151 Antonio da Silva Rego. *Documentação...* v. 1, p.12-13.

utilizada no processo de expansão no litoral africano ocidental que se desdobrava para a Índia[152] – e fez recomendação explícita para que:

> [...] logo em sua cidade deixes e fique nosso feitor e casa de nossas mercadorias e pessoas outras que nela hajam de ficar, e assim clérigos e frades e as coisas da Igreja, para que nossa fé lhe seja assim inteiramente mostrada e ensinada, que possa nela ser doutrinado, como fiel cristão [...].[153]

Além disso, D. Manuel instruiu Cabral a fazer guerra a qualquer embarcação dos mouros de Meca, e recomendou a apreensão de mercadorias e homens. Dessa forma, confirmava a intenção de desdobrar os conflitos com os mouros no Oriente e franqueava o corso com seus lucros do Mediterrâneo para o Índico.

Outro interessante documento que Cabral portava para o Oriente era uma carta do rei D. Manuel ao samorim de Calicute. Nela há dezessete menções a Deus; seis a Jesus Cristo; quatro a Nosso Senhor; e muitos outros usos das palavras cristãos, cristãs e cristã. Trata-se de um resumo da fé romana e contém uma explicação da aproximação de Portugal e Roma. Também apresenta suas intenções comerciais associadas mais uma vez à religião, como pode ser visto no trecho a seguir:

> [...] mandamos agora lá o nosso capitão e naus e mercadorias e feitor nosso que, por vosso prazer, haja lá de fazer e estar; e assim mesmo mandamos pessoas religiosas e doutrinadas na fé e religião cristã, e também ornamentos eclesiásticos para celebrarem os ofícios divinos e sacramentos para que possais ver a doutrina da fé cristã que temos, dada e instituída por Cristo Jesus Nosso Senhor, Nosso Salvador a doze apóstolos discípulos seus, a qual depois de sua santa ressurreição foi por

152 Luiz Felipe de Alencastro. *O trato dos viventes*: formação do Brasil no Atlântico sul. São Paulo: Companhia das Letras, 2000, p. 75.

153 Antonio da Silva Rego. *Documentação...* v. 1, p. 13-14.

> eles geralmente pregada e recebida por todo mundo, dos quais alguns, a saber São Tomé e São Bartolomeu, pregaram nessas vossas partes da Índia, fazendo muitos e grandes milagres, tirando essas gentes da gentilidade e idolatria, em que dantes todo o mundo estava, e convertendo-os a verdade da santa crença e fé cristã.[154]

É também dessa carta o trecho em que se apoiam diversas explicações que defendem a premeditação do objetivo em chegar às Índias nas ações desenvolvidas pelo infante D. Henrique. O texto é uma espécie de histórico da expansão, mas deve-se atentar para o fato de que seu autor escreve muitas décadas depois desses acontecimentos:

> [...] há sessenta anos, um nosso tio vassalo nosso chamado infante Dom Henrique, príncipe de mui virtuosa vida e santos costumes, o qual por serviço de Deus tomou propósito, por Deus inspirado, fazer esta navegação, e por os reis nossos antecessores foi prosseguida até agora, que prazendo a Nosso Senhor lhe quis dar o fim por nós desejado [...].[155]

A argumentação de Luís Filipe Thomaz, que critica o aspecto teleológico da explicação de historiadores que certamente tomaram essas afirmações como referência para suas conclusões, baseia-se no fato, muito razoável, de que essas referências explícitas não são encontradas na época do Infante e, quando relacionadas aos eventos daquele momento histórico, revelam mais hesitações do que certezas.

Por outro lado, para Thomaz, no que tange ao discurso de D. Manuel, de forma geral, o tom assumido pelo rei de Portugal denuncia que ele se sentia incumbido de "uma missão universal para manter a

154 *Idem*. p, 18-19.

155 *Idem*. p, 16-17.

justiça, a paz e a supremacia da fé cristã"[156] e, por ter missão tão global, presume-se que D. Manuel estava mais preocupado com a suserania do que com a soberania.

Apesar de todo o discurso de boa vontade que pode ser percebido nos textos apresentados, é claro também que a orientação dada à armada de Cabral era ser mais truculenta nos possíveis percalços que surgissem nos contatos com as sociedades do Oriente. O melhor exemplo foi o violento rompimento com Calicute, após a destruição da feitoria portuguesa naquela cidade.

Cabral conseguiu, entretanto, consolidar posição na cidade de Cochim, cujo rajá tinha interesse na aliança com os portugueses para neutralizar a força da influência do samorim de Calicute naquela região. Cochim passou a ser então uma importante base para as ações dos portugueses no Índico, até a tomada de Goa.

A expedição seguinte foi a segunda viagem de Vasco da Gama à Índia, em 1502, e já tinha como meta fazer conquistas permanentes no Oriente, sendo responsável pela construção da feitoria de Cochim e Cananor. Na África Oriental instalou uma feitoria em Moçambique e estabeleceu ligações comerciais com Quíloa e Melinde. Dessa forma, já estava sendo definido o domínio na região com o intuito de garantir o acesso ao ouro que lá circulava para sustentar o comércio com a Índia. Outra atividade mais uma vez praticada pelos portugueses foi a pirataria, principalmente próxima ao Mar Vermelho – contra os mouros de Meca –, que atendia à sede de rapinagem de muitos fidalgos.

Em 1505 o *Estado da Índia*[157] surgiu como entidade política através da nomeação de D. Francisco de Almeida, que recebeu detalhadas instruções para construir fortificações no litoral, dando chance para a

156 Luiz Felipe Thomaz. *Op. cit*, p. 196. Ou seja, mais uma vez o autor afirma o messianismo no reinado de D. Manuel I.

157 *Idem*, p. 207. Thomaz alerta que o uso da expressão *Estado da Índia* só se generalizou a partir da segunda metade do século XVI, ainda assim sugere que se use o conceito para o período anterior.

construção de uma estratégia que viabilizasse a dominação do comércio do Oceano Índico. A definição de Thomaz para esse período inicial do Estado da Índia é muito feliz e merece o registro: "D. Francisco de Almeida é ainda um vice-rei flutuante, governador de um Estado sem território, com o convés da sua nau por capital".[158] A grande vantagem de Portugal, nesse momento, repousava na discrepância entre a tradição comercial de toda região do Índico, que se baseava em relações pacíficas, e o poderio bélico das naus portuguesas, verdadeiras fortalezas flutuantes que possibilitaram o sucesso da ação lusitana.[159]

No entanto, somente com a chegada de seu sucessor, o governador Afonso de Albuquerque (1509-1515), se estabeleceu a efetiva conquista portuguesa na Índia, pois ele foi o responsável pelas conquistas de Goa (1510), Malaca (1511); e Ormuz (1515), ressaltando-se que o valor estratégico dessas regiões era maior do que a área de terras conquistadas, constituindo assim a base do que foi definido por Boxer como uma talassocracia, que compreendia uma cadeia de fortalezas costeiras e feitorias com o objetivo do controle das rotas comerciais marítimas.[160]

O maior objetivo de D. Manuel era o ataque aos domínios muçulmanos do Egito e do corredor sírio-palestino, visando a reconquista de Jerusalém. Homem ligado ao grupo mais próximo do rei, Afonso de Albuquerque compartilhava dessas aspirações, mas procedeu de forma pragmática enquanto atuou no Oriente. Seu plano considerava a importância de se firmar o domínio português no Índico, para só então efetivar uma ação contra o Oriente Próximo muçulmano. Além disso, percebeu que o comércio inter-regional era mais seguro que a arriscada rota do Cabo, e garantiria bons lucros para sustentar a presença portuguesa na região. Assim, Albuquerque planejou a captura de quatro pontos para

---

158 *Idem*, p. 213.

159 Para entender o papel da força da coerção e do uso da guerra para a consolidação dos Estados Nacionais europeus modernos ver Charles Tilly. *Op. cit*, p. 123-132.

160 C. R. Boxer. *A Índia portuguesa em meados do século XVII*. Trad. Luís Manuel Nunes Barão. Lisboa: Edições 70, 1982, p. 13.

controlar algumas regiões: Adém e Ormuz, objetivando o controle do mar Vermelho e do Golfo Pérsico; Cambaia e Malaca, domínio do Guzerate, Coromandel e o arquipélago malaio. Seu projeto não foi um sucesso absoluto, pois fracassou na tentativa de conquistar Adém,[161] mas conseguiu as posições de Ormuz e Malaca, de importância fundamental, graças ao destacado papel comercial que exerciam no Oriente.

Goa, capturada ao sultão de Bijapur, também foi uma importante conquista, uma vez que sua posição central no litoral ocidental da península hindustani era ponto estratégico para dominar o comércio asiático, principalmente depois que Calicute assumiu a postura de feroz opositor à presença portuguesa. Essa importância estratégica de Goa pode ser ilustrada pelo fato de que no período de 1475 até 1510, como destaca Geneviève Bouchon, o território foi disputado por três forças consecutivamente: a velha cidade hindu vassala dos rajás de Vijayanagar foi capturada pelos sultãos de Bijapur, quando houve a destruição dos templos da cidade. A cidade assim transformada em muçulmana fazia o esforço de reconstrução e repovoamento quando sofreu o ataque dos portugueses em 1510.[162]

Além disso, tratava-se de uma posição segura para abastecimento devido às características agrícolas da região. Acabou se tornando a capital do Estado da Índia,[163] pois as relações entre os portugueses e as autoridades de Cochim passaram por alguns desgastes, criando instabilidade que desmotivou o antigo projeto de fixação da capital nessa cidade.

Albuquerque tinha consciência de sua importância, como pode ser visto na carta ao rei D. Manuel de 17 de outubro de 1510:

> Senhor, as coisas de Goa são tão grandes que tocam tanto à segurança da Índia e a tudo o que nos cumpre e desejais, as-

---

161 Para Vitorino Magalhães Godinho. *Op. cit.* v. 3. p. 81-134, a conquista de Adém seria fundamental para a consecução dos planos de Albuquerque. Mas a resistência da cidade foi ferrenha e o governador teve que se adaptar às circunstâncias.

162 Geneviève Bouchon. *Op. cit,* p. 292.

163 Cf. Luís Filipe Thomaz. *Op. cit.*; Sanjay Subrahmanyam. *Op. cit.*; e Kirti Chaudhuri. O estabelecimento no Oriente. *In: História da expansão portuguesa...* v. 1.

> sim para gastos despesas, oficiais, madeira, ferro, salitre, linho, arroz, mercadoria, roupas de algodão, que me parece que sem ela não podereis sustentar a Índia, porque os calafates e carpinteiros com mulheres de cá e trabalho em terra quente, passado um ano não são mais homens, e com Goa pode vossa alteza escusar os desses Reinos, porque os há mais e melhores entre os que os que cá andam. [...] É ilha cercada de água, de muita renda, e muito proveitosa; barra de muita água, porto morto de todos os ventos, ilha de muitos mantimentos e muita criação, veados tantos que é uma coisa de espanto, lebres, perdizes, lavouras de arrozais e de trigo abastada muito de feno para a gente de cavalo, se aí houver de estar, pode-a suster e defender, como aí houver espaço para segurar, porque se o tiver, nunca mais turcos entrarão. [...] O que mais me contenta do feito de Goa, poder ela sofrer e suster muita gente sem nenhum gasto nem despesa vossa; e depois que Goa se segurar bem sem ter mouros dentro, quatrocentos portugueses a terão viva para sempre; mas ainda digo que, pois ela pode sustentar dois ou três e quatro mil homens, e à vossa alteza cumpre tê-los na Índia para segurança dela e para serdes senhor dela seguro, que por isso a deve vossa alteza suster e ter, porque todas as naus que quiserdes podeis aí fazer.[164]

A iniciativa da conquista de Goa partiu exclusivamente de Albuquerque, e isto serviu de alimento para intrigas no reino contra ele daqueles que eram opositores dos empreendimentos no Oriente. Ainda assim, a cidade tornou-se o centro das decisões políticas e econômicas dos domínios lusitanos na Ásia. Em condições normais, só Goa, como capital do Estado da Índia, fazia o comércio e estabelecia comunicação

164 *Apud* Teotônio R. de Souza. *Goa*: roteiro histórico-cultural... , p. 137-138.

diretamente com Portugal,[165] sendo a base estratégica para a atividade comercial dos portugueses no Oriente.

Aproveitando-se da numerosa presença hindu na região, Afonso de Albuquerque apresentou-se como o "libertador" de Goa das mãos dos muçulmanos, e desenvolveu uma política de tolerância nos primeiros anos da "conquista",[166] confiscando as terras que pertenciam aos muçulmanos, preservando a posse dos canarins (como eram chamados pelos portugueses), não reprimindo o hinduísmo.

Um bom exemplo da política de tolerância de Albuquerque em relação aos territórios conquistados ou aliados pode ser verificada na correspondência dos capitães das fortalezas de Cananor e de Cochim, que ordenavam que seus respectivos feitores dessem aos *naires* "uma peça de beatilha, para esta festa que hora têm, que se chama *Ova Puravaa*, e estava em costume neste dia se lhe dar", e ao rei de Cananor e ao príncipe, "dois fardos de açúcar dos pequenos que estão nesta feitoria, a saber, a cada um dois, que mando dar em nome d'el rei nosso senhor para esta sua Páscoa que ora têm".[167] Note-se que o trecho da primeira carta refere-se à festa com a expressão hindu; já no segundo, há o estabelecimento de uma associação com a tradição cristã. De qualquer forma, ambos os gestos simbolizam um respeito às tradições locais, o que posteriormente, a partir de meados do século XVI, não será comum encontrar.

Albuquerque contribuiu ainda para a formação do Estado da Índia ao instituir a política dos casamentos mistos entre portugueses e mulheres locais. Seu objetivo era fixar a presença portuguesa na região e, posteriormente, proporcionar a possibilidade de recrutamento para defesa

165 A. R. Disney. *A decadência do Império da pimenta*: o comércio português na Índia no início do século XVII. Trad. Pedro Jordão. Lisboa: Edições 70, 1981, p. 29.

166 *Idem*, p. 57.

167 Antonio da Silva Rego. *Documentação...* v. 1. p. 97 e 98. Cartas datadas de 17 e 27 de agosto de 1510. Segundo D. Raphael Bluteau. *Op. cit. Beatilha* "é um pano de linho, seda ou algodão, muito fino e ralo que na Índia se fazem de camisa"; e naire é "o nome de toda gente mais nobre de todo aquele Gentio, abaixo dos brâmenes, que são os seus religiosos".

entre os descendentes gerados nessas famílias. Cada noivo ganhava um cavalo, uma casa, terras, gado e um subsídio monetário; chegou a ocorrer o casamento de fidalgos, mas a maioria era de soldados e artífices.[168]

Diversas cartas de Albuquerque referiam-se aos "casados"; como exemplo, pode-se citar o trecho de uma delas, enviada ao rei D. Manuel, datada de 1 de abril de 1512, quando o rei já havia revogado a autorização para se realizarem esses casamentos, mas estes eram ainda defendidos pelo Governador do Estado da Índia:

> o feito dos casados vai muito avante, porque casam homens de bem e muitos oficiais ferreiros e carpinteiros, torneiros e bombardeiros e alguns alemães são casados. E creio, Senhor, que se não partira de Goa, casavam aquele ano mais de 500 pessoas. Há em Cananor e Cochim cem casados e em Goa perto de duzentos [...].[169]

Naturalmente, tal independência de ação angariava opositores na corte portuguesa, como já foi mencionado, o que obrigou Albuquerque, diante do abalo de seu prestígio, a frequentemente justificar-se aos olhos do rei.[170] De todo modo, a política dos casados promoveu uma possibilidade das culturas portuguesa e hindu interagirem, mas também criou problemas, na medida em que os princípios de "pureza de sangue" enraizavam-se na sociedade portuguesa.

Até 1515, quando morreu Afonso de Albuquerque amargurado com a incompreensão do rei que o destituíra do cargo de governador, os principais objetivos da política portuguesa no Oceano Índico foram o controle naval no mar, a tentativa de exclusão dos navios e mercadores

168 A. J. R. Russel-Wood. Fluxos de emigração. In: Francisco Bethencourt e Kirti Chaudhuri (dirs.). *História da expansão portuguesa*... v. 1, p. 253.

169 Antonio da Silva Rego. *Documentação*... v. 1, p. 151.

170 Uma série de cartas da Índia atacavam muitos procedimentos de Albuquerque, o que associado à oposição na corte contribui para a queda de seu prestígio junto ao rei.

muçulmanos no comércio transoceânico da pimenta e o fomento do comércio português entre os portos do Oceano Índico.

Dessa forma, pode-se repetir Thomaz quando diz que:

> Albuquerque construiu para D. Manuel um verdadeiro império marítimo na Ásia e deu à presença portuguesa no Oceano Índico a forma definitiva, que se manteria por mais de um século com alterações insignificantes.[171]

O historiador Russel-Wood defende a idéia de que a palavra "império", como conceito que definia fusão da metrópole e das colônias numa só entidade, surgiria apenas no século XVIII. Para ele, os portugueses eram, antes disso, "emporialistas", pois na verdade dominavam uma série de redes, teias ou espaços.[172]

Anthony Disney é outro historiador que duvida da possibilidade de definir-se a situação dos portugueses no Oriente com o termo "império". Em sua argumentação cita a definição do *Oxford Dictionary* daquela palavra, ou seja, o "domínio e a supremacia sobre muitos Estados e territórios", o que para ele não exemplifica a forma pela qual os portugueses se estabeleceram na Ásia nos séculos XVI e XVII. Reconhece a dinâmica e a importância da presença portuguesa na região, mas não quer utilizar a palavra "império". Em contrapartida propõe a adoção de outro conceito a partir da noção de possessão: os modelos "sul asiático" e "leste asiático". O primeiro modelo teria como característica os territórios terem sido obtidos por uma ação oficial de dominação, seja pela diplomacia ou pela força militar, com a presença de uma comunidade de portugueses casados, comumente vivendo próximos às fortalezas, contando com a colaboração da população indígena, freqüentemente (mas nem sempre) convertida ao cristianismo, com a presença militar e administrativa da Coroa portuguesa, cujo melhor exemplo é Goa. Já o segundo modelo poderia ser caracterizado, grosso

---

171 Luís Felipe Thomaz. *Op. cit*, p. 197.

172 A. J. R. Russel-Wood. Os portugueses fora do Império. *In*: Francisco Bethencourt e Kirti Chaudhuri (dirs). *História da expansão portuguesa...* v. 1, p. 256.

modo, por uma ação não oficial portuguesa, tendo como melhor ilustração o domínio exercido pelos portugueses em Macau.[173]

Por outro lado, Luís Filipe Thomaz reconhece que a característica fundamental do domínio português no Oriente assenta-se numa rede, mas isso não o impede de utilizar o conceito de "império", definindo-o como invulgar, uma vez que sua descontinuidade espacial não inviabiliza sua existência, já que seu maior interesse estava relacionado à circulação dos bens e ao controle dos mares.[174] Complementando a afirmação de Thomaz, Sanjay Subrahmanyam define a presença portuguesa no vastíssimo território do Oriente dizendo que ela:

> [...] não era controlada em termos efetivos pela Coroa portuguesa, constituindo antes a tela sobre a qual os portugueses pintavam as suas concepções e idealizavam os seus projetos de dominação imperial, muitos dos quais nunca chegaram a concretizar-se, como é evidente. Ao longo desta extensão de milhares de quilômetros, certas áreas eram controladas com algum rigor, como foi o caso das conquistas clássicas na costa ocidental da Índia, ou nos territórios recentemente conquistados em Ceilão. Outras eram postos avançados de somenos importância, dominados por comerciantes «casados», ou feudos de capitães pertencentes às grandes famílias da nobreza, como sucedeu com frequência em Malaca.[175]

---

173 Anthony Disney. Contrasting Models of "Empire": The Estado da Índia in South Asia and East Asia in the Sixteenth and Early Seventeenth Centuries. In: Francis A. Dutra e João Camilo dos Santos. *The portuguese and the Pacific*. International Colloquium at Santa Barbara. Santa Barbara: University of California, 1995, p. 27-35.

174 Luís Felipe Thomaz. *Op. cit*, p. 207-210.

175 Sanjay Subrahmanyam. Uma viagem através do Oriente em finais do século XVI. In: Antônio Manuel Hespanha. *Os espaços de um Império* (Estudos). Lisboa: Comissão Nacional para as Comemorações dos Descobrimentos Portugueses, 1999, p. 21.

Podem-se associar as reflexões de Thomaz e Subrahmanyam à definição do mesmo conceito feita por Anthony Pagden. Para ele o termo latino "*imperium*" tem originalmente diversos significados, sendo que três deles permaneceram em uso, muitas vezes mesclando-se desde o período romano até a época moderna: como ordem perfeita; como território reunindo mais do que uma comunidade política; e como soberania absoluta de um indivíduo. Além disso, na Idade Moderna, império transformou-se em sinônimo de Estado – o que sugere o entendimento da designação dos domínios portugueses no Oriente, Estado da Índia.[176] Justifica-se então a aplicação do conceito ao momento histórico estudado, com base em Thomaz, Subrahmanyam e Pagden.

A partir de 1515 até 1560 os portugueses utilizaram três métodos para manter sua hegemonia no controle do Índico: a feitoria e a fortaleza; a ação da armada e os "cartazes", espécie de salvo-conduto que os comerciantes não portugueses tinham de comprar das autoridades lusitanas estabelecidas na região, o que rendia lucros significativos.[177]

No que toca às estruturas governativas que caracterizaram o Estado da Índia, sua administração central localizava-se em Goa. Catarina Madeira Santos destaca o caráter de capitalidade dessa cidade, o seu estatuto singular em comparação às outras capitais européias que se desenvolviam no Estado moderno nos séculos XV e XVI, denominando-a de "*alter ego* do centro metropolitano – Lisboa – no mundo índico".[178]

---

176 Ver Anthony Pagden. *Lords of all the World:* ideologies of Empire in Spain, Britain and France (c.1500- c.1800). New Haven/London: Yale University Press, 1995, p. 13-19. Para uma explicação da metodologia contextualista adotada por Pagden a partir de Quentin Skinner e J. G. A. Pocock ver: José Eisenberg. *As missões jesuíticas e o pensamento político moderno*: encontros culturais, aventuras teóricas. Belo Horizonte: Ed. UFMG, 2000, p. 14-17.

177 Kirti Chaudhuri. O estabelecimento no Oriente. *In: História da expansão portuguesa...* v. 1, p. 180.

178 Catarina Madeira Santos. *"Goa é a chave de toda a Índia"*. Perfil político da capital do Estado da Índia (1505-1570). Lisboa: Comissão Nacional Para as Comemorações dos Descobrimentos Portugueses, 1999, p. 34. O conceito de capitalidade segundo a autora pode ser definido como a coincidência entre o

A autoridade suprema de todo o Estado era o vice-rei ou governador, a quem era delegado vastos poderes, devido à grande distância entre o reino e o Oriente. Dessa forma, muitas decisões eram tomadas para só mais tarde serem informadas ao rei de Portugal.[179] É claro que essa relativa autonomização em relação ao poder central muitas vezes era vista com desconfiança, ainda mais diante do próprio processo de centralização burocrática pelo qual passava Portugal nesse período.[180]

A maior preocupação da governança, segundo Joaquim Romero Magalhães era "assegurar a compra da especiaria a tempo e hora de se fazer a sua carga para Lisboa - operação que [o vice-rei ou governador] devia dirigir pessoalmente".[181] Havia ainda um Conselho de Capitães, que a partir de 1569 passou a ser chamado de Conselho de Estado, cuja função era ajudar o vice-rei no governo.

Existiam outros órgãos, tais como a Vedoria da Fazenda, responsável pela administração da fazenda; a Casa dos Contos, que cuidava da gestão e fiscalização financeira; o Tribunal da Relação, criado em 1550, cujo modelo era a Casa de Suplicação de Lisboa. Havia também o Tribunal da Alçada, criado em 1571, que deliberava em matérias de graça; e o Tribunal da Mesa de Consciência e Ordens, fundado no Oriente em 1570, cuja incumbência era administrar, vigiar e garantir a defesa

---

poder político e os organismos administrativos centrais cujo alcance ultrapassa a cidade onde se situam, repercutindo por todo o império.

179 A complicada rede de instâncias de poder que se forma no processo de expansão portuguesa permite visualizar o peso dessas instituições no reino e sua influência na caracterização do Estado. *Cf.* Antônio Manuel Hespanha. *As vésperas do Leviathan ..., passim.*

180 Amélia Aguiar Andrade. Novos espaços, antigas estratégias: o enquadramento dos espaços orientais. In: Antônio Manuel Hespanha. *Os espaços de um Império ...*, p. 37. A autora justifica a criação do aparato burocrático na Índia devido às dificuldades de amiudado contato entre Portugal e o Oriente uma vez que era enorme a distância que os separava.

181 Joaquim Romero Magalhães. *Os Portugueses no mundo do século XVI*: espaços e produtos. Lisboa: Comissão Nacional para as Comemorações dos Descobrimentos Portugueses, 1998, p. 85.

das questões da Igreja no Reino.[182] Ainda no nível da justiça existiam dois cargos importantes: o ouvidor-geral da Índia, que cuidava dos feitos cíveis e o ouvidor-geral do crime, criado em 1550, responsável por todos os feitos crimes em Goa e nas fortalezas portuguesas.[183]

A Câmara Municipal e a Misericórdia foram duas instituições de grande importância para a administração das cidades, tanto em Goa como em todo o Império português, o que levou Boxer a identificá-las como "os dois pilares do império",[184] formando o substrato comum que lhe dava coesão. Nas fortalezas o poder civil e militar era acumulado pelo capitão, que tinha como substituto um alcaide-mor.

A fundação da Câmara Municipal de Goa não possui registro, mas considera-se a data da conquista como seu marco inicial. Sua estrutura teve como modelo a Câmara de Lisboa e tinha inicialmente, como membros formadores, um vereador fidalgo, dois vereadores nobres, dois juízes ordinários, um procurador da cidade e quatro procuradores dos mesteres, todos com direito a voto. Possuía autonomia, mas tinha limitações em relação ao comércio das especiarias, garantindo-se os direitos da Coroa. No entanto, diante do poder do vice-rei e do direito do capitão da cidade de participar e votar nas sessões da Câmara, muitas vezes essa autonomia foi ferida, o que gerou diversas tensões e conflitos.[185] Havia também formas de cooperação entre a Coroa e a Câmara como, por exemplo, na obtenção de recursos para construção naval e defesa. A função de fornecer empréstimos também era desempenhada pela Santa Casa de Misericórdia. Esses dois órgãos eram importantes espaços de exercício do poder local, e possibilitavam a consolidação de prestígio social.

---

182 Catarina Madeira Santos. *Op. cit*, p. 188-191.

183 *Idem*, p. 134-133.

184 Charles R. Boxer. *Portuguese society in the Tropics*. The Municipal Councils of Goa, Macao, Bahia e Luanda (1510-1800). Cambridge: Hakluyt Society at University Press, 1964.

185 Charles R. Boxer. *Portuguese society in the Tropics...*, p. 12-15.

Sobre o relacionamento da administração portuguesa com as populações da região de Goa, observa-se que, em 1526, Afonso Mexia, vedor da Fazenda, codificou a legislação consuetudinária das comunidades rurais goesas, apurada junto aos nativos letrados, que deu origem ao Foral de Usos e Costumes, constituído por quarenta e nove cláusulas, e que esclarecia a organização social, política e econômica da região, sendo a mais antiga descrição da Índia feita por um europeu, mas deve-se ressaltar que era uma espécie de manual para administradores, não dando conta de todos os aspectos dessas comunidades.[186] De qualquer forma, tal esforço de sistematização atendia tanto às necessidades da Coroa portuguesa quanto das comunidades locais submetidas, pois legitimou e criou uma interface entre tradições e leis das duas culturas em contato e possibilitou a sobrevivência das comunidades agrárias hindus, que a dominação muçulmana havia enfraquecido em outras regiões da Índia.

Graças ao Foral é possível saber que na ilha de Tisvadi, onde estava localizada a cidade de Goa, havia trinta e uma aldeias.[187] Em cada uma delas havia os gancares que tradicionalmente eram importantes elos nas relações de cobrança de tributos locais e cujas funções os portugueses adaptaram ao seu domínio, como ilustra o trecho a seguir:

> e cada uma das ditas Aldeias nos é obrigada a pagar certa renda conteúda e declarada no dito Foral atrás, a qual os ditos Gancares de cada Aldeia com o Escrivão dela repartem e lançam pelos lavradores e pessoas que no limite de cada Aldeia tem herança,

---

186 Teotônio R. de Souza. *Goa medieval...* ,p. 59.

187 Os nomes das aldeias eram Neurá, o grande; Gansim; Ellá; Azossim; Calapor; Morombim, o grande; Carambolim; Batim; Talaulim; Salecer; Mercurim; Agaçaim; Neurá, o pequeno; Mandur; Corlim; Ororaá; Gaudalim; Renovadi; Bambolim; Sirdão; Curqua; Taleigão; Goa-Velha; Gonvali Moulà; Cugir; Dugari; Morura; Morombim, o pequeno; Chimbel; Panelim; Bangani. Ver Foral de Usos e Costumes dos Gancares e Lavradores desta ilha de Goa e outras anexas a ela. *Apud* Eduardo Judas Barros. *Classes castóides em Goa colonial*: um estudo microssociológico da dinâmica das relações de castas numa aldeia cristã de Goa, na Índia. São Paulo, 1981. Tese (Doutoramento em Ciências Sociais). Universidade de São Paulo. mimeo, p. 182.

> e isto segundo a condição com que lhe é dada por seus usos e costumes; e os ditos gancares são obrigados a fazer e arrecadar, pagar a dita renda, quer cresça, quer mingue [...].[188]

Questões relacionadas a empréstimos, fugas de lavradores e de gancares, heranças, compras, vendas e roubos eram contemplados pelo Foral. Um exemplo pode ser dado na citação abaixo:

> se alguns Gancares [...] fugirem para os Mouros para fora da terra por não pagarem renda, como se diz que se já fez o que não esperamos que daqui em diante façam, perderão suas fazendas móveis para nós e as de raiz e Gancarias se arrematarão às pessoas que caibam, e por elas mais derem, obrigando-se aos foros a que as tais heranças são obrigadas; e o que mais derem pelas ditas heranças, e Gancarias, além de ficarem com o foro, será para nós.[189]

Também traduzia as hierarquias que existiam entre as gancarias e os gancares, definindo, por exemplo, a primazia na sementeira do arroz, nos festejos feitos pelas bailadeiras (subcasta sudra) e numa série de outros costumes locais.

Além das instâncias burocráticas centrais e locais, uma outra instituição muito importante na sociedade portuguesa também estabeleceu-se em Goa: a Igreja.[190] A estrutura eclesiástica no Oriente inaugurou-se com a criação da diocese de Goa em 1534, que possuía a jurisdição sobre todas as comunidades cristãs entre o Cabo da Boa Esperança e a China. O primeiro bispo só chegou em 1538 e a Catedral Metropolitana de Goa foi inaugurada em 1539. Em 1540, havia cerca de 100 padres, muitos dos quais não cumpriam com muita rigidez e atenção os dogmas da Igreja católica.[191]

188 *Idem*, p. 181-182.

189 *Idem*, p. 190. Segundo Teotônio R. de Souza. *Goa*: roteiro histórico-cultural..., p. 197.

190 Catarina Madeira Santos. *Op. cit.* p. 201 classifica a montagem administrativa da Igreja em Goa como a "segunda capitalização" daquela cidade.

191 M. N. Pearson. *Op. cit*, p. 129.

Apesar da contínua presença de religiosos nas viagens e na fixação dos portugueses no Oriente (ou seja, nas fortalezas, feitorias e cidades conquistadas); da instalação em 1518 da ordem dos franciscanos em Goa; e do batismo de milhares de hindus na costa da Pescaria, através da ação do vigário-geral padre Miguel Vaz nos anos de 1535 a 1537, costuma-se afirmar que a atividade missionária só ganhou real impulso com a chegada dos jesuítas, em 1542.[192]

Vale relembrar que o Padroado exercia forte controle das estruturas eclesiásticas no Oriente. A viagem para a Índia só poderia ser feita com beneplácito régio e os bispos não deveriam, nem poderiam, ter relações diretas com a Santa Sé sem a prévia autorização do rei.[193] Dessa forma, a estrutura eclesiástica estava fortemente associada às diretrizes empregadas pelos monarcas portugueses.

No reinado de D. João III (de 1521 a 1557) é possível identificar que a política de avanço no Oriente se articula com a ocupação mais efetiva nas "conquistas" do Atlântico, mormente no litoral do Brasil. Dessa forma, em meados do século XVI:

> a política ultramarina se encaixa em dois sistemas. O primeiro "atlântico" – marcado pelo domínio territorial, o repovoamento e a economia escravista de produção açucareira –, engloba Madeira, Cabo Verde, São Tomé, e os enclaves da América portuguesa. O segundo, de tipo "asiático" – caracterizado pelo domínio indireto, a economia de circulação e o envolvimento mercantil – toma corpo nas feitorias fincadas nos terminais das zonas de comércio descobertas na Guiné, no Congo, em Angola, Moçambique, na Ásia [...].[194]

---

192 O padre Miguel Vaz ocupou o cargo de vigário-geral da Índia no período de 1532 a 1547. Além do trabalho pioneiro na costa da Pescaria foi um colaborador muito próximo dos trabalhos do jesuíta Francisco Xavier.

193 Caio Boschi. Estruturas eclesiásticas e Inquisição. *In*: Francisco Bethencourt e Kirti Chaudhuri (dirs.). *História da expansão portuguesa*... v. 2, p. 437-438.

194 Luiz Felipe Alencastro. *Op. cit*, p.73.

Somado a isso, dois outros fatores completavam o quadro das condições da presença portuguesa no Oriente, naquele momento. O avanço do Império Otomano na direção do Mar Vermelho e Golfo Pérsico, no governo de Suleimão (1520-1566) foi o primeiro movimento de uma série de outros que começaram a pressionar as posições portuguesas no Índico. E o despontar de uma atividade mercantil agressiva por parte de dois estados da Birmânia, o que atraiu a atenção de muitos portugueses naquela direção. Além disso, com o Tratado de Saragoça, de 1529, os portugueses haviam obtido direitos sobre as ilhas de Maluco, conhecidas como região de drogas muito valiosas, levando-os a expandir suas rotas até lá de forma contínua, o que espalhava ainda mais a presença portuguesa, mas, em contrapartida, criava muitas dificuldades na manutenção do controle sobre tão extensas áreas.

Por outro lado, na Europa, a crise da cristandade ocidental, que se desenhava desde a Baixa Idade Média, desembocou nas Reformas protestante e católica da primeira metade do século XVI, o que significou o surgimento de outras igrejas cristãs e de uma série de medidas por parte da Igreja de Roma, com vários desdobramentos que alimentaram tensões e conflitos diversos.[195]

A situação tornou-se ainda mais complexa quando D. João III procurou fundar o Tribunal do Santo Ofício em Portugal, pois acentuou uma série de tensões existentes na sociedade portuguesa. A primeira bula que estabeleceu a Inquisição no reino data de 1531, mas seus termos nunca foram aplicados. Em 1536 a bula *Cum ad nihil magis* retoma o estabelecimento, sendo esse momento considerado o da definitiva instalação do

---

195 Ver Pierre Chaunu. *O tempo das Reformas*. Lisboa: Edições 70, 1993. 2 v.; Jean Delumeau. *História do medo no Ocidente: 1300-1800*. São Paulo: Companhia das Letras, 1989; Lana Lage da Gama Lima. *A confissão pelo avesso*: o crime de solicitação no Brasil colonial. São Paulo, 1990. Tese (Doutorado em História). Universidade de São Paulo. mimeo; Peter Burke. *Cultura popular na Idade Moderna*: Europa, 1500-1800. Trad. Denise Bottmann. São Paulo: Companhia das Letras, 1989. O aprofundamento dessa questão será feito no próximo capítulo.

Tribunal em Portugal. Mas somente em 1547 na bula *Meditatio Cordis* o estabelecimento foi feito nos moldes pretendidos por D. João III.[196]

Diante desse quadro compreende-se porque a flexibilidade que inicialmente marcou a convivência religiosa em Goa foi substituída por um período de violenta intervenção no modo de vida goês, a partir de 1540, pois nesse momento, segundo Pearson, percebe-se a chegada no Oriente da ideologia da Contra-Reforma.[197] Nesse ano todos os templos hindus em Goa foram destruídos, marcando a nova forma de relacionamento entre os portugueses e a população local. Em 1541, as terras que haviam sido doadas aos templos foram entregues ao clero secular e às ordens religiosas. Tanto as práticas religiosas hindus, quanto algumas sobrevivências da presença muçulmana na região começaram a ser perseguidas e reprimidas. Em 1542, Francisco Xavier chegou a Goa, graças à ação de D. João III, um dos primeiros a apoiar a recém fundada Companhia de Jesus, e contribuiu ainda mais para a alteração do quadro que existia até então, através de uma ação abrangente na tentativa de cristianização.

Portanto, a partir da década de 40 do século XVI, pode-se afirmar que houve uma guinada no comportamento das autoridades civis e eclesiásticas em Goa, cuja marca mais evidente foi o esforço de cristianização das populações submetidas ao domínio português e até mesmo fora dele, resultado do processo de expansão que deve ser visto tanto nos seus aspectos econômicos, quanto nas suas contribuições culturais.

---

196 Ver Antônio José Saraiva. *Inquisição e cristãos-novos*. Lisboa: Editorial Estampa, 1994; Anita Novinsky. *A Inquisição*. São Paulo: Brasiliense, 1996; Francisco Bethencourt. *História das Inquisições*: Portugal, Espanha e Itália (séculos XV-XIX). São Paulo: Companhia das Letras, 2000. O aprofundamento dessa questão será feito no capítulo III.

197 M. N. Pearson. *Op. cit*, p. 129.

II. Os Jesuítas na finisterra da fé

Certifico a Vossa Alteza que, além do fruto que estes padres todos fazem tão bem em suas pregações, avisam vossos capitães e oficiais que façam o que devem em seus cargos, por maneira que deles é Vossa Alteza bem servido. Estes homens vivem como falam, e fazem o que dizem, e por eles se pode dizer que são o sal da terra.

Tomé Lobo, soldado em Goa (1548)

1. A fundação da Companhia de Jesus no embate das Reformas

A crise e a desagregação do mundo feudal no Ocidente europeu marcaram o início dos Tempos Modernos, promovendo uma série de transformações de ordem política, econômica, cultural e, até mesmo, geográfica. A principal instituição do mundo feudal, a Igreja Católica, não ficou imune a esse quadro de mudanças.

Para a Igreja o período foi marcado por séria crise que, aliás, se prolongava desde o século XIII. As heresias medievais, a exemplo dos cátaros, difundiam doutrinas que se opunham à ortodoxia de Roma, sendo que a Inquisição medieval fora criada com o propósito de combatê-las.

Além disso, ordens mendicantes foram formadas, tal como a dos franciscanos, cujo fundador, S. Francisco de Assis, exaltava a pobreza como valor essencial dos cristãos, em contraste com a riqueza e ostentação das igrejas. O período ainda seria marcado pelo Grande Cisma do Ocidente (1378-1417), que dividindo a cristandade ocidental, abalou ainda mais a estrutura da Igreja.[1]

Um clero mal formado intelectualmente, muitas vezes desconhecedor do conteúdo dogmático da Igreja, distante da vocação religiosa, permitia, de um lado, uma religiosidade popular muito próxima a práticas pagãs, mas incitava, de outro, uma avalanche de críticas, sobretudo provenientes do meio letrado, que teve em Erasmo um dos maiores destaques, com o seu *Elogio da Loucura*, no início do século XVI. Essas críticas, ligadas ao humanismo, possibilitaram o movimento da Reforma protestante e, também, de uma ação da própria Igreja, a Contra-Reforma ou, como melhor definição, a Reforma Católica.

> A Igreja Católica trazia, portanto, uma enorme carga de problemas originados ao longo do período feudal e que alimentaram a crise no século XVI. J. H. Elliot afirma que "a reforma da igreja romana, por mais que tivesse sido concebida como resposta ao desafio protestante, brotou da mesma vasta corrente de renovação espiritual que revitalizava a Europa desde os últimos anos do século quinze".[2]

A crise da cristandade ocidental deve ser entendida, portanto, como um processo que se desenvolve desde a Baixa Idade Média. Dessa forma, a produção historiográfica mais recente tende a definir as re-

1 Esse quadro genérico sobre a passagem da Idade Média para a Idade Moderna e sobre a fundação da Companhia de Jesus está baseado em Célia Cristina da Silva Tavares. *Entre a cruz e a espada*: jesuítas e a América portuguesa. Niterói, 1995. Dissertação (Mestrado em História). Universidade Federal Fluminense. mimeo. Ver principalmente o Capítulo I.

2 J. H. Elliot. *A Europa dividida (1559-1598)*. Lisboa: Editorial Presença, 1985, p. 112.

formas protestante e católica como resultantes de um passado comum, malgrado as suas diferenças e enfrentamentos. A expressão "tempo das reformas" define o processo de longa duração da renovação do cristianismo.[3] A idéia de que a Contra-Reforma significou um conjunto de mudanças promovidas pela Igreja Católica, como simples reação aos ataques protestantes tem sido muito criticada, assim como outra abordagem, de cunho elitista e institucional, que não acumulava reflexão acerca da atuação da Igreja sobre as práticas religiosas da cristandade.[4]

Assim, esses historiadores definiram ao menos três momentos distintos e complementares: a preparação da Reforma (dos fins da Idade Média ao princípio do século XVI); o período do Concílio de Trento (1545-1563), entendido como o da Contra-Reforma, propriamente dita; e, por último, um longo período de implementação das medidas reformadoras (entre os séculos XVI e XVIII). Há variações dessa cronologia: a divisão em dois períodos – a pré-Reforma e a Reforma propriamente dita –, ou ainda em quatro – pré-Reforma; Reforma protestante; Reforma católica e, por último, seus desdobramentos. O essencial em qualquer das fórmulas propostas é a ênfase no entendimento do fenômeno como um longo processo de mudanças, marcado.

John Bossy faz um importante alerta sobre o uso da expressão Reforma: "aconteceu qualquer coisa de importante ao Cristianismo Ocidental no século dezesseis, e o termo «Reforma» é certamente o melhor guia para quem deseje investigar". Mas recomenda cuidado com o uso dessa expressão para que não se reforce a "noção de que uma má forma de Cristianismo estava a ser substituída por uma boa". Deve-se ter

---

3 Para a discussão sobre as reformas ver entre outros: Pierre Chaunu. *O tempo das reformas*: a crise da cristandade (1250-1550). Lisboa: Edições 70, 1993. v. 1; Jean Delumeau e Monique Cottret. *Le catholicisme entre Luther et Voltaire*. Paris: Presse Universitaire de France, 1971; John Bossy. *A cristandade no Ocidente: 1400-1700*. Trad. Maria Amélia Silva Melo. Lisboa: Edições 70, 1990; Lana Lage da Gama Lima. *A confissão pelo avesso*: o crime de solicitação no Brasil colonial. São Paulo, 1990. Tese (Doutorado em História). Universidade de São Paulo. mimeo.

4 Lana Lage da Gama Lima. *Op. cit.* v. 1, p. 163-164.

em mente que é um conceito necessário mas muito generalizador, não comportando aspectos mais específicos.[5]

> Nessa perspectiva, considera-se muito mais importante uma análise da difusão dos princípios reformadores, além do entendimento de que, embora inimigas, as tendências protestante e católica atuavam sobre a população européia que vivia muito distante do que era chamado de "pureza da fé", que cada lado reformista dizia defender.

Assim, o Concílio de Trento – iniciado em 1545, por determinação do papa Paulo III, interrompido várias vezes, marcado por inúmeras discussões e divisões políticas, e que só terminou sob o pontificado de Pio IV, em 1563 – decidiu:

> revalorizar a figura do padre e insistir na castidade, procurando promover a formação de um clero mais digno em seus costumes, melhor preparado intelectualmente, mais coeso enquanto corpo social hierarquizado e mais obediente à Roma. Para isso foram mobilizados os bispos, cujo poder foi reforçado, e acionadas as justiças eclesiástica e inquisitorial para punir as condutas desviantes. A fundação de seminários; a difusão das conferências eclesiásticas; a implementação das visitas diocesanas; o aumento do rigor na seleção dos candidatos à ordenação; a consolidação de uma vasta rede paroquial que viabilizasse a ação pastoral; o combate à simonia, ao nicolaísmo e ao absenteísmo, foram algumas das medidas destinadas a garantir a eficácia da reforma do clero e, por conseguinte, de toda a cristandade.[6]

Embora anterior ao Concílio de Trento, mas inserida no conjunto de ações empreendidas pela Reforma católica, por iniciativa de Inácio de Loyola

---

5 John Bossy. *Op. cit*, p. 113.

6 Lana Lage da Gama Lima. *Op. cit.* v. 2, p. 333.

foi formada em 1537 a Companhia de Jesus, com sua *Fórmula do Instituto*[7] aprovada pelo papa Paulo III na bula *Regimini Militantis Ecclesiae* em 1540 – considerada pelo historiador Dauril Alden como "a mais dinâmica, bem sucedida, influente e controvertida das novas Ordens criadas durante o turbulento século XVI", ou ainda, nos dizeres de Jean Delumeau e Monique Cottret, "o elemento mais dinâmico da Igreja romana de 1550 a 1650".[8]

A origem desse movimento encontra-se em Paris, um dos centros humanistas onde a *Devotio Moderna* se desenvolvia com o espírito de "renovar a escolástica e purificar o culto de superstições e de devoções espúrias".[9] A *Devotio Moderna* tinha se originado nos Países Baixos, por volta do final do século XIV e início do XV, e preconizava uma piedade individual e reflexiva que teve no livro *Imitação de Jesus Cristo*, cuja autoria geralmente é atribuída a Thomas a Kempis, seu maior símbolo. Para Pierre Chaunu ela foi um meio de responder à crise da Igreja, pois:

> [...] a sua pedagogia supõe uma clara compreensão do latim e a inserção no coletivo da família monástica. A missa da *devotio moderna* é uma missa curta, uma missa à qual as pessoas se associam através de uma oração pessoal que não adere estreitamente aos temas litúrgicos. O monge apostava na regra; a *devotio moderna*, pelo contrário, é socrática, maneja a introspecção e recorre à direção de consciência. A *devotio moderna* conhece já a tentação casuística. Mantém de boa vontade um diário, individualiza e recorre aos exercícios. Mas é sobretudo *imitatio Christi*. Está próxima do Cristo da dor e vive a *pietá*. O seu Cristo é homem, desceu do vitral. No mistério da encarnação, está do

7 O texto da *Fórmula do Instituto* pode ser encontrado em Serafim Leite. *História da Companhia de Jesus no Brasil*. Lisboa/Rio de Janeiro: Portugália/Civilização Brasileira, 1938. v. 1, p. 6-9.

8 Dauril Alden. *The making of an enterprise*: the Society of Jesus in Portugal, Its Empire and Beyond, 1540-1750. Stanford: Stanford University Press, 1996, p. 4 e Jean Delumeau e Monique Cottret. *Op. cit*, Op. 106.

9 Guilherme P. C. Pereira das Neves. *O Seminário de Olinda: educação, cultura e política nos Tempos Modernos*. Niterói, 1984. Dissertação (Mestrado em História). Universidade Federal Fluminense. mimeo. v. 1, p.31.

> lado da santa humanidade, do homem Deus e não do Deus feito homem. Tem necessidade do Cristo torturado para ultrapassar o santo terror que lhe inspira a transcendente grandeza de Deus. Numa palavra, após um longo milênio de cristandade, a sensibilidade popular está nos antípodas do arianismo e adquire uma espécie de coloração monofisista. É necessário ensinar ao povo que, no verdadeiro Deus e verdadeiro homem do símbolo, o Cristo é também verdadeiramente homem e que, além do verdadeiro Deus, existe também nele o verdadeiro homem.[10]

A *Devotio Moderna* difundiu-se dos Países Baixos para outras regiões da Europa, alcançando parte do meio letrado de Paris. É nessa Paris de debates humanistas que Inácio de Loyola realizou seus estudos de filosofia e teologia entre 1529 e 1534, absorvendo o clima da época.[11]

> A trajetória religiosa de Inácio de Loyola iniciou-se quando convalescia de ferimento grave obtido na batalha de Pamplona em 1521, um dos capítulos das disputas territoriais entre os Habsburgos e os Valois, onde lutara comandando uma guarnição de defesa da cidade contra o ataque dos franceses. Para tentar impedir que ficasse coxo, submeteu-se a uma série de operações, que o obrigaram a um longo período de recuperação. A convalescença, ao mesmo tempo que indicava a permanência do defeito físico que o impediria de continuar sua carreira militar, possibilitou a Loyola entrar em contato com dois livros que constavam da biblioteca da casa paterna: um sobre a vida dos santos, especialmente de São Domingos e São Francisco, e *Vita Christi* de Ludolfo da Saxônia,[12] que grande impressão lhe

---

10 Pierre Chaunu. *Op. cit.* v. 1, p. 218-219.

11 Jean Lacouture. *Os jesuítas: Os conquistadores.* trad. Ana Maria Capovilla. Porto Alegre: LP&M, 1994, p. 48. O autor chama Santo Inácio pelo seu nome de batismo, Iñigo López Recaldo.

12 *Cf.* Jean Delumeau e Monique Cottret. *Op. cit.* p. 65 e Dauril Alden. *Op. cit,* p. 4.

causaram, despertando seu interesse pela vida religiosa e por seguir em peregrinação aos lugares santos.

Depois de restabelecido, Loyola executou o plano de peregrinação e, ao longo dessa viagem, desenvolveu os famosos *exercícios espirituais* – com influência das leituras da *Imitação de Jesus Cristo* de Thomas a Kempis e do *Livro de Exercícios para a vida espiritual* do abade Cisneros, de inspiração na *Devotio Moderna* – que tanto marcaram a formação dos inacianos. Espécie de manual sobre métodos de oração e exames de consciência, trata-se de uma série de instruções práticas que ensinavam a utilização de todos os cinco sentidos aliados à razão para se buscar descobrir a vontade de Deus, através de várias etapas de experiências, distribuídas em quatro semanas de exercícios, onde cada semana não necessariamente correspondia a sete dias, mas que no geral perfazia cerca de trinta dias. Um "guia espiritual" que a princípio era seguido individualmente, mas que ao longo dos séculos XVII e XVIII difundiu-se como prática em grupo.[13]

Voltando à Espanha, decidiu dedicar-se aos estudos. Em Barcelona, Alcalá e Salamanca, num período de três anos e meio, Loyola aplicou-se no estudo de gramática latina, lógica, física e teologia. Paralelamente, difundia os *exercícios espirituais* entre colegas e outros seguidores, o que lhe causou problemas com a Inquisição, chegando mesmo a ser preso por breve período. Foi sentenciado a só fazer sua pregação após a conclusão de seus estudos, apesar dos *exercícios espirituais* terem sido reconhecidos como de doutrina ortodoxa e de moral irrepreensível.

Assim, sentindo-se limitado na Espanha, Loyola resolveu completar os estudos em Paris. Nesta cidade, com alguns colegas estudantes formou um pequeno grupo de iniciados nos *exercícios espirituais*, o qual se transformaria no núcleo fundador da Companhia de Jesus: Pedro Fabro, Francisco Xavier, Diogo Laínez, Afonso Salmerón, Nicolau Bobadilha e Simão Rodrigues.[14]

---

13 José Eisenberg. *As missões jesuíticas e o pensamento político moderno*: encontros culturais, aventuras teóricas. Belo Horizonte: Ed. UFMG, 2000. p. 33-34.

14 William V. Bangert. *História da Companhia de Jesus*. Porto/São Paulo: Apostolado da Imprensa/ Edições Loyola, 1985, *passim*.

Tomados de fervor religioso, os sete estudantes resolveram investir na conversão dos muçulmanos de Jerusalém e para isso fizeram votos de pobreza, de castidade e de ir à Terra Santa, formando uma espécie de fraternidade. Mas mesmo nesse momento inicial pode-se perceber que o grupo não formava um bloco monolítico, pois havia os que queriam ir para Jerusalém com o espírito e, até mesmo, os métodos das cruzadas e os que defendiam a questão numa ótica mais universal, uma ação para o mundo (a que vai marcar as ações futuras da Companhia de Jesus).[15]

Ao grupo inicial logo se juntaram outros, e todos se transferiram para a Itália, em 1537, à espera da permissão para seguir com destino à Palestina, momento em que decidiram se identificar como *Companhia de Jesus.*

A peregrinação a Jerusalém não pôde ser realizada por inúmeras dificuldades, especialmente pelo aumento das tensões entre Veneza e o Império Otomano naquele momento. No entanto, os membros da Companhia procuraram o papa em 1538, e se dispuseram a ir a qualquer parte do mundo para defender a fé católica. Estava dado o passo essencial para a confirmação da Companhia de Jesus como ordem religiosa missionária, que se concretizaria dois anos mais tarde.

O crescimento da ordem inaciana foi vertiginoso, sendo que ao tempo da morte de Inácio de Loyola, em 1556, a Companhia de Jesus já possuía cerca de 1.000 membros e administrava uma centena de fundações, entre residências, colégios e outras instituições.[16] Mesmo levando-se em conta a influência de um período de debates religiosos que alimentavam o desenvolvimento do fervor apostólico na Europa católica, a partir de meados do século XVI, esse crescimento da ordem jesuítica é digno de nota. Por terem, desde o início, se dedicado intensamente ao trabalho pedagógico, os inacianos devem ter gerado grande fascínio entre seus discípulos em relação à missionação, despertando inúmeras vo-

---

15 Jean Lacouture. *Op. cit,* p. 82-83.

16 Jean Delumeau e Monique Cottret. *Op. cit,* p. 105. O autor lembra ainda que cem anos mais tarde, já havia mais de 15000 jesuítas e 550 fundações espalhadas pelo mundo.

cações. No final do século XVI, a Companhia, seus missionários e seus colégios se espalhavam por várias regiões da Europa, África, América e Ásia. Mas, mesmo assim, será possível constatar que os mais renomados missionários inacianos sempre se queixavam de haver poucos, e sempre pediam a seus superiores o envio de novos jesuítas para enfrentar o enorme número de atribuições nos trabalhos de evangelização.

A base da estruturação da Companhia de Jesus assenta-se numa síntese das correntes de piedade tradicionais e modernas. Assim, os inacianos possuem "uma piedade para a ação, uma piedade para a vida", o que faz com que um dos traços marcantes da ordem seja a "formação de homens chamados a viverem no coração da vida", agindo em termos apostólicos, evangélicos e edificantes.[17]

Daí a preocupação com a missão e os cuidados com a educação serem as marcas mais conhecidas da Companhia de Jesus. Rego define o conceito:

> etimologicamente missão deriva de *missio-nis*, de *mittere* -enviar. [...] No sentido genérico, missão equivale ao envio ou deputação de alguém a fim de se desempenhar de determinada obrigação. No sentido teológico, verifica-se que a redenção do mundo se consumou por meio da missão da Segunda Pessoa da Santíssima Trindade, enviada pela Primeira. No sentido jurídico, o direito canônico atribui-lhe tríplice acepção: a) lata, ou missão canônica, pela qual alguém recebe o ministério de pregar; b) estrita, ou ciclo de pregações a realizar, pelo menos de dez em dez anos [...]; c) muito estrita ou propriamente dita, [...] é a obra da fundação e da plantação da Igreja.[18]

Nesse sentido, para a Companhia de Jesus a missão era o caminho da consolidação da Igreja, onde a conversão tinha o destacado papel de

17 José Sebastião Silva Dias. *Correntes de sentimento religioso em Portugal*. Coimbra, 1960. v. 1, p. 169-170.

18 Antonio da Silva Rego. *Lições de missionologia*. Lisboa: Junta de Investigação do Ultramar, Centro de Estudos Políticos e Sociais, 1961, p. 2-3.

alargamento da sua área de atuação. Era ainda um local privilegiado para a concretização do princípio do contato mais cristão com o mundo.[19]

Existe ainda um outro significado para "missão" que não é considerado por Rego. Na discussão sobre o conceito de "império", Anthony Pagden explora a associação da definição romana para *civitas* - que corresponde à comunidade ideal, ao local de humanidade, ao lugar de florescimento - à noção de "civilizar", ou seja, transferir a *civitas* para outros lugares, o que significa dizer, dominar regiões para levar a sua própria cultura. Com os imperadores cristãos o antigo sonho de universalidade transformou a ambição pagã de civilizar em um objetivo análogo de conversão na cristandade - *christianitas*. Deriva daí a noção de "império cristão", que apoiou a transposição do conceito de *civitas* para o de "missão".[20] Dessa forma, a ordem perfeita só podia ser alcançada no trabalho de cristianização, no trabalho em prol do domínio da fé, o que foi amplamente assumido pela Companhia de Jesus

É importante destacar que o espírito prático dos jesuítas, que marcou a ordem inaciana principalmente no trabalho missionário, iria conduzir a um esforço de aproximação cultural com os grupos sociais e étnicos a serem evangelizados, que pode ser exemplificado na catequese feita nas línguas dos povos submetidos à missionação da Companhia de Jesus. Porém, tal aproximação não significou, ao menos inicialmente, uma ampla compreensão das diferenças do outro, mas sim uma tática de identificação para facilitar o processo de conversão.

Algumas vezes o procedimento dos jesuítas em relação aos povos "não europeus" se tornou alvo de críticas do clero mais ortodoxo, que via no tipo de abordagem por eles desenvolvido ameaças à integridade da fé. A questão do laxismo dos inacianos pode ter como exemplo a discussão sobre a utilização de práticas religiosas dos chineses e dos hindus para a

19 José Sebastião Silva Dias. *Op. cit*, p. 170.

20 Anthony Pagden. *Lords of all the World:* ideologies of Empire in Spain, Britain and France (c. 1500- c. 1800). New Haven/ London: Yale University Press, 1995, principalmente o capítulo II.

propagação do catolicismo nessas regiões, que refletiu importante ponto de tensão, nos séculos XVII e XVIII,[21] o que será estudado adiante.

No entanto, tal procedimento em relação a outras culturas não é algo novo para a Igreja, nem se configura como prática evangelizadora exclusiva da Companhia de Jesus. Muito antes, a "adaptação" foi proposta por S. Paulo como método para conduzir infiéis a Cristo, e os jesuítas apenas levaram essa proposta a limites extremos.[22]

Apesar do esforço de aproximação, deve-se ter bem claro que, mesmo quando os inacianos aparentemente toleram ou conformam-se com a realidade cultural e religiosa daqueles que pretendem evangelizar, o postulado básico de sua ação é o de transformar, ou seja, submeter o outro à sua própria lógica, ao catolicismo, pois o que acreditam que deve ser feito é promover a salvação das almas daqueles que estão longe da fé.[23]

Essas questões remetem à discussão dos conceitos relacionados aos contatos entre culturas que baseiam as reflexões da antropologia cultural e que servem de instrumento para a realização da análise histórica presente neste estudo. O conceito mais antigo utilizado é o de transculturação, surgido no século XIX, e já muito criticado, pois o conceito, em si mesmo, possui uma forte conotação etnocêntrica, uma vez que admite

---

21 Ver C. R. Boxer. *O Império Colonial Português.* Trad. Inês Silva Duarte. Lisboa: Edições 70, 1977. p. 267; Jonathan D. Spence. *O palácio da memória de Matteo Ricci (a história de uma viagem: da Europa da Contra-Reforma à China da dinastia Ming).* Trad. Denise Bottmann. São Paulo: Companhia das Letras, 1986, e ainda Jean Lacouture. *Op. cit,* p. 257-311.

22 Maria de Deus Beites Manso. *A Companhia de Jesus na Índia: 1542-1622.* Aspectos da sua ação missionária e cultural. Évora, 1999. 2 v. Tese (Doutorado em História). Universidade de Évora. mimeo, p. 86-87.

23 Para a discussão sobre a questão das alteridades em conflito ver: Tzvetan Todorov. *A conquista da América: a questão do outro.* Lisboa: Martins Fontes, 1983; Maria Regina Celestino de Almeida. *Os vassalos D' El Rey nos confins da Amazônia: a colonização da Amazônia Ocidental (1750 - 1798).* Niterói, 1990. Dissertação (Mestrado em História). Universidade Federal Fluminense. mimeo, p. 63-66 e Luís Felipe Baêta Neves. *O combate dos soldados de Cristo na terra dos papagaios: colonialismo e repressão cultural.* Rio de Janeiro: Forense Universitária, 1978.

a transferência unilateral de padrões culturais de uma cultura específica para outra, rigidamente submetida.[24] Nessa perspectiva, a missão pode ser entendida como conquista que utiliza a violência para erradicar os elementos culturais dos dominados. Mesmo que não se negue a utilização de métodos violentos na conversão por parte dos jesuítas, ainda assim os inacianos tinham por princípio antes buscar fórmulas de entendimento com as culturas locais, o que dificulta o uso do conceito de transculturação para a análise de sua atuação evangelizadora. Além disso, esse conceito por si mesmo é muito rígido, e não se aplica às realidades múltiplas dos contatos entre culturas.

Um outro conceito que costuma ser usado para classificar o esforço de aproximação que os jesuítas faziam em direção a outras culturas é o de aculturação. O termo aculturação, apesar de reunir "paradoxos e ambigüidades",[25] é mais flexível que o de transculturação, principalmente na abordagem proposta por Roger Bastide, que entende o processo de contato entre culturas como algo que promove modificações mútuas. Para o pesquisador francês não há cultura unicamente doadora, assim como exclusivamente receptora. A aculturação é uma via de mão dupla, havendo, sim, "interpenetração" ou "entrecruzamento" entre elas.[26]

Por outro lado, Ignacy Sachs salienta que prevalece no conceito de aculturação a concepção de "um contato entre culturas, uma das quais se considera superior à outra e tenta impor-lhe as suas estruturas e os seus valores", ou seja, uma abordagem etnocêntrica. Apesar da ressalva, esse autor considera que o conceito de "aculturação" adequa-se bem ao uso em História, uma vez que serve à elaboração de "grandes sínteses de caráter sociológico", possibilitando verificar diacronicamente a circulação e a assi-

---

24 Denys Cuche. *A noção de cultura nas Ciências Sociais*. Trad. Viviane Ribeiro. Bauru: EDUSC, 1999, p. 33-39.

25 O alerta é de Nathan Wachtel. Aculturação. *In:* Jacques Le Goff e Pierre Nora. *História: novos problemas*. Trad. Theo Santiago. Rio de Janeiro: Fancisco Alves, 1988, p. 113.

26 Ver Roger Bastide. *Antropologia aplicada*. Trad. Maria Lúcia Pereira e J. Guisburg. São Paulo: Perspectiva, 1979, p. 83-92.

milação de uma vasta série de elementos culturais de diferentes sociedades em contato, desde plantas e animais domésticos até idéias e símbolos.[27]

Já o processo de aculturação propriamente dito é definido como o contato direto e contínuo entre duas culturas, que pode produzir mudanças sociais, assimilações, e difusões, conforme os tipos de encontros e as diferentes situações em que eles se desenvolvem, e que pode ter como resultado a aceitação, a adaptação ou a reação de um dos grupos em contato.[28] Diante dessas definições conceituais, percebe-se que a atuação dos jesuítas pode ser estudada a partir dessa chave de interpretação, graças ao fato de serem portadores da cultura européia e, através dos trabalhos missionários, terem entrado em contato com variados tipos de cultura em diversas regiões do globo e em diferentes épocas.

Sem negar a complexidade da questão dos contatos entre culturas e dos debates conceituais travados pela antropologia nesse âmbito, deve-se considerar o papel singular que os jesuítas desempenharam na ação evangelizadora. De maneira geral, a postura do religioso da Companhia de Jesus é etnocêntrica e europocêntrica. Mas, por outro lado, ao partir do princípio da adaptação paulina, essa ordem acabou construindo na sua prática cotidiana fórmulas de abordagem de aproximação que podem ser melhor entendidas ao usar-se o conceito de "mediadores culturais". Esses seriam responsáveis por estabelecer "ligações entre mundos, povos e culturas, aqueles que efetivaram a passagem, o salto ou a transferência de um universo intelectual, material ou religioso para outro".[29]

---

27 Ignacy Sachs. Aculturação. In: Ruggiero Romano. *Enciclopedia Einaudi*: Sociedade – Civilização. Lisboa: Imprensa Nacional/Casa da Moeda, 1998. v. 38, p. 423-429.

28 *Idem*. p. 419. O autor baseia-se na definição de aculturação dos antropólogos R. Redfield, R. Linton e M. J. Herskovits.

29 Ver a introdução de Rui Manoel Loureiro e Serge Gruzinski (coord.). *Passar as fronteiras*: II Colóquio Internacional sobre mediadores culturais. Séculos XV a XVIII. Lagos: Centro de Estudos Gil Eanes, 1999, p. 5. Os autores pertencem ao "Centre de Recherches sur les mondes Américains" que pertence à "École des Hautes Études en Sciences Sociales" e pretendem questionar a figura do "mediador cultural" no mundo ibérico entre os séculos XV e XVIII. Os trabalhos

Através do estudo dos mediadores culturais e de suas trajetórias, Gruzinski considera possível definir a impermeabilidade ou a porosidade das fronteiras culturais, a referenciação das circunstâncias, das condições e das modalidades da passagem feita por eles (amálgama, transferência, síntese, tradução).[30]. Ao colocar em contato duas culturas, o mediador cultural pode utilizar-se de sistemas de significados com diferentes chaves de interpretação e irá obter mais resultados na medida em que conseguir transmitir sentido e ser legível e interpretado por todos.[31]

Vivendo na fronteira de civilizações, nos limites de cada cultura, muitos jesuítas puderam construir pontes, conexões entre esses mundos, tornando-se, portanto, mediadores culturais na concepção definida por Gruzinski. É verdade que isso deve ser entendido como uma das tendências desenvolvidas pela Companhia de Jesus no conjunto de várias modalidades de contatos com culturas e civilizações distintas, e não como forma única de atuação. Além disso, não pode ser usado de maneira generalizante para a ordem como um todo, pois não existia a homogeneidade que muitas vezes é destacada em estudos sobre os inacianos. Mas com certeza o uso do conceito de "mediador cultural" possibilita visualizar a práxis da evangelização dos jesuítas na sua diversidade.

Outro aspecto que merece destaque quando se menciona a fundação da Companhia de Jesus é o fato dessa ordem religiosa ter-se formado na própria ação evangelizadora, a partir de três princípios básicos que definiam o modelo inaciano: o romanismo (total fidelidade ao papa, havendo inclusive um voto especial com esse objetivo, além dos habituais três votos regulares - pobreza, castidade, obediência), a "polivalência" (além de religiosos, seriam um pouco de tudo que fosse necessário - médicos, botânicos, professores e assim por diante) e o ascetismo (procura

apresentados no Colóquio, no entanto têm uma abrangência geográfica maior, pois existem estudos sobre o Oriente também.

30 *Idem*, p. 6.

31 Beatriz Moncó Rebollo. Mediación cultural y fronteras ideológicas. In: Rui Manoel Loureiro e Serge Gruzinski (coord.). *Op. cit*, p.342-343.

da plenitude da vida moral). Obedecendo a esses princípios e treinado pelas quatro semanas dos *exercícios espirituais* - que combinavam em alto grau a segurança da retidão, o conhecimento de Deus, a experiência mística e a decisão prática –, o religioso dessa ordem deveria se tornar um elemento de uma tropa de elite combatendo ao lado do próprio Cristo e, assim, poderia lutar para a propagação da fé católica, segundo as pretensões de seu fundador.[32]

É comum dar-se destaque à disposição militar dos jesuítas, fazendo--se alusão ao passado de "soldado" de Inácio de Loyola, que na *Fórmula do Instituto* conclamava com o entusiasmo identificável em um general "todo aquele que pretender alistar-se como soldado de Deus, sob a bandeira da cruz, na nossa Companhia [...]".[33] No entanto, Dauril Alden alerta para o perigo de se vincular essa característica militar da ordem jesuítica apenas ao passado de seu fundador, destacando que naquela época era muito comum tal correlação entre religiosos e soldados, fé e exército, imagens referentes ao momento de tensão religiosa. Esclarece ainda que, apesar da rigidez da hierarquia, os possíveis castigos que porventura um religioso da Companhia viesse a receber não se aproximavam da violência daqueles que existiam nas organizações militares, tais como o exército e a marinha, no mundo moderno europeu.[34]

---

32 Havia quatro graus - os coadjutores temporais (permanecendo como irmãos); os coadjutores espirituais (que eram ordenados padres, mas só eram qualificados para ouvir confissões, fazer exortações e ensinar a doutrina católica); os professos dos três votos regulamentares e os professos dos quatro votos (o voto de fidelidade ao papa só podia ser feito pelos professos considerados altamente qualificados nos estudos, com domínio do latim). *Cf.* Dauril Alden. *Op. cit*, p.12-13.

33 Para destacar essa organização militar deve-se indicar Luís Felipe Baêta Neves. *O combate dos soldados de Cristo na terra dos papagaios: colonialismo e repressão cultural.* Rio de Janeiro: Forense Universitária, 1978. *passim*, além de C. R. Boxer. *O Império Colonial Português... passim.*

34 Dauril Alden. *Op. cit.* p. 11-12. O autor confirma a rigidez da estrutura administrativa e a cadeia de comando que caracteriza a ordem, mas não concorda com os autores citados na nota anterior. Outro autor que relativiza a rigidez hierárquica da ordem é G. R. Elton. *A Europa durante a Reforma (1517-1559).* Lisboa: Editorial Presença, 1982. p. 162. Ele ainda enfatiza que "Loyola há muito perdera a confiança nas austeridades exteriores assim não via vantagens nas severas re-

Deve-se destacar também a ambivalência dessa nova ordem: por um lado, ela pode ser considerada moderna pela sintonia com a *Devotio Moderna* e com as reformas tridentinas; por outro, percebem-se os ecos medievais do espírito de cruzada que motivou os fundadores da ordem. Mas esse hibridismo também pode ser encontrado nas estruturas políticas, sociais e econômicas de um mundo em transformação, como era a Europa da época Moderna. Sendo assim, o elemento mais marcante na caracterização da Companhia de Jesus é o fato de ser moderna, pois, como destaca Lana Lage da Gama Lima, "as condições de vida dos jesuítas aproximam-nos muito mais dos padres diocesanos do que dos monges beneditinos [...]. Os jesuítas encarnarão, na verdade, o espírito do clero tridentino [...]".[35]

De qualquer forma, é notável a originalidade da organização da Companhia de Jesus se compararmos com as ordens que até então existiam: os inacianos renunciaram ao coro e à mendicância; submetiam seus letrados às práticas de humildade e mortificações estabelecidas para os demais religiosos; defendiam o apostolado no mundo, e não a reclusão; acreditavam que a salvação das almas poderia ser obtida através da prédica, do confessionário e do ensino.[36]

Um outro aspecto da ordem inaciana é sua vinculação com o movimento quinhentista conhecido como "segunda escolástica", responsável pela reinterpretação do pensamento de São Tomás de Aquino, o tomismo – que apresentava a fé como uma forma superior do conhecimento compatibilizada perfeitamente com a idéia aristotélica da razão – essencial na formação dos jesuítas, e que marcou sua ação pedagógica nos colégios da Companhia. Estes possuíam desde 1599 um Plano de Estudos, a *Ratio Studiorum,* espécie de diretriz geral a qual estavam submetidos, e que

---

gras do traje, da alimentação ou da vida cotidiana, à maneira das ordens antigas. Uma vez que os jesuítas tinham que viver no mundo, deveriam também viver moderadamente com ele em questões exteriores".

35 Lana Lage da Gama Lima. *Op. cit,* v. 2. p. 334.

36 José Sebastião Silva Dias. *Op. cit,* p. 170.

pode ser resumido como uma gradual ordem nos estudos, um respeito pela diferente capacidade de aprendizado do estudante, assistência às lições e abundância de exercícios. Portanto, a educação se caracterizava pelo humanismo, e englobava o currículo clássico, havendo certa oposição à pesquisa, por inspiração do aristotelismo.[37]

Nos colégios da Companhia de Jesus praticava-se uma abordagem pedagógica peculiar em relação aos alunos dos internatos, caracterizada por dois traços essenciais: o distanciamento do mundo e a constante fiscalização dos internos. Assim, o espaço do colégio transformava-se em um "outro mundo", que se pretendia longe dos perigos e dos pecados que habitavam o exterior, fazendo com que o processo de aprendizagem obedecesse o ritmo e a lógica daquela célula.[38]

O governo da ordem era responsabilidade do *Superior Geral*, também denominado apenas por *Geral*, cargo vitalício. A Companhia de Jesus tinha como supremo poder legislativo a Congregação Geral, composta de delegados das diversas províncias - conhecidos como Procuradores -, eleitos pelos professos, e outros com direito a voto, nas Congregações Provinciais (que deveriam se reunir de três em três anos para, além de votar esse representante, definir os postulados que deveriam ser enviados ao Geral), mas isso não significa que houvesse a possibilidade de se neutralizar o poder e a autoridade do Superior Geral. Os Procuradores de todas as Províncias jesuíticas formavam também a Congregação dos Procuradores.[39]

A Companhia foi dividida em províncias que, agrupadas segundo critérios geográficos ou lingüísticos, formavam seis Assistências: Itália, Portugal (à qual ficariam submetidas as províncias do Brasil,

---

37 *Idem*, p. 171.

38 Ver Georges Snyders. *La Pédagogie en France Aux XVIIe e XVIIIe Siècles*. Paris: Presses Universitaires de France, 1965, p. 38-41.

39 José Wicki. Dois compêndios das ordens dos padres gerais e congregações provinciais da província dos jesuítas de Goa, feitos em 1664. Separata de *Studia*. Lisboa, n°s. 43-44, jan-dez 1980, p. 350-351. O autor informa que entre 1575 e 1665 ocorreram vinte e uma Congregações de Procuradores e nove Gerais.

Índia e Japão e as vice-províncias da China e do Maranhão), Espanha, Alemanha, França e Polônia. Os Superiores de cada província, chamados de Provinciais, governavam todas as casas, ou seja, os Colégios e as Residências dos padres, sendo que cada casa tinha o seu superior. Percebe-se, portanto, a rígida hierarquia criada pelo fundador e primeiro Geral dos companheiros de Cristo, Inácio de Loyola. Existia ainda o cargo de Visitador, nomeado pelo Geral, hierarquicamente colocado acima dos provinciais, e que tinha atribuições de supervisionar as províncias jesuíticas, detectando problemas, resolvendo conflitos, determinando necessidades, entre outras tarefas.[40]

É importante reafirmar que, apesar de ter sido criada antes da convocação do Concílio de Trento, a Companhia de Jesus enquadrava-se perfeitamente no espírito das reformas tridentinas, ao se preocupar com a catequese e a educação, tornando-se uma espécie de ponta de lança da Reforma católica e desempenhando importante papel de defesa da fé católica na Europa, nas Américas e no Oriente.

2. A Igreja e os jesuítas em Portugal no tempo das reformas

A Igreja Católica em Portugal não estava distante do quadro geral europeu da decadência moral denunciada pelos humanistas e do desgaste institucional observado ao longo do século XV. Os problemas enfrentados em território português tinham muitas e antigas origens (crise de vocação dos padres, afastamento de suas paróquias, bispos pouco atuantes, fraco trabalho de evangelização entre os fiéis), e não se restringiam ao clero secular, atingindo também as ordens monásticas e mendicantes existentes, uma vez que "de modo geral, o número de religiosos em cada mosteiro era diminuto, não faltando aqueles em que não havia o mínimo de quatro para se poder afirmar que havia mosteiro".[41]

---

40 Dauril Alden. *Op. cit*, p. 247.

41 José Marques. Da situação religiosa de Portugal nos finais do século XV à missionação do Brasil. *Revista Histórica*. Porto, v. XI, p. 52, fev. 1991.

O clero secular em Portugal de meados do século XV caracterizava-se por uma ação pastoral rudimentar, e tinha uma formação bastante limitada, pois "a falta de assistência e apoio da parte da hierarquia, devido às grandes distâncias que seria preciso vencer e de transportes rápidos, a escassez de meios materiais e o tradicional isolamento em que o clero paroquial vivia" contribuía para estimular o absentismo que proporcionava pouco rigor no exercício das funções eclesiásticas.[42]

Uma parte significativa do alto clero assumia cargos eclesiásticos e comportava-se como grandes senhores, objetivando muito mais o aumento de prestígio e poder temporal e a conquista de títulos e riquezas do que as atribuições pastorais inerentes a suas funções. Mesmo para os meados do século XVI é difícil afirmar que esse quadro tivesse se alterado muito em relação ao século anterior.[43]

Diante dessa crise institucional e sacerdotal, pode-se entender que a religiosidade popular estivesse longe do rigor da doutrina cristã, havendo condições ideais para o desenvolvimento dos considerados desvios morais, da falta de compostura nos templos, do descaso com a guarda dos dias santificados, das práticas supersticiosas e de proximidades com o paganismo. No entanto, apesar de pouco ortodoxas, as manifestações religiosas populares tinham um referencial básico na fé católica, como afirma o historiador José Sebastião Silva Dias:

> não devem tirar-se daqui conclusões excessivas. Os homens do século XV são rudes, grosseiros, carecidos muitas vezes do sentido evangélico: não são porém ímpios ou pré-agnósticos. A sua fé é geralmente sincera e viva. Abraçam-se a ela nos lances dramáticos da existência e não a abandonam nas preocupações do dia a dia. A sua imaginação alimenta-se do maravilhoso cristão. Não saberiam viver sem o arrimo da crença católica.[44]

---

42 *Idem*, p. 56.

43 José Sebastião Silva Dias. *Op. cit.* v. 1, p. 33-47.

44 *Idem*. v. 1. p. 62. Segundo o autor nos três primeiros quartéis do século XVI surgiu em Portugal "uma corrente de sentimento religioso tipicamente popular", o

Naturalmente que as práticas rústicas da religiosidade popular eram um fenômeno mais geral, detectável em várias regiões da Europa e objeto de uma ação disciplinadora e civilizadora que foi estudada por Norbert Elias.[45]

Somente com a chegada das ordens religiosas modernas, herdeiras da *Devotio Moderna* – os teatinos, os barnabitas, as ursulinas, entre outras, e, especialmente, a Companhia de Jesus – e com as repercussões do Concílio de Trento, pode-se detectar uma tendência de alteração desse cenário, cujas transformações iriam se desenvolver lentamente, ao longo dos séculos XVII e XVIII.

Além dos problemas institucionais, que de certa forma podem ser generalizados para outras regiões européias, deve-se lembrar que a Igreja Católica enfrentava em Portugal as limitações decorrentes do padroado.[46] Os reis de Portugal utilizaram as prerrogativas legadas pelos papas para designar uma numerosa série de funções, dignidades e cargos eclesiásticos e suas respectivas receitas econômicas, bem como erigir, conservar, ou permitir a construção de igrejas, catedrais, mosteiros, conventos – tanto nos limites do próprio reino como no vasto domínio colonial português.

Não se pode deixar de enfatizar, também, que se trata do momento de centralização do poder real e o padroado consubstancia-se em um de seus aspectos: por um lado, o padroado régio vai marcar todo o proces-

---

iluminismo. Recebeu a influência da Doutrina do Corpo Místico de Cristo e do pietismo. Foi difundido pelas beatas. v. 1, p. 363.

45 Ver Norbert Elias. *O processo civilizador.*Trad. Ruy Jungmann. Rio de Janeiro: Jorge Zahar Ed., 1994, 2 v.

46 A situação da Espanha era muito semelhante à de Portugal, nos séculos XIV e XV: corrupção econômica do clero regular, abusos na provisão de benefícios eclesiásticos, deficiente instrução dos sacerdotes e dos fiéis, desordem moral do clero em geral e difusão de algumas doutrinas errôneas, além da crise econômica dos mosteiros e diminuição da população monástica. Ver Elisa Luque Alcaide e Josep-Ignasi Saranyama. *La Iglesia Catolica y América.* Madri: Mapfre, 1992, p. 20-46.

so de consolidação da Igreja nos domínios coloniais portugueses e, por outro, será responsável pela limitação da autonomia do clero secular.[47]

Em Portugal, no seu aspecto formal, as determinações do Concílio de Trento foram rapidamente recebidas e colocadas em prática através do alvará de 12 de setembro de 1564, de D. Sebastião, que dava pleno apoio à execução dos decretos tridentinos. Não obstante, entre a letra da lei e sua execução houve grande lentidão. Diversos estudiosos da história da Igreja em Portugal e no Brasil observam que essas reformas só se consolidaram no século XVIII e até mesmo no XIX, uma vez que o programa tridentino era muito ambicioso e só podia ser atingido a longo prazo. Entretanto, houve muitos esforços para concretizar as deliberações de Trento, tais como a convocação de vários sínodos ou concílios diocesanos na segunda metade do século XVI e, em menor quantidade, no século XVII, além da criação de novas dioceses para facilitar e melhorar a qualidade do trabalho dos bispos.[48]

A ação das ordens modernas também teve importância na consolidação da Reforma católica em Portugal. Não deixa de ser sintomático que a presença da Companhia de Jesus em Portugal se tenha feito logo após sua fundação, em 1540.

---

47 Miguel de Oliveira. *História eclesiástica de Portugal.* Lisboa: Europa-América, 1994, p. 139.

48 *Cf.* várias obras: Laura de Mello e Souza. *O diabo e a Terra de Santa Cruz: feitiçaria e religiosidade popular no Brasil colonial.* São Paulo: Companhia das Letras, 1986; Ronaldo Vainfas. *Trópico dos pecados: moral, sexualidade e inquisição no Brasil colonial.* Rio de Janeiro: Campus, 1989; Francisco José da Silva Gomes. *O sistema de cristandade colonial: o reino de Deus rebaixado à colônia.* Niterói, 1979. Dissertação (Mestrado em História). Universidade Federal Fluminense. mimeo. Lana Lage da Gama Lima. *A confissão pelo avesso*: o crime de solicitação no Brasil colonial. São Paulo, 1990. Tese (Doutorado em História). Universidade de São Paulo. mimeo. Fortunato de Almeida. *História da Igreja em Portugal.* Porto: Livraria Civilização Editora, 1968-1971, 4 v. Guilherme P. C. Pereira das Neves, *O Seminário de Olinda: educação, cultura e política nos tempos modernos.* Niterói, 1984. 2 v. Dissertação (Mestrado em História). Universidade Federal Fluminense. mimeo.

O rei de Portugal D. João III fora informado por Diogo de Gouveia – doutor em teologia pela Universidade de Paris, anti-erasmista convicto e reitor do colégio de Santa Bárbara, onde Inácio de Loyola e outros fundadores da ordem estudaram – de que um dos propósitos desse grupo de religiosos era a conversão de infiéis. O rei então enviou uma ordem ao embaixador D. Pedro Mascarenhas em Roma, onde já se encontravam os fundadores da Companhia, para colher informações sobre a vida e a formação intelectual desses homens, solicitando ainda que os convidasse a "exercerem o apostolado nas conquistas de Portugal".[49] O embaixador entrou em contato com Loyola e com o papa, solicitando seis padres para o propósito revelado pelo soberano português. Mas como isso ocorreu nos momentos iniciais da fundação da ordem, só foi possível a destinação de dois religiosos: Simão Rodrigues e Nicolau Bobadilha. O segundo veio a adoecer e em seu lugar foi designado Francisco Xavier.

Francisco Xavier nasceu em 1506, no castelo de Xavier, perto de Pamplona. Com 19 anos foi estudar Humanidades, Filosofias e Artes na Universidade de Paris. No colégio de Santa Bárbara conheceu Inácio de Loyola e sob sua direção praticou os *exercícios espirituais*. Já Simão Rodrigues nasceu em Vouzela, Portugal, no ano de 1510, e ainda criança viveu na corte em Lisboa como criado do Deão da Capela Real. A partir de 1527 estudou no mesmo colégio de Santa Bárbara, em Paris, onde também veio a conhecer Loyola e praticar os mesmos *exercícios espirituais*.

Em 1540 chegaram a Lisboa acompanhados por D. Pedro Mascarenhas. Os dois causaram grande impressão na corte portuguesa pela força de suas pregações, fazendo com que o rei retivesse Simão Rodrigues para o trabalho religioso em Portugal, enviando Francisco Xavier para o Oriente, em 1541.

José Sebastião da Silva Dias afirma que não se pode explicar o interesse de D. João III pela Companhia de Jesus apenas pela fama de santidade que acompanhava os primeiros jesuítas. Para o autor, além disso, devem ser agregados outros elementos explicativos: a modernidade da cultura e a

49 Fortunato de Almeida. *Op. cit.* v. 2, p. 169.

integração dos inacianos no momento da reforma católica e a "espiritualidade adequada aos novos tempos de que eles se faziam arautos".[50]

A Companhia de Jesus instalou-se em Portugal em 1542, tendo sido confirmado como provincial Simão Rodrigues, em 1546, e já no próprio século XVI, vários colégios foram fundados: em Coimbra (1547), em Évora (1553), em Braga e no Porto (1560), em Bragança (1561), em Angra e Funchal (1570), o que demonstra que havia grande preocupação por parte dos inacianos com a educação e a juventude. O número de admissões crescia rapidamente: em 1544, 26; em 1546, 38.

Mas apesar da rápida expansão, ou justamente por causa dela, surgiu uma grave crise. Como fundador da Companhia de Jesus em Portugal, Simão Rodrigues ditou muitos procedimentos na formação dos postulantes ao ingresso na ordem, antes mesmo que as *Constituições* elaboradas por Inácio de Loyola tivessem sido consolidadas, o que gerou conflitos. Na verdade, Loyola tinha dúvidas sobre a prudência do provincial dos jesuítas em Portugal desde 1544. Mas foi só em 1552 que as tensões chegaram ao seu auge, com a destituição de Rodrigues, acusado de quebra de disciplina. Logo depois foi chamado de volta a Roma, onde enfrentou Loyola e exigiu um tribunal para julgar sua administração. O resultado foi a proibição de voltar a Portugal. É claro que a destituição do cargo e o posterior desterro de Portugal de Rodrigues tornaram pública uma crise que já se desenhava há algum tempo. Segundo José Sebastião Silva Dias "a relutância pelos ministérios sacerdotais, associada a uma nova tentação da vida eremítica" que assumiu após sua punição são indicadores de que Simão Rodrigues não havia assimilado os preceitos de Loyola.[51] De qualquer forma, apesar da perda de muitos discípulos e religiosos que, nesse momento de crise, deixaram a Companhia em apoio a Rodrigues, não houve arrefecimento da tendência de expansão da ordem em Portugal: em 1560 havia 350 jesuítas; em 1574, 552.[52]

50 José S. Silva Dias. *Op. cit.* v. 2. p. 641.

51 *Idem.* v. 2,. p. 675-676.

52 Dauril Alden. *Op. cit,* p. 674.

O colégio de Santo Antão, em Lisboa, principal instituição administrativa da Companhia de Jesus em Portugal, juntamente com a Casa Professa de São Roque, tornou-se o centro formador dos jesuítas, além de atender aos alunos externos, e foi responsável pelo envio de um grande número de missionários para o Oriente. Os colégios jesuíticos existentes em Portugal tornaram-se, aliás, centros de recrutamento para os trabalhos evangélicos no reino e nos domínios portugueses. O número de candidatos muitas vezes superava a capacidade de treinamento que esses colégios eram capazes de dar, ao menos no período inicial de formação da ordem.[53] A Companhia de Jesus era também responsável pelas universidades de Coimbra (1555) e Évora (1559).

Portanto, os jesuítas rapidamente consolidaram sua presença na educação e no ensino em Portugal, e fomentaram a ação evangelizadora e missionária em várias direções, no próprio reino, na América, na África e no Oriente.

3. A Igreja no Oriente: a ambição de um projeto

Durante a consolidação da presença portuguesa no Oriente através da ação dos primeiros governadores e vice-reis, as cristandades do Oriente estavam subordinadas ao vigário de Tomar, prior-mor da Ordem de Cristo. Logo o papado estabeleceu algumas orientações básicas para a estruturação eclesiástica naquela região. A mais importante delas foi determinar, através da bula *Pro Excellenti Praeeminentia* do papa Leão X, de 1514, que todo o Oriente estaria sujeito ao bispado de Funchal. Dessa forma permaneceu, até que Clemente VII criou a diocese de Goa no consistório de 1533, porém, a bula *Aequum Reputamus* só foi expedida no ano seguinte, por seu sucessor, Paulo III. Abrangendo todos os territórios desde o Cabo da Boa Esperança até a China, passando pela Índia, a diocese foi entregue *in perpetuum* ao Rei de Portugal e a seus su-

53 *Idem*, p. 30-36. Apesar dos missionários enviados para o Oriente não serem apenas portugueses, é verdade que o número deles sempre foi superior aos de outras nacionalidades.

cessores. Em 1557, a diocese de Goa foi desmembrada, criando-se duas outras, e elevada a arcebispado, na Constituição Apostólica *Etsi Sancta Et Immaculata*, continuando a pertencer *in perpetuum* ao padroado português no Oriente. Assim, surgiram as dioceses de Cochim e Malaca; mais tarde, outras dioceses foram criadas: Macau (1576); Funay (1588); Angamale (1594); Meliapor (desmembrada da de Cochim em 1606); Nanquim e Pequim, ambas em 1690.[54]

Por essa longa descrição constata-se que uma das metas do Concílio de Trento estava sendo posta em prática a partir da segunda metade do século XVI, com a proliferação de dioceses que, no caso particular do Oriente, devido à vastidão territorial e à diversidade cultural, tornava-se ainda mais urgente.

É interessante notar também que o maior número de dioceses concentrava-se no litoral indiano: Cochim, Angamale, Meliapor e Goa, relevante sinal da maior presença lusitana na região. Pelo destaque que assumia a arquidiocese do Oriente, Goa também era chamada de "pequena Roma do Oriente", consolidando sua importância ao associar a autoridade eclesiástica à administrativa, na medida em que também se constituía como capital do Estado da Índia. Além disso, os dignitários eclesiásticos eram ouvidos pelos vice-reis e governadores em questões locais, regionais, ou até mesmo mais gerais e participavam das decisões,[55] o que Maravall define como "coordenação entre as instâncias administrativas", ou, como afirma Caio Prado Jr., "a ausência de competências bem definidas na administração portuguesa".[56] É importante entender que es-

54 Ver: Antônio da Silva Rego. *O padroado português do Oriente*: esboço histórico. Lisboa: Agência Geral das Colônias, 1940. p. 15-23.

55 A. J. R. Russel-Wood. Os portugueses fora do Império. *In*: Francisco Bethencourt e Kirti Chaudhuri (dirs.). *História da expansão portuguesa*. Lisboa: Círculo de Leitores e Autores, 1998. v. 1, p. 268.

56 José Antonio Maravall. *Estado Moderno y Mentalidad Social (siglos XV a XVII)*. Madri: Alianza Editorial, 1972, p. 278-9, e Caio Prado Jr. *Formação do Brasil Contemporâneo*. São Paulo: Brasiliense, 1986, p. 300. No auge de sua irritação, Prado Jr chega a definir a administração portuguesa como um "cipoal", referin-

sas instâncias de poder não estavam separadas da forma pela qual hoje em dia costumam ser classificadas, havendo justaposição de atribuições civis e eclesiásticas, dos campos político e religioso.

Como já foi dito anteriormente, o clero que se estabeleceu no Oriente até meados do século XVI compartilhava com os eclesiásticos que permaneciam na Europa as mesmas características de má formação religiosa, somando-se a isso uma maior possibilidade daqueles que tinham fraqueza vocacional em ceder a práticas distantes dos preceitos da fé pela proximidade e a convivência com outras tradições culturais e religiosas naquela região. Russel-Wood destaca que:

> alguns comentadores contemporâneos, leigos e membros do clero, concentravam a sua atenção na evidente imoralidade da sociedade ultramarina portuguesa, que era mais notória relativamente a três aspectos: a venialidade dos funcionários públicos e o abuso dos ocupantes de cargos públicos, a ganância dos membros do clero e a licenciosidade sexual desenfreada dos homens portugueses.[57]

As fronteiras entre os diferentes mundos que se tangenciavam no Oriente eram muito tênues, o que possibilitava um contato permanente e muitas trocas decorrentes desse estado de coisas. Havia muitos pontos que eram vistos como problemas para manutenção da integridade religiosa. Um breve resumo deles, nesse momento, destacaria a convivência

---

do-se ao Brasil colonial. Acredito que se ele tivesse estudado o caso goês teria reiterado essa afirmação. Ao adjetivar negativamente a estrutura administrativa lusitana, Prado Jr não percebeu que era necessário fugir dos padrões atuais de organização político-administrativa. Por isso, considero que a definição conceitual de Maravall é mais sensível ao que acontecia no século XVI. Outro autor importante para o entendimento da estrutura administrativa portuguesa é Raymundo Faoro. *Os donos do poder*: formação do patronato político brasileiro. Porto Alegre: Globo, 1984. especialmente o v. 1

57 A. J. R. Russel-Wood. Os portugueses fora do Império. *In*: Francisco Bethencourt e Kirti Chaudhuri (dirs.). *Op. cit*, v. 1 p. 276. O autor está generalizando, mas sua observação atende à especificidade do caso goês.

com comunidades judaicas ou com um grande número de cristãos-novos que se deslocaram para o Oriente, assim como o problema dos renegados que se aproximavam dos mouros ou de outras tendências religiosas, além das práticas morais distante das normas estabelecidas pela Igreja católica, tais como a bigamia, a sodomia, a onzena (usura) e os jogos de inspiração gentílica. Muitas vezes essas questões alimentavam discussões que se transformavam em sérios embates entre as autoridades civis e eclesiásticas.[58]

Há um ótimo exemplo em uma carta enviada ao rei de Portugal, D. Manuel I, por parte do vigário-geral da fortaleza de Cananor, padre Julião Nunes, datada de 14 de outubro de 1510. O documento permite perceber muitos dos elementos até aqui referidos, e ilustra a possibilidade permanente da ocorrência de conflitos entre as autoridades civis e eclesiásticas no Império português no Oriente. O vigário-geral informa ao rei que:

> primeiramente eu prendi aqui um clérigo, por nome de Lopo Saquo, que havia dois anos que tinha aqui uma manceba com um filho, e o mandei de armada, para o apartar de sua conversação, e parecia-me ser mais serviço de Deus e Vosso irem de armada cinco ou seis clérigos que aqui havia a este tempo, irem de armada e confessarem a gente de lá que estarem na terra, com mancebas gordas. [...] Depois que este mandei, determinei de mandar outro, do teor deste e o prendi e tirei inquirição dele, e achei-o culpado, que não era para celebrar missa, de idiota, mais, havia três anos que tinha uma manceba, e provou

58 Ana Cannas da Cunha. *A Inquisição no Estado da Índia – origens (1539-1560)*. Lisboa: Arquivos Nacionais/Torre do Tombo, 1995, p. 90-91. A expressão "jogos de inspiração gentílica" provavelmente refere-se aos jogos de dados e cartas muito populares na Índia que eram feitos em casas de jogos denominadas de gaogao, ou gaugau. O vocábulo designa também "vociferação" e "balbúrdia", além de uma renda que era cobrada pelos governantes sobre os lucros da casa de jogos. Essas práticas estavam associadas a apostas e endividamentos que alimentavam a prática da onzena (pagava-se 11 por 10).

> que saía dos travesseiros de noite, e que falava de luxúria com os leigos da igreja; e também se lhe provou que ia a casa de sua afilhada a meia noite [...] e que era bêbedo [...] e outros muitos vícios se lhe provaram para clérigo.[59]

Mas apesar de tantas culpas comprovadas (o padre não informa o nome do segundo religioso), o capitão da fortaleza solicitou diversas vezes ao vigário que libertasse esse clérigo (não há explicação da motivação para essa solicitação), sendo que sua resistência em manter o prisioneiro provocou a irritação do capitão. Dessa forma, o conflito se estabeleceu, e é narrado com viva indignação por parte do padre Julião Nunes:

> e porque os capitães nesta terra se querem adorados como deuses, como já tenho escrito a Vossa Alteza, porque não quis fazer o rogo, me começou a maltratar de palavras, injúrias [...] Me requereu que lhe mostrasse os poderes que tinha, e eu lhos mostrei e me disse que não valiam nada, e que lhe mostrasse como era vigário, e de tudo se riu e disse que, pois ele era capitão desta fortaleza, ele tinha poder em todos da fortaleza, assim leigos, como clérigos e, sem mais tardar, me tirou logo de vigário e fez um clérigo que não sabe dizer missa.[60]

Por fim, o padre Julião Nunes lamenta que, durante o período em que era vigário de Cananor, quando ao longo de cinco meses pudera fazer oito casamentos, e ensinar alguns moços a ler e ajudar missa, seu trabalho tenha sido prejudicado: "como fui preso, tudo se perdeu, e outros

---

59 Antonio da Silva Rego. *Documentação para a história das missões do padroado português do Oriente (Índia)*. Lisboa: Agência Geral das Colônias, 1947. v. 1, p. 110.

60 *Idem*, p. 110-111. Note-se a menção a cartas anteriores fazendo outras queixas. Isso era prática comum, e os reis portugueses chegavam mesmo a incentivar que membros civis e eclesiásticos enviassem suas impressões e denúncias do que consideravam procedimentos incorretos. Se isso municiava o rei de controvertidas versões sobre um mesmo assunto, por outro lado, alimentava toda sorte de intrigas. Mas o historiador não pode se queixar, pois graças a essa prática tem acesso a diferentes perspectivas de muitas questões.

fugiram para os mouros".[61] Por último, ainda acrescentou uma advertência ao rei, destacando o grande afluxo de cristãos-novos para o Oriente:

> uma coisa deve Vossa Alteza lá em Portugal defender porque quando Vossa Alteza cuida que manda cá mil homens, não manda duzentos, porque vêm cá muitos cristãos-novos, e não vos fazem nenhum serviço, e assim vêm cá moços que não pelejam, e homens mancos de pés e mãos, e velhos que não se podem ter.[62]

Um outro exemplo pode ser retirado da correspondência do próprio Afonso de Albuquerque ao rei, datada de 1 de abril de 1512. Trata-se de acusação a um frade de São Domingos, vigário de Cananor, de ter roubado mais de setecentos cruzados dos defuntos, pois fazia os testamentos e se constituía como herdeiro, além de ter ameaçado os casados de excomunhão, tirando de cada um deles, entre um ou dois cruzados (e eram cerca de 150).[63]

Já em 1530 pode-se registrar uma outra ilustração. Em carta ao rei D. João III, datada de 25 de setembro, frei Vicente de Laguna, também da ordem de São Domingos, mas aparentemente melhor intencionado do que seu confrade citado por Albuquerque, faz uma série de considerações sobre o estado da cristandade em Goa. Ele diz:

> há nestas partes alguns padres clérigos os quais não tão somente dão mau exemplo aos portugueses, mas também aos novos cristãos da terra, entre os quais padres são sete ou oito [...] porque pouco fermento basta para corromper muita massa, e deve Vossa Alteza mandar que os padres que vierem sejam homens de grande exemplo, e se estes não vierem, mas vale que não venha nenhum. [...] Senhor, deve Vossa Alteza mandar que os cristãos da terra sejam bem ensinados nas coisas da fé [...].[64]

---

61 *Idem*, p. 114.

62 *Idem*, p. 114

63 *Idem*, p. 145-146.

64 *Idem*.v. 2, p. 192-193.

Além dessas denúncias, por vezes as autoridades eclesiásticas agiram para combater os desvios. Exemplo disso foi um inquérito sobre o padre Diogo de Morais, vigário de Goa, instalado pelo Bispo João Afonso de Albuquerque em 1539, baseado na acusação de completo despreparo desse clérigo para as funções religiosas do cargo eclesiástico. Foram ouvidas cerca de dezoito testemunhas, a maioria de religiosos seculares, alguns regulares, além de leigos. Todos confirmaram as acusações contra o padre, muitos acrescentando detalhes significativos sobre a conduta do vigário, outros de forma curta e breve, apenas concordando com a inquirição.

O testemunho do padre Estevão Madeira afirmou que:

> havia doze anos que ele conhecia nesta Sé de Goa ao dito Diogo de Morais, e que deste tempo a cá, a este cabo, nunca o soube viver em paz, mas antes que com todos os padres que foram e são, desde o dito tempo, com todos o sabe ter discórdia e os desonrar de muitas más e feias palavras, chamando-lhes de sapateiros e almocreves, vilões ruins, a uns ameaçando que lhes mandaria dar cutiladas e a outros pancadas [...] E perguntado se sabia reger o que a seu ofício pertencia, assim ministrar os sacramentos, batizar, entre outras coisas, e que quanto ao regimento da Igreja, disse que o dito vigário o não sabia, nem as cerimônias delas, segundo os tempos.[65]

Outra testemunha foi o padre Fernão Aires, que confirmou o despreparo do vigário, informando que:

> quando ele dizia missa e ele, testemunha, servia no altar, ele lhe perguntava como havia de fazer e que ele, testemunha, lhe dizia: assim haveis de fazer e isto em algumas coisas. E perguntado se sabia bem dizer missa, e se lia bem, disse que lia muito mal e

---

65 *Idem*.v. 2, p. 270. Segundo D. Raphael Bluteau. *Vocabulário Portuguez e Latino*. Rio de Janeiro: UERJ, 2000. [cd-rom], Almocreves são homens que levam besta de carga de uma parte a outra.

> com muitas mentiras. E perguntado que sacerdote era, disse que era o mais fraco que nunca vira. E perguntado se sabia dar os sacramentos da Igreja, disse que não sabia batizar, nem dar comunhão, nem benção, nem fazer a estação, nem bem nenhum.[66]'

Várias testemunhas deram como exemplo da incúria do vigário o episódio do batismo de rei de Maluco, mas só o testemunho do padre João Fernandes proporcionou uma narrativa mais detalhada do acontecido:

> e perguntado se sabia ministrar os sacramentos da Igreja que pertencem a seu cargo de vigário, disse que é insuficiente de todo, que nenhuma coisa sabe, que quando fizeram cristão ao rei de Maluco, ele o batizara e ele testemunha, estava de presente, o qual vigário Diogo de Morais não sabia o que havia de dizer no dito batismo, e que Nuno da Cunha, governador, que era padrinho, se estava rindo do dito vigário e ele, testemunha, lhe estava dizendo o que havia de dizer, e que ele, Diogo de Morais, não acertava o que havia de dizer por não saber.[67]

Houve ainda uma testemunha, o padre Francisco Fernandes, que fez acusação ainda mais grave, informando ter ouvido uma vez o vigário dizer que era o próprio Jesus Cristo. Infelizmente, Antônio da Silva Rego não transcreve o resultado do inquérito, provavelmente porque não conseguiu localizá-lo, mas o peso dos testemunhos e sua gravidade devem ter contribuído para uma condenação do vigário.[68] De qualquer forma, trata-se de mais um exemplo para reforçar a visão da desqualificação do clero local.

---

66 *Idem*.v. 2, p. 273.

67 *Idem*.v. 2, p. 278. Geralmente quando um homem de destaque se convertia ao cristianismo, a maior autoridade presente era seu padrinho, cedendo-lhe o sobrenome, inclusive, como forma de prestígio.

68 *Idem*.v. 2, p. 275. Há registros de outros inquéritos como o que investigou graves acusações contra o vigário-geral Sebastião Pires e seu criado Pero Gonçalves que teriam roubado dinheiro das esmolas, a prata religiosa – que transformaram em bacia –, além de fazerem e desfazerem casamentos e terem convívio íntimo com mulheres.

Outro foco de problemas enfrentado pela Igreja ao instalar-se no Oriente foi a existência de comunidades cristãs muito antigas na região. Os cristãos da costa do Coromandel – que tradicionalmente atribuem sua conversão ao apóstolo São Tomé –, ao longo do tempo sofreram várias perseguições que os levaram a migrar para outras regiões, especialmente para a serra do Malabar, espalhando-se desde Cangranor até Coulão, chegando a Travancor e ao reino de Calicute. Aparentemente, esses grupos foram perdendo muitas das práticas religiosas cristãs, mas acabaram associando-se aos bispos da Babilônia, por volta do século VI. Quando esses últimos tornaram-se nestorianos, levaram com eles a cristandade do Malabar.[69] Havia também relações com os cristãos da Síria.

Com a expansão do Islão na região da antiga Pérsia, houve um isolamento dos cristãos da Índia que começaram a mesclar ao seu cotidiano elementos culturais hindus. No século XIII, o franciscano Montecorvino esteve na Índia e fez alguns batismos, e no século XIV, o dominicano Jordanus, juntamente com quatro irmãos leigos – Tomás de Tolentino, Jácome de Pádua, Pedro e Demétrio – chegaram a fazer um trabalho missionário em São Tomé de Meliapor, onde foram venerar as relíquias do apóstolo depois de terem passado pela Pérsia e por Ormuz.[70] É claro que essas iniciativas isoladas não promoveram o estabelecimento dos dogmas romanos entre essas populações cristãs. Pode-se afirmar que os cristãos da Índia, de uma maneira geral, mantiveram-se fiéis ao patriarca da Pérsia, designando-se como igreja nestoriana siro-caldaica do Malabar, com sede de arcebispado em Angamale, até os finais do século XVI.[71]

Mas a presença portuguesa alterou o equilíbrio existente. Na ótica lusitana, esses cristãos eram imperfeitos, mal formados, necessitando

---

69 Fortunato de Almeida. *Op. cit.* v. 2, p. 18.

70 Ver Samuel Hugh Moffett. *A history of Christianity in Asia*: beginnings to 1500. New York: Orbis Books, 1998. v. 1, p. 265-271 e especialmente p. 498-503 e Maria de Deus Beites Manso. *Op. cit.*., p. 28-29.

71 Segundo Antônio da Silva Rego. *O padroado português...*, p. 19-20, em 1594, Angamale passou à fé católica e foi incorporada ao padroado português do Oriente como bispado por breve papal de Clemente VIII, no ano seguinte.

de ensinamentos e instruções.[72] Mesmo assim, no início da fixação lusa na costa ocidental da Índia no século XVI, muitos desses cristãos foram doutrinados na fé romana e utilizados como clérigos nas igrejas locais, devido à carência de religiosos vindos do reino.[73] De qualquer maneira, essa foi mais uma tensão que freqüentava as preocupações dos membros da Igreja no Oriente.

A partir de meados do século XVI, os procedimentos isolados de investigação das condutas dos religiosos e dos fiéis foram substituídos por um maior aparato, obedecendo inclusive aos ditames do Concílio de Trento. É significativa a atividade na Sé de Goa: entre 1567 e 1606 houve reuniões episcopais; nos anos de 1567, 1575, 1585, 1592 e 1606 houve concílios provinciais; as Constituições do Arcebispado de Goa são de 1568. Além de obedecer às determinações tridentinas, para Caio Boschi a efervescência desse período também retrata "o espírito de intolerância e de radicalismo religioso, manifestado, por exemplo, na decisão de destruir templos hindus existentes naqueles sítios, na perseguição aos sacerdotes e na queima de livros sagrados de outras crenças e credos".[74]

Portanto, os elementos que concorreram para a viragem no comportamento das autoridades civis e eclesiásticas em relação às popula-

72 Os cristãos de São Tomé "não acreditavam na virgindade de Maria, na transubstanciação e na encarnação do Verbo Divino, não veneravam imagens e apenas consideravam como sacramentos o batismo, a eucaristia e a ordem". Maria de Deus Beites Manso. *Op. cit*, p. 66.

73 C. M. I. Mundadan. *The arrival of the Portuguese in India and the Thomas Christians under Mar Jacob (1498-1552)*. Bangalore: Dharmaram College, 1967. p. 80-81. Ver também Antônio Lourenço Farinha. *A expansão da fé no Oriente:* subsídios para a História colonial. Lisboa: Agência Geral das Colônias, 1943. p. 19. O autor afirma que já em 1505 D. Manuel ordenava ao vice-rei D. Francisco de Almeida enviar dois ou três sacerdotes cristãos da terra para Portugal e lá eles completariam sua educação.

74 Caio Boschi. Estruturas eclesiásticas e Inquisição. In: Francisco Bethencourt e Kirti Chaudhuri (dirs.). *Op. cit*. v. 2. p. 437. O autor refere-se ao decreto do vice-rei de 4 de dezembro de 1567 onde todos os templos hindus deveriam ser demolidos e todos os sacerdotes não cristãos deveriam ser expulsos de Goa.

ções goesas, ocorrida a partir da década de 40 do século XVI, podem ser entendidos como decorrentes da associação da radicalização religiosa, alimentada pela crise da cristandade européia, com o próprio desgaste das relações interétnicas e culturais, decorrente da convivência muito próxima entre cristãos e hindus e ainda outras religiosidades, no espaço da cidade de Goa e territórios adjacentes. É nessa conjuntura histórica que a Companhia de Jesus fixou-se no Oriente.

4. Francisco Xavier e os "soldados de Cristo" nas partes orientais

O início da atuação da Companhia de Jesus no Oriente está associado ao nome de Francisco Xavier.[75] Delumeau e Monique Cottret advertem que seu apostolado na Ásia está marcado por referências a seus grandes feitos, o que por vezes encobre sua verdadeira face.[76] Portanto, cuidadosamente deve-se separar o mito, que foi construído ao longo do tempo, do homem que viveu a sua época.

Francisco Xavier partira de Lisboa em abril de 1541 na nau que transportava também o novo governador do Estado da Índia, Martim Afonso de Sousa, só chegando a Goa em maio de 1542. Na longa jornada – cuja duração deveu-se à necessidade de se invernar na ilha de Moçambique devido a atrasos provocados por dificuldades diversas na parte atlântica da viagem – foi acompanhado por Francisco de Mansilha e Paulo Camarte, ou Micer Paulo, como é chamado nas cartas, que tinham entrado na ordem recentemente. Xavier estava investido do cargo de Superior das Missões no Oriente e no de legado do papa, o que lhe granjeava grande autoridade.

Nos dez anos em que viveu no Oriente foi responsável por grande número de batismos (as contas variam entre centenas de milhares a cerca de trinta mil, sendo que o mais provável é este último número);[77]

75 Os Franciscanos haviam se instalado em Goa em 1518; os Dominicanos instalaram-se em 1548; os Agostinianos em 1572, os Carmelitas em 1607. *Cf.* Dauril Alden. *Op. cit.* p. 43.

76 Jean Delumeau e Monique Cottret. *Op. cit*, p. 141.

77 *Idem*, p. 141.

pela estruturação administrativa inicial da Companhia de Jesus e por um número impressionante de viagens, além da própria amplitude delas: costa da Pescaria, Cochim, Meliapor, Malaca, Molucas, Japão, chegando próximo a China, que estava fechada à entrada de estrangeiros, onde aliás veio a falecer, em dois de dezembro de 1552. Dessa forma, pode-se perceber que o tempo que passou na cidade de Goa, propriamente dita, foi diminuto. Mas através de uma freqüente correspondência ficava a par dos problemas e questões pertinentes a sua função e tomava as decisões necessárias.

A Província de Goa da Companhia de Jesus estava submetida à Assistência de Portugal e era responsável, de 1542 até 1601, pela administração da presença jesuítica em áreas que iam do litoral da Índia, até o Japão e a China. A partir de 1601, foram criadas outras províncias no Oriente: a do Japão e do Malabar e ainda a Vice-província da China.

Em Goa concentrava-se todo o movimento de chegada dos jesuítas e sua posterior distribuição em função das tarefas determinadas pelo Provincial. Ali também se encontrava o colégio de São Paulo, que não foi fundado pelos jesuítas, mas que passou a ser administrado por eles, após instâncias das autoridades civis e eclesiásticas de Goa junto ao próprio Francisco Xavier. Após um período inicial de hesitações, a Companhia de Jesus acabou por não admitir indianos em seus quadros, desde o último quartel do século XVI, apesar de ter grande quantidade de estudantes de várias etnias nos colégios pertencentes à ordem e de ter sido responsável pela formação de grande número de clérigos seculares de origem indiana.[78] Havia ainda na capital do Estado da Índia pertencentes à ordem jesuítica a Casa Professa, a igreja de Bom Jesus e

78 Em 1588, o visitador da Companhia de Jesus Alessandro Valignano reuniu no "Sumário das regras para o provincial da Índia" uma orientação geral do governo da Província da Índia e lá recomendava que "os cristãos naturais da terra de qualquer nação que sejam, excetuando os japões, não se admitam na Companhia [...] não somente os naturais da terra, mas também os mestiços e castiços parece que será mais seguro não receber nenhum de ordinário [...] e quanto aos castiços portugueses nascidos em Índia não se devem receber senão mui raramente [...].In: José Wicki. *Documenta Indica*. Romae: Monumenta Historica Societatis Iesu, 1979. v. 14, p. 834.

a Casa de provação, com o noviciado. Os jesuítas eram também responsáveis pela administração do Hospital Real de Goa. Os inacianos possuíam uma tipografia na cidade e isso possibilitou muitas publicações que serviram para a divulgação e realização dos trabalhos de evangelização.

A missionação nos territórios em volta da cidade de Goa foi repartida entre as ordens religiosas a mando do governador Francisco Barreto, em 1555. Os franciscanos ficaram com Bardez; os jesuítas com Salcete e algumas ilhas; e os dominicanos com outras ilhas próximas, algo semelhante ao que aconteceria, posteriormente, na região amazônica.[79] No entanto, a ocupação e o desenvolvimento das atividades missionárias não foram imediatamente colocadas em funcionamento devido a problemas da administração da Companhia de Jesus naquele momento.

Os recursos econômicos utilizados pelos jesuítas para a manutenção dos colégios e outras casas religiosas, além dos seus esforços de missionação, provinham de várias origens. Havia as doações dos reis, vice-reis e outros nobres e a renda decorrente de aluguéis de bens que lhes foram doados e de terras que lhes pertenciam. Muitas vezes os padres da Companhia de Jesus envolveram-se nas transações do comércio da pimenta e de outros produtos, obtendo grandes lucros, prática que foi sempre alvo de polêmicas e críticas contra os inacianos.[80] Mas a

79 No final do século XVII foi feito esse tipo de divisão no Estado do Maranhão e Grão-Pará. Grosso modo, coube aos carmelitas o território compreendido pelos rios Solimões, Negro e Branco; aos franciscanos, Cabo Norte, ilha de Marajó e afluentes da margem norte do rio Amazonas; aos jesuítas, a região dos rios Tocantins, Xingu, Tapajós e Madeira; aos capuchinhos, o baixo Amazonas; e aos mercedários, o médio Amazonas até próximo ao rio Urubu. *Cf.* Ângela Domingues. Estado do Grão-Pará e Maranhão In: Maria Beatriz Nizza da Silva (org). *Dicionário da História da colonização portuguesa no Brasil.* Lisboa/São Paulo: Verbo, 1994, p. 314-319.

80 No já citado "Sumário das regras para o provincial da Índia" de Valignano há uma recomendação: "ainda que na regra diz: 'os nossos não se metam em negócios seculares', todavia quando estes se endereçam a negócios espirituais para bem da cristandade e conversão e mais ajuda das almas, se podem com licença dos superiores tratar alguns deles pelos nossos, negociando-os em modo con-

maior fonte de sustentação da ordem em Goa resultava do pagamento das rendas dos pagodes, com destaque para os de Salcete, cuja a responsabilidade de missionação era exclusiva dos jesuítas, aproveitando a própria lógica de tributos que as comunidades goesas costumavam pagar tradicionalmente, muito antes da presença portuguesa.[81]

Para o ano de 1596, a título de exemplo, há a informação dos rendimentos dos jesuítas em comparação com outras ordens religiosas em Goa, num total de 9418$438 réis de rendimentos auferidos, distribuídos conforme quadro abaixo:

QUADRO I –
Receitas das ordens religiosas em Goa (1596)

ORDEM	RECEITA	PERCENTUAL
JESUÍTAS	6686$438	71%
FRANCISCANOS	874$400	9,5%
DOMINICANOS	1238$400	13%
AGOSTINIANOS	619$200	6,5%

Fonte: Artur Teodoro de Matos. «Teres e haveres» das ordens religiosas de Goa em finais do século XVI (algumas notas para o seu estudo). In: Studia. Biblioteca Virtual dos Descobrimentos Portugueses. Lisboa: Comissão Nacional para as Comemorações dos Descobrimentos Portugueses/Instituto de Investigação Científica Tropical, 1996. 1 Cd-ROM. v. 53. p. 4.

Apesar de não ser possível acompanhar as receitas por um período longo, dada a escassez de fontes que registrem de forma amiudada esses rendimentos, o exemplo acima é deveras indicativo do poder econômico da Companhia de Jesus em Goa em finais do século XVI, ainda

veniente e religioso, sem prejuízo de ninguém [...]". In: José Wicki. *Documenta Indica*. Romae: Monumenta Historica Societatis Iesu, 1979. v. 14, p. 857-858.

81 Ver tábuas de despesas e receitas em Charles J. Borges. *The economics of the Goa jesuits*: an explanation of their rise and fall. New Delhi: Concept Publishing Company, 1994. p. 162-183. Não há uma informação contínua desses dados, mas sim anos e pequenos períodos para os séculos XVI, XVII e XVIII.

que os encargos dos jesuítas fossem consideravelmente maiores do que os das outras ordens religiosas.

A principal fonte utilizada pelos pesquisadores para estudar a Companhia de Jesus é a produção epistolar dos seus religiosos. Em relação às cartas dos jesuítas, cabem aqui algumas reflexões, antes de serem apresentados alguns exemplos que fundamentarão muitas observações sobre a ação inaciana. Em um interessante ensaio, Alcir Pécora analisa de forma acurada a estrutura formal das cartas dos membros da Companhia de Jesus atribuindo a elas a característica de serem "um mapa retórico em progresso da própria conversão".[82] Isso significa afirmar que são produzidas como instrumento decisivo para o êxito da ação missionária jesuítica. O autor recupera as correntes definidoras do estilo epistolar remontando ao século IV, chegando às interpretações e formulações dos humanistas sobre a questão, que teriam contribuído para a sedimentação da proposta jesuítica.

Pécora percebe que na *Fórmula do Instituto*, base das *Constituições* da Companhia de Jesus, publicadas em 1558, existem várias menções a exercícios e obrigações dos iniciados e dos admitidos na ordem para que desenvolvam leituras e aprendam as técnicas de redação de cartas, assim como a observância de uma comunicação assídua por escrito entre os representantes na escala hierárquica inaciana. Dessa forma, pode-se perceber que:

> a presença ostensiva da carta no corpo da Companhia evidencia que sua função está pensada ao menos segundo três aspectos decisivos: o da informação, o da reunião de todos em um e, enfim, o da experiência mística ou devocional. Com efeito, o primeiro deles fica logo claro quando se conhece que a correspondência é muitas vezes o único meio de relato dos sucessos passados nas várias frentes da ação jesuítica espalhada ao lon-

82 Alcir Pécora. Cartas à segunda escolástica. *In:* Adauto Novaes (org.). *A outra margem do Ocidente*. São Paulo: Companhia das Letras, 1999, p. 373-414.

> go do vastíssimo novo orbe. Nessa perspectiva [...] o segundo aspecto manifesta-se justamente aí, quando os acontecimentos enfeixados em linhas de informação reforçam igualmente a rede espiritual dos irmãos dispersos no mundo, de cuja solidariedade de ação e unidade de propósito depende a sobrevivência do corpo inteiro da Companhia e a eficácia global de sua intervenção na história, enquanto co-autora da Providência. Contudo, esse corpo único, em que todos agem como um só, ainda não se compreende verossimilmente enquanto a unidade não se traduz em experiência mística, isto é, como êxtase da participação na plenitude de uma vida espiritual, que, no limite, exige a perda do cuidado de si. Nesse ponto, as letras enviadas de toda parte do mundo constituem-se, ao mesmo tempo, como particulares e como exemplares, quer dizer, como referência histórica única e como alegoria espiritual comum – numa palavra: como escrita humana análoga às divinas escrituras. As cartas cumprem aqui a função de atualizar a missão apostólica e a palavra de Deus [...].[83]

Para consolidar suas afirmações, estuda a correspondência de Inácio de Loyola e identifica uma espécie de *metaepístola*, referência exemplar daquilo que o fundador da Companhia de Jesus recomendava como adequado às obrigações de um jesuíta. A estrutura das cartas apresentada por Pécora é: *salutatio* (a saudação); *captatio benevolentiae* (obtenção da simpatia do leitor); *narratio* (o relato dos acontecimentos); *petitio* (o pedido de algo necessário para a continuação da obra) e *conclusio* (a conclusão). A partir dessa classificação, o autor analisa as cartas de Nóbrega.

É importante entender que as cartas dos jesuítas assumiram uma função de propaganda e legitimação da Companhia de Jesus na Europa católica, pois ao informar os grandes feitos fomentava a admiração por suas ações. Aparentemente essa função foi conscientemente trabalhada

83 *Idem*, p. 381-382.

por parte do fundador da ordem, uma vez que, em 1541, Inácio de Loyola instituiu a *hijuela*, onde determinava que os problemas enfrentados pelos jesuítas deveriam ser escritos em folha separada da carta que informava os feitos edificantes e exemplares.[84]

Munido das cautelas sugeridas por Delumeau, Cottret e da abordagem analítica proposta por Pécora, a análise do texto das cartas de Francisco Xavier torna-se mais elucidativa. Reconhecido como o mais fiel dos discípulos de Loyola, em sua correspondência vemos com que obediência executa a tarefa de escrever cartas, além das quase semanais para os seus subordinados, as anuais a Simão Rodrigues, a Inácio de Loyola, aos colegas do Colégio de Santo Antão, ao próprio rei de Portugal e ao Papa. Em um trecho de sua carta para Inácio de Loyola datada de 27 de janeiro de 1545, Xavier diz saber que Loyola lhe escreve anualmente, assim como ele escreve para o Geral, mas informa que as cartas de Loyola não chegam todas a seu destino, e imagina que o mesmo acontecia com aquelas enviadas por ele.[85]

Xavier redige cartas em latim, em português e em castelhano. Pode-se perceber que não domina muito bem a língua portuguesa, mas a semelhança com o castelhano não impede de tornar seu texto compreensível. Do ponto de vista formal, as cartas de Xavier estavam organizadas a partir das proposições estruturais de Inácio de Loyola, identificadas por Pécora.

No dia 20 de setembro de 1542, Francisco Xavier escreve várias cartas. Em uma delas, endereçada a Inácio de Loyola, pede a intervenção do companheiro de fundação da ordem junto ao papa para obter algumas graças pretendidas pelo governador do Estado da Índia:

> [...] esta cidade está em uma ilha, a qual é de três léguas, há nesta ilha algumas ermidas de Nossa Senhora mui devotas, ricas de edifícios e ornamentos [...], pede o senhor Governador

---

84 José Eisenberg. *Op. cit*, p. 51-56.

85 Antonio da Silva Rego. *Documentação para a história das missões do padroado português do Oriente (Índia)*. Lisboa: Agência Geral das Colônias, 1947. v. 3, p. 143.

> para acrescentamento da devoção destas casas, e para que em suas festividades Nossa Senhora seja deveras honrada de vivos templos espirituais, que em tais dias todos os que se confessarem e comungarem ganhem indulgência plenária visitando as tais ermidas; e os que não se confessarem e comungarem que não as ganhem. E destas graças há mais necessidade na Índia que em outra parte de cristãos; porque aqui há poucos confessores e muitos cristãos, assim portugueses como naturais da terra. E muitos gentílicos se convertem cada dia, todos na Quaresma confessarem-se não é possível; e o que nesta parte o senhor Governador pretende é fazer que toda a gente se confesse e comungue; e para isto demanda de Sua Santidade estas graças, para atrair a gente aos sacramentos e fazer com que todos conheçam os verdadeiros tesouros que Cristo Nosso Senhor nos deixou nesta vida para ir à outra.[86]

Pode-se constatar, em primeiro lugar, que já era possível identificar dois problemas enfrentados por Xavier logo no início de seus trabalhos no Oriente: a grande disparidade entre o número de fiéis e o de religiosos, e a falta de qualidade doutrinal na conversão, que havia privilegiado a quantidade. De certa forma, a ação do jesuíta contribuiu para a continuidade da prática de se fazer batismos em massa, pois "num período de três dias em 1548, foram batizadas 912 pessoas em apenas três das freguesias da cidade de Goa".[87] Para Francisco Bethencourt a prática de batismo em massa e a de exclusão dos não convertidos ao acesso a cargos da administração apenas repetiam as ações violentas que já tinham sido usadas na conversão forçada dos judeus em 1497.[88]

---

86 Antonio da Silva Rego. *Documentação para a história das missões...* v. 3, p. 43-44.

87 M. N. Pearson. *Os portugueses na Índia.* Trad. Ana Mafalda Telo. Lisboa: Editorial Teorema, 1990. p. 131.

88 Francisco Bethencourt. A Igreja. *In*: *História da expansão portuguesa.* Lisboa: Círculo de Leitores e Autores, 1998. v. 1, p. 376-377.

Mesmo entre os primeiros jesuítas que se fixaram em Goa a questão do batismo em massa não era unanimidade. O padre Antônio Criminal escreveu uma carta em italiano a Inácio de Loyola em 1545, anotando as primeiras impressões, logo após sua chegada. O que causou maior aflição ao padre foi o procedimento do batizado feito pelos jesuítas no colégio de Goa, "sem ensinar coisa alguma, pois eles chegam e dizemos que queremos que sejam cristãos; ao fim da prédica, quando se predica, rapidamente os batizamos". Descreve o procedimento: "dizemos quatro ou três palavras na terceira pessoa declarando-lhes que coisa devem crer, declaramos os mistérios da cerimônia de batismo, e isto sempre com intérprete". Criminal declarou-se em caso de consciência e foi consultar o mestre Diogo, do colégio de São Paulo, citando São Tomás de Aquino, que dizia da necessidade de seis meses para se fazer um homem prudente, e Silvestre Prierias, que se baseava na disciplina sacramental, cuja recomendação era o catecumenato durar 40 dias, reproduzindo o tempo da Quaresma. Contrariado, ouviu a pragmática resposta do padre Diogo, que disse "deste modo não batizaria nenhum". E por fim confessou não entender o que acontecia, pedindo orientação ao Geral da Companhia sobre como proceder.[89]

Pode-se dizer que a grandiosidade e a pompa das cerimônias de batismo que ocorriam na Índia eram uma espécie de compensação pelos poucos cuidados doutrinais na preparação desse sacramento. É importante notar que as responsabilidades e gastos nesses eventos eram assumidos pela Coroa portuguesa, que comprava as vestes para os neófitos e promovia as festas relacionadas ao evento. Tratava-se de um aconteci-

89 Antonio da Silva Rego. *Documentação para a história das missões*... v. 3, p. 171-172. Carta do padre Antônio Criminal a Inácio de Loyola de 7 de outubro de 1545. O padre Antônio Criminal morreu assassinado por Badagás em 1549, na missão da costa da Pescaria, após ter sido indicado por Xavier para ser superior daquela missão. Badagá era o nome usado para designar os habitantes do reino de Bisnaga.

mento de grande importância social e de uma estratégia de legitimação daqueles que se convertiam ao cristianismo.[90]

Em quase todas as cartas endereçadas à Europa, o padre Francisco Xavier pedia o envio de mais companheiros, com a recomendação precípua de terem boa saúde para poderem agüentar os rigores dos trabalhos missionários.[91] Narrava também muitas características das populações indianas, inclusive das cristãs. Em uma carta endereçada aos confrades da Europa, datada de 1545, Xavier contou que estivera em São Tomé (Meliapor), "onde dizem os gentios da terra que está o corpo de São Tomé Apóstolo. Há em São Tomé mais de cem portugueses casados. Há uma igreja muito devota e todos têm certeza que está ali o corpo do glorioso Apóstolo".[92] É interessante notar que a crença nas viagens de São Tomé era uma referência constante entre os padres da Companhia. Para comprovar essa afirmação, basta lembrar as narrativas de jesuítas no Brasil do século XVI, que associavam o herói civilizador do mito de criação das tribos tupi-guarani, o "Pai Sumé", ao apóstolo de Jesus.[93]

Nas cartas que trocava com os seus subordinados, às vezes dava orientações para traduções da doutrina nas línguas locais, num esforço de criar a possibilidade da transferência do material religioso da cultura europeia para a hindu, numa clara atitude de mediador cultural, cons-

---

90 Maria de Deus Beites Manso. *Op. cit*, p.255-258.

91 Ao comparar-se com outras cartas de jesuítas do Oriente, ou ainda com as de inacianos da América portuguesa, como Nóbrega, ou, mesmo depois, Vieira, percebe-se que este era um padrão que se repetia. Havia sempre a solicitação, às vezes dramática, de envio de mais religiosos.

92 Antonio da Silva Rego. *Documentação para a história das missões...* v. 3, p. 235. Carta de Francisco Xavier a seus confrades na Europa de 10 de novembro de 1545.

93 Para detalhamento da questão ver Sérgio Buarque de Holanda, *Visão do Paraíso: os motivos edênicos no descobrimento e colonização do Brasil*. São Paulo: Brasiliense, 1992. p. 108-129 e Renato Pereira Brandão. *A cruz de Cristo na Terra de Santa Cruz*: a geopolítica dos descobrimentos e o domínio estratégico do Atlântico sul. Niterói, 1999. Tese (Doutorado em História). Universidade Federal Fluminense. Mimeo, p. 119-131.

truindo as pontes linguísticas, sistemas de significados e significantes, entre os mundos em contato:

> no credo, quando dizeis *enaquvenum* em lugar *venum* direis *vichuam*, porque *venu[m]* quer dizer "quero" e *vichuam* quer dizer "creio": é melhor dizer "eu creio em Deus", que não dizer "eu quero em Deus". Não direis *vão pinale*, porque quer dizer "por força", e Cristo padeceu por vontade e não por força.[94]

Outras vezes apenas consolava aqueles que estavam cansados e contrariados com os trabalhos de missionação:

> nem vos desconsoleis em ver que não fazeis tanto fruto com esses cristãos como desejais, por serem eles dados a idolatrias e el-rei ser contra os que se fazem cristãos, e olhai que mais fruto fazeis do que cuidais em dar vida espiritual às crianças que nascem, batizando-as com muita diligência e cuidado, como fazeis; porque se bem olhais achareis que poucos vão da Índia ao paraíso, assim brancos como pretos, senão os que morrem em estado de inocência.[95]

Pode-se notar uma crítica ao rei, uma vez que diante de várias solicitações feitas pelo inaciano, o monarca português não o atendia, causando-lhe evidente irritação. Percebe-se também um certo pessimismo em relação ao relaxamento que prevalecia na região. Xavier chegou a recomendar ao rei de Portugal a criação de um Tribunal do Santo Ofício em Goa.[96] A carta é longa, mas merece o registro:

---

94 Antonio da Silva Rego. *Documentação para a história das missões...* v. 3, p. 78. Carta de Francisco Xavier para Francisco Mansilhas de 27 de março de 1544.

95 Antonio da Silva Rego. *Documentação para a história das missões...*, v. 4. p. 74-75. Carta de Francisco Xavier para Francisco Henriques de 22 de outubro de 1548.

96 M. N. Pearson. *Op. cit,* p. 132

> [...] tenho escrito a Vossa Alteza da muita necessidade que a Índia tem de pregadores, porque à míngua deles a nossa santa fé entre nossos portugueses vai muito perdendo-se a fé. Isto digo pela muita experiência que tenho pelas fortalezas donde ando: é tanta contratação contínua que temos com os infiéis, é tão pouca a nossa devoção, que mais azinha se trata com eles proveitos temporais, que mistérios de Cristo Nosso Redentor e Salvador. As mulheres dos casados naturais da terra, e filhos e filhas mestiças, contentam-se em dizer que são portugueses de geração e não da lei: a causa é a míngua que é cá de pregadores, que ensinam a lei de Cristo. A segunda necessidade, que há na Índia tem para serem bons cristãos os que nela vivem, é que mande Vossa Alteza a Santa Inquisição, porque há muitos que vivem a lei mosaica e a seita mourisca, sem nenhum temor de Deus nem vergonha do mundo. E porque isto [...] são muitos e espalhados por todas as fortalezas, é necessária a Santa Inquisição e muitos pregadores: proveja Vossa Alteza seus leais e fiéis vassalos da Índia de coisas tão necessárias.[97]

Quando se analisar o momento da instalação da Inquisição em Goa será possível constatar que outros jesuítas, posteriormente, também apoiaram a iniciativa, mas deve-se notar que, assim como sutilmente sugerido no texto de Xavier, a ideia era coibir as atividades dos cristãos-novos, procurando-se proteger os indianos que haviam se convertido.

Os métodos de trabalho de Xavier e de outros jesuítas de meados do século XVI variavam conforme as circunstâncias ou com o grupo com o qual se trabalhava. Na costa da Pescaria, por exemplo, onde na década de 1530 ocorreu uma conversão em massa dos *Paravás*, Xavier atuou com muito cuidado:

---

97 Antonio da Silva Rego. *Documentação para a história das missões...* v. 3, p. 351. Carta de Francisco Xavier para o rei de Portugal de 16 de maio de 1546.

> logo que cheguei a essa costa [...] procurei saber deles o conhecimento que de Cristo Nosso Senhor tinham [...]. Não achava neles outra resposta, a não ser que eram cristãos, e que por não entender eles a nossa língua, nem no que haviam de crer, e como eles não me entendessem, nem eu a eles, por ser sua língua natural malabar e a minha basca, juntei os que entre eles eram mais sabidos, e procurei pessoas que entendessem nossa língua e a deles. E depois de havermos juntado muitos dias com grande trabalho, ensinamos as orações [...].[98]

Mas também sabia ser rígido, principalmente com os brâmanes de Goa, uma vez que os jesuítas perceberam, logo no início, que estes eram os seus mais fortes antagonistas:

> há nestas partes entre os gentios uma geração que chamam brâmanes: estes sustentam toda a gentilidade. Têm cargo nas casas em que estão os ídolos: é a gente mais perversa do mundo. [...] É gente que nunca diz a verdade e sempre pensam como hão de sutilmente mentir e enganar os pobres simples e ignorantes, dizendo que os ídolos mandam que lhes levem a oferecer certas coisas, e estas não são outras senão aquelas que os brâmanes fingem e querem para manter suas mulheres e filhos e casas. Fazem crer aos simples que os ídolos comem [...].[99]

Xavier passou então a narrar um encontro que teria tido em um pagode com mais de duzentos brâmanes. O jesuíta teria perguntado quais os mandamentos de seus deuses e ídolos. O mais velho dos brâmanes respondeu que "a primeira é não matar vacas, as quais eles adoram; e a segunda é dar esmolas, e estas aos brâmanes que servem nos pagodes".[100]

---

98 Antonio da Silva Rego. *Documentação para a história das missões...* v. 3, p. 55. Carta de Francisco Xavier para seus confrades de Roma de 15 de janeiro de 1544.

99 *Idem*, p. 63.

100 *Idem*, p. 65

Xavier conta que então se levantou e em altos brados disse o Credo e os mandamentos. Segundo ele, depois disso, os brâmanes o festejaram e afirmaram que o Deus dos cristãos era verdadeiro Deus. Mas, em seguida, eles perguntaram "se nossa alma juntamente com o corpo morria, assim como a alma dos brutos animais [...] lhes dei a entender claramente a imortalidade das almas, do que eles mostraram muito prazer e contentamento". E de maneira quase arrogante diz aos confrades em Roma que "as razões, que a essa gente idiota se hão de fazer, não hão de ser tão sutis como as que estão escritas em doutores muito escolásticos".[101] Os brâmanes fizeram-lhe outras perguntas, tais como para onde ia a alma quando se dormia e se Deus era branco ou negro, mas infelizmente Xavier não registrou essas respostas, limitando-se a dizer que elas haviam deixado os brâmanes satisfeitos.

Há ainda a narrativa de um encontro particular do jesuíta com um brâmane que lhe teria contado o segredo de como aquela religião era ensinada:

> que nunca dissessem que há um só Deus, criador do céu e da terra, o qual está nos céus; e que ele adorasse este Deus e não aos ídolos que são demônios. Têm algumas escrituras, nas quais têm os mandamentos. A língua, que naqueles estudos ensinavam, é entre eles como latim entre nós. Disse-me muito bem os mandamentos, cada um deles com uma boa declaração; guardam os domingos estes que são sábios, coisa para não se poder crer. [...] Disse-me que os defendia a lei da natureza ter muitas mulheres; e que têm eles em suas escrituras que há de vir o tempo, no qual todos hão de viver debaixo de uma lei. Disse-me mais este brâmane; que ensinam naqueles estudos muitos encantamentos.[102]

101 *Idem*, p. 65.

102 *Idem*, p. 66-67.

Deve-se notar que, inicialmente, os jesuítas desenvolveram uma postura de antagonismo em relação aos brâmanes por terem identificado sua autoridade religiosa em relação aos hindus e perceberem que lutar contra esse grupo hegemônico poderia proporcionar aos inacianos a supremacia nas questões de fé. Pode-se fazer aqui um paralelismo com a atuação dos padres da Companhia em outras regiões, como no litoral da América portuguesa, ou mesmo no Paraguai das missões, nos séculos XVI e XVII.[103] Nessas regiões a estratégia fundamentou-se no enfrentamento da autoridade dos xamãs locais. Para tal, os jesuítas dedicavam-se, por exemplo, à cura dos doentes, uma vez que essa era uma das atribuições do poder mágico que os xamãs tinham e que determinava sua autoridade no grupo indígena. Essa tática às vezes não obtinha sucesso, porque para algumas doenças que se difundiram entre os indígenas não havia a possibilidade de cura. É verdade que a percepção que os jesuítas tinham dos grupos americanos, nos casos citados, era de uma anomia, algo muito diferente do que era encontrado e enfrentado no Oriente, especificamente em Goa. Mas do ponto de vista do método, pode-se perceber algumas semelhanças de procedimentos, principalmente no esforço de reconhecimento daqueles que simbolizavam o poder de cada região em que os jesuítas se estabeleciam.

Muitas vezes a rigidez de Xavier voltava-se também contra homens cristãos europeus que por suas ações de ambição traziam prejuízo para as obras da fé. Há uma carta na qual o jesuíta instruiu o padre Mansilhas a pressionar um funcionário que havia feito conluio com inimigos em Tutocorim, na costa da Pescaria, resultando em mortes de portugueses:

> a Cosme de Paiva ajudareis a descarregar sua consciência dos muitos roubos que nesta costa tem feito, e dos males e mortes de homens que por muita cobiça sua se fizeram em Tutocorim;

---

103 Para o caso da América ver Luís Felipe Baêta Neves. *Op. cit.* e Maxime Haubert. Índios e jesuítas no tempo das missões. trad. Maria Appenzeller. São Paulo: Companhia das Letras/Círculo do Livro, 1990.

> e mais aconselha -o, como amigo de sua honra, que torne o dinheiro que tomou dos portugueses, pois é coisa tão feia vender por dinheiro o sangue dos portugueses: e não escrevo, porque não espero emenda nenhuma nele. E assim lhe direis da minha parte, que o aviso que tenho de escrever a El-rei suas malfeitorias, e ao Senhor Governador para que o castigue, e ao Infante D. Henrique, que por via da Inquisição castigue aos que perseguem aos que se convertem a nossa santa lei e fé; e por isso que se emende.[104]

Algum tempo depois, já mais familiarizado com os aspectos da administração no Oriente, e um tanto mais irritado com suas características, Xavier escreveu ao rei dizendo-se hesitante se devia ou não relatar o que achava errado no que via acontecer. Mas, dois parágrafos adiante, decide-se a escrever:

> há de saber Vossa Alteza que nestas partes, assim como em outras muitas, muitas vezes se deixam de fazer muitos serviços a Deus Nosso Senhor por santos ciúmes que uns têm dos outros, dizendo: "eu farei; e outros: "não senão eu"; e outros: "pois eu não faço, não folgo que vós o façais"; outros: "eu sou o que levo os trabalhos e outros agradecimentos e proveitos". [...] E desta maneira passa o tempo, de jeito que não fica lugar para levar adiante o serviço de Deus Nosso Senhor. E também por esta causa muitas vezes coisas, assim de muita honra como o serviço de Vossa Alteza deixam de fazer na Índia.[105]

Nesse trecho Xavier destaca os ciúmes e as vaidades que geravam conflitos entre os vários funcionários da Coroa e, na sua avaliação, disso

104 Antonio da Silva Rego. *Documentação para a história das missões...* v. 3, p. 163. Carta de Francisco Xavier a Francisco Mansilhas de 7 de abril de 1545

105 Antonio da Silva Rego. *Documentação para a história das missões...* v. 4, p. 17-18. Carta de Francisco Xavier ao rei de 20 de janeiro de 1548.

decorre grande prejuízo para a obra da conversão. Naturalmente, não eram apenas sentimentos desse gênero que dificultavam os trabalhos evangélicos, mas com certeza a superposição de instâncias administrativas, tanto seculares quanto religiosas, servia de combustível para muitas disputas e desentendimentos que acabavam por complicar algumas ações dos jesuítas.

Francisco Xavier também redigiu algumas obras, com destaque para os catecismos: a *Doctrina chrisitiana* ou *Catecismo Breve* – escrito em 1542, mas só impresso na tipografia do colégio de São Paulo em Goa no ano de 1557 –; *A Declaração do símbolo da fé*, datada de 1546 e *O modo de rezar e salvar a alma*, com data atribuída a 1548. O primeiro é um catecismo elementar com enunciados de doutrinas e pequenas orações. O segundo é uma espécie de resumo da salvação, feito em uma linguagem simples. O último reúne uma série de orações, conselhos para a vida espiritual e fórmulas da doutrina. Deve ser ressaltado que esses textos são muito superficiais, o que pode ser explicado tanto pelo fato de que Xavier teve como finalidade conhecer e organizar um território vastíssimo, não tendo desse modo disponibilidade de tempo para profundas leituras e reflexões, quanto por pretender alcançar um grande número de pessoas com uma mensagem simples e direta. Ainda assim, o esforço de sistematizar a doutrina em forma de catecismo está em perfeito acordo com a orientação do Concílio de Trento, que enfatizava a necessidade da catequese voltada para as crianças, alvos principais das cartilhas produzidas por Francisco Xavier.[106]

As crianças, aliás, eram constante preocupação de Xavier, que chegou a recomendar que os jesuítas fossem de casa em casa dos gentios para batizá-las. Recomendava ainda que o ensino de jovens indianos começasse por volta dos treze anos a quinze anos:

> isto porque nesta altura já sabiam falar a língua local e, portanto, posteriormente ser-lhes-iam úteis para contactar com os

106 Carlos Moreira (dir). *Dicionário de história religiosa de Portugal*. Lisboa: Círculo dos Leitores, 2000. v. 1, p. 306.

> povos locais, e, por outro lado, dada a sua pouca idade seria muito mais fácil convertê-los, uma vez que o conhecimento a respeito da religião hindu era escasso. Para além do fraco conhecimento das tradições hindus, dada igualmente a sua tenra, mas, ao mesmo tempo, por terem mais facilidade na aprendizagem, poderiam estas crianças servir de intérpretes, cantando de dia a doutrina pelas ruas e à noite ensinando a doutrina aos seus familiares e escravos.[107]

Também nesse aspecto existem semelhanças de procedimentos com os jesuítas de outras regiões que davam grande atenção às crianças, como no caso da missionação no Brasil e no Paraguai, uma vez que os inacianos entendiam que elas podiam aprender mais facilmente e ainda estimular seus pais para a conversão.[108]

De tudo até aqui exposto pode-se chegar à conclusão de que a ação inicial sugerida por Francisco Xavier e praticada por outros jesuítas ao longo da segunda metade do século XVI possuía como principais características um desconhecimento ou um conhecimento extremamente superficial das tradições religiosas hindus, misturadas com um certo sentido de superioridade da cultura européia, que só eram suavizados pela consciência da obrigação de se fazer a conversão dessa população à religião católica.[109] De certa maneira era esse o parâmetro geralmente utilizado para definir as práticas de missionação, com algumas exceções, como no caso da atuação do padre Henrique Henriques na costa da Pescaria. De qualquer forma, mesmo que não fosse a tônica da sua atuação, os jesuítas já procuravam desenvolver uma série de pontes entre a cultura européia e a hindu, principalmente com a recorrente preocu-

---

107 Maria de Deus Beites Manso. *Op. cit*, p. 268-269.

108 Maxime Haubert. *Op. cit, passim.*

109 É interessante notar que as impressões que Francisco Xavier registrou sobre os japoneses eram bem diferentes, quase elogiosas. Isto serve de contraponto ao significado da ação jesuítica em Goa, pelo menos no período estudado até aqui.

pação com a tradução das línguas locais e na adequação do catecismo católico ao universo cultural das comunidades indianas.

Já em relação aos muçulmanos, a expectativa dos jesuítas não era a da missionação ou, até mesmo, da evangelização, mas sim da extirpação do inimigo. Há uma interessante carta do padre Nicolau Lanciloto ao também jesuíta Martinho de Santa Cruz, de Coimbra, datada de 1545, informando que:

> nesta ilha não há mais pagodes, mas há muitos infindos mouros e gentios e maus cristãos, de maneira que é como Babilônia, porque cada um vive como bem lhe parece, e não há cá homens de conselho nem doutrina, senão como possam alcançar dinheiros. [...] Venha muita gente porque cá há muitos campos para combater os inimigos e grande comodidade para dizer coisa por amor de Cristo.[110]

Percebe-se nessa carta a recorrente solicitação de remessa de religiosos, mas nas cartas de Xavier a principal preocupação era com o trabalho missionário, enquanto Lanciloto fazia uma convocação nos moldes cruzadísticos de enfrentamento e combate aos infiéis, que pareciam estar fazendo cerco à obra de cristianização e precisavam ser erradicados do convívio com os cristãos.

Com a morte de Xavier em 1552, após algumas hesitações sobre a sucessão do provincial da Índia, finalmente assumiu o cargo Antônio Quadros (1559-1572).[111] Somente nesse período a presença jesuítica em

---

110 Antonio da Silva Rego. *Documentação para a história das missões...* v. 3, p. 163. Carta de Nicolau Lanciloto a Martinho da Santa Cruz de22 de outubro de 1545.

111 Donald F. Lach. *Asia in the making of Europe*: the century of Dicovery. Chicago/London: The University Chicago Press, 1965. v. 1. Book one, p. 251-253. O autor define os anos de 1553 a 1560 como de interregno da missionação jesuítica na Índia. O ano de 1555 também foi o da chegada das constituições da ordem em Goa. O autor identifica Quadros como o grande responsável pela definitiva estruturação da ordem no Oriente por ter criado uma sólida hierarquia de cargos. Por outro lado, Quadros considerava que era preferível um número menor de

Salcete foi consolidada, apesar da divisão feita pelo poder civil português em 1555, que atribuía à Companhia de Jesus a missionação da região.

O provincial contou nesse momento com o contundente apoio do recém-chegado primeiro arcebispo de Goa D. Gaspar de Leão Pereira (em 1560, mesmo ano da fundação do Tribunal do Santo Ofício de Goa) e do vice-rei D. Constantino de Bragança, um renomado defensor da fé.[112] Pode-se mesmo afirmar que os últimos anos da década de 1550 foram marcados por uma retomada das perseguições aos hindus, à semelhança do que havia ocorrido em 1540. Para comprovar essa afirmação basta observar a legislação produzida em 1559 – conhecida como "leis anti-hindus" – que proibiu que gentios ocupassem cargos subalternos da Justiça e da Fazenda (houve uma lei que precedeu a esta, em 1557, que determinava que os cargos de tesoureiros, almoxarifes, escrivães, tabeliães e quaisquer outros ofícios não podiam ser de hindus); estabeleceu que os gentios órfãos de pai e mãe sem avós fossem levados à casa de catecúmenos para se fazerem cristãos; interditou os pagodes e as cerimônias gentílicas nas terras da Coroa, com exceção de Diu; e estabeleceu que filho ou filha de infiel herdasse, logo após a conversão, a terça parte dos bens da sua legítima para sustentação própria.

Todo esse conjunto de leis alimentou protestos dos brâmanes, que chegaram mesmo a fechar suas lojas, ameaçando a economia da cidade de Goa. Diante disso, muitos portugueses preocupados com seus próprios interesses econômicos começaram a fazer críticas ao governo de D. Constantino e observavam em cartas ao rei que:

---

missionários, mas que fossem bem formados, bem treinados, divergindo do que defendera Francisco Xavier.

112 Na correspondência dos jesuítas encontram-se inúmeros elogios à atuação do vice-rei D. Constantino de Bragança (1558-1561). Como exemplo das suas ações e de sua simpatia pelos jesuítas há o caso da conquista de Damão executada por D. Constantino. Ele ordenou que a mesquita local fosse purificada e que se fizesse dela igreja, doando-a aos inacianos e permitindo que fosse a habitação da ordem na cidade. Ver Alessandro Valignano. *História del princípio y progresso de la Compañia de Jesús en las Índias Orientales (1542-1564)*. Ed. Josef Wicki. Roma: *Institutum Historicum S. I.*, 1944, p. 363.

> se perderiam as rendas de S.A., e que os brâmanes se iriam sem dúvida e que ficaria aquela ilha destroçada; e que isto não parecia nem serviço de Deus nem de S. A. E que visse S. Senhoria que com isto não se deitasse a perder este Estado, porque os gentios eram muitos e poderosos e Goa está a derredor cercada de infiéis.[113]

O vice-rei não se intimidou diante dessas críticas. Tanto que em 1560, complementarmente, D. Constantino determinou em outra lei o confisco de bens ou a pena de galés aos que dificultassem alguém de se batizar, e ainda expulsou um grupo de quarenta brâmanes acusados de obstruir os trabalhos de conversão, com o objetivo de dar o exemplo para que outros da mesma casta não se insurgissem. Ao fazer isso, obteve pleno apoio dos jesuítas e de outras autoridades religiosas.[114]

Foi nesse clima de recrudescimento dos atritos religiosos entre cristãos e hindus que os jesuítas iniciaram a missionação de Salcete. As terras de Salcete e Bardez tinham pertencido ao sultanato de Bijapur, que as perdeu para os portugueses em 1520 e tentou retomá-las várias vezes ao longo da primeira metade do século XVI, até renunciar formalmente a seus direitos sobre essas terras em 1548.[115] Ainda assim, era uma região de fronteira, sempre muito ameaçada por inimigos muçulmanos e hindus, o que a tornava sempre alvo de ataques.[116]

---

113 *Idem*, p. 370-371.

114 Antônio Lourenço Farinha. *A expansão da fé no Oriente*: subsídios para a História colonial. Lisboa: Agência geral das Colônias, 1943, p. 33-35. A expulsão dos brâmanes causou sérios problemas econômicos para a cidade e outros vice-reis abrandaram as perseguições a essa casta, posteriormente. Em 1581, um alvará isentou de dízimos por 15 anos os cristãos recém-convertidos, medida que reforça as conversões pelo caminho econômico.

115 Ver Sanjay Subrahmanyam. Notas sobre um rei congelado: O caso de Ali bin Yusuf Adil Khan, chamado Mealecão. In: Rui Manoel Loureiro e Serge Gruzinski (coord.). *Passar as fronteiras*: II Colóquio Internacional sobre mediadores culturais. Séculos XV a XVIII. Lagos: Centro de Estudos Gil Eanes, 1999, p. 265-290.

116 Ver Dauril Alden. *Op. cit.* p. 45 e Teotônio R. de Souza. *Goa medieval:* a cidade e o interior no século XVII. Lisboa: Editorial Estampa, 1993, p. 34.

Em 1560 o Provincial Antônio Quadros ordenou que o padre Pero Mascarenhas e o irmão Manuel Gomes tomassem cargo na igreja que existia dentro do forte de Rachol, em Salcete, onde os soldados costumavam ouvir missa. Em carta enviada de Goa aos padres que estavam em Portugal e datada de 1 de dezembro de 1560, o jesuíta Luís Fróis narrou a iniciativa:

> nestas terras firmes d'El Rei de Portugal, que estão defronte desta ilha de Goa, que se chamam Salcete, há perto de mil cristãos, e por lá estarem misturados com os gentios e tão vizinhos dos mouros, careceram até agora de quem os cultivasse e viviam quase como os mesmos gentios. Condoendo-se disso nossos padres e vendo o muito que se podia fazer naquela terra, na qual dizem que El-Rei tem 66 aldeias, nas quais poderá haver 50.000 almas e daí para cima, todos gentios. Trataram com o vice-rei de se por lá de assento um padre e um irmão nosso, que andassem instruindo e ensinando as coisas da fé àqueles cristãos. E com o pretexto ir também entendendo na gentilidade, conversando-os para que venham em conhecimento da verdade e de Deus.[117]

A partir dessa iniciativa começou a haver uma grande quantidade de conversões na região, com números cada vez maiores ao longo do tempo. Na carta citada acima, o padre Luís Fróis informava já estarem à espera de batismo cerca de cem indianos. Em 1577 já eram contados dez mil cristãos nas terras de Salcete.[118] Anos depois, em 1587, o reitor do colégio de Rachol informava ao Geral da Companhia de Jesus, Claudio Acquaviva, que em Salcete havia mais de mil catecúmenos naquela da-

---

117 José Wicki. *Documenta Indica*. Romae: Monumenta Historica Societatis Iesu, 1956. v. 4, p. 742-743. Carta de Luís Fróis para a Sociedade Lusitana. Goa, 1 de dezembro de 1560.

118 Leopoldo da Rocha. *As confrarias de Goa (séculos XVI-XX)*: conspecto histórico--jurídico. Lisboa: Centro de Estudos Históricos Ultramarinos, 1973, p. 109.

ta.[119] Em 1590 a população de cristãos da terra em Salcete já era contabilizada pelo número de vinte e três mil pessoas.[120] Além das conversões, aumentou também o número de igrejas. Em 1564 edificou-se a igreja de Margão, por iniciativa do arcebispo D. Gaspar de Leão Pereira. Em 1586 o provincial dos jesuítas Alessandro Valignano relatou a existência de doze igrejas em toda Salcete.[121] Fernão Guerreiro deu o número de treze igrejas e mais de trinta e três mil cristãos para o ano de 1603 e, quatro anos depois, quatorze igrejas, cada uma delas cuidada por um jesuíta, para quarenta e cinco mil convertidos.[122] Em 1686 na *Breve Notícia das Missões que a Companhia de Jesus tem nas partes do Oriente* os jesuítas afirmavam haver lá oitenta ou até noventa mil cristãos e repartia-se "toda esta cristandade por 25 freguesias de que são vigários 25 religiosos da Companhia [...]".[123] Ou seja, no período definido para esta pesquisa, a Companhia de Jesus contabilizava um significativo aumento da cristandade em Salcete.

---

119 José Wicki. *Documenta Indica*. Romae: Monumenta Historica Societatis Iesu, 1979. v. 14. p. 647. Carta do reitor de Rachol, Miguel Leitão ao Geral Claudio Acquaviva. Rachol, 25 de novembro de 1587.

120 Joseph V. Velinkar. Early Evangelization Methods in Salcete (Goa). In: *Congresso Internacional De História: Missionação Portuguesa e encontros de culturas*. Actas. Volume II: África Oriental, Oriente e Brasil. Lisboa: Universidade Católica Portuguesa/Comissão Nacional Para as Comemorações dos Descobrimentos Portugueses/Fundação Evangelização e Culturas, 1993. v. II, p. 290.

121 José Wicki. *Documenta Indica...* v. 14, p. 473-474. Inspeção financeira da Província da Índia feita por Valignano. [Cochim], 23 de dezembro de 1586.

122 Fernão Guerreiro. *Relação anual das coisas que fizeram os padres da Companhia de Jesus nas missões (1600-1603)*. Dirigida e prefaciada por Artur de Viegas. Coimbra: Imprensa da Universidade., 1930. t. I. p. 4 e *Relaçam annual que fezeram os padres da Companhia de Jesus nas partes da Índia Oriental & em algumas outras partes da conquista deste reyno no ano de 606 & 607 & do processo de conversão da christandade daquelas partes*, Lisboa: Pedro Crasbeeck, 1609. p. 137.

123 Biblioteca da Ajuda. *Livro Quarto da Missão do Reino de Tonquim* (traslados feitos em 1746 por João Álvares) – Breve Notícia das Missões que a Companhia de Jesus tem nas partes do Oriente (1686). fl 265v-266.

Os métodos utilizados pelos jesuítas para a conversão em Salcete desde o início eram variados. Primeiro os padres faziam incursões nas aldeias a partir de Rachol, desenvolvendo pregações com o auxílio de jovens intérpretes e sempre retornavam à noite para o forte. Somente mais tarde, com a fundação de igrejas e o aumento das conversões, os jesuítas começaram a viver nas localidades, criando condições de fazer um trabalho mais próximo das comunidades hindus.

Além do seminário e do colégio de Rachol, denominados de Santo Inácio, os jesuítas fundaram o colégio do Espírito Santo de Margão para o ensino das crianças indianas, um hospital, um colégio de catecúmenos e um seminário para órfãos, entre outras residências e iniciativas assistenciais por toda Salcete. Aparentemente havia também uma tipografia em Rachol, mas existem dúvidas sobre se era apenas uma tipografia móvel.[124]

Todas essas iniciativas estruturaram uma importante rede para desenvolver a conversão. É importante notar que os religiosos aproveitaram a antiga organização das aldeias hindus interferindo nos usos e costumes religiosos, mas guardando as identidades administrativas e produtivas locais. Isso difere, por exemplo, da prática de aldeamentos desenvolvida na América, que muitas vezes misturava vários grupos tribais diferentes numa mesma missão e onde ocorria a alteração substancial de práticas cotidianas desses grupos, introduzindo desde um controle social do tempo, até técnicas de produção agrícola e pecuária estranhas àquelas culturas.[125]

A prática dos batismos em massa e das cerimônias pomposas envolvendo os catecúmenos também foi largamente utilizada nas conversões de Salcete no sentido de despertar novas adesões ao cristianismo. É verdade que o arcebispo D. Gaspar de Leão Pereira proibiu os batismos solenes assim que chegou a Goa, uma vez que sempre esteve próximo aos

---

124 Maria de Deus Beites Manso. *Op. cit*, p. 265.

125 Ver Maxime Haubert. Índios e jesuítas no tempo das missões. trad. Maria Appenzeller. São Paulo: Companhia das Letras/Círculo do Livro, 1990 e L. F. Baêta Neves. *Op. cit.*

princípios dos franciscanos, que antagonizavam os jesuítas, e considerou inicialmente que era uma prática que feria o espírito de simplicidade cristã. Mas posteriormente, não apenas revogou a proibição como incentivou o aparato das cerimônias com recursos significativos, pois entendeu o efeito sobre as comunidades locais de tais procedimentos.[126]

A par disso, os jesuítas empregaram métodos que foram qualificados como violentos por alguns contemporâneos: obrigavam os habitantes das aldeias a comerem carne bovina, cortavam-lhes tufos de cabelos ou davam comida a eles. Todas essas formas de contato tornavam os hindus impuros e aptos a tornarem-se cristãos e por saberem disso, alguns inacianos utilizavam esses recursos para a conversão, assim como também recorriam a expedientes dissimulados. Um exemplo dessa estratégia foi o caso de um rapaz hindu recém-convertido que se deixou prender para atrair a mãe à cidade. No momento em que a mãe implorava pela liberdade do filho era-lhe informado que só poderiam soltar o jovem caso a mãe se convertesse. Pensando que assim salvaria seu filho, a mulher aceitava ser batizada. De uma maneira geral esses procedimentos foram condenados no Primeiro Concílio Provincial de Goa em 1567, convocado pelo arcebispo D. Gaspar de Leão Pereira, que em seus primeiros decretos afirmava que não era lícita a conversão feita pela força. Apesar disso, as práticas continuaram a existir, tanto que em outros concílios essa recomendação foi repetida.[127]

O próprio visitador da Companhia de Jesus, Alessandro Valignano em 1588 recomendou que:

---

126 Ver Casimiro Cristovão Nazareth. *Mitras lusitanas no Oriente*. Catálogo dos prelados da Igreja Metropolitana e primacial de Goa e das dioceses sufragâneas com recopilação das ordenanças por eles emitidas e sumário dos fatos notáveis da História eclesiástica de Goa. Lisboa: Imprensa Nacional, 1897. p. 46-47 e Francisco Bethencourt. A Igreja. In: Francisco Bethencourt e Kirti Chaudhuri (dirs.). *Op. cit.* v. 1, p. 376-377.

127 Joseph V. Velinkar. *Op. cit*, p. 286-288..

> para tirar todo escândalo e razão de murmurar aos gentios, se há-de procurar que para os converter se lhe não faça nenhuma força direta ou indiretamente, advertindo todavia que, enquanto se trata de não fazer força aos gentios, não se deixem os meios que são lícitos e convenientes para ganhar suas almas. Por onde bem os podem fazer batalotes ementes estão presos se sem perigo de suas almas não se pode esperar para depois que estão livres.[128]

A ressalva final do visitador abria brecha a interpretações sobre a questão do "perigo" que corriam aquelas almas, o que podia permitir e justificar ações que ao final desconsiderassem a recomendação inicial do não uso de força na conversão. De qualquer forma, a proposição estava afinada com as recomendações diocesanas.

No entanto, contraditoriamente, a expansão da fé não se fazia sem muitos reveses e contratempos e com o uso de alguns métodos ainda mais violentos, tendo apoio das autoridades civis portuguesas. Um bom exemplo foi o que ocorreu em 1567 (mesmo ano do primeiro concílio), quando o capitão de Salcete, Diogo Fernandes, gabou-se de ter destruído todos os pagodes da região, com a ajuda de religiosos.[129] Isso gerou pro-

---

128 "Sumário das regras para o provincial da Índia" In: José Wicki. *Documenta Indica*. Romae: Monumenta Historica Societatis Iesu, 1979. v. 14, p. 874. Batalote significa hindu poluído por quebrar alguma regra de casta segundo Sebastião Rodolfo Dalgado. *Glossário luso-asiático*. Coimbra: Imprensa da Universidade, 1919. v. 1, p. 118.

129 Em sua lápide mandou escrever: "Aqui jaz Diogo Frz, o do Forte, Capitão das terras de Salcete que derrubou todos os pagodes delas". *Apud* Biblioteca Nacional de Lisboa. Reservados. Microfilme. F4869. Sebastião Gonçalves. *História dos religiosos da Companhia de Jesus e do que fizeram com a divina graça na conversão dos infiéis à nossa Santa Fé Católica nos reinos e províncias da Índia Oriental*, composta pelo padre Sebastião Gonçalves, religiosos da mesma Companhia. Português natural de Ponte Lima, 1614. fl. 321 v. O número de pagodes destruídos atribuídos a Diogo Fernandes (ou Diogo Rodrigues em outras fontes) varia entre 280 e 300.

testos que foram enviados pelos indianos às autoridades civis de Goa e a tensão cresceu nas aldeias.

Houve tentativas de reconstrução de pagodes e de restauração dos cultos hindus e para tanto os habitantes de Salcete recorreram até mesmo ao rei D. Sebastião (através de petições enviadas para o Conselho Geral e a Mesa de Consciência), solicitando licença para fazer publicamente suas cerimônias como de costume.[130] Em 1579 o rei ordenou que fosse formada uma junta de teólogos para avaliar o pedido, presidida pelo arcebispo de Goa, D. Henrique de Távora, da qual os jesuítas não participaram. Ao final, os teólogos decidiram-se pela proibição dos cultos públicos, mas o vice-rei Luís de Ataíde permitiu que os gentios praticassem suas cerimônias nas terras do Norte (Damão, Baçaim e Chaul), decisão que desagradou fortemente as autoridades eclesiásticas de Goa.[131] Mas é bom ressaltar que a colaboração por parte da administração portuguesa no Estado da Índia variava de acordo com as preocupações dos governantes do momento. Tanto que já no início da década de 1580, o vice-rei D. Francisco Mascarenhas ordenou um ataque noturno à Salcete com o objetivo de destruir os pagodes da região.

Essa tensão resultou numa violenta reação por parte dos hindus da aldeia de Cuncolim, uma das mais ricas de Salcete por ter solos muito férteis, bem irrigados pelos rios da região, além de significativo artesanato, com destaque para o trabalho com metais. Na aldeia também existia um mercado permanente, importante ponto de rotas de caravanas que vinham do interior da península hindustani e traziam tecidos para comercializar no local. Toda essa atividade comercial também estava relacionada às festividades religiosas e à freqüência de cultos ao pagode local, sendo um importante fator de dinamização econômica, pois gerava-lhe muitas oferendas. As aldeias de Assolnã, Velim e Ambelim sofriam a in-

130 Francisco de Sousa. *O Oriente conquistado a Jesus Cristo pelos padres da Companhia de Jesus da Província de Goa.* Introd. e Rev. M. Lopes de Almeida. Porto: Lello & Irmão Editores, 1978, p. 926.

131 *Idem*, p. 926-934.

fluência do poderio de Cuncolim e costumavam aparecer juntas em solicitações e protestos feitos às autoridades portuguesas.[132]

No dia 25 de julho de 1583, um pequeno grupo de jesuítas - formado pelos padres Rodolfo Acquaviva, Alfonso Pacheco, Pedro Berno, Antônio Francisco e o irmão Francisco Aranha –, passou pelas terras da aldeia acompanhado de alguns cristãos da terra que serviam como guias e indicavam os lugares dos pagodes hindus na região. Tinham o objetivo de levantar uma cruz e escolher um terreno para a construção de uma igreja.[133]

Os habitantes da aldeia reuniram-se e decidiram emboscar os cristãos por entenderem que deviam proteger seu pagode. Armados com flechas, espadas e outras armas atacaram o grupo. Os jesuítas foram mortos, assim como doze cristãos que os acompanhavam. Em represália, as autoridades lusitanas ordenaram ataques aos revoltosos, confiscaram as terras das aldeias de Cuncolim, Assolnã, Velim e Ambelim e as distribuíram entre portugueses e a própria Companhia de Jesus.[134] Esse episódio ilustra bem as tensões que se desdobravam no processo de cristianização realizado em Salcete pelos jesuítas. Indica também que o choque cultural

---

132 Ver Teotônio R. de Souza. *Why Cuncolim martyrs?* An historical re-assesment. In: http://www.goacom.com/culture/history/cuncolim.html

133 Esse grupo é designado pela Igreja católica como os Mártires de Cuncolim. Rodolfo Acquaviva era sobrinho do quinto geral da Companhia de Jesus, Claudio Acquaviva, e teve importante participação nos contatos com o Grão-mogol; quando de sua morte era o superior da missão de Salcete. Alfonso Pacheco, Pedro Berno e Antônio Francisco tinham acompanhado ações anteriores de destruição de pagodes. O irmão Francisco Aranha era arquiteto e destacara-se por ter construído a igreja de Cortalim em apenas um ano. Ver A. X. D'Souza. Martyrs of Cuncolim. In: *New Advent Catholic Enciclopedia.* http://www.newadvent.org/cathen/04568a.htm. O relato detalhado do ataque é feito pelo provincial Alessandro Valignano em carta de Goa em 8 de dezembro de 1583 que encontra-se em José Wicki. *Documenta Indica.* Romae: Monumenta Historica Societatis Iesu, 1972. v. 12, p. 916-933.

134 R. P. Rao. *Portuguese rule in Goa (1510-1961).* London: Asia Publishing House, 1963, p. 45.

muitas vezes resultava em ações violentas da parte tanto de portugueses e religiosos, assim como dos hindus.

A partir do episódio de Cuncolim, o esforço de conversão feito pelos jesuítas em Salcete foi ainda maior do que havia sido desenvolvido até então, e proporcionou o crescimento da população de cristãos da terra, mesmo que se leve em conta a fuga de muitos habitantes da região. A legislação que discriminava os hindus e muçulmanos de uma série de instâncias da vida econômica e social de Goa e adjacências também colaborou muito para o aumento do número de convertidos e funcionou em associação com os trabalhos dos missionários.[135]

Portanto, apesar da constante afirmação da necessidade de fazer-se a conversão das comunidades indianas de Goa e adjacências sem o uso da força e com o esforço de estabelecer a comunicação direta através do domínio das línguas locais e de trabalhos assistenciais, muitos jesuítas associaram-se a ações repressivas das autoridades administrativas da Coroa portuguesa às práticas culturais locais. Isso serve como indicador da falta de homogeneidade de métodos desenvolvidos pelos membros da Companhia de Jesus.

5. Cristianização à moda da Índia: os jesuítas como mediadores culturais

João Paulo de Oliveira e Costa observou que as ações de evangelização dos jesuítas, fossem elas no Oriente, na América ou na África, não se desenvolviam de maneira uniforme. Onde a presença das autoridades régias portuguesas era marcante e inequívoca, o modelo de conversão tendia a ser

---

135 Caio Boschi. Ordens religiosas, clero secular e missionação em África e na Ásia. In: Francisco Bethencourt e Kirti Chaudhuri (dirs.). *Op. cit.* v. 3, p. 329. Segundo o autor, no século XVIII, em Salcete, para um universo de 100.000 cristãos havia apenas 3.000 hindus. Segundo Antônio Lourenço Farinha. *A expansão da fé no Oriente*... p. 131, um levantamento feito em 1722 acusava a maior população do domínio português na Índia para Salcete: 70.449 contra os da ilha de Goa e adjacentes, 62.087 e os de Bardez, 48.508.

"excessivamente ocidentalizador", mas nas regiões fora do domínio direto do Império português "foram ensaiadas numerosas abordagens inovadoras".[136]

Assim, como forma de se perceber e de se reafirmar que a Companhia de Jesus não se constituía no bloco monolítico que se dizia, ou que acreditava ser, há o exemplo dos métodos de conversão desenvolvidos pelos jesuítas Henrique Henriques e Roberto de Nobili, no Malabar, que não estava sob a jurisdição do Império português, ao contrário de Goa, Salcete e adjacências, estudadas anteriormente. Nessa região os jesuítas teriam que contar com a flexibilidade das autoridades locais hindus para que pudessem instalar missões e desenvolver a cristianização. Nesse espaço é possível identificar uma ação dos inacianos mais adequada ao papel de mediadores culturais proposto por Gruzinski.

Para tanto, deve-se iniciar a análise através da experiência pioneira do padre Henrique Henriques. Nascido em Vila Viçosa, Portugal, no ano de 1520, descendente de cristãos-novos,[137] primeiramente entrou na ordem dos capuchos, mas não lhe foi permitido nela professar porque as constituições dessa ordem proibiam a entrada dos "impuros de sangue". Após esse episódio, estudou Artes e Cânones na Universidade de Coimbra. Já como diácono resolveu repartir seus bens entre os pobres e a Companhia de Jesus e com isso conseguiu obter a admissão na ordem jesuítica, com a surpreendente concordância do provincial da Assistência de Portugal, Simão Rodrigues, que geralmente fazia restrições à entrada de cristãos-novos, apesar de não haver ainda nenhuma clara objeção do Geral Inácio de Loyola. Como padre coadjutor embarcou para a Índia

---

136 João Paulo de Oliveira e Costa. A diáspora missionária. In: João Francisco Marques e Antônio Camões Gouveia (coord.). *História religiosa de Portugal*: Humanismo e Reformas. Lisboa: Círculo de Leitores, 2000. v. 2, p. 279. O autor usa o conceito de acomodação cultural ao definir essas abordagens inovadoras.

137 Segundo Dauril Alden. *Op. cit*, p. 50 sua ascendência era tanto de judeus quanto de mouros convertidos ao cristianismo.

em 1546, juntamente com mais nove companheiros, o terceiro grupo de missionários jesuítas enviados de Portugal.[138]

De 1548 até sua morte em Tutocorim, no ano de 1600, Henriques trabalhou na missão da costa da Pescaria, com as populações que haviam sido convertidas ainda na década de 1530, onde praticou algumas formas de adaptação, com a aprovação dos superiores. A mais importante delas foi a reserva de certas igrejas para determinadas castas, respeitando a lógica da manutenção da pureza da sociedade hindu. É o próprio Henriques que explica ao Geral da Companhia essa prática em carta de 1561:

> temos feito três igrejas grandes, 2 para os paravás e uma aos careás, em que aos domingos todos venham à Igreja [...]. Os careás do lugar pequeno e os palevilís [...] têm também cada um sua igreja pequena, para ensinarem as orações aos meninos e maninas e aos domingos vêm os homens às igrejas principais. Aos sábados vêm as mulheres dos cristãos paravás e palevilís às duas igrejas principais. E as mulheres dos careás ordenamos que viessem à 5ª feira[...].[139]

---

138 Antônio Lourenço Farinha. *Vultos missionários da Índia Quinhentista*. Cucujães: Editorial Missões, 1955, p. 73-74. Quando Henrique Henriques entrou para a Companhia ainda não havia sido feita a redação final das Constituições da ordem que vieram a proibir a admissão dos descendentes dos judeus entre os jesuítas. Depois de promulgadas, Henriques solicitou ao papa dispensa de impedimento, mas em carta de 27 de janeiro de 1552, Loyola informou que quem já estava na Companhia que continuasse. Além disso, não criou nenhum impedimento para os três votos solenes aos cristãos-novos. *Cf.* José Wicki. *Documenta Indica*. Romae: Monumenta Historica Societatis Iesu, 1950. v. 2, p. 312. Dessa forma, Henriques pode fazer profissão em 1560. Mas é notável que, ao longo de 52 anos de trabalhos missionários na costa da Pescaria, nunca tenha subido na hierarquia da Companhia de Jesus no Oriente. Para conhecer as listas de jesuítas que foram para o Oriente ver Jerônimo P. A. da Câmara Manoel. *Missões jesuíticas no Oriente nos séculos XVI e XVII*. Lisboa: Imprensa Nacional, 1894.

139 José Wicki. *Documenta Indica*... v. 5, p. 380. Carta de 19 de dezembro de 1561 ao Geral Lainez e aos companheiros do colégio de Coimbra.

Pela descrição feita, pode-se perceber que o jesuíta já tinha perfeita compreensão das diferenças entre os grupos e da necessidade da separação, mesmo em populações já cristianizadas, o que reforça a idéia de que quando as conversões eram feitas em massa, a lógica cultural e as forças de coesão da sociedade de castas sobreviviam.

Outra prática estabelecida por Henriques foi a suspensão do uso da saliva na administração do batismo, considerada repulsiva na cultura indiana, demonstrando mais uma vez o sentido pragmático da ação dos jesuítas e a capacidade de adaptação de códigos do cristianismo em respeito das características culturais hindus.

Mas a maior contribuição de Henrique Henriques está no domínio da língua tâmil, além do malaiala e do telugu. Produziu dois catecismos, uma vida de santos, um manual de confissão e outras obras religiosas, além da primeira gramática de tâmil. Ines Županov considera que o esforço de aprendizado, tradução e produção de textos que foram publicados por parte de Henriques foi a forma por ele encontrada de direcionar a sua energia apostólica no plano da lingüística, por ser o "menos político de todos, era o único campo óbvio em que podia exercer seus talentos", pois sua condição de descendente de cristãos-novos seria sempre um impedimento para outras aspirações.[140]

O próprio Francisco Xavier ordenou que Henriques aprendesse o tâmil. A princípio ele enfrentou grandes dificuldades, mas ao fim de pouco tempo conseguiu produzir um manual básico para a aprendizagem. No entanto, à medida que aprofundava seu conhecimento, verificou que existiam muitos problemas a enfrentar: "havia uma língua que era usada pelos 'sábios' e outra pelo povo comum; que o tâmul escrito e o tâmul

140 Ines Županov. Do sinal da cruz à confissão em Tâmul: gramáticas, catecismos e manuais de confissão missionários na Índia Meridional (séculos XVI-XVII). In: Antônio Manuel Hespanha. *Os construtores do Oriente português*. Porto: Comissão Nacional para as Comemorações dos Descobrimentos Portugueses, 1998, p. 160.

falado não coincidiam [...]; e evidentemente, que havia diferenças regionais e de casta".[141] Outra grande dificuldade era a pronúncia da língua.

Dominar a língua da região serviu para dois modos de ação: formar missionários capazes de estabelecer comunicação direta com os cristãos da terra, principalmente para atender o sacramento da confissão sem o uso de intérpretes, e divulgar a doutrina através de catecismos e outros manuais. O dedicado trabalho de Henriques possibilitou a consolidação de pontes para o trabalho de evangelização, numa clara atuação de mediação cultural. O esforço de aprendizagem da língua foi tão bem sucedido que na costa da Pescaria em finais do século XVI não se falava português na missão, o que era uma norma estabelecida pelo próprio Henrique Henriques.[142]

Outro nome de destaque na inovação de métodos de conversão na Índia foi o de Roberto Nobili. Nascido em Roma no ano de 1577, de uma família nobre de Montepulciano, na Toscana, foi noviço da Companhia de Jesus em Nápoles em 1596. Solicitou aos superiores fazer missão no Oriente, saindo de Lisboa para Índia em 1604, chegando a Goa em 1605. Esteve brevemente em Cochim e na costa da Pescaria.

Ao contrário de Francisco Xavier, Nobili identificou na casta brâmane a chave das conversões na Índia, avaliando que se fosse possível cristianizar esse grupo, as outras castas, historicamente submetidas aos brâmanes, os acompanhariam, criando um efeito multiplicador do número de convertidos.

Com a autorização dos superiores eclesiásticos, Nobili apresentou-se na região de Maduré, na costa Malabar, em 1606, como um nobre romano que não tinha nenhum vínculo com os outros missionários e com os portugueses e que "rejeitara todos os prazeres e confortos do

141 *Idem*, p. 161.

142 *Idem*, p. 161. O uso das línguas locais pelos jesuítas parece ter se tornado um padrão assim como as críticas a essa prática por parte dos colonos em geral. Pode-se inclusive comparar com a questão da "língua geral" utilizada pelos jesuítas na evangelização dos indígenas e que fomentou duras críticas dos colonos no Estado do Brasil e no Estado do Maranhão e Grão-Pará.

mundo".[143] Adotou a vestimenta amarela dos *saniassas*, ou seja, assumiu a postura dos brâmanes que viviam o último estágio de sua vida, a completa renúncia. Declarou que seu objetivo era estudar a literatura, as línguas sânscrita e telugu, além da malaiala. Em troca oferecia aos brâmanes da região revelar as verdades do cristianismo. Deixou de comer carne, dedicou-se apenas a rezar e a estudar. Dificultava os encontros com os brâmanes, para dar a impressão de sua importância.

Por outro lado, o padre Gonçalo Fernandes – que conseguira permissão do Naique (denominação do título de rei local) de Maduré para viver e missionar na região desde 1595 e ao longo desses anos de trabalhos obtivera poucos resultados –, por ser muito conhecido, atendia a outras castas mais baixas.[144] Ele conta como fazia para comunicar-se com Nobili:

> nem eu, nem meus moços, nem portugueses, nem cristãos vão a sua igreja, nem casa, e se é necessário ir algum moço a sua casa há de ser de noite, e quando o Padre para nos confessarmos há de vir a esta casa, há de ser em tempo de escuro, e muito de noite, de modo que se não saiba quem é ele a esta casa para nos confessarmos: porque nos trajes em que ele anda não é conhecido e eu se for logo me conhecerão. Quanto aos seus

143 Carta de Nobili para o papa Paulo V, por volta de 1620 *Apud* Dauril Alden. *Op. cit*, p. 151.

144 O padre Gonçalo Fernandes nasceu em Lisboa, em 1541. No ano de 1561 entrou na Companhia de Jesus como noviço, após ter participado da armada de D. Constantino de Bragança. Recebeu a aprovação do padre Henrique Henriques, que o recomendou em carta ao Geral Laínez. Em 1583 foi sacerdote e procurador da missão da costa da Pescaria. Em 1588 foi admitido como coadjutor. Em 1595 construiu igreja em Maduré com aprovação do Naique. Depois de voltar à costa da Pescaria em 1596, retornou ao Maduré e em 1599 além da igreja, já tinha edificado uma escola e um hospício para enfermos. Em 1618, foi para o colégio de Cochim. Em 1621 pediu ao Provincial para retornar à costa da Pescaria para que fosse enterrado aos pés do padre Henrique Henriques. Morreu no dia 6 de abril de 1621. José Wicki. *Tratado do Padre Gonçalo Fernandes Trancoso sobre o hinduísmo* (Maduré, 1616). Lisboa: Centro de Estudos Históricos Ultramarinos, 1973, p. XI-XVII.

> cristãos não hão de vir ouvir missa a esta Igreja nem prática, posto que por alguma ocasião aconteça não estar o padre para dizer Missa ao domingo ou santo.[145]

Pode-se perceber nesse relato a preocupação de Nobili em desvincular-se de qualquer conexão com elementos que pudessem quebrar a lógica da pureza de sua condição aos olhos dos brâmanes. Com tudo isso, Nobili gradativamente conseguiu promover a conversão de alguns brâmanes por volta de 1608. Procurava sempre respeitar os costumes indianos que não considerasse superstição. Dessa forma, não reprimia o uso da linha bramânica (tríplice cordão de algodão que os brâmanes traziam a tiracolo da esquerda para direita), do *kudumi* (tufo na cabeça), o uso do sândalo nas fricções corporais, dos banhos rituais, a continuação de sinais na testa que faziam as distinções das castas, entre outros costumes. É importante notar que a postura de Nobili não feria dois conceitos básicos da formação dos jesuítas – "adaptação de normas e tolerância das violações que não fossem extremamente ofensivas"[146] – que caracterizavam o pragmatismo tão peculiar à ordem inaciana.

Fernão Guerreiro relata a experiência de Nobili em livro publicado em 1609:

> o padre Roberto Nobili, italiano de nação e sobrinho do ilustríssimo Cardeal Sforza [...] começando a aprender a língua e os costumes da terra e considerando que o maior impedimento que havia para a conversão era o baixo conceito que os Badagás tinham dos portugueses e de nossa lei [...] determinou de os levar por seu humor.[147]

---

145 Carta para o padre visitador de Maduré, de 7 de maio de 1610 *Apud* Maria de Deus Beites Manso. *Op. cit*, p. 251-252.

146 José Eisenberg. *Op. cit*, p. 45.

147 Fernão Guerreiro. *Relaçam annual que fezeram os padres da Companhia de Jesus nas partes da Índia Oriental & em algumas outras partes da conquista deste reyno no ano de 606 & 607 & do processo de conversão da christandade daquelas partes*, Lisboa: Pedro Crasbeeck, 1609, p. 112.

Guerreiro informa ainda que Nobili agiu inspirado pelo sucesso da missão na China do italiano Ricci, que já obtivera bons resultados, a partir do uso, por parte dos padres jesuítas, do hábito usado pelos letrados chineses, pois passaram a ser respeitados como os sábios locais.[148] O autor afirma que a repercussão da apresentação de Nobili foi grande e que até o Naique de Maduré queria que fosse conhecê-lo:

> ao que respondeu um dos seus grandes que o padre era tão casto que só por não ver mulheres nem saía de casa: a qual virtude tanto eles mais veneram, quanto menos a guardam pela dificuldade que nisso experimentam. É verdade que o padre com haver mais de um ano que residia naquela cidade nunca jamais sai de casa, nem fala a todos a todo tempo: respondendo às vezes que está em contemplação, porque aquela gente se rege tanto pelo exemplo do que ensina, conforme ao conceito que deste fazem, assim estimam a doutrina. E foi Nosso Senhor servido que não saísse debalde todo este santo estratagema, ou artifício de que o padre usou, porque daqui teve princípio a conversão dos infiéis que nesta terra se vai começando com tanta glória de Nosso Senhor.[149]

Apesar do entusiasmo pelo método, que fica evidente no texto de Fernão Guerreiro, não havia unanimidade de opinião sobre as práticas de Nobili, que causavam polêmica dentro da própria Companhia de Jesus, e que eram por alguns classificadas como excêntricas. O primeiro a fazer

---

148 A missão na China do padre Matteo Ricci começou em 1582 quando de sua chegada a Macau. Até sua morte em 1610, este jesuíta desenvolveu um método denominado oficialmente de *accommodatio* que utilizava os elementos culturais locais e exteriores, tais como vestimentas e hábitos cotidianos, como forma de aproximação para desenvolver o trabalho de evangelização. Ver Jonathan D. Spence. *O palácio da memória de Matteo Ricci (a história de uma viagem: da Europa da Contra-Reforma à China da dinastia Ming)*. Trad. Denise Bottmann. São Paulo: Companhia das Letras, 1986.

149 *Idem*, p. 112-113.

sérias reservas aos procedimentos de Nobili foi o seu próprio companheiro de missão, padre Gonçalo Fernandes. Ele informa que:

> [...] pareceu convir aos que se convertiam e eram convertidos porem na testa sândalo em certa forma como os gentios o põem, que eles gentios o fazem por galantaria [...] depois vejo o padre a usar do sândalo da mesma forma, mas assim o sândalo que o Padre põe, como o que põem os cristãos benze o Padre ao Domingo antes de começar a missa e se reparte, porque nem o Padre diz missa, nem os cristãos a ouvem sem se lavarem e porem o sândalo.[150]

Fernandes mostrou-se temeroso em relação ao método porque considerava que parecia-se mais com uma outra seita do que com evangelização, mencionando ter ouvido que nem o nome de Jesus era mencionado nas conversas com os brâmanes; por outro lado, havia o constante perigo de se descobrir a verdadeira identidade de Nobili[151] Por fim, justificava-se pela iniciativa de informar ao visitador da Companhia de Jesus, Nicolau Pimenta, porque "havendo coisa que tenha necessidade de conserto, seja antes consertado pela Companhia que por outrem".[152]

Mesmo que se possa dizer que o padre Fernandes opunha-se aos métodos de Nobili, suas críticas possuíam elementos que denunciavam os perigos da ação desenvolvida pelo italiano e, a comprovar suas reservas, os problemas começaram a acontecer, depois do sucesso inicial.

Um paravá cristão teria contado a outros convertidos que o padre Nobili era um *parangi* – designação local para portugueses – e que sendo assim, ao terem sido batizados por ele tinham perdido sua casta. Essa informação espalhou-se e trouxe tensão à região. Nobili então escreveu uma declaração em tâmil numa ola (folha de palmeira) e fixou-a numa árvore em frente a sua casa, declarando que não era um *parangi*, mas sim um

150 Carta para o padre visitador de Maduré, de 7 de maio de 1610. *Apud* Maria de Deus Beites Manso. *Op. cit*, p. 250.

151 *Idem*, p. 253.

152 *Idem*, p. 254.

homem vindo de Roma, de família muito nobre e que pregava a lei do verdadeiro Deus.[153] Isso serviu para aplacar a situação na região de Maduré.

No entanto, os problemas estavam apenas começando. A partir da carta do padre Fernandes, datada de 1610, o visitador Pimenta iniciou uma série de ataques a Nobili. Primeiro fez uma condenação do método e enviou uma consulta a Cochim, sede da Província do Malabar - os limites geográficos dessa província compreendiam as regiões da costa do Malabar à costa do Coromandel, ou seja, o sul da península hindustani, incluindo as cidades de Cochim, Travancore, São Tomé de Meliapor e Maduré; observe-se que a maior parte desse território não se encontrava sob o domínio direto dos portugueses à qual estava submetida a missão de Maduré –, solicitando a suspensão dos procedimentos de Nobili na região. Mas de lá não obteve apoio. Então, convocou dois teólogos em Goa que, após analisarem a questão, condenaram como supersticiosas, escandalosas e ilícitas as tentativas de aproximação desenvolvidas por Nobili no Malabar.

Por outro lado, o jesuíta italiano também recebia apoio entre seus colegas inacianos, e seus maiores aliados eram um companheiro da missão de Maduré, o padre Antônio Vico e o arcebispo de Cranganor, o jesuíta Francisco Roz. Diante das acusações, Nobili escreveu um texto conhecido como "Primeira Apologia", ou simplesmente, "Resposta do Padre Roberto Nobili às censuras de Goa".[154] O documento foi escrito com a urgência que a situação exigia e ilustra a alta formação intelectual do missionário italiano, que não tinha disponível textos teológicos, forçado a elaborar seus argumentos com o auxílio da memória de suas antigas leituras. O jesuíta defendia-se das acusações alegando que esses costu-

153 Augusto Truzzi. P. Roberto de Nobili e la sua apologia. In: Enrico Fasana e Giuseppe Sorge. *Civiltà indiana ed impatto europeo nei secoli XVI-XVIII*: l'apporto dei viaggiatori e missionari italiani. Milano: Jaca Book, 1988, p. 104.

154 O texto completo encontra-se na Biblioteca da Ajuda. *Resposta do Padre Roberto Nobili às censuras de Goa*. Jesuítas na Ásia. Códice 49-V-7. fls. 334-345 v. Esse texto datado de 1611 foi enviado a autoridades eclesiásticas em Goa, Lisboa e Roma.

mes locais – o uso da linha bramânica, os banhos rituais, as vestimentas, entre outros – tinham significado social, eram sinais exteriores e não de superstição, portanto poderiam e deveriam ser tolerados. Antônio Vico e Francisco Roz também fizeram considerações escritas sobre os métodos praticados em Maduré, além dos três terem participado de debates sobre a questão tanto em Cochim como em Goa.

A discussão acabou por extrapolar os limites da ordem jesuítica e começou a envolver outras autoridades eclesiásticas do Oriente. O bispo de Cochim, D. André de Santa Maria opunha-se de forma veemente ao método de Nobili. Por sua vez, o arcebispo de Goa, D. Aleixo de Menezes tinha simpatia pelos argumentos do jesuíta italiano. No entanto, a partir de 1611, o seu sucessor D. Cristovão de Sá não manteve a mesma posição, polarizando ainda mais o debate. Em 1613, o provincial da Companhia de Jesus, Pero Francisco, chegou a ordenar que Nobili e Vico não fizessem mais batismos na região.

O problema finalmente chegou a Roma. A princípio, os métodos de Nobili causaram escândalo, mas logo outras interpretações dos acontecimentos foram apresentadas e o debate também lá se estabeleceu. Em 1615, o Geral da Companhia de Jesus, Claudio Aquaviva, deu sua aprovação a Roberto Nobili. No ano seguinte, no breve *Cum sicut fraternitas* o papa Paulo V demonstrou consideração ao método de Nobili e recomendou um exame mais cuidadoso da questão. Em 1618, outro breve do mesmo papa ordenou que o arcebispo e os inquisidores de Goa organizassem uma junta para analisar as práticas de Nobili.[155]

As considerações dessa junta foram remetidas ao Inquisidor Geral em Lisboa, D. Fernão Martins de Mascarenhas, para dar uma sentença, que por sua vez a enviou a Roma, onde a questão foi examinada por três teólogos que deram razão a Nobili. Baseado em todas essas considerações o papa Gregório XV, na bula *Romanae sedis antiste*, de 1623, permitiu a continuidade dos trabalhos do jesuíta italiano, fazendo algumas

---

155 A participação da Inquisição de Goa nas discussões sobre os ritos malabares está estudada no capítulo IV deste trabalho.

recomendações para que a superstição e o escândalo fossem sempre evitados. Além disso, aprovou a separação das castas, mas recomendou que nada fosse feito em prejuízo dos mais pobres e humildes.[156]

Nobili continuou seus trabalhos missionários na região, por vezes enfrentando tensões locais. De 1639 a 1641, por exemplo, permaneceu preso por ordem do Naique de Maduré. Posteriormente, alguns outros jesuítas reproduziram os métodos do italiano na região, com variações: os padres Baltazar da Costa, Leonardo Cinnani, João de Brito são os melhores exemplos.[157] Já muito doente, quase cego, e apesar de ter expressado o desejo de morrer em Maduré, Nobili foi mandado para Meliapor, onde veio a falecer em 1656.[158] O legado de seu esforço missionário na região se pode resumir em cerca de quatro mil cento e oitenta e três conversões num período de trinta e nove anos de trabalhos.[159] Além disso, Nobili também foi responsável pela tradução de muitas orações para o sânscrito e escreveu nessa língua uma doutrina cristã e uma vida de Nossa Senhora. Em tâmil escreveu um catecismo em quatro volumes, um tratado sobre a vida eterna, uma negação à transmigração da religião gentílica, entre obras, muitas das quais traduziu para o telugu. Ou seja,

---

156 Apesar dessa decisão do papa, a questão não foi definitivamente superada. O maior problema foi a reação de outras ordens rivais que, no final do século XVII, acabaram denunciando os jesuítas de permitirem a prática de "usos gentílicos", que ficou conhecida como a *querela dos ritos malabares*, sempre associada à questão dos ritos chineses. A polêmica continuou e só teve fim no século XVIII quando Bento XIV, em 1742 publicou a bula *Ex quo singulari* onde condenou os ritos chineses como supersticiosos e em 1744, publicou a bula *Omnium sollicitudinum*, que resolve o mesmo sobre os ritos malabares.

157 O destaque maior é João de Brito, que ao tentar penetrar no Maravá acabou preso e foi degolado em 1693 a mando das autoridades hindus e por isso foi canonizado em 1947. Ver João Paulo A. de Oliveira e Costa. *A missão de João de Brito*. Lisboa: Secretariado Nacional das Comemorações dos 5 séculos, 1992.

158 Augusto Truzzi. *Op. cit*, p. 106.

159 William V. Bangert. *Op. cit*, p. 290. Já Dauril Alden. *Op. cit*, p. 152 dá o número de 30.000 conversões atribuídas a Nobili.

seguiu a mesma linha de estudo das línguas locais indicada anteriormente pelos trabalhos de Francisco Xavier e Henrique Henriques.[160]

Deve-se destacar a engenhosidade do método desenvolvido por Nobili, ou adaptado por ele a partir da experiência de Ricci na China. Sua proposta de missionação compreendia a necessidade de se entrar na lógica religiosa dos hindus, uma vez que os laços entre a estruturação da sociedade e o hinduísmo são tão imbricados. Utilizar os símbolos como fórmulas poderosas da existência dos homens – para o caso hindu uma série de características culturais, tais como a vestimenta, a alimentação, o isolamento –, reconhecidos como de valor, para angariar primeiro a atenção e depois introduzir outros conceitos religiosos era um caminho alternativo, habilidoso por manipular os elementos culturais existentes e, por isso mesmo, do ponto de vista da ortodoxia, perigoso.[161]

Significou também uma clara construção de pontes e vínculos entre as culturas indiana e européia, constituindo-se no exemplo mais completo de mediação cultural desenvolvida por jesuítas na Índia.

Outra interessante maneira de confronto com a realidade multiforme que se apresentava diante dos jesuítas era tentar melhor compreendê-la. Conhecer melhor aquelas culturas com as quais entravam em contato também era uma variação de mediação cultural, segundo Rebollo.[162] É no início do século XVII que se localiza um significativo número de registros etnográficos elaborados por inacianos, com destaque para *Historia do Malavar*, do padre Diogo Gonçalves (1615) e *Tratado sobre o hinduísmo*, do padre Gonçalo Fernandes (1616).

160 A biografia do religioso encontra-se em J. Castets. Roberto de Nobili. In: *New Advent Catholic Encyclopedia*. www.newadvent.ogr/cathen/11086a.htm.

161 Utiliza-se aqui a definição de religião de Clifford Geertz. *A interpretação das culturas*. Rio de Janeiro: Guanabara-Koogan, 1989, p. 104-105: "um sistema de símbolos que atua para estabelecer poderosas, penetrantes e duradouras disposições e motivações nos homens através da formulação de conceitos de uma ordem de existência geral e vestindo essas concepções com tal aura de fatualidade que as disposições e motivações parecem singularmente realistas".

162 Beatriz Moncó Rebollo. *Op. cit*, p. 344.

O primeiro, além de fazer um histórico sobre os reis do Malabar, produz uma detalhada descrição dos costumes dos hindus daquela localidade. É claro que existem muitos juízos de valor mas, de uma maneira geral, consegue apresentar uma razoável caracterização daquela cultura. Por exemplo, pode-se citar a questão da prática de se queimar as viúvas com a morte dos maridos, o *sati*. O padre Diogo Gonçalves teve o cuidado de informar que essa não era uma prática comum na costa do Malabar, e sim entre os badagás e que:

> nasce-lhe esta barbaria de outra, que é terem muitas mulheres, tantas quanto possam sustentar, tendo por maior grandeza e soberania quanto mais tem [...]. O costume pois é que tanto que morre o marido, as mulheres ou seja uma ou muitas, sem mostrar sentimento, se há de lavar e vestir pano novo e untar-se, andar brincando e folgando. Entretanto os parentes fazem uma cova, conforme a gente há de morrer, em que põem muita lenha, e põem fogo, onde primeiro lançam o corpo do marido. [...] Chega a mulher ou mulheres que se hão de lançar no fogo, e se tem algum receio os mesmos parentes a lançam e botam todos lenha e azeite para se acabar de consumir depressa. A isto chamam *ticurî*.[163]

Já o *Tratado sobre o hinduísmo* foi escrito por Gonçalo Fernandes no contexto das discussões sobre os métodos de missionação do padre Nobili na região do Maduré e por ordem do provincial Pero Francisco, que era forte opositor do jesuíta italiano.[164] Apesar de ser um instrumen-

163 Diogo Gonçalves. Historia do Malavar. Ed. Josef Wicki. Münster: Aschendorffsche Verlangsbuch Handlung, 1955.

164 O texto do *Tratado do Padre Gonçalo Fernandes Trancoso sobre o hinduísmo (Maduré, 1616)*. Lisboa: Centro de Estudos Históricos Ultramarinos, 1973, foi localizado por José Wicki no Arquivo Romano da Companhia de Jesus. Wicki considera que o documento nem chegou a sofrer exame, pois quando o Tratado chegou a Roma, as condições políticas já haviam mudado e havia apoio à causa de Nobili, p. XIII.

to político, o trabalho tem uma proposição mais erudita que a de Diogo Gonçalves, uma vez que Fernandes afirmou ter lido os textos sagrados hindus, a partir de uma tradução do sânscrito para o tâmil. Visava sistematizar informações sobre a religião dos hindus, mas a ênfase é claramente a descrição dos usos e costumes dos brâmanes para condenar os ritos que estes praticavam e que eram defendidos por Nobili.

Logo de início procurou esclarecer a função dos brâmanes na sociedade hindu. O jesuíta discutiu a alegação que se fazia entre os europeus de que os brâmanes não eram sacerdotes e sim gente baixa e plebéia, afirmando que:

> quanto a dizer que não são sacerdotes porque não são guardas dos templos, como se fosse coisa essencial ao sacerdote vigiar os templos: que nas sés catedrais há porteiros que juntamente as vigiam, e em nossas igrejas ao sacristão incumbe vigiar a igreja. O segundo, dizer que os que fazem ofício de sacerdotes nos templos serem como plebeus, e por isso não se comer com eles nem conversarem como com outros brâmanes, também parece que não tem alguma razão, pois da mesma maneira se não conversa nem come com os brâmanes, cantores ou bailadores, nem com os que conversam com sudras, nem os que são devassos com mulheres, nem ainda com os que conversam com os que vendem carne [...].[165]

O autor faz uma cuidadosa descrição das práticas religiosas e culturais dos brâmanes, mas não se exime de expressar muitos juízos de valor, classificando-os como gente que só fazia coisas para o seu interesse, e designando como "diabólica religião" seus cultos, cerimônias e ritos. Apesar da demonstração de conhecimento da cultura local, Fernandes não é um adepto dos métodos de aproximação empregados por Nobili, e visivelmente tem a preocupação de condenar os brâmanes.

---

165 Gonçalo Fernandes. *Tratado sobre o hinduísmo*. Ed. José Wicki. Lisboa: Centro de Estudos Históricos Ultramarinos, 1973, p. 300.

Há ainda um outro tipo de produção bibliográfica incentivada pela Companhia de Jesus que foi o de se fazer a história dos jesuítas no Oriente como forma de propaganda, muito semelhante ao que era feito com as cartas ânuas, um esforço promovido ainda no final do século XVI, mas que deu seus melhores frutos também no início do século XVII. Além disso, os inacianos também eram poderosos veiculadores das observações sobre as culturas com as quais entravam em contato.

A obra de maior destaque é a de Alessandro Valignano, *História del princípio y progresso de la Compañia de Jesús en las Índias Orientales (1542-1564)*. O livro está dividido em duas partes, a primeira escrita em espanhol e a segunda em português, e foi terminado por volta de 1605.[166] Alessandro Valignano pertencia a uma nobre família napolitana e entrou para a Companhia de Jesus aos vinte sete anos em 1556. Como visitador da Província da Índia (1574-1595) e depois Provincial de Goa (1583-1587), foi o responsável por uma série de deliberações e sistematizações da estrutura administrativa da ordem, tendo contribuído também para a consolidação das missões no Japão e na China. Foi um superior que trouxe uma série de tensões também, em contrapartida, pois muitos das suas decisões sofreram duras críticas.[167]

Em 1574 Valignano recebeu a incumbência do Geral Mercuriano de fazer um relato das coisas dignas de nota sobre a obra jesuítica na Índia. Para tanto, Valignano, com seu poder de Visitador, convocou todos os jesuítas do Oriente a lhe enviar cópias ou resumos dos trabalhos que cada um desenvolvia, além dos registros de memória sobre a obra de Francisco Xavier. Reuniu ainda os registros feitos pelos padres da Companhia nas suas cartas para consolidar a narrativa do livro. Praticamente toda a primeira parte é dedicada à figura de Francisco

---

166 Alessandro Valignano. *História del princípio y progresso de la Compañia de Jesús en las Índias Orientales (1542-1564)*. Ed. Josef Wicki. Roma: *Institutum Historicum S. I.*, 1944.

167 Charles R. Boxer. *The christian century in Japan*: 1549-1650. Los Angeles/London: University of California Press/Cambridge University Press, 1951. p. 72.

Xavier, com algumas características de hagiografia – tais como recorrentes transcrições de predições, premonições, curas, a preservação do corpo após a morte, entre outros elementos –, com objetivo de sustentar sua santificação, que estava em processo na cidade de Roma.[168]

O relato procurava também mostrar as diversidades de culturas asiáticas, assim como o papel desempenhado pelos portugueses. Há considerações até mesmo sobre a soberania do rei de Portugal no Oriente, como pode ser visto na seguinte passagem: "o rei de Portugal [...] é absoluto senhor deste mar da Índia".[169] É notável sua percepção contemporânea de que o domínio português restringia-se ao mar e não à terra. Valignano fez ainda uma detalhada transcrição de usos e costumes de chineses e de japoneses, chamando os últimos de "gente branca", considerando-os melhores do que os outros povos do Oriente, opinião compartilhada com a do próprio Francisco Xavier.[170]

Outro exemplo desse tipo de produção desenvolvida pelos inacianos é a obra de Sebastião Gonçalves, *História dos religiosos da Companhia de Jesus e do que fizeram com a divina graça na conversão dos infiéis à nossa Santa Fé Católica nos reinos e províncias da Índia Oriental*.[171] A obra foi enco-

---

168 Houve uma série de intensas negociações para a canonização de Francisco Xavier e outros jesuítas que atuaram em outras regiões além da Ásia. Ver Dauril Alden. *Op. cit*, p. 641.

169 Alessandro Valignano. *Op. cit*, p. 40.

170 *Idem*, p. 126. No entanto, havia outras opiniões entre os jesuítas: o padre Nicolau Lanciloto, por exemplo, referindo-se aos indianos, considerava que "a gente desta terra não é menos aguda do que é a nossa, nem é menos capaz de ciência e doutrina do que nós outros somos; e por isso é certo que se aplicassem os meios humanos devidamente, se faria nestas partes grandíssima cristandade". Em carta para Inácio de Loyola de Coulão, datada de 29 de outubro de 1552. In: José Wicki. *Documenta Indica*. Romae: Monumenta Historica Societatis Iesu, 1950. v. 2, p. 380-381.

171 Biblioteca Nacional de Lisboa. Reservados. Microfilme. F4869. Sebastião Gonçalves. *História dos religiosos da Companhia de Jesus e do que fizeram com a divina graça na conversão dos infiéis à nossa Santa Fé Católica nos reinos e províncias da Índia Oriental*, composta pelo padre Sebastião Gonçalves, religiosos

mendada a Sebastião Gonçalves pelo Provincial Manuel da Veiga em 1604 e foi escrita na própria cidade de Goa. Somente em 1614 ela foi terminada.[172]

O autor indica as fontes por ele utilizadas: as memórias antigas e modernas, cartas dos companheiros - com destaque para as de Henrique Henriques, Francisco Peres e Manuel Teixeira -; relatos de testemunhas ainda vivas, a quem ele podia perguntar sobre coisas de tempos anteriores e até mesmo "histórias profanas, tomando delas o que a nosso propósito vinha".[173] Refere-se ainda a outras obras de história da Companhia de Jesus no Oriente feitas por outros jesuítas, tais como o próprio Valignano, além de Giovanni Pietro Maffei e João de Lucena, que escreveram livros sobre as coisas da Índia, com ênfase na descrição da vida de Francisco Xavier.[174]

No momento em que Sebastião Gonçalves escrevia, Francisco Xavier já era beato e o seu processo de canonização estava em curso. Portanto, também este autor dedica uma parte significativa do livro para narrar a vida de Xavier e sua obra no Oriente. No entanto, fez também uma rica descrição da ação dos jesuítas em Goa, especialmente em Salcete, e na costa da Pescaria. Há ainda uma descrição dos usos e costumes dos indianos da região, inclusive com detalhada narrativa sobre os deuses hindus, com forte veiculação de juízos de valor, como pode ser visto, por exemplo, no início do capítulo oito, intitulado "Contra a sobeja multidão dos deuses indianos e demais gentilidades". Lá Gonçalves diz, em clara condenação da religiosidade local: "já que escrevemos da falsa genealogia dos deuses indianos, será bem que digamos quão supérflua

---

da mesma Companhia. Português natural de Ponte Lima, 1614. Trata-se de um livro manuscrito com 428 meias folhas escritas.

172 *Idem*. fl. III v.

173 *Idem*. fl. III - III v.

174 Giovanni Pietro Maffei. *Le Historie delle Indie Orientali*. Venetia: appresso Damiano Zenaro, 1589 e João de Lucena. *História da vida do padre Francisco de Xavier: e do que fizeram na India os mais religiosos da Companhia de Jesus*. Lisboa: Pedro Crasbeek, 1600. As duas obras têm várias edições e podem ser encontradas na Biblioteca Nacional de Lisboa.

seja a desnecessária multidão dos deuses gentílicos".[175] Por outro lado, faz a apologia da ação missionária dos jesuítas, com grande destaque para o sucesso da cristianização de Salcete.

Por tudo exposto até aqui, pode-se afirmar que os procedimentos da Companhia de Jesus em relação ao processo de cristianização colocada em prática no Oriente sofreram variações ao longo do tempo e das regiões em que foram desenvolvidos e ainda provocaram algumas dissensões dentro da ordem. Geralmente esses conflitos são atribuídos às diferentes nacionalidades dos jesuítas, especialmente a rivalidades entre portugueses, espanhóis e italianos. Na verdade essas rusgas podem ser detectadas na vasta correspondência da Companhia de Jesus, queixas e críticas de jesuítas portugueses aos italianos, principalmente no período da administração de Valignano, o que comprova a existência desses atritos.[176] No entanto, não se deve atribuir apenas as diferenças de atuações de missionação ao país de origem de cada inaciano. Muitos jesuítas portugueses tentaram modelos de aproximação com as culturas locais. Henrique Henriques é um exemplo, assim como João de Brito, entre diversos outros. Com certeza havia diferenças na formação de jesuítas em Portugal e na Itália, em função das próprias especificidades culturais desses países, e disso derivavam diferenças de abordagens de situações e problemas. Parece ser mais proveitoso entender que a existência de métodos diferenciados de trabalhos de cristianização desenvolveu-se em função do maior ou menor apoio da Coroa portuguesa, ou onde havia um significativo aparato administrativo lusitano, que trabalhava em associação com os objetivos missionários e fazia prescindir de estratégias engenhosas de mediação cultural.[177]

---

175 Biblioteca Nacional de Lisboa. Reservados. Microfilme. F4869. Sebastião Gonçalves. *História dos religiosos da Companhia de Jesus...* fl.332.

176 Maria de Deus Beites Manso. *Op. cit.* p. 206. Para a autora os missionários italianos mostram sempre preocupação em relação aos programas e aos métodos a seguir, p. 86-87.

177 *Cf.* João Paulo de Oliveira e Costa. *Op. cit*, p. 279.

Ainda assim, não se pode esquecer que também existiram atritos entre as autoridades eclesiásticas e civis. Nem sempre os governadores e vice-reis agiam conforme os interesses da missionação e houve muitos casos de divergências, o que ao fim fragilizava o estabelecimento da cristandade no Oriente.

Conflitos dessa natureza só acentuaram o gigantesco isolamento no qual a cristandade que se instalara em Goa, sob o incentivo da expansão portuguesa, estava confinada. A sensação de que os inimigos estavam em muitos lugares, e cada vez mais próximos, alimentava a insegurança que servia de combustível para o aumento da violência de inspiração religiosa.

III. O Santo Ofício Goês: a luta pela pureza da fé

"Sendo assim que sem ele [o Santo Ofício] se não poderá conservar [a cristandade] em partes tão distantes e rodeados de tantos e tão diversos inimigos de nossa Santa Fé"
Carta da Mesa do Conselho Geral do Santo Ofício (1631)

1. Tempo de Inquisição

O conceito chave para entender-se a Inquisição é o de *heresia*. Segundo Anita Novinsky "a palavra herege origina-se do grego *hairesis* e do latim *haeresis* e significa doutrina contrária ao que foi definido pela Igreja em matéria de fé. Em grego, *hairetikis* significa «o que escolhe»"[1] Citando o teólogo M. D. Chenu, a autora complementa: "herege é «o que escolheu», o que isolou de uma verdade global uma verdade parcial, e em seguida se obstinou na escolha".[2] Um ato de escolha puramente humano em termos religiosos é interpretado, do ponto de vista teológico, como opção pelo erro, uma vez que a vontade do homem é corrupta e não pode ser superior à vontade de Deus, segundo São Jerônimo e Santo

1 Anita Novinsky. *A inquisição*. São Paulo: Brasiliense, 1996, p. 10.

2 *Idem*, p. 11.

Agostinho, entre outros.[3] Já São Tomás de Aquino define heresia como "uma espécie de infidelidade dos homens que ao professar a fé em Cristo, corrompe os seus dogmas".[4]

Heresia não deve ser confundida com apostasia,[5] pois "o herege não se afasta da sua fé, senão parcialmente, enquanto o apóstata a abandona na sua totalidade".[6] Numa perspectiva teológica, o herege é uma ameaça à unidade da Igreja, enquanto a apostasia constitui perigo de redução do número de fiéis.[7]

No Novo Testamento existem várias referências às "heresias" dos Saduceus, dos Fariseus e dos Nazarenos, mas o sentido nele atribuído à palavra está relacionado geralmente à noção de uma seita ou uma facção, com exceção de algumas menções feitas por S. Pedro que podem ser interpretadas tanto por "«divisões» como, mais perto da acepção moderna do termo, a erros doutrinais".[8]

A heresia existe em oposição à ortodoxia, a crença julgada correta, que no caso da Igreja de Roma foi definida, grosso modo, a partir do Concílio de Nicéia em 325, onde foram estabelecidos seus dogmas fundamentais, na tentativa de superar muitas polêmicas religiosas da época,

---

3 J. Wilhelm. Heresy. In: *New Advent Catholic Encyclopedia*. www.newadvent.org/cathen/07256b.htm.

4 *Idem*. Tradução livre do texto.

5 O significado da palavra apostasia no Dicionário Eletrônico Aurélio é separação ou deserção do corpo constituído (de uma instituição, de um partido, de uma corporação) ao qual se pertencia; abandono da fé de uma igreja, especialmente a cristã; abandono do estado religioso ou sacerdotal. Mas também pode-se entender apostasia como a rejeição aberta dos ensinamentos cristãos feita individualmente. Assim como a heresia, a apostasia também era objeto da perseguição inquisitorial.

6 Elias Lipiner. *Santa Inquisição: terror e linguagem*. Rio de Janeiro: Documentário, 1977, p. 80.

7 Leszek Kochakowicz. Heresia. In: Ruggiero Romano (dir). *Enciclopédia Einaudi*. Lisboa: Imprensa Nacional – Casa da Moeda, 1987. v. 12, p. 303.

8 *Idem*, p. 301.

a exemplo do arianismo, no contexto da chamada questão cristológica. Eliade e Couliano esclarecem:

> a *ortodoxia cristã* é o resultado de um processo que dura três séculos e meio e estabelece-se como um sistema com múltiplos subconjuntos interdependentes cujo funcionamento provém ou de um mecanismo interno de dissociação das duas grandes correntes existentes na teologia cristã (a corrente judaica e a platonizante), ou da interação entre um subsistema central e subsistemas que gravitam em torno do cristianismo (suas "heresias") e não são propriamente cristãos.[9]

Resulta daí o entendimento de que existe uma "pureza" da fé em oposição àqueles que conspurcam a religião, que se isolam numa crença errada, imperfeita. Ou ainda:

> um herege – tanto para o historiador como para os ensinamentos cristãos – é alguém que apela para o mesmo cânone que os ortodoxos, mas que o interpreta de modo diferente; a maior parte das vezes não quer ser um inovador, apenas pretende restaurar a mensagem divina original e por isso acusa os ortodoxos de heresia. O fato de ser ele o herético – e não seus adversários – decorre de ter sido derrotado ou de estar em minoria, ou ainda porque os ortodoxos conseguiram manter intacta a continuidade do corpo religioso.[10]

Kochakowicz destaca o fato de que o historiador deve estar atento a não reproduzir a definição de heresia da Igreja Católica para não se colocar dentro da sua lógica dogmática e do seu critério de julgamento. Este deve deixar claro que estuda um fato institucional e não apenas dou-

---

9 Mircea Eliade e Ioan P. Couliano. *Dicionário das religiões*. Trad. Ivone Castilho Benedetti. São Paulo: Martins Fontes, 1994, p. 104.

10 Leszek Kochakowicz. *Op. cit*, p. 302-303.

trinal.[11] O autor também propõe uma tipologia de heresias: "heresias políticas, intelectuais e populares". As primeiras são motivadas por razões predominantemente políticas sem discussões dogmáticas profundas (dá como exemplo o cisma oriental e o de Henrique VIII da Inglaterra); as segundas são claramente eruditas e circunscritas às camadas mais cultas (cita Servey, que atacou o dogma da Trindade no século XVI, entre outras); e por último as heresias populares, que "afetam largas camadas da população inculta camponesa ou urbana".[12]

Desde o Concílio de Nicéia, aquelas tendências consideradas heréticas sofriam isolamentos e perseguições por parte das autoridades religiosas, mas não havia uma sistematização dos procedimentos e nem um instrumento específico para o julgamento dessas questões,[13] na forma que viria a se organizar com o tribunal inquisitorial.

A origem da Inquisição remonta à Idade Média, quando foi criada para reprimir as heresias que se espalharam a partir dos séculos XII e XIII, principalmente na França. Nesse momento, era uma instituição "idealizada e dominada pelo papa"[14] com o objetivo de combater as contestações aos dogmas que se disseminavam por algumas regiões européias. As formas de inquisições variavam desde nomeações de bispos *ad hoc* feitas no século XII para averiguar as paróquias sob suspeita de heresia, até a constituição de um tribunal religioso, a exemplo do organizado por Domingos de Gusmão a pedido do Papa Gregório IX, no século XIII:

11 *Idem*, p. 304.

12 *Idem*. p. 315-17.

13 O mecanismo usado freqüentemente pelos papas no período da Alta Idade Média era a excomunhão, como exemplo pode-se citar a excomunhão de Fócio, Patriarca de Constantinopla em 863, ou ainda, a excomunhão que o papa Leão IX lançou sobre a Igreja do Oriente, respondida pelos patriarcas do Oriente, em contrapartida, com a excomunhão da Igreja romana, em 1054, episódio conhecido como o Grande Cisma.

14 Anita Novinsky. *Op. cit.*, p.16.

assim nasceu a mais estruturada das Inquisições medievais, controlada pelos dominicanos, subordinada ao Papado e responsável por inúmeras perseguições aos cátaros, «seguidores do livre espírito», e a outros hereges. E nasceram, por outro lado, os modernos procedimentos judiciários calcados no segredo do processo, na institucionalização da tortura como meio de arrancar confissões, no anonimato das testemunhas, e outros mecanismos exaustivamente detalhados nos manuais de Bernardo Gui, *Practica Inquisitionis*, e de Nicolau Eymerich, *Directorum Inquisitorum*, ambos datados do século XIV.[15]

Apesar das raízes medievais da Inquisição, no período moderno os tribunais inquisitoriais organizaram-se em moldes diferentes, adequados ao contexto da formação dos Estados Nacionais, principalmente no que se refere às monarquias ibéricas.[16] Bennassar destaca que a Inquisição é um elemento essencial do aparato do Estado nesse momento, uma vez que sua excepcional eficácia tornava-a uma importante aliada tanto do catolicismo romano quanto "o melhor auxiliar de Leviatan".[17]

Assim, no contexto especificamente hispânico de perseguição aos conversos de origem judaica e para salvaguardar a fé cristã como bandeira da unidade nacional, foi instalada em 1478 a Inquisição na Espanha. Fora solicitada pelos reis católicos Fernando de Aragão e Isabel de Castela ao papa Sisto IV, que a erigiu através da bula *Exigit Sincerae Devotionis Affectus*.[18] A diferença fundamental entre o tribunal espanhol

15 Ronaldo Vainfas. *Trópico dos pecados*: moral, sexualidade e inquisição no Brasil colonial. Rio de Janeiro: Campus, 1989, p. 189.

16 Um interessante estudo comparativo das inquisições modernas encontra-se em Francisco Bethencourt. *História das Inquisições*: Portugal, Espanha e Itália – séculos XV–XIX. São Paulo: Companhia das Letras, 2000.

17 Bartolomé Bennassar (org). *Inquisición española: poder politico y control social.* Barcelona: Editorial Crítica, 1981, p. 68.

18 Autorizava estes reis a nomearem três prelados ou outros eclesiásticos para inquirir os hereges e apóstatas nos domínios de seus reinos. Houve alguma resistência inicial por parte da rainha que finalmente consentiu no estabelecimento

e aqueles existentes no período medieval consistia no fato de que a indicação dos inquisidores era feita pelo rei, e só mais tarde confirmada pelo papa. Outra característica da Inquisição Espanhola que deve ser destacada é a perseguição aos "marranos" - designação dos convertidos de origem moura ou judaica -, especialmente os suspeitos de judaizar.[19]

Em Portugal, a Inquisição foi instaurada pela bula de 23 de maio de 1536, concedida pelo papa Paulo III. Esta é considerada a data do estabelecimento do tribunal do Santo Ofício português, mas é importante lembrar que ela foi apenas uma etapa decisiva em meio às tensas negociações entre o papado e o rei D. João III, que se arrastavam desde 1531 e prolongar-se-iam até 1547.[20] Essa tardança decorreu das grandes pressões exercidas por parte dos procuradores dos cristãos-novos em Roma, que utilizaram toda sorte de expedientes para impedir a fundação do tribunal, inclusive corrompendo, até onde foi possível, membros da cúria.

O centro da disputa entre a cúria romana e a Coroa portuguesa repousava na questão da autoridade real sobre a Inquisição. A bula de 1536 não satisfazia plenamente ao rei de Portugal, uma vez que por ela estava definido que o papa nomearia três inquisidores e autorizaria o Rei a nomear um outro. Determinava ainda que durante três anos os nomes das testemunhas de acusação não fossem secretos, e que por dez anos os bens dos condenados não fossem confiscados. Além disso, os bispos teriam os mesmos poderes que os inquisidores no conhecimento das heresias e, por intermédio do seu núncio em Lisboa, o papa reservava-se o direito de fiscalizar o cumprimento da bula, de conhecer os processos quando bem entendesse e de decidir em última instância.[21]

---

definitivo em 1480. Ver Alexandre Herculano. *História da origem e estabelecimento da Inquisição em* Portugal. Lisboa: Europa-América, s/d. v 1, p. 44-45.

19 *Cf.* Jean-Pierre Dedieu. Les quatre temps de l'Inquisition. In: Bartolomé Bennassar (org). *L'Inquisition Espagnole (XVe-XIXe siècles).* Paris: Marabout, 1982. p. 13-40. O autor informa que entre os fins do século XV e primeiras décadas do XVI os marranos foram os mais perseguidos pela Inquisição espanhola.

20 *Cf.* Alexandre Herculano. *Op. cit.* v. 1, livro III.

21 *Idem.* v. 2, livro V.

Somente depois de muitas negociações, e até mesmo após a ameaça de rompimento com a Santa Sé, finalmente D. João III conseguiu consolidar a Inquisição portuguesa nos moldes da espanhola, concedida através da bula de 16 de julho de 1547, que lhe deu a forma de tribunal religioso submetido à autoridade do rei, o que, aliás, se tornaria marca peculiar da Inquisição na Península Ibérica, assim como o seu caráter de perseguição aos cristãos-novos. Esse aspecto é reforçado por Boxer quando afirma que os tribunais espanhol e português podiam julgar o protestantismo e outras heresias, além de exercerem a censura da palavra escrita, especialmente em Portugal, mas de início concentraram-se "na detecção e prossecução dos criptojudeus [...] tanto no Velho Mundo como no Novo".[22]

Se o objeto inicial de perseguição era preferencialmente a heresia judaica, percebe-se, no entanto, que ao longo do século XVI a Inquisição ibérica foi ampliando gradativamente seu campo de atuação e marcando um movimento de aproximação com os temas gerais que a Contra-Reforma enfrentava, sem com isto se afastar da vigilância das práticas religiosas dos cristãos-novos. Assim, a partir da segunda metade do século XVI e no século XVII, incrementou-se a perseguição aos bígamos, aos blasfemos, aos defensores do luteranismo e calvinismo, aos que duvidavam da virgindade de Maria e aos que negavam a primazia do estado clerical, entre outros "desvios".

Entre 1541 e 1565 foram instalados quatro tribunais da Inquisição nos domínios portugueses: Évora, cuja jurisdição circunscrevia à província do Alentejo e ao reino de Algarve; Lisboa, que atuava na província da Estremadura e parte da Beira, além de todas as conquistas até o cabo da Boa Esperança, incluindo o Brasil; Coimbra, que cuidava das províncias de

---

22 C. R. Boxer. *A Igreja e a expansão ibérica (1440-1770)*. Lisboa: Edições 70, 1990, p. 107. Para a questão dos cristãos-novos ver José Lourenço D. de Mendonça e Antonio Joaquim Moreira. *História dos principais actos e procedimentos da Inquisição em Portugal*. Lisboa: Imprensa Nacional/Casa da Moeda, 1980. p. 96; Alexandre Herculano. *Op. cit.* v 1, livro II; Anita Novinsky. *Op. cit.*; Maria José Pimenta Ferro Tavares. *Judaísmo e Inquisição*: estudos. Lisboa: Presença, 1987 e Antônio José Saraiva. *Inquisição e cristãos-novos*. Lisboa: Estampa, 1994.

Entre Douro e Minho, de Trás-os-Montes e a parte restante da Beira; e Goa, responsável pelos domínios portugueses além do cabo da Boa Esperança.[23]

Para cada um deles, com a exceção do tribunal de Goa, havia três inquisidores, quatro deputados ordinários, quatro deputados extraordinários, um promotor, quatro notários ou secretários com seus ajudantes, dois procuradores dos presos, um meirinho, um alcaide e quatro guardas dos cárceres secretos, dois médicos e um cirurgião, um porteiro, três solicitadores, um despenseiro, um cozinheiro, um capelão, um alcaide e um guarda nos cárceres da penitência, juiz do Fisco e escrivão do Fisco com seu meirinho, escrivão do meirinho e provedor. Esses funcionários eram auxiliados por uma rede de colaboradores e informantes voluntários, conhecidos como *familiares do Santo Ofício*,[24] cujo número aumentou ao longo dos séculos XVII e XVIII,[25] passando a agir por todo o reino e seus domínios. Todos os funcionários e colaboradores da Inquisição

---

23 Entre 1536 e 1539 o tribunal português funcionou em Évora e Lisboa. Em 1541 foram criados quatro tribunais no norte e no centro do país: Porto, Lamego, Coimbra e Tomar. Em 1548 somente dois tribunais funcionavam: o de Lisboa e de Évora. Em 1560 o tribunal de Goa foi criado e em 1565 foi restabelecido o tribunal de Coimbra, ver em Francisco Bethencourt. *Op. cit.*. p.52-53. Depois disso houve uma estabilização dos tribunais que é esta apresentada no texto.

24 José Lourenço D. de Mendonça e Antonio Joaquim Moreira. *op. cit.*, p.122-23. Para estudar os familiares do Santo Ofício ver Daniela Buono Calainho. *Em nome do Santo Ofício: familiares da Inquisição portuguesa no Brasil Colonial.* Rio de Janeiro, 1992. Dissertação (Mestrado em História). Universidade Federal do Rio de Janeiro. mimeo. A autora define os Familiares como pertencentes à categoria de *oficiais leigos*. p. 29. Ver também da mesma autora *Metrópole das mandingas*: religiosidade negra e Inquisição portuguesa no Antigo Regime. Niterói, 2000. Tese (Doutorado em História). Universidade Federal Fluminense. mimeo. p. 207-208.

25 Segundo Daniela Buono Calainho. *Em nome do Santo Ofício: familiares da Inquisição portuguesa no Brasil Colonial...*, p. 29-30, nos Regimentos da Inquisição de 1552 e 1570 não há qualquer registro aos Familiares, apesar de se ter indícios de sua existência. Somente no Regimento de 1613 se definem claramente suas atribuições na estrutura inquisitorial.

eram submetidos a rígidos processos de seleção.[26] Deviam provar serem "limpos de sangue" e com um passado sem máculas,[27] remontando às suas gerações anteriores:

> a 'boa vida e costumes' era, junto com a pureza de sangue, requisito fundamental para que se habilitassem aos 'negócios de importância e segredo do Santo Ofício'. Deveriam, ainda, se afastar de pessoas suspeitas e não pedir emprestado à 'gente de nação', isto é, os cristãos- novos.[28]

Apesar das semelhanças entre as Inquisições portuguesa e espanhola, pode-se constatar algumas diferenças, principalmente no que se refere à criação de tribunais nas áreas coloniais. Na América Espanhola funcionaram tribunais do Santo Ofício em Lima (1570), México (1571) e Cartagena (1610), o que não ocorreu na América Portuguesa, pois o único tribunal do Santo Ofício português que funcionou fora dos limites geográficos do reino foi o de Goa. A Inquisição havia sido transplantada para os domínios espanhóis na região com o intuito de impedir a entrada de heresias. Bartolomeu de Las Casas requisitou sua instalação em 1516, e em 1517 um decreto real deu aos três bispos na América poderes para que procedessem contra os hereges. Na verdade, quatro tipos de Inquisição foram instalados na América hispânica: a episcopal; a monástica; os próprios tribunais do Santo Ofício, mencionados acima; e ainda o *Provisiorato del Tribunal del Santo Oficio para los Indios*.

Mesmo diante dessa complexa rede criada pela Espanha em suas colônias americanas, não se deve menosprezar a ação da Inquisição no Brasil, embora aí não tenha sido consolidado nenhum tribunal do Santo

---

26 Sônia A. Siqueira. *A Inquisição portuguesa e a sociedade colonial*. São Paulo: Ática, 1978, p. 124.

27 Ou seja, não podiam ter antepassados judeus e nem estarem envolvidos em má conduta moral.

28 Daniela Buono Calainho. *Em nome do Santo Ofício: familiares da Inquisição portuguesa no Brasil Colonial...*, p. 47.

Ofício. Os bispos estavam encarregados de agir em nome do tribunal, mesmo não pertencendo aos quadros inquisitoriais. Além disso, algumas visitações do Santo Ofício foram realizadas no Brasil, sendo a primeira a de Heitor Furtado de Mendonça na Bahia e Pernambuco (1591-1595), cujos registros se encontram na publicação de quatro volumes: *Confissões da Bahia, 1591-1593; Denunciações da Bahia, 1593-1595; Denunciações de Pernambuco, 1593-1595* e *Confissões de Pernambuco.* Outras visitações ocorreram na primeira metade do século XVII, havendo a suspensão dessa prática a partir da segunda metade do mesmo século – uma vez que a malha dos *familiares do Santo Ofício* estava mais disseminada e estruturada na colônia -, tendência estranhamente quebrada pela visitação de Geraldo José de Abranches ao Pará, Maranhão e Rio Negro, entre 1763 e 1769, época em que a Inquisição se encontrava em franco declínio, controlada pelo Estado.[29]

A violência dos tribunais do Santo Ofício, principalmente a institucionalização das confissões por meio de tortura, costuma ser enfaticamente salientada, sobretudo nos casos das monarquias ibéricas. Mas a violência da Inquisição ibérica teve correspondência em outras regiões da Europa. Como bem assinala Ronaldo Vainfas,

> às tarefas desse gênero, inscritas na estratégia de aculturação popular, se dedicariam os poderes do Ocidente tanto nos países católicos como nos protestantes, ocupando a atenção de inquisidores – onde os havia, juízes eclesiásticos ou magistrados civis.[...] As atitudes policiais e repressivas da moderna Inquisição, ibérica ou romana, integravam o vasto painel da violenta pedagogia cristã posta em prática no Ocidente.[30]

Portanto, a truculência dos processos inquisitoriais e da execução dos autos-de-fé não estavam distantes da lógica de dominação base-

29 José R. Amaral Lapa. *Livro da visitação do Santo Ofício ao Estado do Grão-Pará (1763-1769)*. Petrópolis: Vozes, 1978, p. 6.

30 Ronaldo Vainfas. *Op. cit*, p. 189-191.

ada na violência que caracterizou o regime absolutista e as monarquias nacionais européias da época moderna: masmorras, torturas, castigos exemplares, execuções públicas povoavam as práticas repressivas tanto no combate aos abusos da fé quanto nas ameaças e disputas políticas.[31]

2. A fundação do Tribunal do Santo Ofício de Goa

Ao contrário da abundância da bibliografia acerca da expansão marítima portuguesa e sobre os jesuítas, em geral, e no Oriente especificamente, a produção historiográfica sobre a Inquisição de Goa é muito restrita.

A referência fundamental para o estudo do Tribunal do Santo Ofício goês ainda continua sendo o trabalho de Antônio Baião, que não apenas faz uma análise das características de seu funcionamento, como também apresenta um meticuloso balanço da problemática das fontes, uma vez que a maior parte da documentação produzida pela Inquisição de Goa foi provavelmente destruída no século XIX. Sobre isso, Baião informa que o Vice-rei, conde de Sarzedas, em ofício para a metrópole datado de 20 de dezembro de 1812, escrevia:

> como se achou ser uma cousa imensa os papéis que compunham o arquivo daquele tribunal, e que na secretaria do estado não havia lugar onde eles pudessem ser arrecadados, como eu tinha determinado, ordenei que ficassem em uma casa do arsenal real, metidos em grandes sacos, signetados com armas reais por um inquisidor e fechada a casa com três chaves, das quais eu fiquei com uma, outra na secretaria e outra na mão do intendente da Marinha; pareceu-me justo tomar todas estas providências de cautela com estes papéis, porque existindo neles, segundo me dizem, todos os autos do Santo Ofício de Goa,

31 Para fazer-se uma comparação entre a violência da justiça do rei e da eclesiástica do período moderno ver Michel Foucault. *Vigiar e punir*: nascimento da prisão. Trad. Raquel Ramalhete. Petrópolis: Vozes, 1987.

> desde a sua criação, se acaso não se guardassem com todo o cuidado, poderia haver motivo para se difamarem, ainda mesmo que falsamente, todas as famílias do Estado, e cevarem por esta ocasião inimizades e intrigas de que o país tanto abunda. [...] Será justo que S. A. R. determine o que quer se faça destes imensos processos e papéis, e como estou persuadido que não é conveniente que eles tornem a ser vistos por pessoa alguma, parece-me que seria justo mandá-los queimar.[32]

Baião afirma que após essa correspondência não se encontram mais registros do que poderia ter ocorrido com tais documentos, presumindo que teriam sido destruídos. Manuel Cadafaz de Matos informa que a Corte portuguesa não autorizou a queima dos papéis; mesmo assim, parece ter sido este o destino de boa parte dessa documentação,[33] sobrevivendo apenas os documentos remetidos ao Reino, e que se encontram na Biblioteca Nacional do Rio de Janeiro e no Arquivo Nacional da Torre do Tombo. Constituem-se em papéis administrativos, incluindo importantes consultas e dúvidas remetidas de Goa a Lisboa sobre assuntos relacionados ao cotidiano do tribunal do Oriente.

---

32 Conde de Sarzedas. Ofício de 20 de dezembro de 1812. *Apud* Antônio Baião. *A Inquisição de Goa*: tentativa de história da sua origem, estabelecimento, evolução e extinção (introdução à correspondência dos Inquisidores da Índia 1569-1630). Lisboa: Academia das Ciências, 1945. v. I, p. 15. Esta obra é uma importante reunião de reflexões e informações sobre o tribunal de Goa. Nela consta outra importante contribuição deste historiador, a apresentação dos nomes dos inquisidores, deputados e alguns outros funcionários da Inquisição de Goa, além da publicação da correspondência dos inquisidores de Goa para o Reino de Portugal, de onde se pode apreender parte do cotidiano daquele tribunal.

33 Manuel Cadafaz de Matos. Um voto de peregrinar a Santiago de Compostela feito nos cárceres de Goa – as desventuras de Pyrard de Laval e de Dellon ante os inquisidores na Índia portuguesa do século XVII (Um estudo de mentalidades). In: Maria Helena Carvalho dos Santos (coord). *Comunicações apresentadas ao 1º Congresso Luso-Brasileiro sobre Inquisição*. Lisboa: Sociedade Portuguesa de Estudos do Século XVIII/Universitária Editora, 1989. v.2. p. 601. Cita a carta de resposta ao Conde de Sarzedas, datada de 27 de dezembro de 1813.

Apesar da destruição dos processos da Inquisição de Goa, ainda foi possível recuperar alguns de seus traslados enviados para o Conselho Geral do Santo Ofício ou até mesmo para o próprio Tribunal de Lisboa. Isso foi possível graças às referências feitas na correspondência entre os inquisidores de Goa e o inquisidor-geral, que muitas vezes mencionava os casos daqueles réus que estavam sendo transferidos da Índia para Portugal. Havia uma determinação do Conselho Geral para que os casos que causavam "grande escândalo" em Goa fossem enviados com muito cuidado para o reino. Assim, a partir dos nomes mencionados nessa correspondência, houve a possibilidade de consulta ao banco de dados da Inquisição de Lisboa do Arquivo Nacional da Torre do Tombo, e a resultante localização de tais processos. Dessa forma foram localizadas oito cópias de processos da Inquisição de Goa.[34] Outro veio documental importante foram os Cadernos do Promotor, com várias denúncias e até mesmo uma cópia de um processo, com imensa maioria de casos relacionados ao judaísmo.[35] Há ainda algumas listas de autos-de-fé que foram remetidas ao reino, relacionando nomes, crimes e sentenças, mas as informações não estão uniformizadas em muitas delas, além de existirem muitas lacunas de informações, chegando a haver décadas sem nenhum registro, o que compromete a construção de séries confiáveis. Mesmo reconhecendo-se que o material localizado é uma ínfima amostragem face ao número de processos atribuídos à Inquisição de Goa, o ineditismo dessa identificação pode fornecer contribuição relevante para o assunto, ressaltando-se que as digressões proporcionadas pelo estudo desses documentos devem ser feitas com muita cautela.

---

34 Arquivo Nacional da Torre do Tombo. Inquisição de Lisboa. Processos nº 1689, 5037, 5330, 8450, 12197, 13942, 14993, 15086. Doravante se usarão as iniciais ANTT para designar este arquivo.

35 ANTT. Inquisição de Lisboa. Cadernos do Promotor. nº 4, Livro 205; nº 8, Livro 209; nº 13, Livro 214; nº 60, Livro 257; nº 68, Livro 262; nº 85, Livro 278 e Proc. 15.086 (nesse processo há 20 maços de culpas remetidas da Índia para Lisboa: judaísmo, feitiçaria, bigamia, fuga para terra de mouros e tentativa de fugir dos cárceres do Santo Ofício).

Pode-se dizer que, por ocasião da fundação do Tribunal de Goa, já ocorria no Oriente um processo de cristianização que passara por dois momentos distintos: o período inicial de tolerância religiosa da política de Afonso de Albuquerque e a viragem da intolerância no início da década de 1540, que coincide com a chegada dos jesuítas na Índia. A instalação da Inquisição no Oriente vinte anos depois significa um recrudescimento desse segundo momento, pois pode-se verificar um aumento das perseguições às diferentes religiões existentes nos domínios portugueses na região. Portanto, a Companhia de Jesus e a Inquisição de Goa vivenciaram o mesmo contexto de alteração de postura diante dos contatos com outras culturas ocorrido na Índia portuguesa, com o aumento da intolerância religiosa. Cada uma dessas instituições tinha alvos e estratégias que as distinguiam. O maior esforço dos jesuítas era a conversão dos gentios, para o que utilizavam diferentes procedimentos evangelizadores. Já a Inquisição tinha a preocupação precípua com a repressão aos cristãos-novos e a vigilância da ortodoxia, ao menos no início de sua instalação na Índia. Ou seja, os inacianos pretendiam conquistar almas no ultramar, enquanto os inquisidores pretendiam evitar que a heresia do reino "contaminasse" o posto avançado de Goa.

O primeiro pedido oficial de instalação da Inquisição em Goa foi feito pelo vigário-geral padre Miguel Vaz, que fora responsável pelas primeiras conversões em massa na costa da Pescaria, em carta ao rei datada de 1543:

> nesta terra há muitos cristãos-novos, e [...] passam-se cá muito e agora o fazem e hão de fazer muito mais. A mesma suspeita e rumor que deles [...] suas coisas lá houve para honra de Deus se ordenar a Santa Inquisição, para por ela se emendarem e purificarem cá erros e pelo haver serviço de Deus e de V. A. a mandei logo pedir como soube que já lá havia.[36]

36 Antonio da Silva Rego. *Documentação para a história das missões do padroado português do Oriente (Índia)*. Lisboa: Agência Geral das Colônias, 1947. v. 2, p. 338-339.

Sem dúvida, o que motivou a criação do Tribunal de Goa foi a questão da presença de cristãos-novos no Oriente, como fica evidente no pedido do vigário-geral. Tanto que Antônio Baião, o primeiro historiador a estudar o santo tribunal no Oriente destacou a questão da perseguição aos cristãos-novos como elemento-chave para sua instalação na região, colocando ainda em evidência o apoio dos jesuítas, não apenas a solicitação feita por Francisco Xavier, mas também as cartas do padre Belchior Nunes Barreto.[37]

Baião identifica ainda razões existentes no reino de Portugal que teriam embasado a criação de um tribunal do Santo Ofício específico para o Estado da Índia e deu privilégio à interpretação política, ao afirmar que:

> D. João morreu em 11 de junho de 1557, deixando a Coroa a seu neto D. Sebastião, uma criança de três anos, sob a regência da rainha viúva D. Catarina, que a resignou, em 1562, em favor do Cardeal D. Henrique. A Regência deu mais atenção às necessidades espirituais das Índias que o último rei, e, em março de 1560, D. Henrique mandou para Goa como inquisidor Aleixo Dias Falcão, que pelo fim do ano, fundou um tribunal que com o tempo adquiriu um renome sinistro como o mais desapiedado da Cristandade.[38]

A observação constante da última frase da citação acima também é um elemento que recorrentemente surge ao fazer-se a descrição do Tribunal de Goa: a extrema crueldade perpetrada por ele.

O historiador indiano Anant Kakba Priolkar é outro autor fundamental quando se estuda o Santo Ofício no Oriente, embora, em geral, seu texto pouco avance além da simples denúncia e de uma crítica apaixonada dos acontecimentos do passado. Para ele, a história da Inquisição é um sombrio registro de insensibilidade e crueldade; de tirania e injustiça; de espionagem e chantagem; de cobiça e corrupção; de repressão ao

---

37 Antônio Baião. *Op. cit.* v. 1, p 26.

38 *Idem*, p. 7.

pensamento e à cultura e desenvolvimento do obscurantismo.[39] Priolkar não renova em nada a interpretação da instalação do Tribunal de Goa, reproduzindo as explicações de Baião tanto para o contexto do reino de Portugal, quanto para o do Oriente. A peculiaridade de suas explicações reside no tom acusatório que perpassa seu texto, chegando por vezes ao paroxismo do exagero de afirmar o pleno poder dos inquisidores de Goa, que, segundo o autor, em meio ao luxo dos grandes potentados da Ásia olhavam com orgulho o arcebispo assim como o vice-rei submetidos ao seu poder.[40] Ou ainda quando afirma que toda palavra deles era um sentença de morte e ao seu mais leve sinal transportavam para o terror vastas populações de todas as regiões asiáticas, cujas vidas ficavam em suas mãos e sob o mais frívolo pretexto podiam ser metidos nas mais fundas masmorras ou oferecidos como alimento para as chamas da pira.[41]

Por último Priolkar discute a questão da qualidade da conversão feita pela ação da Inquisição e pelos jesuítas, acusando os últimos de perpetrarem toda sorte de expedientes violentos para alcançar o batismo de hindus.[42]

Além dos trabalhos de Baião e Priolkar existem dois artigos importantes sobre a instituição inquisitorial goesa. O primeiro, de Maria dos Remédios Castelo Branco e Fernando Castelo Branco refere-se às impressões de viajantes do século XVII ao XIX sobre Goa, de onde se pode extrair várias menções ao Tribunal do Santo Ofício goês.[43] O segundo é um artigo de José Alberto Rodrigues da Silva Tavim na prestigiada revista *Mare Liberum*. A maior preocupação do autor é a análise da massa documental

---

39 A. K. Priolkar. *The Goa Inquisition*: a quartercentenary commemoration study of the Inquisition in India. Bombay: The Bombay University Press, 1961, p. XI. Trata-se de uma tradução livre do texto.

40 *Idem*. p. XII. Trata-se de uma tradução livre do texto.

41 *Idem*. p. 30. Trata-se de uma tradução livre do texto. Ao longo do presente trabalho tentar-se-á demonstrar que o poder do Tribunal do Santo Ofício era muito grande, mas nunca dentro dos contornos identificados por Priolkar.

42 *Idem*. Ver Capítulo V.

43 Maria dos Remédios Castelo Branco e Fernando Castelo Branco. Goa vista por alguns viajantes estrangeiros (de seiscentos a oitocentos). In: *Studia*. v. 49, p. 139-160.

gerada pela Inquisição de Goa, e suas indicações são fundamentais para melhor explorar-se os recursos documentais da Torre do Tombo.[44]

Dessa forma, foram localizados três núcleos documentais: a correspondência entre a Inquisição de Goa e a mesa do Conselho Geral do Santo Ofício em Lisboa, inclusive conjuntos das ordens e leis enviadas ao Oriente; os processados pela Inquisição de Goa de origem goesa ou de outras regiões orientais, geralmente relacionados aos crimes de "mouros" e, por último, e sem dúvida mais importante, uma série de traslados de processos montados em Goa e que, por diversas razões, eram enviados pelos inquisidores gerais para serem analisados em Lisboa. Esse conjunto de fontes pode ser identificado a partir da leitura da correspondência entre Goa e Lisboa, pois bastava anotar-se o nome do réu e buscar o processo correspondente na base de dados do Arquivo Nacional da Torre do Tombo. Embora apenas uma parcela tenha sido localizada, estes forneceram informações fundamentais, permitindo inclusive perceber a lógica de funcionamento do Tribunal de Goa.

O trabalho mais recente que aprofunda a análise da fundação da Inquisição de Goa sugerida por Baião é o de Ana Cannas da Cunha, onde se encontra uma minuciosa apresentação da problemática judaica nas origens da instalação do santo tribunal no Oriente. Segundo essa autora, a emigração dos cristãos-novos de Portugal para o Estado da Índia e o Império Otomano entre a década de 1530 até a de 1560 foi numericamente significativa e motivada pela discussão e decorrente criação do Tribunal do Santo Ofício no reino e suas práticas persecutórias aos cristãos-novos.[45] A mesma autora destaca que existia uma forte rede judaica de ligações entre o Índico e o Mediterrâneo, chegando mesmo a

---

44 José Alberto Rodrigues da Silva Tavim. A Inquisição no Oriente (século XVI e primeira metade do século XVII): algumas perspectivas. In: *Mare Liberum*, n. 15, 1998, p. 17-31.

45 Ana Cannas da Cunha. *A Inquisição no Estado da Índia – origens (1539-1560)*. Lisboa: Arquivos Nacionais/Torre do Tombo, 1995, p. 18-19.

influir no comércio de especiarias e de pedras preciosas.[46] Isso justificaria a presença de judeus de origem ibérica no Estado da Índia. É importante notar também que havia a significativa presença de uma antiga comunidade judaica, muito anterior à própria chegada dos portugueses na costa ocidental da Índia, principalmente nas cidades de Cranganor e Cochim.[47] Assim, o ambiente de perseguição aos judeus instalado no Reino tinha elementos que reverberavam no Oriente, e a criação de um Tribunal que atuasse exclusivamente no além-mar oriental estaria dentro da ambientação clássica da fundação do Santo Ofício português: o combate aos cristãos-novos judaizantes.

Outra conhecida solicitação para a instalação da Inquisição em Goa analisada por Ana Cannas da Cunha é a de Francisco Xavier. O jesuíta fez menção à necessidade daquele tribunal em duas ocasiões: em uma carta ao padre Francisco Mansilhas (datada de 1545) e em outra ao próprio rei de Portugal (de 1546).[48] Nos dois casos a ênfase do pedido recaía sobre a necessidade de reprimir aqueles que viviam na "lei mosaica e na seita mourisca" e os que criavam obstáculos aos trabalhos de conversão.

Houve uma primeira criação do Tribunal do Santo Ofício de Goa em 6 de março de 1554 feita pelo inquisidor-geral infante D. Henrique. No entanto, este nunca chegou a ser instalado, uma vez que os responsáveis por essa iniciativa, o bispo D. Fr. João Afonso Albuquerque e o vigário-geral Sebastião Pinheiro, morreram antes de colocá-lo em funcionamento, adiando-se um pouco mais a presença da Inquisição no Oriente.

A instalação definitiva do Tribunal de Goa é precedida por um grande debate, ainda mais amplo do que aquele verificado na década de

46 *Idem*, p. 39.

47 Para um aprofundamento da questão da presença de judeus na Índia ver José Alberto Rodrigues da Silva Tavim. Uma presença portuguesa em torno da «sinagoga nova» de Cochim. In: *Oceanos*: diáspora e expansão – os judeus e os Descobrimentos Portugueses. Lisboa, nº 29, jan-mar 1997. p. 108-117. Também importante é o estudo de Ana Cannas da Cunha. *Op. cit.*, principalmente o item 1 do Capítulo I.

48 Antonio da Silva Rego. *Op. cit.* v. 3, p. 163 e 351.

1540, sobre as questões religiosas vividas na região.[49] Além da já destacada problemática da heresia judaica havia a preocupação com os renegados e com os "desvios" morais recorrentes nos domínios portugueses na Índia.[50] Associada a esses temas vinha também a discussão da necessidade ou não de instalação da Inquisição no Oriente.[51]

Havia uma tendência majoritária que concordava com a fundação do Tribunal do Santo Ofício no Oriente, apesar de existirem também opositores, nomeadamente os cristãos-novos e alguns representantes da administração do Estado da Índia, com destaque para o governador Francisco Barreto e o capitão de Cochim, Diogo Álvares Teles.[52]

Mesmo entre aqueles que concordavam com a instalação do santo tribunal, havia algumas preocupações fundamentais, principalmente as reservas com que os jesuítas viam o tratamento que a Inquisição daria aos gentios recém-convertidos. Já Francisco Xavier preocupava-se com o perigo de expor-se a obra de conversão à dureza dogmática do Tribunal do Santo Ofício, no que foi acompanhado por outros irmãos da Companhia de Jesus, tais como Belchior Carneiro, Baltazar Dias, Gonçalo da Silveira, entre outros. Pode-se dizer que os inacianos conheciam os limites que a realidade indiana impunha aos trabalhos de evangelização e constantemente enfatizavam a necessidade de perseverar em mais esforços, mesmo diante das dificuldades, e transigir em pontos que pudessem acirrar as tensões entre os recém-convertidos.

Bom exemplo disso encontra-se na carta do padre Nicolau Lanciloto a Inácio de Loyola, onde reforçava o pedido anterior feito por ele para que o Geral da Companhia de Jesus intercedesse junto ao papa a modo de obter uma licença especial para os cristãos da terra comer-

---

49 Ana Cannas da Cunha. *Op. Cit*, p. 129-130.

50 *Idem*, p. 90-91.

51 Ana Cannas da Cunha destaca que esses debates existiram, mas deve-se ter em mente que não eram discussões abertas, pois os assuntos inquisitoriais tinham o peso do segredo. *Idem*, p. 126.

52 *Idem*, p. 126.

ciarem com os mouros e outros infiéis. Considerava que essa permissão seria fundamental para a conversão de muitos ao cristianismo, uma vez que notava que a gente da Índia era mais "fácil de persuadir a partir de coisas visíveis", dos interesses materiais.[53]

Por outro lado, às vésperas da instalação do Santo Ofício em Goa, o padre jesuíta Gonçalo da Silveira escreveu para o cardeal infante D. Henrique recomendando a criação da Inquisição, mas concentrando sua argumentação na perseguição aos cristãos-novos e "maus cristãos":

> quanto aos judeus e maus cristãos, o remédio está chã, que é a Inquisição. E é graça dizer que não ficará ninguém na Índia, porque pública fama é que os judeus lançam a perder a Índia. E quanto aos maus cristãos, porque em terras tão remotas e tão incultas, ao menos poucos tempos antes necessariamente havia de haver muita soltura e braveza na fé e religião, parece que se podia entrar com perdão geral do passado até o introduzir a Inquisição.[54]

É interessante a sugestão para a proclamação de um perdão geral para os "maus cristãos", indicando que as culpas só deveriam ser analisadas a partir do momento que a Inquisição se estabelecesse na Índia, numa clara demonstração de reconhecimento das dificuldades que enfrentava a cristandade no Oriente, mesmo quando se tratasse de populações de origem portuguesa e não apenas em relação aos gentios recém-convertidos.

Pelos exemplos apresentados, nota-se que ao longo do tempo e a partir das experiências de cada jesuíta, prevaleceu a posição em termos gerais de aprovação para a instalação do Tribunal do Santo Ofício em Goa. Por outro lado, não se pode deixar de perceber que também existia uma recorrente atitude de cautela por parte dos inacianos em relação à ação da Inquisição, principalmente no que tange aos gentios convertidos.

---

53 Antonio da Silva Rego. *Op. cit.* v. 4, p. 142-143. A carta feita em Goa é datada de novembro de 1548.

54 José Wicki. *Documenta Indica.* Romae: Monumenta Historica Societatis Iesu, 1956. v. IV, p. 2-3.

Se até mesmo dentro da Companhia de Jesus foi possível detectar posições diferentes em relação ao tema, é natural que houvesse discussões entre outros grupos religiosos e políticos no Oriente. Essas controvérsias criaram sérios embates entre os governadores do Estado da Índia, as autoridades eclesiásticas e as ordens religiosas, destacando-se a Companhia de Jesus. O melhor exemplo encontra-se numa devassa inquisitorial em 1557, assumida pelo Tribunal Eclesiástico de Goa, que instaurou vinte processos completos (enviados para julgamento no Tribunal do Santo Ofício de Lisboa) envolvendo réus de Goa e Cochim, todos cristãos-novos, que tinham relações econômicas com *judeus brancos* de Cochim e com outros vindos da Turquia, além de laços com cristãos-novos de Lisboa, sendo, portanto, o alvo clássico da Inquisição ibérica.[55]

O estopim da questão foi o:

> aparecimento de dois escritos de caráter provocatório, em Cochim, no dia do Corpo de Cristo, 30 de abril de 1557. Um contendo blasfêmias contra a Fé católica e contra os pregadores, encontrado na Sé, na arca de esmolas do Santíssimo Sacramento, pelos mordomos da respectiva confraria. Outro denunciando hereges recolhido na caixa de esmolas na igreja do Convento de São Domingos.[56]

Reuniram-se para debater a denúncia e o ato de blasfêmia representantes da Companhia de Jesus, dos franciscanos, da ordem de São Domingos e o capitão de Cochim, Diogo Álvares Teles. De um lado ficaram os dominicanos, que sugeriam que fossem presos os denunciados, e de outro os jesuítas, que defendiam uma ação mais profunda, uma devassa. Para agravar a situação, a Sé de Goa estava vacante desde 1553, e isso suscitava questões de competência jurisdicional para a consecução do procedimento eclesiástico sugerido pelos inacianos. Além disso, o representante

---

55 Ana Cannas da Cunha. *Op. cit*, p. 226. Esses processos foram muito bem estudados por essa autora.

56 *Idem*, p. 132.

da Coroa portuguesa, Diogo Álvares Teles, não apoiava a devassa. Mas apesar dos problemas, os jesuítas conseguiram iniciar alguns procedimentos antes mesmo da devassa ser publicada, sendo o mais polêmico deles o interrogatório dos escravos dos cristãos-novos detidos a partir da denúncia. O capitão de Cochim não concordou com os interrogatórios e solicitou que fossem suspensos, entrando em conflito direto com o jesuíta a cargo dessa tarefa, Belchior Carneiro, que ameaçou inclusive o capitão de excomunhão. Alegando ser a instância superior do poder em Cochim, Diogo Álvares Teles dissolveu os trabalhos de devassa. A questão foi encaminhada ao governador Francisco Barreto que cedeu à argumentação do jesuíta Gonçalo da Silveira, que afirmara que o crime ali analisado era de heresia, portanto, da alçada da justiça eclesiástica. Os cristãos-novos tentaram articular uma reação, procurando o apoio das autoridades civis do Estado da Índia, mas apesar da simpatia discreta do governador, a devassa foi levada adiante. A historiadora Ana Cannas da Cunha identifica nesse episódio um embate que tentava definir as hierarquias e instâncias de poder entre as autoridades régias e eclesiásticas no Oriente, além de ser uma demonstração das próprias diferenças entre as ordens religiosas lá existentes.[57]

É ainda nesse quadro de tensões suscitadas pela devassa de 1557 que o Tribunal do Santo Ofício de Goa foi finalmente fundado por ordem régia, em 2 de março de 1560,[58] tornando-se responsável pelos domínios portugueses desde o cabo da Boa Esperança até as possessões mais orientais, tal como Macau.[59] Como registrado na minuta da criação:

---

57 *Idem*, p. 132-147.

58 Mesmo depois da instalação da Inquisição em Goa houve críticas ao seu funcionamento no Oriente. O embaixador português em Roma, Lourenço Pires de Távora em cartas ao Rei recomendava uma atuação menos rigorosa no Estado da Índia em questões religiosas, *Idem*. p. 146-148.

59 Francisco Bethencourt. *Op. cit.* p. 281 enfatiza que "o tribunal de Goa tem uma jurisdição religiosa difusa em todo o Império português da África oriental e da Ásia, caracterizado por uma vasta rede de entrepostos e de fortalezas com escasso domínio territorial" destacando também o aspecto de fronteira entre civilizações.

> Nós o Cardeal Infante Inquisidor Geral em todos os Reinos e Senhorios de Portugal [...] fazemos saber ao [...] Arcebispo da cidade de Goa na Índia [...] da Santa Inquisição que ora criamos e pelo tempo forem vindo nos prover como Santo Ofício da Inquisição se faça nas [...] partes como mais cumpra a glória e louvor de Nosso Senhor e aumento de nossa Santa Fé católica [...].[60]

O Cardeal Infante D. Henrique solicitou aos primeiros inquisidores de Goa, Aleixo Dias Falcão e Francisco Marques Botelho, que na fundação da Inquisição do Oriente primeiramente se montasse a estrutura administrativa do tribunal antes de começar a ação de perseguição, e enfatizou a necessidade de repressão aos cristãos-novos.

Desde que começou a agir na repressão aos desvios da fé em geral, o Tribunal do Santo Ofício de Goa registrou 16.172 casos, em todo o período de seu funcionamento, até o século XIX.[61]

É verdade que a população não-cristã não estaria, pelos princípios regimentais, submetida à autoridade inquisitorial; no entanto, os infiéis poderiam ser envolvidos nos processos se ficasse provado que haviam influenciado no retorno a práticas religiosas hindus, por exemplo. Deve-se destacar que, apesar de numerosas, inúmeras conversões ocorridas nas décadas de 1540 e 1550 tinham sido superficiais, provocando graves erros de doutrina, o que dava margem a muitas apostasias e, consequentemente, à grande pro-

---

60 ANTT. Conselho Geral do Santo Ofício. Provisões que vão para fora (1550-1570). Liv. 840. Anexo fl. 5.

61 M. N. Pearson. *Os portugueses na Índia.* Lisboa: Teorema, 1990, p. 133. O autor está repetindo o número dado por Baião que se refere ao total de sentenciados do Tribunal de Goa contestando cálculos de Fortunato de Almeida: contra 16.172 processos há os 4.167 listados pelo segundo. Ver: Antônio Baião. *Op. cit.* v. 1, p. 48 e Fortunato de Almeida. *História da Igreja em Portugal.* Porto: Portucalense Editora, 1971. Tomo IV, parte III. Creio que a razão para as diferentes contas reside na periodização que cada autor utilizou, pois Fortunato de Almeida claramente fundamenta-se nos dados dos séculos XVI e XVII, e Baião amplia a contagem até o século XIX.

liferação persecutória do Tribunal goês. Toda essa atividade da Inquisição gerou ainda uma dramática migração de parte da população goesa para regiões distantes do domínio português, principalmente nas conjunturas em que aumentavam as perseguições. Segundo Antônio Baião:

> à atividade do tribunal foi grandemente atribuída a decadência das que haviam sido florescentes possessões indianas de Portugal. Depois de ter esgotado os cristãos-novos, voltou a atenção para os cristãos nativos, que recompensavam tão abundantemente os labores missionários dos Jesuítas, porque Portugal não seguiu o sábio exemplo de Espanha de isentar da Inquisição os novos convertidos. Era impossível a esta pobre gente abandonar completamente as práticas supersticiosas dos seus antepassados, e qualquer reincidência ainda que fútil, era analisada com rigor com que eram tratados lapsos similares pelos conversos da península.[62]

Analisar o funcionamento do Tribunal do Santo Ofício de Goa permite, assim, preencher uma importante lacuna na investigação da construção do domínio colonial português, a partir de um enfoque que pretenda mostrar as contradições desse processo, inclusive entre os agentes que atuaram na sua consecução, visto que nem sempre, Inquisição e Companhia de Jesus compartilhavam as mesmas estratégias em matéria de fé. Como exemplo, podemos lembrar que os jesuítas transigiram em relação ao sistema de castas da sociedade hindu, conseguindo assim apoio de camadas importantes da população, prática que não foi seguida pela Inquisição. Além disso, deve-se destacar a originalidade do tribunal, por ter sido a única instituição dessa natureza a funcionar no ultramar português.

De todo modo, cabe examinar mais de perto a questão das razões para a criação de um tribunal do Santo Ofício no Oriente, o que a Coroa portuguesa não tinha feito em relação aos seus domínios americanos.

62 Antônio Baião. *Op. cit,* v. 1. p. 8.

Até onde foram estudados neste trabalho, pode-se perceber que os debates religiosos foram muito importantes para a fundação da Inquisição de Goa, mas somente eles não justificariam a iniciativa, uma vez que existiam outros instrumentos que tornavam possíveis perseguições aos erros de doutrina. Neste sentido, basta analisar o exemplo da devassa de 1557, e até mesmo os próprios procedimentos desenvolvidos na América portuguesa. Com certeza, as angústias dos representantes do clero regular e secular no Oriente, assim como de alguns zelosos funcionários da Coroa portuguesa, foram importantes para a instalação do Tribunal, mas outros aspectos têm de ser levados em conta.

Outra explicação que facilmente poderia ser dada é a da distância geográfica entre o Oriente e o reino de Portugal. A necessidade de se agir rápida e prontamente aos desafios representados pelos gentios, mouros, judaizantes e "maus cristãos" que se espalhavam nos domínios portugueses orientais tornava urgente a fixação de inquisidores em Goa. Ao lembrar-se que a alçada do Santo Ofício goês não se restringia à capital do Estado da Índia, mas estendia-se a toda a área geográfica que compreendia a extensíssima região de Moçambique a Macau, percebe-se que esse argumento, se não pode ser descartado, com certeza não é suficiente para justificar a fundação da Inquisição goesa. Os espaços a serem cobertos eram tão díspares e distantes entre eles que a agilidade pretendida ficava desde logo comprometida. Pode-se argumentar que tais dificuldades seriam superadas se houvesse a iniciativa de se instalar outros tribunais no Oriente, a exemplo do que acontecia no reino, mas essa hipótese só foi levemente aventada no momento da fundação do Tribunal de Goa em 1560 e, mesmo assim, apenas para a cidade de Cochim (região onde havia uma grande e diversificada população de cristãos-novos e judeus), nunca passando de uma proposição abortada.[63]

O argumento geográfico estaria associado a uma explicação comumente dada à própria instalação da estrutura administrativa do

63 ANTT. Conselho Geral do Santo Ofício. Provisões que vão para fora (1550-1570). Liv. 840. Anexo fl. 5 v.

Estado da Índia, pois as necessidades emergenciais de governo de tão vasto território e ao mesmo tempo tão distanciado do centro de decisões da monarquia lusitana tornavam urgente a presença de toda uma máquina burocrática que se responsabilizaria pelas decisões imediatas, e posteriormente sofreriam o julgamento do monarca. Daí a transposição para o Oriente de títulos, cargos e funções de alta dignidade: vice-rei, governador-geral, vedor da fazenda, juízes dos tribunais da Alçada, da Mesa de Consciência e Ordens, entre outros, inclusive os próprios inquisidores.

Na própria motivação para a existência da figura do Vice-rei pode ser encontrada justificativa para tal argumentação. Sabe-se que o cargo administrativo ocupado pelo responsável pelo Estado da Índia era o de capitão geral, sendo que a designação "Vice-rei" correspondia apenas a um título. A explicação para isso pode estar, por exemplo, no fato de que a representação do rei de Portugal no Oriente tinha um forte caráter de embaixada, pois sempre estava a estabelecer contatos com os vários reinos e principados de origens diversas. A necessidade de rivalizar-se com a pompa e a grandeza dessas culturas tinha como resposta a formação de uma corte em Goa e de uma ostentação do poderio de Portugal. Não é pouco provável que essa mesma necessidade estivesse também associada à fundação da Inquisição em Goa. Afinal, mesquitas e pagodes eram símbolos grandiosos da religiosidade dos muçulmanos e dos hindus. Os autos-de-fé organizados em Goa tinham a necessidade de ser ainda mais grandiosos. A Inquisição tinha que enfrentar muitos inimigos e precisava da concentração de esforços na região, uma questão que de certo também não pode ser descartada, embora seja também ela insuficiente.

O historiador Jorge Borges de Macedo indica esse caminho de reflexão. Para ele "o Santo Ofício em Goa, num outro «clima», distante e governado em poder delegado, é sobretudo, para isso, uma garantia política";[64] garantia para o poder militar, político e religioso com objetivo de consolidar a presença portuguesa na Índia. A necessidade de vigiar e

64 Jorge Borges de Macedo. Uma opinião em forma de prefácio. In: Ana Cannas da Cunha. *Op. Cit*, p. 13.

controlar essa sociedade — que se formava na convivência com outras civilizações e que não possuía o ambiente protegido do reino, mas sim a constante consciência da fronteira por onde poderiam circular pessoas, idéias e principalmente crenças e práticas religiosas muito diferentes e ameaçadoras — é um interessante elemento de explicação para a instalação da Inquisição em Goa. Mais uma vez pode-se aqui perceber a consciência de uma cristandade sitiada, sob o cerco dos inimigos da fé, que aparece em muitas fontes da época.

Assim, a riqueza e a grandeza de muitos dos reinos hindus e muçulmanos com os quais os portugueses se defrontaram na Índia geraram a necessidade de se construir uma instituição que rivalizasse com a força dessas civilizações. De modo que a transposição para a Índia de todo o aparato administrativo, militar e religioso servia como ostentação do poder lusitano. A Inquisição e os seus autos-de-fé espetaculares foram mais uma dessas demonstrações, juntamente com a construção de grandes e ricas igrejas e de palácios que atendessem às necessidades dos representantes da Coroa portuguesa. Essas marcas distintivas cumpriam uma importante função política de afirmação do poder lusitano, e eram bem compreendidas pelas outras culturas em contato que, ao menos nesse aspecto, apresentavam algumas semelhanças, ainda que superficiais.

3. Santo Ofício de Goa: estrutura e funcionamento

O Tribunal de Goa começou efetivamente a funcionar com a chegada dos dois primeiros inquisidores, Aleixo Dias Falcão e Francisco Marques Botelho, no início de 1561. A estrutura administrativa do tribunal goês obedecia ao modelo do reino - definido pelos regimentos correspondentes -, com seus funcionários tradicionais: alcaides, promotores, notários, cirurgiões. Havia algumas diferenças, tal como o número de inquisidores: em Goa eram dois, ao contrário do que acontecia nos tribunais do reino que possuíam três. No Oriente havia uma hierarquia entre os inquisidores, pois existia o cargo de primeiro inquisidor.[65] Os deputados do Santo Ofício eram arregimentados entre as ordens religiosas existentes no Oriente, inclusive a Companhia de Jesus,[66] e geralmente eram em número de seis ou sete.

Outra atividade em que houve colaboração entre a Inquisição e as ordens religiosas foi a de visitas às livrarias dos revisores do Santo Ofício, ou seja, a censura à circulação e publicação de livros – uma vez que em Goa havia a impressão de muitas obras. Para tanto havia a recomendação de designar-se para esse cargo, clérigos regulares letrados.[67]

---

65 Graças ao orçamento de 1581 pode-se saber quanto era o ordenado do Inquisidor: 400 mil réis. Para termos de comparação: o do vice-rei era de 7 contos, 339 réis; o arcebispo de Goa recebia 5 mil cruzados entre ordenado e dote; o ouvidor-geral recebia 300 mil réis; o capitão de Goa 600 mil réis; o vedor, 400 mil réis; o provedor-mor, 200 mil réis. Entre os funcionários da Inquisição o alcaide do cárcere recebia 100 mil réis; o escrivão, 30 mil réis. Ver Artur Teodoro Matos. *O Estado da Índia nos anos de 1581-1588: estrutura administrativa e econômica* – alguns elementos para seu estudo. Ponta Delgada: Universidade dos Açores, 1982, p. 44. Não se conhece um Regimento específico para o Tribunal de Goa, provavelmente utilizavam os do reino (datados de 1552, 1613, 1640) com a exceção para o de 1778 que é exclusivo de Goa e encontra-se publicado por Raul Rêgo (editor). *O último regimento e o regimento da economia da Inquisição de Goa.* Lisboa: Biblioteca Nacional, 1983.

66 O Geral da Companhia de Jesus Lainez havia recomendado aos jesuítas que não participassem da máquina inquisitorial e o visitador Valignano incluiu nas regras elaboradas em 1588: "deve o provincial proibir que os nossos assistam aos atos da Inquisição como inquisidores ou agentes ou comissários do Santo Ofício, ainda que nestas partes se concede que sejam os nossos consultores do mesmo Santo Ofício, sendo avisados que não se metam em mais do que convém e se lhe dá licença", ver "Sumário das regras para o provincial da Índia" In: José Wicki. *Documenta Indica.* Romae: Monumenta Historica Societatis Iesu, 1979. v. 14. p. 850. No entanto, é freqüente a presença de jesuítas entre os deputados e promotores do Santo Ofício.

67 Biblioteca Nacional do Rio de Janeiro. *Inquisição de Goa.* 25, 1, 2 nº 10. Carta do Inquisidor Geral Pedro de Castilho aos inquisidores de Goa. 10 de janeiro de 1606. Nessa carta fazia-se a recomendação da convocação dos clérigos regulares para o cargo de revisores do Santo Ofício. Doravante utilizar-se-á a abreviatura BNRJ para documentos dessa instituição.

Gradativamente desenvolveu-se também uma rede de comissários nas principais fortalezas do Estado da Índia que, junto à prática de visitas regulares ordenadas pelos inquisidores, garantiam a abrangência da ação inquisitorial.[68]

O Tribunal foi instalado no Palácio do Sabaio, como era denominado pelos portugueses o palácio que pertencera ao governante Adil xá, Adil Kan ou Idalcão (são as denominações dadas nas fontes ao senhor de Goa) até ser derrotado por Albuquerque em 1510, sendo desde então a residência dos governadores e vice-reis do Estado da Índia até 1554, quando a idade avançada e a saúde frágil do vice-rei D. Pedro de Mascarenhas impediu-o de percorrer suas amplas escadarias, obrigando-o a procurar outro prédio na cidade para ser a sede do vice-reinado.

Assim, na altura da chegada dos inquisidores a Goa, o palácio estava abandonado e pôde ser utilizado para abrigar a instituição inquisitorial. Foram feitas várias obras para adaptar o prédio a suas novas funções: a construção de capela, salão de entrada, sala de audiências, casa de despacho, residência do inquisidor; casa do secreto; casa da doutrina e de cárceres, entre outras modificações. O palácio encontrava-se em área nobre da cidade e com isso mantinha-se como uma referência visual citada muitas vezes por inúmeros viajantes. Em frente localizava-se o terreiro do Sabaio, praça bem ampla, que acentuava a imponência do prédio.

Desde o início das atividades do tribunal oriental havia uma recomendação de agir com relativa brandura quando se tratasse dos "novamente convertidos", para não causar escândalos entre os gentios e com isso dificultar a conversão. Mas a insistência na repetição dessa recomendação enviada pelo Conselho Geral da Inquisição a Goa e o número de recém-convertidos envolvidos em sentenças fazem supor que nem todos os inquisidores agiam conforme solicitado.

---

68 Francisco Bethencourt. A Igreja. In: Francisco Bethencourt e Kirti Chaudhuri (dirs.). *História da expansão portuguesa*. Lisboa: Círculo de Leitores e Autores, 1998-99. v. 1, p. 383.

É importante reafirmar que apesar de não serem da alçada do tribunal, muitos "infiéis" foram condenados às galés, ao exílio e ao açoite "quando tentassem arrastar os cristãos para sua seita, pois estes estavam proibidos de assistir à pregação dos brâmanes ou outras cerimônias gentílicas".[69] Isso demonstra que o Santo Ofício oriental muitas vezes extrapolou suas atribuições regimentais e com certeza essa prática contribuiu para a construção da imagem de uma justiça implacável e cruel que está associada a esse tribunal.

Um estudo sobre os delitos perseguidos pela Inquisição de Goa enfrenta sempre uma dificuldade básica: as listas de autos-de-fé para os séculos XVI e XVII são descontínuas, além de não serem homogêneas, pois não fornecem sempre os mesmos dados (por vezes há o registro detalhado sobre o réu, outras só o nome e a sentença), inviabilizando a construção de séries confiáveis. Esse quadro se modifica no que se refere às duas últimas décadas do século XVII, e ao século XVIII.[70] Ao analisar a tipologia dos crimes perseguidos pelo Tribunal de Goa, Francisco Bethencourt informa que:

> embora o judaísmo seja o "delito" com percentagem mais importante no número de detidos até 1582 – 261 num total de 761, ou seja, 34 por cento –, nunca chegou a ser maioritário. O islamismo já nessa época representava uma percentagem importante das acusações – 214, ou seja, 28 por cento do total –, encontrando-se valores significativos para proposições heréticas (11 por cento), atos contra o Santo Ofício (9 por cento), gentilidade (6 por cento), protestantismo (4 por cento) e

---

69 José Miguel Ribeiro Lume. *Portugueses em cargos, ofícios e funções no Estado Português da Índia (1580-1640)*. Lisboa: Universidade de Lisboa, Faculdade de Letras. Dissertação (Mestrado), 1994. v. 1, p. CXIII.

70 Um bom exemplo é o estudo sobre a Inquisição de Goa no século XVIII realizado por Maria de Jesus dos Mártires Lopes. *Goa setecentista*: tradição e modernidade. Lisboa: Centro de Estudos dos Povos e Culturas de Expressão Portuguesa/ Universidade Católica Portuguesa, 1996, p. 229-238.

bigamia (4 por cento), sendo os restantes "delitos" residuais. O judaísmo desaparece praticamente desde 1583, mantendo-se com valores percentuais muito baixos durante as primeiras décadas do século XVII. O islamismo manteve-se estável durante a segunda fase, enquanto a "gentilidade" cresceu extraordinariamente, passando os hindus convertidos a ser o alvo preferido da atividade inquisitorial nos séculos XVII e XVIII.[71]

É importante notar que as penas mais pesadas, ou seja, os relaxados ao braço secular, recaíram em sua maioria, até a década de 1580, sobre os judaizantes. Esse quadro se altera ao longo do século XVII pois, num universo total de 549 sentenciados, o número de relaxados por gentilismo (18) e apostasia (24) cresce significativamente nesse período. Para as penas mais leves – as abjurações de leve, forma e veemente –, o número contabilizado de gentilismo é de 314 (equivalente a cerca de 57%), seguido pelos casos de islamismo, que alcançam 91 (16,5%). Além desses réus contabilizados, procedeu-se a contagem de 281 infiéis que foram sentenciados pelo Tribunal de Goa ao longo do século XVII, mas esse número não foi incluído nos cálculos feitos acima.[72]

---

71 Francisco Bethencourt. A Igreja..., p.384. O autor identifica ainda dois momentos de aumento de perseguições aos cristãos-novos no Oriente – 1632 a 1634 e 1644 a 1649, mas nunca com os mesmos índices do início das atividades do Tribunal de Goa. p. 385; para confirmar essa afirmação ver na BNRJ. *Inquisição de Goa.* 25,1,4 nº 18 onde há uma carta de 1640 do inquisidor de Goa ao Conselho Geral do Santo Ofício com comentários sobre a prisão de cristãos-novos. Os dados para os séculos XVI e XVII podem ser encontrados na Biblioteca Nacional de Lisboa. Secção de Reservados. *Coleção de listas impressas e manuscritas dos autos de fé públicos e particulares.* Códice 866. Microfilme F. 5173 e *Repertório Geral de três mil e oitocentos processos despachados pelo Santo Ofício de Goa desde a sua constituição até 1623* de João Delgado Figueira. Microfilme F. 2545. Para o século XVIII, há informações mais sistemáticas das fontes e possibilitaram a contagem de 1290 casos de gentilismo, equivalendo a 74% do total segundo Maria de Jesus dos Mártires Lopes. *Op. cit*, p. 234.

72 José Miguel Ribeiro Lume. *Op. cit.* v. 1. p. CLXVIII e BNL. Secção de Reservados. *Coleção de listas impressas e manuscritas dos autos de fé públicos e particulares.* Códice 866. Microfilme F. 5173.

Apesar de se poder verificar essa mudança de orientação da ação inquisitorial para o século XVII, quando se faz o cruzamento desses dados obtidos a partir das listas de autos-de-fé com as denúncias apuradas nos Cadernos do Promotor da Inquisição de Lisboa, encontra-se uma interessante contradição.[73] Em seis cadernos, referentes ao período de 1605 a 1696, foram localizadas dezessete denúncias no âmbito de Goa e do Oriente.[74] Dessas, oito referiam-se a culpas de cristãos-novos. As outras nove denunciações dividiam-se em outros diferentes temas: falar mal do Santo Ofício; duvidar da virgindade de Maria; afirmação de que Deus é homem verdadeiro; fuga para terra de mouros de um cafre batizado; feitiçaria; bigamia; proposição desedificante e sodomia (2). Ou seja, em termos de denúncias, os judaizantes aparecem como tema predominante, o que destoa dos números registrados para os sentenciados nas listas de autos-de-fé. Apesar desta constituir-se em uma pequena amostragem, em termos absolutos, e do fato dos Cadernos do Promotor serem da jurisdição do Tribunal de Lisboa (o que faz imaginar como seriam ricos os cadernos do promotor do Tribunal de Goa), ainda assim é possível fazer algumas reflexões. A primeira delas é que todas as denúncias contra cristãos-novos partiram de pessoas presas pela Inquisição de Goa, acusadas de judaizar, e que apontavam familiares, amigos e conhecidos de práticas

---

73 Há ainda um processo nos arquivos da Torre do Tombo que reúne em 20 maços uma série de culpas remetidas da Índia para Lisboa. Há o pedido de investigação sobre casamentos de réus acusados de bigamia (2); o relato da tentativa de fuga de um sentenciado por protestantismo; uma notícia sobre um falsário que tinha uma lista de crimes: nefando, gentilidade, feitiçaria, busca de tesouros; denúncia de proposição errônea; os outros 15 maços referem-se a culpas de judaísmo datadas no período entre 1615 a 1645. ANTT. Inquisição de Lisboa. Proc. 15.086.

74 ANTT. Inquisição de Lisboa. *Cadernos do Promotor*. nº 4, Livro 205, fls. 100-109; nº 8, Livro 209, fls. 409-409v, fls. 431-432, fls. 437-460, fls. 467-472, fls. 473-482, fls. 409-415, fls. 527-528,fls. 535-539 e fls 552-555v; nº 13, Livro 214, fls. 402-402v, fl. 420, fls. 486-502 e fls. 504-511; nº 60, Livro 257, fls. 262-264; nº 68, Livro 262, fls. 300-302; nº 85, Livro 278, fls. 436-444. Ao cruzar as denúncias desses cadernos com as culpas reunidas no ANTT. Inquisição de Lisboa. Proc. 15.086 foram apenas identificados dois réus em comum citados nas duas fontes.

judaizantes no Estado da Índia, em Portugal e até mesmo em Flandres. Nesses casos é possível detectar o padrão usual de procedimentos dos processos de cristãos-novos das inquisições do reino, onde o réu era instado a denunciar aqueles que haviam praticado com ele tais "desvios".

As outras modalidades de denúncias foram feitas por homens que viviam em liberdade, com a exceção de uma (falar mal do Santo Ofício), e que testemunharam pessoalmente os "delitos" que denunciavam, principalmente na cidade de Goa e adjacências. É notável que nenhum deles tenha referido-se a práticas judaizantes. No entanto, também não se pode deixar de destacar que não se fez menção ao gentilismo, "crime" que pelas listas de autos-de-fé cresceu significativamente no século XVII, apesar de haver relatos sobre a convivência de portugueses com hindus. Exemplo disso encontra-se na denúncia de feitiçaria, datada de 1615. Melchior do Vale Cerqueira, cristão velho, soldado português, 37 anos de idade, apresentou-se ao Santo Ofício de Goa acusando Francisco de Lira, também soldado português e morador de Goa, filho de Antônio de Lira, provedor-mor dos Contos. Melchior do Vale Cerqueira afirmava ter visto o acusado contratar cerca de cinco feiticeiros hindus, curumbins, de Bardez e da terra firme de Salcete, para que curassem seu pai, Antônio de Lira, que estava muito doente e acreditava-se que seu mal procedia de feitiços. Francisco de Lira pagou os serviços dos gentios com dinheiro e ofertando ao pagode "um galo e um bode e certos cocos". Além disso, Melchior do Vale Cerqueira relatou que diante das hesitações de dois dos feiticeiros em fazer a cura por receio de serem punidos, Francisco de Lira teria dito que "não temessem porquanto para eles fazerem aquela cura e curassem de seus feitiços tinham licença do Santo Ofício, do físico-mor e do Arcebispo [...]".[75] Na denúncia sobre duvidar da virgindade de Maria, feita em 1610, por Gaspar Borges da Fonseca, cristão velho, soldado português, de idade de vinte e três anos, contra frei Antônio de Leiria, franciscano, verifica-se novamente a convivência entre gentios e portugueses. Segundo o soldado, estando homiziado em terras de mouro:

75 ANTT. Inquisição de Lisboa. *Cadernos do Promotor*. nº 8, Livro 209, fl. 432.

> foi ele denunciante um dia em companhia do dito frei Antônio de Leiria e de José Pereira de Sampaio a casa de um gentio brâmane, que é o da casta, a verem tanger um instrumento de muitas cordas e estando todos três ouvindo-o, disse o dito frei Antônio de Leiria, que aquele gentio era grande letrado e grande músico e que tinha em casa Narane que era filho de Santa Maria e este Narane é o que os gentios tem por maior Deus de Todos e é a figura dele de um negro de Guiné, nu, e está com um pau em uma mão e com uma tigela em outra e chamam-lhe pagode.[76]

Complementando a denúncia de Gaspar Borges da Fonseca, foi convocado a testemunhar também José Pereira de Sampaio, soldado "filho de Goa" e "que está na terra firme em Vicholim homiziado" de vinte anos de idade. Ele declarou que "o dito frei Antônio era muito amigo de ir à casa dos pagodes quando se faziam suas festas e invitava a ele testemunha muitas vezes para irem a elas".[77] Apesar de se tratar de apenas dois registros, os relatos apresentados servem como exemplo da fragilidade das fronteiras que cercavam os domínios portugueses na Índia.

Entretanto, mesmo com essa ressalva de prudência, pode-se afirmar que o centro das preocupações e o alvo da perseguição por parte do Tribunal do Santo Ofício de Goa, a partir das duas últimas décadas do século XVI, passam a ser os cristãos recém-convertidos de origem hindu. Deve-se lembrar que é também nesse exato período que há uma expansão do esforço de cristianização por parte dos jesuítas, especialmente nas terras de Salcete, acompanhado pelo aumento significativo do número de cristãos. Adicionando-se a isso as fórmulas de conversão utilizadas e as dificuldades de manutenção da ortodoxia católica entre essas comunidades, percebe-se porque os cristãos da terra transformar-se-iam no principal foco da inquisição oriental. No século XVII, do total de 549 senten-

76 *Ibidem*. fl. 527.

77 *Ibidem*. fl. 530 v.

ciados que puderam ser identificados, 313 pertenciam a castas inferiores, sudras; 107 eram chardós e 55 eram brâmanes. Interessante notar que as condenações máximas recaíam sobre os brâmanes, enquanto as outras castas recebiam as penas menores.[78] Tudo isso comprova o processo de adaptação do Santo Ofício de Goa à realidade indiana.

Réus à parte, para um melhor entendimento do funcionamento do tribunal do Oriente, faz-se necessária uma análise sobre os inquisidores que levaram a cabo a ação inquisitorial. O quadro abaixo sistematiza as informações sobre as experiências que tiveram antes de assumirem o cargo na Índia:

QUADRO II – Inquisidores de Goa (1560-1682)

NOME	NOMEAÇÃO	CARREIRA
Aleixo Dias Falcão	1560	Bacharel em cânones (Universidade de Coimbra)
Francisco Marques Botelho	1560	Desembargo do Rei
Bartolomeu da Fonseca	1572	Deputado tribunal de Coimbra
André Fernandes	1582	Deputado Mesa da Inquisição
Gaspar de Melo	1583	Vigário-geral dominicano na Índia
Rui Sodrinho de Mesquita	1584	Deputado tribunal de Lisboa
Tomás Pinto	1586	Mestre em teologia
Antônio de Barros	1593	Sem informação
Marcos Gil Frazão	1596	Promotor tribunal de Évora
Jorge Ferreira	1603	Deputado tribunal de Lisboa
Gonçalo da Silva	1605	Sem informação

78 José Miguel Ribeiro Lume. *Op. cit.* v. 1. p. CXVI e BNL. Secção de Reservados. *Coleção de listas impressas e manuscritas dos autos de fé públicos e particulares.* Códice 866. Microfilme F. 5173.

Francisco Borges de Sousa	1612	Desembargador da Relação do Porto
João Fernandes de Almeida	1613	Desembargador da Casa de Suplicação – Lisboa
João Delgado Figueira	1626	Promotor tribunal de Lisboa e Goa
Antônio de Faria Machado	1630	Sem informação
Antônio de Vasconcelos	1632	Deputado tribunal de Évora
Jorge Seco de Macedo	1635	Desembargador da Casa de Suplicação – Lisboa
João de Barros de Castelo Branco	1641	Promotor tribunal de Goa
Domingos Rebelo Lobo	1646	Sem informação
Paulo Castelino de Freitas	1649	Promotor tribunal de Coimbra
Lucas da Cruz	1651	Deputado tribunal de Goa
Francisco Delgado de Matos	1666	Promotor tribunal de Goa
Tomé de Macedo	1665	Deputado tribunal de Coimbra
Lopo Álvares de Moura	1677	Deputado tribunal de Lisboa

Fontes: Antônio Baião. A Inquisição de Goa: tentativa de história da sua origem, estabelecimento, evolução e extinção e José Miguel Ribeiro Lume. Portugueses em cargos, ofícios e funções no Estado Português da Índia (1580-1640).

No período compreendido desde sua criação, em 1560, até o limite cronológico do presente trabalho, 1682, foram nomeados vinte e quatro inquisidores para o tribunal de Goa, acerca dos quais dez ocuparam anteriormente cargos de promotores e deputados dos tribunais no reino. Há ainda quatro casos em que os titulares acumulavam experiência no próprio tribunal de Goa (sendo que um deles também tinha participado de um tribunal do reino), perfazendo assim um total de treze inquisidores com alguma prática anterior nos tribunais inquisitoriais. Há ainda quatro casos de inquisidores que tinham trabalhado na justiça do rei. Para outros quatro casos, não foi possível localizar as atividades que exerciam antes da nomeação ao cargo.

Se por um lado isso sugeria algum tipo de estratégia, pois mandava-se para Goa um funcionário já treinado nas lides do Santo Ofício, em contrapartida pode-se perceber, pela quantidade de dúvidas enviadas pelos inquisidores de Goa ao Conselho Geral do Santo Ofício, que a realidade do Oriente deixava a maioria deles muito perplexa, uma vez que as possibilidades de heresia eram ali variadíssimas e não se encaixavam no objetivo principal da inquisição lusitana de combater a heresia judaica.[79]

Outra interessante fonte que pode ser utilizada para estudar-se o tribunal oriental é a coleção de consultas feitas pelos inquisidores de Goa ao Conselho Geral do Santo Ofício. Algumas das consultas são muito ilustrativas das dificuldades por eles enfrentadas: se um infiel que estava preso pedia para se converter à fé católica devia ser posto em liberdade; o que se deve fazer diante de um convertido casado cujo cônjuge não quisesse se converter; se os lavatórios e outras práticas dos hindus eram sinais de idolatria.[80] Esta última questão, aliás, está na base das discussões entre a Inquisição de Goa e a Companhia de Jesus.

Também havia muita preocupação com a questão dos casamentos dos gentios. As festas que os hindus comumente faziam relacionadas a esse evento social, além de durarem muitos dias, reproduziam uma sé-

---

79 Fez-se aqui um breve levantamento sobre as carreiras dos inquisidores do Oriente, não havendo a pretensão de um estudo prosopográfico, forma pela qual foi feita a análise dos inquisidores gerais por Pedro Marcelo Pasche de Campos. *Entre a Cruz e a Coroa – relações entre Inquisição e Estado em Portugal na Idade Moderna.* Niterói, 2002. Tese (Doutorado em História). Universidade Federal Fluminense. mimeo, p. 74-86.

80 ANTT. Conselho Geral do Santo Ofício. Consultas da Inquisição de Goa (1572-1620). Liv. 207. fl. 28-52.

rie de ritos considerados ameaçadores à fé católica. Algumas denúncias chegavam ao Conselho Geral do Santo Ofício prometendo detalhes, pois "com que vai nestes papéis poderá V. Ilma. ter plena notícia dos ditos casamentos que se fazem com as maiores indecências e escândalo da cristandade, que até hoje se viram além das muitas idolatrias que neles cometem".[81] Esse interessante documento registra, entre outras coisas, a questão dos casamentos, assim como demonstra que a vizinhança com o "outro mundo", ou seja, com as terras onde habitavam os infiéis, trazia também grande desconforto àqueles que se preocupavam com as questões da fé. Nesse sentido, faz o seguinte alerta:

> E quando dizerem que é prejuízo dos ditos gentios virem a terra de Mouros fazer os ditos casamentos é falso, porque eles comumente lá nadam com fazendas e seus pagodes e contratos e a distância de passarem não é mais que passar um rio, e o muito que lhe custa é seis ou sete tostões por cada cabeça. E nessa Ilha de Goa tudo são cristãos misturados com gentios, nem nela há lugar acomodado para se poderem fazer sem escândalo e perversão de cristandade os tais casamentos e a muita gente que se ajunta as festas e gritos que nelas fazem.[82]

Fronteiras frouxas, circulação intensa, numerosa, ou seja, um verdadeiro universo de dificuldades para manter a unidade da fé, justificando a ação do Tribunal de Goa, de onde provinha a recorrente queixa dos inquisidores de que experimentavam uma grande quantidade de trabalho, sendo que muitos pediam para retornar ao reino. Um bom exemplo pode-se encontrar em carta que o inquisidor Jorge Ferreira escreveu ao Conselho Geral do Santo Ofício, onde dizia: "[..] confesso assim que me causa já estudar e

81 ANTT. Conselho Geral do Santo Ofício. Pareceres em matéria do Santo Ofício. Liv. 213 (1622-1623). fl. 281.

82 *Ibidem*. fl. 281.

mandar a memória semelhantes coisas e tão compridas; que são mais próprias para mancebos, que para velho e tão enfermo quanto eu".[83]

Outra comprovação dessa pressão pode ser encontrada no pedido que o Conselho Geral do Santo Ofício encaminha ao rei para que aumentasse para três o número de inquisidores em Goa, datado de 1651:

> sendo instituído o tribunal do Santo Ofício na cidade de Goa para todo o Estado da Índia lhe foram assinados somente dois inquisidores; e havendo então que seriam bastantes para tratar da conservação e pureza da fé naquele Estado, como em efeito foram naqueles princípios. Cresceram porém tanto as cristandades e com elas os negócios por razão de pouca firmeza dos novamente convertidos, cercados por uma parte do gentio da terra e por outra dos mouros seus vizinhos, maiormente depois de entrarem naquele Oriente, hereges do Norte, que onde quer que se acham, procuram introduzir sua falsa doutrina, que veio a mostrar a experiência, não ser possível que os dois inquisidores dêem o expediente que convém a multidão de causas que se oferecem.[84]

Dessa forma, pode-se constatar que o esforço de controle era enorme, e muitas vezes o problema instalava-se dentro do próprio tribunal. No texto acima, mais uma vez fica claro o sentido da pressão dos inimigos que cercam a cristandade em Goa.

Por outro lado, a carreira do inquisidor no Oriente não era uma forma de ascensão para outros cargos eclesiásticos no reino. Francisco Bethencourt destaca que "a carreira dos inquisidores no tribunal de Goa é limitada, na maior parte dos casos, aos postos eclesiásticos nas Índias Orientais".[85] Naturalmente houve exceções, como, no século XVI, a exem-

---

83 ANTT. Conselho Geral do Santo Ofício. Consultas da Inquisição de Goa (1572-1620). Liv. 207. fl. 8.

84 ANTT. Conselho Geral do Santo Ofício. Maço 39. doc. 14 (1651).

85 Francisco Bethencourt. *História das Inquisições...*, p. 130.

plo de "Bartolomeu da Fonseca, designado sucessivamente, depois de seu regresso de Goa, inquisidor de Lisboa (1583), inquisidor em Coimbra (1587), membro do Conselho Geral (1598), conselheiro real e agente da Inquisição portuguesa na corte de Filipe III".[86] No século XVII, quando João Delgado Figueira voltou para o reino, foi designado inquisidor de Évora em 1635, depois da Inquisição de Lisboa, em 1641, e por último deputado desse mesmo tribunal, em 1643.[87] Apesar dessas exceções, ainda assim, segundo Bethencourt isto marcaria uma tendência comum na Inquisição ibérica de promoção restrita ao sistema colonial, no caso dos cargos inquisitoriais.

Os cargos de deputados e promotores do Santo Ofício de Goa eram freqüentemente ocupados por clérigos das ordens religiosas instaladas na capital do Estado da Índia, principalmente dominicanos e jesuítas.[88] Havia também a possibilidade desses quadros terem origem no próprio reino e não estarem vinculados a essas ordens religiosas. Um bom exemplo disso é, mais uma vez, o de João Delgado da Figueira, que antes de atingir o cargo de inquisidor de Goa fora nomeado como promotor da Inquisição oriental em 1617.[89] Do total de setenta e seis deputados e promotores, sessenta e um pertenciam a ordens religiosas, enquanto os outros quinze eram funcionários de tribunais e outras repartições do rei (nove) e do clero secular (seis).[90]

---

86 *Idem*, p. 130.

87 *Idem*, p. 195. O autor alerta que não se tratou de um rebaixamento, como à primeira vista pode parecer, mas sim uma manutenção do vínculo com a Inquisição ao ter sido designado "como conselheiro do recém-criado Conselho Ultramarino, uma das mais importantes estruturas do Estado reorganizado depois da revolução de 1640".

88 Segundo Antônio Baião. *Op. cit.* v. 1, p. 178, no início da Inquisição eram os notários que ofereciam os libelos, depois os deputados assumiram também o papel de promotores, portanto não se fazia distinção destes cargos na Índia.

89 José Miguel Ribeiro Lume. *Op. cit.* v. 2, p.446-448.

90 Antônio Baião. *A Inquisição de Goa...* v. 1, p. 167-175.

Quadro III – Ordens a que pertenciam deputados e promotores de Goa (1560-1682)

ORDEM	Número
Dominicanos	20
Jesuítas	17
Agostinianos	11
Franciscanos	10
Outras	3
TOTAL	61

Fonte: Antônio Baião. A Inquisição de Goa. v. 1.

Diante desse levantamento é possível perceber a importância das ordens religiosas de Goa no que tange ao provimento das necessidades de auxiliares qualificados em direito canônico e teologia do Tribunal do Santo Ofício da Índia.

O cargo de notário também era de vital importância para o funcionamento da Inquisição de Goa. No período estudado foram designados para essa função vinte dois clérigos, todos seculares e de origem portuguesa.[91]

Outra importante nomeação que marcou o funcionamento dos tribunais inquisitoriais do reino, a dos familiares do Santo Ofício, acompanhou a tendência geral que ocorreu no primeiro momento de consolidação da Inquisição e, por isso, inicialmente, eles não eram muito numerosos no Oriente. Francisco Bethencourt indica que houve:

> uma fase inicial de organização muito lenta da rede e com débeis resultados, um progresso das nomeações que se torna mais vivo a partir dos anos de 1620 e uma mudança radical nos anos de 1690 para um novo modelo de enraizamento de massas da Inquisição que se prolonga até os anos de 1770. A situação nos territórios do Império português corresponde, grosso modo, a essas tendências.

91 *Idem*, p. 178-180.

> Em uma carta dos inquisidores de Goa, de 1618, diz-se que o número de familiares no distrito não atingia uma vintena.[92]

Não há dados precisos sobre períodos posteriores a 1618, mas pode-se afirmar que o número de familiares também deve ter crescido no Oriente, acompanhando não só a própria tendência verificada no reino como também nos domínios da América portuguesa.

Fazia parte da rotina dos tribunais inquisitoriais a troca de correspondência, além das consultas e pareceres produzidos. A Inquisição de Goa produziu uma significativa correspondência com o Conselho Geral da Inquisição em Lisboa:

> conservaram-se as cartas expedidas para o inquisdor-geral abrangendo o período de 1569 a 1630. Trata-se de longas cartas, como se a distância tivesse um efeito de amplificação da comunicação escrita (as cartas dos tribunais de distrito da península Ibérica são muito mais regulares e circunspectas). Naturalmente, é necessário esclarecer que o correio entre Lisboa e Goa se fazia normalmente uma vez por ano, aproveitando o ritmo das monções, embora pudessem acumular diversas cartas, que se seguiam na mesma viagem. Todos os problemas que diziam respeito ao tribunal eram inventariados e analisados, acrescentando-se importantes (e extensas) observações sobre a situação religiosa e política do território [...].[93]

Os autos-de-fé de Goa tinham a solenidade e grandiloqüência da encenação que o espetáculo inquisitorial exigia. No auto-de-fé de 17 de outubro de 1610 "foram os penitentes pelas ruas públicas e não se esqueceram os inquisidores de mandar colocar na Sé os retratos dos onze réus

---

92 Francisco Bethencourt. *História das Inquisições...*, p. 58-59.

93 *Idem*. p. 39-40. A correspondência da Inquisição de Goa está sob a guarda do Arquivo Nacional da Torre do Tombo, mas é recomendada a consulta dessas cartas na obra de Antônio Baião. *A Inquisição de Goa*. Correspondência dos inquisidores da Índia (1569-1630). Coimbra: Imprensa da Universidade, 1930, v. II.

queimados no seu tempo por heresia".[94] O auto-de-fé realizado em praça pública de Goa, de 7 de fevereiro de 1630 foi descrito pelos inquisidores que "mandaram fazer um teatro muito grande e aparatoso em um terreiro junto ao Santo Ofício, encostado de um lado às paredes dele. Foi o auto mais célebre dos que na Índia tem havido".[95]

Era também um importante espaço de afirmação de hierarquias e dignidades, a exemplo do que acontecia no reino, mas talvez em Goa seu valor fosse ainda maior, principalmente diante dos frequentes atritos causados por dificuldades de reconhecimento da importância social que tinha cada funcionário eclesiástico ou do rei. Exemplo desses pontos de tensão podem ser vistos na correspondência do inquisidor Rui Sodrinho queixando-se ao Conselho Geral do Santo Ofício:

> os deputados da mesa e eu estivemos no auto assentados todos em um banco e descarapuçados por estar o Vice-rei presente; não faltaram pessoas graves que o estranharam, mas, se nisso vai alguma coisa a V. Mercês pertence determiná-la.[96]

Em sua resposta, o Conselho Geral insistiu em que os inquisidores deviam se manter cobertos, pois era como se verificava nos autos-de-fé do reino, onde os inquisidores assim permaneciam mesmo na presença do próprio rei, que dirá do vice-rei. Por vezes o peso dos símbolos do poder no Oriente era ainda maior do que no reino, espécie de reverberação da necessidade de afirmação da autoridade de diversos níveis da estrutura administrativa do Estado da Índia de ordem política, militar e religiosa, que muitas vezes entravam em rota de colisão.

Em setembro e em novembro de 1562 ocorreram os primeiros autos-de-fé em Goa.[97] Mas a prática de dois autos por ano não se tornou

---

94 Antônio Baião. *A Inquisição de Goa*... v.1, p. 275.

95 *Idem*, p. 276.

96 *Idem*, p. 266.

97 Há um registro feito por Gaspar Correia, nas *Lendas da Índia*, de um auto-de-fé celebrado no ano de 1543, onde ardera na fogueira um médico cristão-novo

norma. Houve mesmo períodos prolongados de interrupção, como entre 1587 e 1596, alegando-se como justificativa da ausência da encenação inquisitorial o fato de "os sentenciados serem todos negros e homens da terra de pouca autoridade".[98]

Para o século XVII há dois levantamentos de datas de autos-de-fé, feitos por Fortunato de Almeida, José Lourenço de Mendonça e Antônio Joaquim Moreira, que indicam também intervalos bastante largos entre os anos, como ocorrera no século XVI, havendo maior regularidade somente a partir de 1685. Mas esses dados não espelham bem a existência de autos-de-fé, uma vez que ao serem cruzados os dados cotejados por aqueles autores com as descrições dessas cerimônias feitas nas cartas dos inquisidores de Goa ao Conselho Geral, notam-se algumas discrepâncias.[99]

Francisco Bethencourt fez um estudo comparativo dos tribunais portugueses e elaborou um quadro reproduzido aqui de forma mais simplificada com o intuito de indicar a atividade do Santo Ofício de Goa.

QUADRO IV – Número de processos nos Tribunais de Lisboa, Coimbra, Évora e Goa (1536-1767)

	Lisboa	Coimbra	Évora	Goa	Total
Período	Nº Processos	Nº Processos	Nº Processos	Nº Processos	Nº Processos
1536-1605	3376	2248	2739	1831	10194
1606-1674	3210	4877	6703	7691	22481
1675-1750	2844	3079	1281	3347	10551
1751-1767	296	170	327	798	1591
Total	9726	10374	11050	13667	44817

Fonte: Francisco Bethencourt. História das Inquisições: Portugal, Espanha e Itália – séculos XV-XIX. São Paulo: Companhia das Letras, 2000. p. 315.

chamado Jerônimo Dias. Mas como está fora do âmbito da alçada da Inquisição de Goa, não está sendo considerado. *Idem*, p. 263.

98 *Idem*, p. 569.

99 *Cf.* Fortunato de Almeida. *Op. cit.* v. IV. p. 315-318 e José Lourenço D. de Mendonça e Antonio Joaquim Moreira. *Op. cit*, p. 270-279.

A simples comparação dos dados demonstra que o Santo Ofício de Goa é com certeza o mais ativo dentre os tribunais portugueses em termos de números de casos. Mesmo para o primeiro período, único em que há registros em quantidade inferior aos dos outros tribunais, é já muito elevado o número de processos se lembrarmos que o tribunal fora fundado em 1560, e ainda demorou algum tempo para ajustar as estruturas necessárias para a execução das ações inquisitoriais.

Na verdade, tanto para o século XVI quanto para o XVII, as listas de autos-de-fé da Inquisição de Goa não apresentam regularidade de informações em termos de conteúdo e características dos réus e das sentenças, o que sempre prejudica a, como já disse, construção de séries totalmente confiáveis das tendências existentes. Portanto, por vezes é necessário fazer algumas extrapolações, desde que cautelosas.[100]

É interessante notar que, a despeito da imagem suscitada pela intensa atividade denunciada pelos números de processados pela Inquisição de Goa, percebe-se que havia muitos problemas estruturais para o seu funcionamento. O elevado número de processos provavelmente decorria mais do fato de tratar-se de um mundo de fronteira, de uma cristandade sitiada na qual o Santo Ofício goês estava inserido, do que propriamente na sua capacidade de ação persecutória. Configurava-se, portanto, em um tribunal de muitas causas, mas pouco eficiente para dar conta da religiosidade multifacetada da região que, por vários caminhos, minava a ortodoxia católica que ali se pretendia em vão implantar.

---

100 *Cf.* Francisco Bethencourt. *História das Inquisições...*, p. 315.

4. Inquisição *versus* Inquisição: a visitação ao Tribunal de Goa

A questão do controle era fundamental para a Inquisição, e a vigilância incorria também sobre o próprio organismo inquisitorial. As visitas de inspeção em Portugal promovidas para fiscalizar o funcionamento dos tribunais "foram muito mais concentradas, menos regulares, mais dependentes da conjuntura política e institucional", do que a experiência espanhola.[101]

Para o caso do tribunal de Goa tem-se notícia de visitações em 1583, 1591, 1608 e 1632. Sobre as três primeiras não há muitas informações, exceto o nome dos visitadores: Frei Gaspar de Melo, Padre Pedro Martins, bispo do Japão e o arcebispo D. Aleixo, respectivamente. Já para a visita de 1632 existe uma documentação consistente e muito rica.[102] O inquisidor geral, D. Francisco de Castro, estabeleceu a visitação, constituindo como visitador Antônio de Vasconcelos, inquisidor de Lisboa, cavaleiro da casa real. O secretário das sessões era o provincial da Companhia de Jesus na Índia, o padre Antônio de Andrade. O maior alvo dessa visitação foi o inquisidor João Delgado Figueira, contra quem pesaram muitas e graves acusações, das quais destacam-se:

> [...] ele costuma se ausentar do Tribunal, deixando só o tribunal de 12 a 15 dias [...] que ele não permitia que se guardasse o Regimento, entre outros abusos. [...] Com todos os vice-reis de seu tempo teve quebras e pôs em risco por isso a Inquisição. [...]

101 Francisco Bethencourt. *História das Inquisições*... p. 192. Além das visitas ao Tribunal de Goa enviadas pelo Conselho Geral do Santo Ofício, havia também as visitas organizadas pelo Santo Ofício goês para investigar várias regiões do Estado da Índia. Há notícias deste tipo de visitação nos anos de 1596, 1610, 1619-21, 1636 e 1690, além de a Malaca e Macau, sem a informação de datas. *Idem*, p. 215.

102 O texto da visitação encontra-se no ANTT. Conselho Geral do Santo Ofício. Visita a Inquisição de Goa de D. Francisco de Castro. Liv. 184. Mas não há as conclusões finais do Conselho Geral nessa documentação.

> Sempre teve pouca paz com os inquisidores seus companheiros e superiores. [...] Teve trato com gente da costa da Pimenta.[103]

Contra o segundo inquisidor, Antônio de Faria, não foram registradas culpas, mas outros funcionários também foram atacados. Os notários Mateus Gomes e Ângelo Monteiro sofreram acusações, entre outras, a de quebrarem o segredo do Santo Ofício. Familiares também foram acusados de abusos, assim como outros funcionários foram indiciados por se ausentarem das funções, particularmente o porteiro, o alcaide e o meirinho.

No processo de investigação (o inquérito prolongou-se de 29 de outubro de 1632 até 7 de fevereiro de 1633) o visitador ouviu várias testemunhas. Uma das primeiras foi o próprio inquisidor acusado, que se calou na maioria das perguntas. Nas poucas vezes em que falou, fez graves acusações ao meirinho Luís Cardoso e ao notário Mateus Gomes, dizendo que tinham maus procedimentos para serem funcionários do Santo Ofício. Defendeu-se da acusação de estar muito ausente, o que propiciava fraudes sobre os pertences dos presos, dizendo que:

> os presos naturais da terra de ordinário são muito pobres, algumas vezes acontece trazê-los o alcaide até estar presente o notário e depois lhe dá conta do que achou ao dito preso, entregando-lhe juntamente o que lhe achou. No que não pode haver fraude alguma porquanto depois se pergunta aos ditos presos e se lhe dá satisfação.[104]

Outro a ser ouvido foi o inquisidor Antônio de Faria que:

> disse que tem ao Inquisidor João Delgado, por pessoa incapaz de servir ao Santo Ofício [...] por sua má natureza contumácia e descabimento que tem com as pessoas que servem em sua companhia ao Santo Ofício. [...] o dito João Delgado é parcial e respectivo que havendo concordado com ele testemunha que

103 ANTT. Conselho Geral do Santo Ofício. Visita a Inquisição de Goa de D. Francisco de Castro (1632-1633). Liv. 184. fl. 1-2v.

104 *Ibidem*. fl. 5.

> servisse o cargo de Deputado desta Inquisição o padre Antônio de Andrade provincial da Companhia e sucedeu de ser o dito religioso juiz na segunda instância de uma causa do doutor Paulo Rebelo e votando o que entendia, acertou de ser contra o voto de João Delgado depois do que haverá cinco ou seis meses sucedeu sendo necessário perfazer o número de cinco votos na mesa desta Inquisição, digo sendo necessário para o dito [...] chamar-se o dito religioso Antônio de Andrade, disse ele testemunha ao dito João Delgado que o elegesse deputado, conforme entre ambos se tinha resolvido. Ao que o dito João Delgado respondeu havia para isso inconveniente, o qual era que o dito religioso havia sido parte em uma coisa que havia entre alguns padres da Companhia e do Santo Ofício.[105]

Depreende-se do testemunho do Inquisidor que havia grave conflito entre o Provincial da Companhia de Jesus e o Inquisidor João Delgado Figueira. Mas o que poderia ser definido como rusga entre os inquisidores, na verdade assume o peso e gravidade de acusações vindas de outras pessoas. Frei Diogo de Santa Ana, que era o deputado do Santo Ofício mais antigo naquela altura, Provincial da Ordem de São Francisco, também o acusou de negligente nas suas funções, pois não assistia às sessões de tormento. Outro franciscano, frei João de Abrantes, declarou que ele não tinha talento nem capacidade para exercer o cargo. O jesuíta José Álvaro Tavares, reitor do Colégio de São Paulo e deputado do Santo Ofício, reafirmou a incompetência de João Delgado dizendo que "não tem a paz e concórdia que se requer".[106] Ou seja, havia um consenso em considerar João Delgado um inquisidor que não cumpria suas obrigações regimentais e, muito pior, useiro em criar instabilidade da cristandade na Índia.

---

105 *Ibidem*. fl. 6 v – 8 v. Note-se que nesse trecho há uma clara rivalidade entre os inquisidores. Isso parece ser algo comum, se basear-nos em uma carta de 1595 do Conselho Geral do Santo Ofício aos inquisidores de Goa, ordenando que não houvesse diferenças particulares entre eles. BNRJ. *Inquisição de Goa*. 25, 2, 1 nº 212-213.

106 *Ibidem*. fl. 20 v – 25 v.

Francisco Bethencourt resume assim os registros dos interrogatórios:

> João Delgado Figueira é acusado de mais de cem infrações, nomeadamente de abuso de poder para com os presos e para com os funcionários, de retirar indevidamente dinheiro do fisco, de possuir documentos secretos do tribunal em sua casa, de prender arbitrariamente inimigos pessoais, de provocar conflitos constantes com autoridades civis e de interferir nas eleições dos provinciais das ordens religiosas. A concentração de acusações no primeiro inquisidor revela-nos um caso significativo de uma rede de clientelismo em que estão envolvidos cristãos-novos e religiosos.[107]

A maior parte das acusações foi confirmada pelo próprio visitador que encaminhou o interrogatório para o Conselho Geral do Santo Ofício.

Em contrapartida, vale lembrar que foi justamente João Delgado Figueira, quando ainda promotor e deputado do Santo Ofício de Goa, o responsável pela publicação em 1624 de um repertório dos sentenciados da Inquisição oriental,[108] algo que havia sido recomendado regimentalmente, mas que nunca fora cumprido até então. É também de sua autoria o documento enviado à Santa Sé, em 1619, contra os ritos gentílicos e as práticas defendidos pelo jesuíta Roberto de Nobili.[109] Da mesma forma, participou de uma junta de teólogos formada pelo governador Fernão de Albuquerque, na qual se discutiu os ritos gentílicos e de onde resultou a decisão de se proibirem as festas de casamentos dos hindus em Goa.

Portanto, se as acusações eram verdadeiras ou resultado de manobras de caráter político não se pode precisar, mas com certeza era um homem que

---

107 Francisco Bethencourt. *História das Inquisições...*, p. 194-195.

108 Este documento encontra-se na BNL. *Repertório Geral de três mil e oitocentos processos despachados pelo Santo Ofício de Goa desde a sua constituição até 1623* de João Delgado Figueira. Microfilme F. 2545.

109 ANTT. Conselho Geral do Santo Ofício. Parecer de João Delgado Figueira, promotor e deputado da Inquisição de Goa sobre os sinais gentílicos (1619). Liv. 474.

não estava afinado com as visões dos jesuítas.[110] Sabe-se que, após esse episódio da visitação, João Delgado Figueira foi obrigado a voltar para o reino (o que o próprio inquisidor já havia solicitado, ou seja, não foi propriamente uma punição), onde assumiu diversos cargos de destaque na Inquisição e na estrutura administrativa do reino, como já dito anteriormente. É justamente por causa da brilhante carreira que percorreu após seu retorno a Portugal que se pode supor que, ao fim e ao cabo, ele não devia ser tão displicente funcionário como foi descrito pelo visitador. A própria presença como secretário dos trabalhos da visitação de um jesuíta do porte de Antônio de Andrade também alimenta a suspeita de que se tratava de uma espécie de revanche de alguns membros da Companhia de Jesus, em função da oposição cerrada que Delgado Figueira fez às proposições de Roberto Nobili e até mesmo a sua rigidez diante das práticas gentílicas dos cristãos da terra.

De resto, é interessante notar que os usuais procedimentos de investigação inquisitorial foram colocados em prática nessa visitação, e percebe-se pelas respostas que João Delgado Figueira não forneceu ao visitador a real proporção que alcançou o embate que se travou nesse episódio.

Mas o trauma foi digno de nota; tanto que em carta enviada pelo Inquisidor Geral ao Santo Ofício de Goa, em 1636, lê-se uma forte recomendação de conduta aos inquisidores:

> com os padres da Companhia terão sempre toda boa correspondência por ser a sua religião tão benemérita da igreja, como é notório, advertindo porém que se alguém particular se esquecer da obrigação de venerar e respeitar o Santo Ofício dê essa mesa proceder na matéria de maneira que não excedendo no modo faça com que o respeito e a veneração do Santo Ofício inviolavelmente se conserve.[111]

Ou seja, uma recomendação de caráter político, até mesmo diplomático, mas que visava manter a grandeza do tribunal.

110 Antônio Baião. *A Inquisição de Goa*... v.1. p. 329, também se coloca em dúvida sobre a veracidade das acusações e depoimentos arrolados pela visita de 1632.

111 ANTT. Conselho Geral do Santo Ofício. Livro de registros das cartas para os inquisidores de Goa (1631-1684). Liv. 101. fl.83 v.

5. O relato dos viajantes: a "lenda negra" da Inquisição goesa

A visitação de 1632 produziu uma visão institucional do funcionamento da Inquisição de Goa, revelando problemas de abuso de poder e corrupção, além de indicar as disputas políticas nas quais estavam inseridos os funcionários do Santo Ofício, mas a lógica do segredo, inerente aos assuntos inquisitoriais, também prevaleceu no caso goês, de modo que os detalhes da investigação só chegaram ao conhecimento do Conselho Geral. Mesmo que os murmúrios e as intrigas se espraiassem pelas ruas de Goa, não ecoariam muito além dos limites da cidade, reduzindo-se à escala dos mexericos e insinuações veladas.

Em contrapartida, houve uma série de registros que revelaram as impressões sobre o santo tribunal de Goa a um público mais amplo: os relatos dos viajantes. É sempre uma fonte que deve ser vista com muito cuidado, pois geralmente contêm impressões feitas a partir de permanências rápidas, olhares por vezes superficiais sobre uma realidade muito diversificada. Mas também apresenta a grande vantagem de destacar aspectos inusitados que aquelas pessoas mais habituadas e adaptadas àquele mundo já nem notam;[112] como diz Marc Bloch: "os objetos mais familiares [...] estão em geral entre aqueles sobre os quais é mais difícil obter uma descrição correta: pois a familiaridade traz, quase necessariamente, a indiferença".[113]

Considera-se aqui como um "viajante" o europeu que não é português e que teve a oportunidade de viajar até Goa ou passar por ela em um trajeto maior de viagem, e que como resultado dessa experiência fez registros sobre a realidade local.[114]

---

112 Ver a reflexões feitas por Maria dos Remédios Castelo Branco e Fernando Castelo Branco. *Op. cit*, p. 139-140. Nesse artigo, os autores só estudam um viajante do século XVII, Charles Dellon, os outros relatos analisados são de viajantes do século XVIII.

113 Marc Bloch. *Apologia da História*: ou o ofício de historiador. Trad. André Telles. Rio de Janeiro: Jorge Zahar Ed., 2001, p. 104.

114 Se tomado ao pé da letra, o conceito de registro de viajantes deveria incluir aqui as impressões feitas pelos jesuítas, principalmente naquelas primeiras cartas que

A partir desse critério, foram escolhidos três viajantes cujo relato relaciona-se direta ou indiretamente à Inquisição de Goa. São eles: Jan Huygen van Linschoten; François Pyrard de Laval e Charles Dellon.

Manuel Cadafaz de Matos alerta que "a maioria destes viajantes eram portadores, como não podia deixar de ser, de uma ideologia reformadora hostil ao dogmatismo fechado e exacerbado" das autoridades dos domínios portugueses.[115] Por outro lado, os livros de Linschoten e de Pyrard de Laval foram publicados no período da união das duas coroas ibéricas (o primeiro por volta de 1596, o outro em 1611), em países que tinham fortes rivalidades com Espanha, tais como Holanda, Inglaterra e França, e serviram para construir uma visão que enfatizava o obscurantismo ibérico. O livro de Dellon é de um período posterior, 1687, mas pode ser associado ao contexto de questionamentos das práticas do tribunal inquisitorial que já havia possibilitado o aparecimento das *Notícias Recônditas* que causou impacto entre as autoridades de Roma.[116] Tudo isso foi responsável por criar uma imagem sobre a Inquisição de Goa, misturando elementos verídicos com outros pouco comprovados, mas sempre com ênfase na crueldade e truculência desse tribunal, num esforço de difamação do Tribunal oriental, originando a "lenda negra" que o envolve. Apesar de todas as ressalvas apresentadas esses livros são importantes registros para analisar o Santo Ofício goês.

O holandês Jan Huygen van Linschoten, nascido em 1562 na cidade de Haarlem, viveu em Goa no período de 1583 a 1588, atuando

escreviam aos seus irmãos na Europa, onde somavam-se as dificuldades da viagem ao atordoamento da identificação de uma cidade rica em contrastes, em sons, em cheiros, em cores. Mas como o olhar dos jesuítas era treinado para observar determinados aspectos, não se pode qualificá-los como viajantes, simples e exclusivamente.

115 Manuel Cadafaz de Matos. Um voto de peregrinar a Santiago de Compostela..., p. 601.

116 Para a análise das *Notícias Recônditas* ver Antônio José Saraiva. *Op. cit*, p. 77-84.

como secretário particular do arcebispo D. Vicente da Fonseca.[117] Desde jovem estivera em contato com as narrativas de viagens marítimas tanto por ouvir contar (o pai era dono de uma taberna, local privilegiado para a difusão desse tipo de relato) quanto por leituras de livros sobre o tema e, ainda muito jovem, foi para a Espanha e depois para Portugal. Seguiu para a Índia em 1583 a serviço do arcebispo de Goa, recentemente nomeado pelo rei. Em Goa ganhou a confiança de D. Vicente da Fonseca, chegando mesmo a ficar encarregado das cobranças das suas rendas e da manutenção da sua casa quando o arcebispo voltou ao reino para resolver questões de conflitos com os governadores e o vice-rei. Após ser informado do falecimento do arcebispo na sua viagem para Portugal, deixou Goa em 1588:

> é provável que na sua decisão de abandonar Goa na primeira oportunidade tenham pesado outras razões. A morte do seu amo fazia dele um desempregado, ao mesmo tempo que as desavenças entre o arcebispo e o poder temporal na Índia podiam complicar as suas possibilidades de encontrar outra colocação. Entretanto, a Inquisição em Goa, por ordem de Filipe II, ia apertando a perseguição a holandeses e flamengos na Índia.[118]

O *Itinerário, Viagem ou Navegação para as Índias Orientais ou Portuguesas*, com as impressões sobre o Oriente português e as viagens marítimas de Linschoten, foi publicado por volta de 1596, na Holanda, e traduzido para o inglês (1598), alemão (1598-1600), latim (1599) e francês (1610).[119]

---

117 Jan Huygen van Linschoten. *Itinerário, Viagem ou Navegação para as Índias Orientais ou Portuguesas*. Lisboa: Comissão Nacional para as Comemorações dos Descobrimentos Portugueses, 1997.

118 Rui Manuel Loureiro. Introdução. In: Jan Huygen van Linschoten. *Op. Cit*, p. 15. Loureiro produziu uma detalhada biografia de Linschoten na introdução dessa publicação do *Itinerário*.

119 *Idem*, p. 9.

A descrição física e institucional da Inquisição é quase inexistente no texto do *Itinerário*. Há uma referência rápida à residência do Idalcão, também chamado de Sabaio, onde diz que: "a sua casa ou palácio ainda hoje existe em Goa, ali estando agora instalada a Inquisição, enquanto que uma praça que está situada entre a igreja grande e a mesma casa ainda hoje se chama o terreiro de Sabaio".[120]

São as informações sobre a diversidade cultural e religiosa que conviviam e circulavam em Goa que servem para perceber um pouco da realidade enfrentada pelo Santo Ofício na Índia. Linschoten, como homem que tinha acesso à dinâmica da administração eclesiástica, teve condições de informar a jurisdição das instâncias do direito instalado no Oriente, afirmando que:

> no que diz respeito à justiça e ao domínio dos portugueses, com as suas ordenações, tanto temporais quanto espirituais, é como em Portugal. Vivem na cidade, misturados com indianos, gentios, mouros, judeus, armênios, *guzerates*, *baneanes*, *brâmanes* e todas as nações e povos indianos, os quais lá vivem e traficam todos, cada qual na sua lei e religião, sem que ninguém seja forçado a fazer nada contra a sua vontade. Apenas as suas cerimônias de queima dos mortos e vivos, de casamentos e de outras superstições e invenções diabólicas, são proibidas pelos bispos, tanto em público como na ilha; mas são admitidas livremente na terra firme e, às escondidas nas suas casas, para evitar todo o escândalo e irritação que possam causar entre os cristãos recém batizados. Mas no que diz respeito à justiça temporal, aos procedimentos e à boa polícia, os que moram na ilha são todos sujeitos ao direito português. Da mesma maneira, alguém que tenha sido batizado cristão, e depois seja encontrado praticando quaisquer erros ou superstições gen-

120 Jan Huygen van Linschoten. *Op. Cit*, p. 144.

> tias, é sujeito à Inquisição, seja quem for e qualquer que sejam as acusações ou erros.[121]

Interessante notar que Linschoten define com grande segurança o alvo da ação inquisitorial, incluindo numa só categoria toda a diversidade de povos e religiões, pois discrimina apenas um critério: os batizados que porventura cometessem "erros ou superstições gentias" seriam perseguidos pela inquisição. Não há nenhum destaque à heresia judaica, podendo isso ser sinal ou do afrouxamento da perseguição aos cristãos-novos, ou de uma visão distorcida desse viajante, que não conseguia perceber a amplitude da ação inquisitorial. Se for lembrada a afirmação de Francisco Bethencourt de que nas duas últimas décadas do século XVI os casos de judaizantes desaparecem dos registros do Santo Ofício de Goa, então pode estar justificada a impressão que dele teve Linschoten.[122]

Há ainda um registro sobre as fronteiras tênues que separavam Goa da circunvizinhança, quando o autor descreve a circulação das pessoas para fora dos limites da cidade:

> para a proteção da ilha servem três ou quatro passagens ou portas do lado leste, situadas na margem do rio, na extremidade da ilha, em frente da terra firme de Salcete e Bardez. Cada porta tem um capitão e um escrivão, os quais zelam para que ninguém possa sair para o outro lado sem autorização. E os indianos, decanins e os outros mouros e gentios que residem em Goa, quando vão a terra firme para buscar todo gênero de mercadorias e mantimentos, recebem nessas portas, que são chamadas *passos*, uma marca (que é impressa no braço nu), e a seguir vão para o outro lado; e no regresso devem mostrar a mesma marca, com a qual podem passar livremente e pela qual pagam uns bazarucos [...]. Este pagamento reverte a favor do capitão e do escrivão do mesmo passo. E à noite tem um rapaz

121 *Idem*, p. 147.

122 Francisco Bethencourt. A Igreja..., p.384.

> que é encarregado de badalar um sino pequeno que está por cima da porta ou torre. Muitas vezes se deita e ata a corda do badalo ao pé, ficando assim deitado e tocando ou badalando, em sinal de que está a vigiar. E esta é a única vigia e proteção que existe em toda ilha.[123]

Talvez haja na expressão da última frase da citação algum exagero, pois sabe-se que Goa possuía um sistema de fortes que assegurava a defesa portuguesa da cidade, descrito e elogiado por funcionários do rei e por outros viajantes.[124] Descontando-se isso, a descrição acima ilustra a mobilidade dos homens para dentro e para fora da cidade. O autor dá ênfase ao aspecto da circulação de mercadorias, mas a partir dessa informação pode-se perceber o quanto seria fácil a troca de informações culturais, o intercâmbio de conhecimentos religiosos, a possibilidade de fuga para a "terra dos infiéis", e o quanto estavam suscetíveis à apostasia, que tanto preocupava a Inquisição de Goa.

O próprio Linschoten, com permissão das autoridades locais, protagonizou uma viagem à terra firme fora da cidade de Goa, cerca de cinco ou seis léguas para o interior, onde travou conhecimento com as práticas gentílicas em pagodes. O que motivara a jornada era a curiosidade de testemunhar um *sati*, ou seja, a queima dos restos mortais de um brâmane e de sua viúva. O objetivo não foi alcançado, mas ele pode testemunhar algumas práticas religiosas e visitar um pagode, a tudo descrevendo com detalhes. No fim agradeceu a Deus por "não ter nascido entre estes gentios e no meio de semelhantes enganos satânicos",[125] demonstrando sua repulsa às práticas religiosas dos hindus.

---

123 Jan Huygen van Linschoten. *Op. Cit,* p. 146. O autor explica que Bazaruco era uma moeda indiana.

124 Ver descrição dos aspectos urbanísticos de Goa em Walter Rossa. *Cidades indo-portuguesas.* Lisboa: Comissão Nacional para as Comemorações dos Descobrimentos Portugueses, 1997, p. 41-53

125 Jan Huygen van Linschoten. *Op. Cit,* p. 193.

Outro viajante que fez anotações sobre Goa e a Inquisição foi o francês François Pyrard de Laval, que passou dez anos em viagens pelo Oriente, de 1601 a 1611.[126] Aos trinta anos de idade Pyrard de Laval embarcou para as Índias Orientais, e o navio em que viajava perdeu-se nas ilhas Maldivas. O náufrago tornou-se prisioneiro do rei local por cinco anos. Após ser aprisionado por piratas bengaleses que saquearam a capital do reino, conseguiu libertar-se e viajou até Cochim em busca de embarcação que o levasse de volta, mas lá foi preso pelos portugueses e conduzido a Goa, em junho de 1608, depois libertado e alistado nas armadas. O viajante resume suas aventuras dizendo que: "estive, pois, em Goa com os portugueses no espaço de dois anos, recebendo paga de soldado, e indo a várias partes em suas expedições".[127] Foi repatriado em janeiro de 1610, aparentemente através de intervenções feitas por jesuítas de origem francesa. Em 1611 publicou na França seu livro, reeditado diversas vezes no século XVII, em francês e com traduções para o inglês e o italiano.

Quando chegou a Goa como prisioneiro estava com a saúde muito debilitada e foi encaminhado para o Hospital Real, administrado pelos jesuítas. Pyrard de Laval ficou vivamente impressionado com a qualidade do atendimento, a organização e limpeza do estabelecimento, e é sobre ele que registra uma série de considerações inicialmente. O tempo de permanência desse viajante em Goa e a condição na qual se encontrava ditam a direção do seu olhar sobre a cidade. A princípio descreve as prisões de Goa, distinguindo-as cuidadosamente:

126 François Pyrard (De Laval). *Viagem de Francisco Pyrard, de Laval contendo a notícia de sua navegação às Índias Orientais, Ilhas de Maldivas, Maluco e ao Brasil, e os diferentes casos que lhe aconteceram na mesma viagem nos dez anos que andou nestes países (1601 a 1611), com a descrição exata dos costumes, leis, usos, polícia e Governo; do Trato e Comércio que neles há; dos animais, árvores, frutas e outras singularidades que ali se encontram*. Ed. Joaquim Helidoro da Cunha Rivara. Porto: Livraria Civilização, 1944, 2v.

127 *Idem*. v. 2, p. 25.

> há quatro prisões gerais em Goa, afora outras particulares. A 1ª é a da Santa Inquisição; a 2ª a do arcebispo, próxima à sua residência; a 3ª o *Tronco* que é junto ao palácio do vice-rei, a maior e principal de todas; tem vasto alojamento para toda a sorte de presos. Há nela todos os meses uma audiência geral, a que a maior parte das vezes assiste o vice-rei. É como entre nós a *Conciergerie*. A 4ª é aquela aonde fomos levados e serve como de auxiliar da antecedente. [...] A Inquisição e a justiça eclesiástica são coisas separadas. Esta pertence ao arcebispo, que tem poder sobre todo o clero. Os Jesuítas andam com ele em litígio há longo tempo na Corte de Roma, porque não querem sobre si outro superior mais que o Papa e o seu Geral. Os juízes e oficiais da Inquisição são juízes privativos. Todavia o arcebispo não deixa de ter muito poder na Inquisição, mas não toma conhecimento dos negócios que a ela tocam; porque os inquisidores têm o seu cargo de el-rei; mas se fizerem o que não devem, é o Arcebispo que lhes toma conta do seu procedimento.[128]

Nesse trecho é notável o esforço que Pyrard de Laval faz para definir e hierarquizar as jurisdições de cada um dos braços da justiça em Goa. Seu relato também demonstra que os atritos eram identificados por qualquer observador mais atento, já que ele em um parágrafo aponta conflitos entre os jesuítas e o arcebispo, e deste com a Inquisição, mesmo que as razões não sejam muito bem entendidas por ele.

Pyrard de Laval também descreve o prédio da Inquisição ao apresentar a importância da Rua Direita:

> esta grande *Rua Direita* é também chamada *dos leilões* [...]. A meio caminho do comprimento desta rua está um dos maiores e mais antigos edifícios da cidade, a que chamam *Casa da Santa Inquisição*, na qual residem todos os oficiais da dita

128 *Idem*. v. 2, p. 21-22.

> Inquisição, e se guarda a mesma ordem que na de Portugal, com a diferença que aqui a justiça é ainda mais severa para com os ricos. [...] O palácio da Inquisição é um edifício mui amplo, com uma sala mui bela e grande, com grandes escadarias mui compridas e fabricadas de mui boa pedra; e não há casa de rei que tenha uma sala tão bela.[129]

Para além de uma simples descrição do palácio da Inquisição, Pyrard de Laval também tece considerações sobre a atividade do santo tribunal, fazendo inclusive algumas comparações:

> a justiça deste tribunal é ali muito mais severa que em Portugal, e queimam mui freqüentemente judeus, a que os portugueses chamam cristãos-novos. Quando estes são presos pela justiça do Santo Ofício, todos os seus bens são também confiscados, e não prendem senão os ricos. [...] É esta justiça a mais cruel e impiedosa coisa do mundo; porque a menor suspeita, a mais leve palavra, seja de uma criança ou de um escravo que quer ser molesto a seu senhor, fazem logo condenar um homem à pena última; e dá-se ali crédito a qualquer criança por mui pequena que seja, contanto que saiba falar. [...] É horrível e espantosa coisa ser alguma vez ali preso; porque não há nem procurador, nem advogado que fale pelo pobre encarcerado;mas os ministros daquele tribunal são juízes e partes ao mesmo tempo.[130]

É importante notar que há nessa citação muitos elementos que fundamentaram a "lenda negra" sobre o tribunal de Goa, particularmente a sua truculência, rigidez e crueldade. Ao contrário do que sugeriu Linschoten, Pyrard de Laval reforça a noção de que o alvo principal da Inquisição do Oriente é o cristão-novo e rico, pois indica claramente ser

---

129 *Idem.* v. 2, p. 43.

130 *Idem.* v. 2, p. 73-74.

esse o interesse fundamental do santo tribunal, chegando inclusive a descrever as acusações mais freqüentes, as famosas práticas judaizantes:

> ora são acusados de por crucifixos nas almofadas sobre que se assentam ou ajoelham, ora que açoitam imagens e não comem toucinho; enfim, que guardam ainda secretamente sua antiga lei, sem embargo de fazerem publicamente obras de bons cristãos, e verdadeiramente creio que a maior parte das vezes provam contra eles o que querem, porque não condenam à morte senão os ricos, e aos pobres dão somente alguma penitência.[131]

Possivelmente, a recomendação de brandura com os recém-convertidos e a dureza da perseguição à heresia judaica poderiam ser os fundamentos da impressão colhida por Pyrard de Laval, ainda no início do século XVII, o que o leva a insistir no fato de que o principal foco de atenção da Inquisição de Goa eram os ricos. Talvez isso sirva mais uma vez para reforçar a idéia de que os escritos de Pyrard de Laval mais atendiam aos moldes da "lenda negra", identificando uma característica típica dos tribunais reinóis, do que descreviam a atuação do Santo Ofício goês.

Outro aspecto que Pyrard de Laval registrou sobre a presença da Inquisição em Goa foi a sua ação deletéria na convivência social:

> e o que é mais cruel e iníquo é que um homem que quiser mal a outro, por se vingar o acusará deste crime; e sendo preso não há amigo que ouse falar por ele, nem visitá-lo, ou procurar por suas coisas, como em semelhante caso acontece aos criminosos de lesa majestade. O povo em geral não ousa falar desta Inquisição, salvo com grande acatamento e respeito, e se pela ventura escapasse alguma palavra que de algum modo lhe tocasse, é mister ir logo logo acusar-se e denunciar-se a si a pró-

131 *Idem*. v. 2, p. 73.

> pria pessoa, se desconfia que alguém a ouviu; porque aliás se outrem a denunciasse, ficaria logo perdida.[132]

Pyrard de Laval retratou o medo que imperava e alimentava o funcionamento do santo tribunal, indicando também a situação de insegurança e desconfiança entre as pessoas que moravam na cidade e que incentivavam as denúncias e as confissões, ótima ilustração da "pedagogia do medo" que Bartolomé Bennassar enfatiza em seus estudos sobre a Inquisição.[133] Pyrard de Laval chegou mesmo a comparar tribunais, afirmando que o tribunal de Goa procedia da mesma maneira que as outras inquisições na Europa (Espanha, Itália e Portugal), ressaltando o procedimento do segredo e total isolamento aos quais estavam sujeitos seus prisioneiros. Mas apesar do medo e da recomendação do silêncio sobre os assuntos do Santo Ofício, muitas das reflexões de Pyrard de Laval devem estar baseadas nas "murmurações" que ouvira tanto na Europa quanto no Oriente.

Percebeu claramente que havia uma atitude mais condescendente em relação aos gentios, pois o Santo Ofício cedia em pontos que não fossem essenciais no processo de conversão, como destaca no trecho a seguir:

> os gentios e mouros indianos, de qualquer religião que sejam, não são sujeitos à Inquisição, salvo se se houverem feito cristãos; mas assim mesmo não são castigados tão rigorosamente como os portugueses ou cristãos-novos vindos de Portugal, e os outros mais cristãos da Europa. Mas se pela ventura um índio, mouro ou gentio, tiver divertido ou impedido outro, que mostrasse vontade de se fazer cristão, e que isso se provasse contra ele, seria castigado pela Inquisição; como também

---

132 *Idem*. v. 2, p. 73. Para uma maior reflexão sobre a ação deletéria da Inquisição ver Ronaldo Vainfas. *Op. cit.* e Bartolomé Bennassar (org). *Inquisición española: poder politico y control social... passim.*

133 Bartolomé Bennassar (org). *Inquisición española: poder politico y control social...*, p. 94-95.

> aquele que tivesse feito a outro deixar o cristianismo, como mui freqüentes vezes acontece. A causa porque não tratam estes índios tão rigorosamente é porque entendem que eles não podem ser tão firmes na fé como os cristãos-velhos; e também porque assim se impediria a conversão dos outros: de sorte que se lhes deixam ainda algumas pequenas superstições gentias, como não comer carne de porco ou de vaca, ou não beber vinho; e igualmente o seu antigo modo de vestir e adornos, assim aos homens como às mulheres cristãs.[134]

Percebe-se ainda o registro das sentenças contra os "infiéis" que não deveriam ser alvo da Inquisição, o que confirma os dados encontrados nas listas de autos-de-fé para o século XVII. Além disso, Pyrard de Laval insinua uma certa flexibilidade por parte dos inquisidores ao deixar algumas sobrevivências culturais entre os grupos cristianizados na região.

Por fim, disse não ser capaz de informar o "número de pessoas esta Inquisição faz morrer ordinariamente",[135] mas descreveu os autos-de-fé:

> é nas festas principais do ano que se fazem as execuções, e nestes autos todos os pobres condenados marcham juntos com camisas breadas e pintadas de chamas de fogo; e a diferença que os que são condenados a pena última têm dos outros, é que as chamas destes correm para cima, e as daqueles correm para baixo. São levados a igreja principal ou Sé, que é mui perto da prisão, e ali assistem à missa e sermão; no qual se lhes fazem grandes admoestações; depois são levados ao Campo de S. Lázaro, e ali os queimam em presença dos outros, que assistem ao auto.[136]

---

134 Francisco Pyrard (De Laval). *Op. cit.* v. 2, p. 74.

135 *Idem.* v. 2, p. 73

136 *Idem.* v. 2, p. 75. Segundo D. Raphael Bluteau. *Vocabulário Portuguez e Latino* Rio de Janeiro: UERJ, 2000. [cd-rom] breadas significa coberta de breu.

Nessa rápida descrição o foco da narrativa recai sobre os acusados, não havendo menção às autoridades, nem sequer à localização de cada uma delas na procissão e na cerimônia do auto-de-fé.

Charles Dellon foi certamente quem legou a visão mais difundida por toda a Europa do que seria a Inquisição de Goa. De todos os viajantes teria sido o único a olhar para o santo tribunal não apenas como mero observador de fora, anotador de algumas manifestações exteriores ou mesmo de "ouvir dizer" sobre o seu funcionamento. Experimentou, como réu, todo o trâmite do processo inquisitorial, e deixou um relato sobre sua experiência em livro publicado pela primeira vez em 1687, em francês, tendo traduções em inglês, alemão, holandês e português, nos séculos XVIII e XIX:[137]

> o sucesso desse livro é surpreendente: duas novas edições francesas em 1688; uma edição inglesa e outra alemã nesse mesmo ano; uma edição holandesa em 1697. No total, pudemos contar 28 edições desse livro até meados do século XIX, a maior parte publicada entre o final do século XVII e o início do século XVIII. As edições de língua inglesa registraram uma maior longevidade, com um novo conjunto de impressões entre 1812 e 1819, tanto na Inglaterra como nos Estados Unidos [...].[138]

Sobre a veracidade da narração de Dellon pairaram dúvidas provenientes principalmente da historiografia comprometida com a visão da "Goa Dourada", segundo o historiador indiano Priolkar, que identifica três nomes responsáveis pelo questionamento da presença de Dellon na Índia e da veracidade de sua narrativa: Gerson da Cunha, o jesuíta H.

137 Para o presente trabalho estão sendo usadas duas publicações da narração, uma portuguesa: Charles Dellon. *Narração da Inquisição de Goa*. Lisboa: Antígona, 1996 e outra francesa: Charles Amiel e Anne Lima. *L'Inquisition de Goa*: La relation de Charles Dellon (1687). Paris: Editions Chandeigne, 1997. Há ainda uma outra publicação anterior (1685) de Dellon chamada *Relation d'un Voyage fait aux Indes Orientales*, mas não foi utilizada nesse estudo.

138 Francisco Bethencourt. *História das Inquisições...*, p. 349-350.

Heras e Braz A. Fernandes.[139] Em uma habilidosa investigação, Priolkar promoveu um cruzamento de fontes. Na *Narração da Inquisição de Goa* há uma rápida referência a uma visita que o Abade Carré teria feito a Dellon quando este ainda estava preso em Damão. Este religioso francês tinha sido enviado ao Oriente pelo ministro Colbert e, por sua vez, também publicou um livro relatando suas viagens ao Oriente,[140] no qual Priolkar encontrou a descrição da visita a Dellon feita pelo religioso. Dessa forma, o historiador afirmou a veracidade do relato feito pelo viajante na *Narração da Inquisição de Goa.*[141] A par disso, Antônio Baião localizou na Biblioteca Nacional de Lisboa uma lista de auto-de-fé do dia 12 de janeiro de 1676, onde aparece nome de Dellon. Pode-se ainda acrescentar que pela riqueza da descrição dos procedimentos inquisitoriais feitas pelo cirurgião francês, o livro de Dellon deve ser considerado como uma importante fonte para o estudo da Inquisição de Goa e sua autenticidade consolidada.

Charles Dellon nasceu em 1649; foi para Índia em 1668 como cirurgião num navio da Companhia Francesa das Índias Orientais, e permaneceu em viagens pela costa do Malabar a seu serviço, estabelecendo-se em 1673 como médico na cidade de Damão a convite do governador Manuel Furtado de Mendonça. O próprio governador, cerca de seis me-

---

139 Ver A. K. Priolkar. *Op. cit.* p. 37-38. O autor cita os artigos de cada um dele: J. Gerson da Cunha. M. Dellon and the Inquisition of Goa. *J. B. Br. of the Royal Asiatic Society*, v. XVIII, Part II (1887-1889). Bombay, 1889. p. 52; H. Heras. The Decay of the Portuguese Power in India. *Journal of the Bombay Historical Society.* v. I, Bombay, 1928, p. 35; Braz A. Fernandes. *Dellon and the Inquisition of Goa.* Bombay, 1936, p. 63.

140 O livro citado por Priolkar é *The Travels of the Abbé Carré in India and the Near East – 1672 to 1674 – From France through Syria, Iraq and the Persian Gulf to Surat, Goa, and Bijapur, with an account of his grave illness.* Translated from the manuscript journal of his travels in the India Office by Lady Fawcett, and Edited by Sir Charles Fawcett with the assistance of Sir Richard Burn. 1947, v. 1.

141 Ver A. K. Priolkar. *Op. cit,* p. 39-49. Como Dellon foi encaminhado à Inquisição de Lisboa seria de se esperar encontrar uma cópia do seu processo no ANTT, mas nunca foi localizado.

ses mais tarde, denunciou o cirurgião francês com a acusação de protestantismo, promovendo sua prisão e posterior envio para a Inquisição de Goa, no início de 1674. Preso por dois anos, Dellon foi condenado a cinco anos nas galés de Portugal e enviado para Lisboa, onde chegou em janeiro de 1676. Após uma série de petições, em junho do ano seguinte conseguiu a liberdade sob a condição de que partisse para a França. Nesse país, após muitas hesitações, acabou publicando sua experiência como réu do Santo Ofício goês, tomando a precaução de não revelar seu sobrenome, por receio de quebrar o silêncio ao qual estavam submetidos todos os que passavam pelos processos inquisitoriais.[142]

As razões da acusação feita pelo governador Manuel Furtado de Mendonça não são claras. Segundo Dellon, a verdadeira causa de sua prisão teria sido o ciúme que o governador de Damão e um religioso, secretário do Santo Ofício, sentiram pela atenção que certa dama deu ao médico francês. Mas ele mesmo narra uma série de procedimentos e discursos que fizera em vários locais da cidade, suficientes para incriminá-lo aos olhos da Inquisição.

Primeiramente ele teria conversado com um dominicano sobre o batismo e havia negado o efeito do batismo de *flaminis*,[143] chegando mesmo a citar o evangelho de João, capítulo 3, versículo 5: "aquele que não nascer da água e do Espírito, não pode entrar no reino de Deus". Demonstrou publicamente várias vezes que tinha restrições ao culto das imagens, proferindo inclusive opiniões sobre isso e citando a "sessão 25" do Concílio de Trento, que recomendava o culto apenas às imagens de

142 Para a biografia de Charles Dellon utilizaram-se as informações de A. K. Priolkar. *Op. cit*, p. 35; a introdução do tradutor Ada Mastor da edição portuguesa de 1996 da *Narração da Inquisição de Goa*. p. 9 e o estudo de Charles Amiel e Anne Lima em *L'Inquisition de Goa*: La relation de Charles Dellon (1687). Paris: Editions Chandeigne, 1997.p, 41-50.

143 Existem três tipos de batismo: o da água, o do desejo (*flaminis*) – perfeita contrição no coração e sincero desejo de batismo – e o de sangue – obtido através do martírio. Apesar de só o primeiro ser considerado sacramento, existe flexibilidade em relação aos outros dois dentro da Igreja católica. William Fanning. Baptism. In: *New Advent Catholic Encyclopedia*. www.newadvent.org/cathen/02258b.htm.

Jesus Cristo. Recusava-se a levar o rosário ao pescoço e, mais grave, desqualificou os juízes da Inquisição em uma discussão sobre a justiça dos homens, pois segundo Dellon:

> disse eu que ela não me merecia este nome, mas antes o de injustiça; porque os homens, não julgando senão por aparências, que freqüentes vezes enganam, eram sujeitos a mui poucas vezes fazerem juízos retos, e sendo Deus o conhecedor das coisas tais como elas em si são, também não havia outro, afora ele, que se pudesse chamar verdadeiramente justo. Então um destes diante de quem eu falava tomou a palavra e disse-me que, falando genericamente era exato o que eu afirmara; mas que em fim cumpria fazer esta distinção, que se em França não havia verdadeira justiça, tinham eles os portugueses esta vantagem sobre nós, porque tinham no seu seio um tribunal cujas sentenças eram tão justas e tão infalíveis como as de Jesus Cristo. Conhecendo eu logo que aludia à Inquisição, repliquei-lhe nestes termos: – Acaso pensais vós que os inquisidores são menos homens e menos escravos das suas paixões que os outros juízes? – Não digais tal, me replicou este zeloso defensor do Santo Ofício. Se os inquisidores, juntos em tribunal, são infalíveis, é porque o Espírito Santo preside sempre às suas decisões.[144]

Com certeza o jovem médico francês tinha conseguido acumular, em cerca de seis meses de convivência com a comunidade da cidade de Damão, muitas possibilidades de denúncias que provocariam a sua prisão. Além disso, também informou que gostava de debater com os infiéis e gentios sobre temas religiosos, e que o fazia motivado por suas leituras e curiosidades em relação às questões de fé, um terreno perigoso que o colocou em situação dramática.

---

144 Charles Dellon. *Op. cit*, p. 38.

Dellon informa que foi avisado de que havia denúncias no santo tribunal contra ele, de modo que tomou a iniciativa de procurar o comissário da Inquisição[145] de Damão, que considerava seu amigo, e contou-lhe suas apreensões. Este teria apenas confirmado que havia muitos comentários sobre ele, e aconselhou-o a amoldar-se mais "aos usos do povo".[146] Mesmo assim acabou preso, para sua surpresa, permanecendo primeiro na prisão de Damão (que descreve como uma das mais horrendas que existiam) e depois sendo transferido para Goa, onde conheceu os "limpos e alumiados cárceres da santa Inquisição".[147] Descreveu também o próprio prédio no qual funcionava o santo tribunal e as celas dos prisioneiros:

> é situada num dos lados da grande praça fronteira à catedral, dedicada a Santa Catarina. Este edifício é grande e majestoso; tem na frente três portas, a do centro é maior que as dos lados e por ela se entra para a sala, de que falei [a antecâmara da sala da Mesa do Santo Ofício], subindo uma escadaria. As portas laterais dão direção para os aposentos dos inquisidores, cada um com capacidade de acomodar sofrível mobília. Além destes aposentos há muitos outros quartos para os oficiais da casa. Internando-se mais para dentro, se entra num grande edifício, dividido em muitas repartições de dois andares, separadas por pátios, e tendo cada andar uma galeria em forma de dormitório de sete ou oito cubículos, de dez de quadrado cada um. O total de cubículos subirá a duzentos. As celas dum destes dormitórios

145 Em toda fortaleza portuguesa e nos territórios em volta de Goa havia a presença de um *comissário da Inquisição*, figura da administração eclesiástica designada desde a fundação do Tribunal de Goa, em 1560. Ver Catarina Madeira Santos. *«Goa é a chave de toda a Índia»*. Perfil político da capital do Estado da Índia (1505-1570). Lisboa: Comissão Nacional Para as Comemorações dos Descobrimentos Portugueses, 1999, p. 312.

146 Charles Dellon. *Op. cit*, p. 61.

147 *Idem*, p. 74.

> são escuras, porque não têm fresta; são baixas e mais pequenas que as outras; mostraram-nas, num dia do meu queixume de ser tratado com demasiado rigor, para me fazerem sentir que podia estar pior do que estava. As outras celas são quadradas, abobadadas, caiadas de branco e limpas, entrando-lhes a luz por uma pequena fresta engradada, sem porta, e numa elevação a que a mão do homem mais alto não pode chegar.[148]

Relatou com detalhes as condições a que cada preso era submetido: o material existente na cela (vasos de barro, uma vassoura, uma grande bacia e uma vasilha de cobre, dois estrados, uma esteira e uma colcha); a alimentação (comem três vezes ao dia, boa comida, mas não se serve nunca carne); os cuidados médicos com os doentes e a confissão para os moribundos, embora não os sacramentos do viático e da santa unção; a não ocorrência de missa; a proibição de ler livros e a falta de iluminação à noite; o costume de se manter um preso em cada cela, embora houvesse casos de dois ficarem juntos.[149]

Dellon descreveu também a estrutura do Tribunal do Santo Ofício de Goa, cometendo aí algumas imprecisões, mas nada que desabone seu relato. Enfatiza que existia uma dura disciplina com os presos, com o uso de violência intimidante.[150] Explicou também os trâmites do processo, com suas várias etapas: a denúncia, as audiências, os tipos de crimes (com destaque para a questão dos cristãos-novos e dos gentios recém-convertidos), e as condenações, informando ainda que a freqüência de autos-de-fé era de dois em dois anos, ou de três em três.[151]

No trecho abaixo pode-se perceber uma grande sensibilidade comparativa por parte do médico francês:

---

148 *Idem*, p. 77-78.

149 *Idem*, p. 79-81.

150 *Idem*, p. 82-83.

151 De acordo com as listas de autos-de-fé apresentadas por Fortunato de Almeida. *Op. cit.* v. IV, p. 315-318 e José Lourenço D. de Mendonça e Antonio Joaquim Moreira. *Op. cit*, p. 270-279, esta informação não parece passível de confirmação.

> [...] cumpre advertir que os gentios observam no paganismo um grande número de superstições ridículas; para saber, por exemplo, o êxito dum negócio ou duma doença, para conhecer o ladrão de alguma coisa que tenha desaparecido e por outros motivos semelhantes. Ora estes gentios não podem tão depressa olvidar os seus hábitos antigos, sem que ainda depois de batizados os pratiquem muitas vezes; o que será menos estranhável se se souber que na França, onde a religião [cristã] foi estabelecida há tantos séculos, ainda se encontram indivíduos imbuídos dessas idéias insensatas, que acreditam e praticam semelhantes impertinentes cerimônias que o decurso de tão longo tempo ainda não foi capaz de desarraigar. Demais, os gentios *novos convertidos* passaram a melhor parte da sua vida no paganismo, e os que vivem na Índia portuguesa são escravos ou servidores, que no intuito de melhorarem de condição em casa dos seus amos, mudam de religião; por tais culpas, esses homens ignorantes e rudes mereceriam, na minha opinião, antes a pena de açoites que a do fogo.[152]

Dellon fez, portanto, uma crítica à prática do Tribunal do Santo Ofício de Goa, relativa à prisão e condenação também de gentios e muçulmanos não convertidos ao cristianismo, vendo nisso um entrave à cristianização dos povos, pois incutia o profundo medo de morrer na fogueira, o que os afastava da fé católica. Mas ao enfatizar o uso da pena máxima para os casos de gentilismo, não confirma o que se pode constatar nas listas de autos-de-fé do século XVII, que indicam uma esmagadora maioria de sentenças leves para esse tipo de crime, apesar dos processos serem numerosos.[153]

---

152 Charles Dellon. *Op. cit*, p. 97.

153 José Miguel Ribeiro Lume. *Op. cit.* v. 1, p. CLXVIII e BNL. Secção de Reservados. *Coleção de listas impressas e manuscritas dos autos de fé públicos e particulares.* Códice 866. Microfilme F. 5173.

Para além dos relatos e críticas genéricas, a *Narração da Inquisição de Goa* também apresenta uma detalhada descrição de todas as etapas dos procedimentos inquisitoriais pelas quais passou o cirurgião francês, desde suas audiências com o primeiro inquisidor Francisco Delgado de Matos até os momentos de grande desesperança e aflição pelos quais passou nos dois anos em que esteve preso. A narrativa aqui adquire tons ainda mais dramáticos, mas pode-se perceber também uma postura crítica por parte de Dellon.[154]

Nas primeiras audiências foi instado a dizer, como de praxe, se sabia das causas de sua prisão. Relatou as questões debatidas em Damão, mas se esqueceu das invectivas que fizera contra os inquisidores, só declarando essa culpa na terceira audiência com o inquisidor. Depois de certo tempo, perdeu as esperanças de sair daquela situação e, usando o seu conhecimento médico, lançou mão de um estratagema para tirar a própria vida. Dissimulou doença e um médico gentio começou a tratá-lo com sangrias. Quando este saía, Dellon desfazia os serviços de seu colega de profissão e vertia ainda mais sangue. Muito fraco, quando foi considerado à beira da morte, deram-lhe um confessor a quem contou o que fizera e, exortado por este, Dellon permitiu que o inquisidor fosse informado. Passaram, então, a cuidar dele mais detidamente, dando-lhe um companheiro de cela por algum tempo, mas ainda assim, quando voltou a estar só, atentou contra a própria vida outras vezes. Depois acalmou-se.

Mesmo diante de todo esse desespero, na quarta audiência, onde o promotor leu o libelo acusatório, Dellon demonstrou, ou pelo menos diz ter demonstrado, que em termos de boa formação cristã ele estava em melhor posição do que o próprio primeiro inquisidor. Diante dele justificou suas opiniões sobre o batismo e a adoração de imagens citando o evangelho de João, capítulo 3, versículo 5 e a sessão 25 do Concílio de Trento. Segundo Dellon, essa atitude deixou o inquisidor muito impressionado, a ponto de mandar vir o Novo Testamento e o texto do Concílio de Trento para verificar o que o réu dizia, demonstrando o inquisidor

154 Charles Dellon. *Op. cit*, p. 110.

que desconhecia ou não se lembrava de suas citações; desse episódio, faz o seguinte comentário:

> na verdade custa a compreender este grau de ignorância em pessoas que se metem a julgar os outros em matéria de fé, e confesso que eu dificilmente acreditaria nestes fatos, não obstante havê-los presenciado e tê-los bem presentes.[155]

Parece claro, porém, que Dellon, nesse comentário e na descrição de seu "debate" com o Inquisidor, assumindo uma bravata a posteriori, pois escrevia quando já se encontrava a salvo dos rigores da Inquisição goesa.

Outro momento muito rico da *Narração da Inquisição de Goa* é o da descrição do auto-de-fé de 12 de janeiro de 1676, no qual saiu Dellon. Tanto os aspectos formais quanto os psicológicos podem aí ser encontrados. Percebem-se o medo, a insegurança, a ignorância de qual seria seu próprio destino, a confusão promovida pela alteração da rotina do dia a dia do preso, a necessidade de entender o que estava acontecendo a partir de pequenas pistas deixadas pelas roupas que seriam usadas, pelas recomendações que eram feitas e pelo lugar em que cada um se encontrava, como pode ser visto no seguinte trecho:

> como ignorava as formalidades do Santo Ofício, apanhei grande susto que eu fosse vítima condenada à fogueira, por maior que fosse o desejo que antes houvesse tido de morrer, mas refletindo no meu vestuário nada tinha distinguindo-me dos outros, e não sendo crível que devessem morrer tantos quantos estavam vestidos como eu, fiquei um tanto sossegado. Todos que estávamos rente à parede deste corredor tivemos uma tocha de cera amarela, trouxeram depois pacotes de hábitos da feição de dalmáticas ou grandes escapulários de pano amarelo com cruzes de Santo André, pintadas de vermelho por diante e por detrás. [...] Estes grandes escapulários com estas cruzes

155 Charles Dellon. *Op. cit*, p. 114.

> de Santo André chamam-se *sambenitos*. Os que se têm por *convictos*, e persistem em negar os fatos de que são acusados, ou que são relapsos, levam outra espécie de escapulário, que tem o nome de *samarra*, cujo fundo é pardo. Nele está representado ao natural, por diante e por detrás, o retrato do paciente posto sobre tições abrasados em chamas, que se elevam, e todo cheio de demônios, e por baixo deste retrato estão escritos seus nomes e seus crimes. Mas os que se acusam, depois de pronunciada a sentença e antes da sua saída, e que não são relapsos, levam sobre as samarras chamas viradas por baixo, o que se chama *fogo revolto*. [...] Depois de repartidos os sambenitos, vieram cinco barretes de cartão pontiagudos, que têm o feitio de um pão de açúcar, cobertos todos de pinturas de demônios e chamas com um letreiro em roda que dizia: *feiticeiro*. Estes barretes têm o nome de *carochas*, e puseram-nos nas cabeças de outras tantas pessoas, acusadas de magia [...].[156]

Daí em diante Dellon descreve o desenrolar do auto-de-fé desde a designação dos padrinhos que acompanhavam cada preso (o seu era o general da armada das Índias), a ordenação da procissão atrás do estandarte da inquisição (o qual descreve com detalhes), o caminhar nas ruas de Goa (andavam descalços por mais de uma hora em um calçamento de seixos cortantes que fizeram seus pés sangrarem), e a chegada à igreja de S. Francisco, que havia sido preparada para o evento. Já instalado em seu lugar dentro da igreja, reparou que por último estavam os condenados que carregavam as carochas, e diante deles havia um crucifixo voltado para eles, mas de costas para dois outros réus vivos e quatro estátuas de tamanho natural. Explicou, então, que:

> a face do crucifixo voltada para aqueles que o precedem denota misericórdia que se usou com eles, livrando-os da morte, embora justamente merecida; e o mesmo crucifixo voltando as

156 *Idem*, p. 122-123.

> costas para aqueles que o seguem, significa que estes desgraçados não têm mais graça a esperar. É assim tudo misterioso no Santo Ofício![157]

Dellon conta também que o inquisidor sentou-se num trono do lado direito do altar, enquanto o vice-rei Luís de Mendonça Furtado de Albuquerque e a corte colocaram-se do à esquerda diz que houve o sermão e a leitura dos processos de todos os culpados, e no meio da galeria, com uma tocha acesa na mão, ouviu sua sentença. Foi acusado de:

> 1°, o ter sustentado a invalidade do batismo flaminis; 2°, o haver dito que se não deviam adorar as imagens e ter blasfemado contra a dum crucifixo, dizendo ser um pedaço de marfim; e 3°, o ter falado com desprezo da Inquisição e dos seus ministros; e sobretudo pela má intenção que tivera quando todas estas coisas proferi, por cujos crimes era declarado excomungado, sendo para reparação deles confiscados os meus bens para o fisco e eu desterrado da Índia e condenado a servir por cinco anos nas galés de Portugal, cumprindo, além disto, as outras penitências que em particular me fossem impostas pelos inquisidores.[158]

Depois de lidas todas as sentenças de todos que seriam reconciliados, o inquisidor, acompanhado de seus auxiliares, ia até onde estavam os réus e batia neles com umas varinhas, simbologia para a absolvição da excomunhão. Depois disso, vinham os réus que condenados e relaxados ao braço secular, seis ao todo, dois vivos e quatro em estátua, acusados de magia (4) e de judaísmo (2). Dellon concluiu:

> assim terminou para nós a célebre cerimônia do auto-de-fé, e enquanto esses pobres miseráveis foram conduzidos à margem do rio onde já se haviam reunido o vice-rei e sua corte, e onde

157 *Idem*, p. 133.

158 *Idem*, p. 136.

> estavam já preparadas do dia antecedente as fogueiras em que haviam de ser imolados, fomos nós outros reconduzidos aos cárceres da Inquisição pelos nossos padrinhos sem observar no regresso ordem alguma.[159]

Mesmo sem ter presenciado a execução na fogueira, o médico francês descreveu-a e ao procedimento posterior de colocar os retratos dos executados com seus nomes e a descrição de seus crimes na igreja.[160] Os elementos presentes na descrição de sua experiência demonstram que Dellon era um homem bem informado e capaz de observar diversas peculiaridades da Inquisição de Goa. Trata-se de um relato rico em pistas para conhecer-se a dinâmica do santo tribunal no Oriente, fonte que se torna ainda mais importante se colocada em confronto com os poucos registros que sobreviveram sobre o Santo Ofício goês, uma vez que não é possível trabalhar-se com os processos como ocorre com os estudos sobre os tribunais que funcionaram no reino de Portugal.

Por outro lado, a *Narração da Inquisição de Goa*, por ter sido um sucesso editorial, a julgar por suas várias edições, tornou-se referência para os debates de tempos posteriores sobre o Santo Ofício, servindo de base para muitas impressões que se propagaram, inclusive do ponto de vista da difusão da emblemática inquisitorial, graças às gravuras inseridas no livro desde a segunda edição, especialmente a representação do estandarte da Inquisição de Goa: a imagem de São Pedro Mártir com um ramo de oliveira na mão esquerda e uma espada na mão direita, tendo aos seus pés uma esfera imperial com a cruz e um cão que abocanha uma vela acesa, com uma divisa *Justitia et Misericordia*.

Dessa forma, o livro de Charles Dellon pode ser visto como mais um dos responsáveis pela construção da imagem da Inquisição de Goa, servindo de alimento para a consolidação da "lenda negra" que marcou esse tribunal.

---

159 *Idem*, p. 139.

160 *Idem*, p. 140-141.

6. O Santo Ofício de Goa na finisterra da fé

Se inicialmente houve uma certa tolerância com as práticas religiosas dos hindus em Goa, gradativamente essa postura foi sendo modificada e a ação da Inquisição endureceu tanto em relação aos recém-convertidos, como até mesmo com os gentios que resistiam à conversão e praticavam seus antigos ritos.[161] É possível identificar um núcleo de procedimentos do Tribunal do Santo Ofício contra as práticas cotidianas das comunidades indianas de Goa e adjacências. Dentre eles destacam-se a repressão aos ritos e cerimônias hindus, a conversão dos órfãos dos indianos e a passagem de cristãos recentemente convertidos às terras de mouros e gentios.

Francisco Bethencourt destaca "a capacidade de adaptação dos tribunais da Inquisição a contextos religiosos, culturais, sociais e políticos bastante diferentes",[162] o que significa dizer que o Tribunal do Santo Ofício de Goa estava diante de uma realidade religiosa, social, cultural e política muito diferente da portuguesa, mas procurou logo ajustar-se aos problemas locais, mesmo não deixando completamente de lado a questão do judaísmo, que aliás também fazia parte desse universo, com matizes ainda mais complicados devido à existência dos *judeus brancos* e os *judeus pretos* da região de Cochim. Deve-se entender essa "adaptação" não como tolerância, mas sim como um ajuste na perseguição a modalidades diferentes de crimes. Bethencourt ressalta que "na Índia, o modelo de repressão dirigida contra os hindus convertidos 'desviantes' foi de tal maneira sistemático (o número total de processos é o mais importante de todos os tribunais) que pôs em causa a política colonial das autoridades civis".[163] Esse quadro refere-se principalmente à fuga dos brâmanes da cidade de Goa para as terras fora dos domínios portugueses, o que causou problemas econômicos para o Estado da Índia.

---

161 Ver Anne Lima. Justice et miséricordie. In: Michel Chandeigne (org). *Goa 1510-1685*: l'Inde portugaise, apostolique et commerciale. Paris: Autrement, 1996, p. 143.

162 Francisco Bethencourt. *História das Inquisições...*, p. 323.

163 *Idem*, p. 323.

Em relação à realidade indiana complicada e repleta de conflitos experimentada pelos juízes do santo tribunal, houve a necessidade de fazer-se uma série de consultas ao Conselho Geral do Santo Ofício, gerando discussões entre este e os inquisidores de Goa.

Assim, quanto à repressão dos ritos e cerimônias hindus, em 1603 os inquisidores tinham algumas orientações gerais:

> os cristãos da terra se não achem presentes aos conventículos e pregações dos gentios e dos seus brâmanes, proibindo-lhe com as penas e censuras que lhes parecer e contra os gentios, não procederão senão em caso que lhes conste que persuadem ou quer persuadir a sua seita aos ditos cristãos e tratando os perverter e fazer idolatrar.[164]

A ideia era evitar que houvesse contatos entre os recentemente convertidos e as práticas ritualísticas da tradição hindu. Interessante contraponto a esta restrição pode ser registrado na obrigatoriedade que os hindus tinham de assistir aos serviços religiosos dos cristãos aos domingos em Goa. A estratégia, nesse último caso, era fazer com que paulatinamente as populações locais se familiarizassem com a crença católica e, em última instância, obter conversões.

No entanto, se os cristãos da terra insistissem na convivência com os ritos gentílicos, podiam ser presos. Depois de capturados, o Conselho Geral, em 1604, recomendava que "os gentios batizados que idolatraram e negam atenção devem ser sobre isso mais examinados, e persistindo em a negar, o promotor os acuse e forme-se seu processo na formado estilo e regimento e no sentenciar segundo disposição do direito [...]".[165]

---

164 ANTT. Conselho Geral do Santo Ofício. Ordens para a Inquisição de Goa (1576-1624). Liv. 298. fl. 223. É importante destacar que muitas das determinações do Tribunal do Oriente reforçava deliberações dos reis, como por exemplo o caso da ordem datada de 1581 de Felipe II proibindo a presença de pagodes e cerimônias gentílicas e de mouros nas terras pertencentes ao reino. BNRJ. *Inquisição de Goa*. 25, 1, 3. nº 79.

165 *Ibidem*. fl. 249.

Outro ponto muito discutido entre os inquisidores era a questão dos órfãos hindus. A ação das autoridades portuguesas em relação a esses é comparável às modalidades usadas ao tempo da conversão em massa de judeus, ocorridas no reino de Portugal. A ordem de captura dos hindus que porventura ficavam órfãos tinha sido lavrada pelo:

> Rei D. Sebastião por seu Alvará em corroboração de outro do senhor Rei D. João o 3° que os filhos dos gentios que ficassem órfãos fossem tomados e levados nos colégios da Companhia, onde os instruíssem nos mistérios da nossa Santa Fé, e os batizassem, declarando que se teria por órfão aquele que não tivesse pai, nem mãe, nem outro algum ascendente [...].[166]

Para protegerem seus parentes, muitos hindus acabavam enviando esses jovens para a terra dos mouros, e a partir daí passavam a ser objeto da ação do Santo Ofício, pois criavam um obstáculo à propagação da fé católica, caso que, mesmo perpetrado por não cristãos, era passível de punição pelo Santo Tribunal da fé. Mas essa questão foi muito polêmica, e resultou em graves conflitos com autoridades civis de Goa.

Uma das consultas mais recorrentes dos inquisidores de Goa referia-se à questão da fuga dos recém-convertidos e mesmo de portugueses para as terras de mouros e de gentios. Em relação a esse problema, os inquisidores gerais concederam sucessivamente até o fim do século XVI uma série de Editos da Graça para visitações que se fizessem nos domínios orientais (que variavam de 30 dias, o que era regulamentar, chegando até mesmo a 6 meses, com a alegada justificativa da vastidão do Estado da Índia). Assim, em uma carta do Inquisidor geral de 1585 lê-se: "fui informado [...] que eram passados aos mouros e gentios alguns cristãos assim naturais da terra como portugueses e que andavam apóstatas

166 ANTT. Conselho Geral do Santo Ofício. Carta do Vice-rei Antônio de Melo e Castro ao Conselho Geral do Santo Ofício – Goa, 31 de janeiro de 1664. Maço 36. Doc. 4.

e faziam suas cerimônias, pelo que me pareceu resolver [...] o edito da graça que se concede nas visitações deste Reino".[167]

Para melhor ilustrar esse problema, conseguiu-se localizar o traslado de um processo de Goa enviado para Lisboa. Trata-se do processo do ano de 1587 contra Francisco Toscano, mestiço, natural e morador de Goa, filho de Mateus Toscano e Ana Vella [?], de 21 anos.[168] Foi denunciado em Ormuz por um certo Gaspar Carvalho que ouvira dizer que muitas pessoas tinham visto Toscano "ser circuncidado e depois de estar dias no dito Cananor quebrou um tronco donde estava preso e levou consigo dois mouros de resgate que estavam presos no dito tempo".[169] Outro a denunciar Toscano foi Álvaro Rodrigues:

> disse ele testemunha que o dito Francisco Toscano veio de Cunhale e logo disseram muitas pessoas das que vieram do cativeiro que ele se fizera mouro e fora fanado, e assim ouviu dizer muitas pessoas, que andando nadando lhe viram o membro fanado e sabe que estando o dito Francisco Toscano preso por outro caso em Cananor quebrou o tronco em que estava e levou consigo dois mouros de Resgate e fugiu outra vez para os mouros e ouviu dizer que de lá passara a Meca e não sabe como veio a esta cidade [...].[170]

Logo na primeira sessão com o inquisidor Rui Sodrinho, Francisco Toscano confessou sua culpa, mas apresentou um atenuante, pois quando viajava de Manar ao Ceilão:

> foi cativo no caminho pelos malabares que o levaram dali ao porto de Colombo [...] e em chegando ao dito porto perante

167 ANTT. Conselho Geral do Santo Ofício. Ordens para a Inquisição de Goa (1576-1624). Liv. 298. fl. 96.

168 ANTT. Inquisição de Goa. Proc. 8450. (1587)

169 *Ibidem*. fl. 2 v.

170 *Ibidem*. fl. 3.

> ele réu mataram outro português que também tinha sido capturado em outra embarcação por dizerem que era enfermo de mal contagioso, dizendo-lhe a ele réu que se fizesse mouro ou senão que lhe fariam outro tanto a ele réu então com medo que o matassem e por ser de pouca idade respondeu que ser mouro [...].[171]

Uma das alegações geralmente aceitas para inocentar os réus de tais práticas era a circunstância de estar o acusado sob risco de vida ao cometer seus erros de fé. No entanto, para o inquisidor Rui Sodrinho, não era o caso deste acusado, que acabou sendo condenado a três anos nas galés do reino.

Outro processo do ano de 1599 enviado para Lisboa foi o de Antônio da Trindade, subdiácono, padre professo da ordem de São Francisco (da qual foi expulso), natural de Alenquer, Portugal, de idade de cerca de vinte e quatro anos. O padre foi denunciado por Antônio Matoso, cristão velho, português, morador em Cananor, de cinqüenta e seis anos. Matoso informou que "estando ele por embaixador nas terras do Samorim" ficou sabendo da existência de um jovem português que viera fugido de Cunhale, do qual diziam ser frade de São Francisco. Procurou conhecê-lo e identificou nele uma série de comportamentos mouriscos.[172] Depois disso o jovem fez confissão de seus erros ao arcebispo de Cranganor:

> disse que vivendo no mosteiro de Cochim por leviandade de ânimo e tentação do Demônio se aconselhara com outro religioso por nome frei Francisco de Santa Maria de fugirem com tenção de andar para da onde até se ir para Portugal por via das Filipinas [...]. E fugindo ambos [...] acabaram indo para Cunhale e ainda que não determinadamente de se fazer

---

171 *Ibidem*. fl. 4.

172 ANTT. Inquisição de Goa. Proc. 5330. (1599). fls 7-13.

> mouro, contudo levava tenção de deixar fazer de si tudo o que quisessem.[173]

Segundo Trindade, o Marcá de Cunhale perguntou em malabar se queriam se tornar mouros; o outro concordou e levou-o a fazer o mesmo. Já preso em Goa, na primeira sessão, no dia quatro de novembro de 1599, complementou o relato referindo-se à primeira fuga três anos antes, motivada porque "se afeiçoou a certa mulher, se vestiu de secular e foi a casa da moça, onde esteve em pecado. Como perdeu a hora e não podia mais voltar ao Convento, se mandou pela barra a fora".[174] Chegou a Vicholim, onde acabou sendo preso por ordem do vice-rei, permanecendo no convento em Cochim, de onde fugiu com Francisco de Santa Maria, na véspera do Natal.

Na sentença há a afirmação de que Trindade aprendera orações de mouro e que rezava seis vezes por dia, sendo sentenciado com abjuração de veemente, deposto de suas ordens, tendo que ficar recluso por três anos em Lisboa, onde deveria fazer penitência de grave delito. Ao fim, há uma recomendação de que fosse despachado de forma discreta para o reino, obedecendo à determinação do Conselho Geral do Santo Ofício, o que aconteceu em 16 de agosto de 1600.[175]

Esses dois processos são bons exemplos da facilidade com que os homens e mulheres podiam circular entre os mundos em contato na realidade de Goa, estimulando uma série de medidas de repressão do Tribunal.

Por outro lado, não se deve supor que outras questões não fossem tratadas por esse Tribunal. Judaizantes, sodomitas,[176] bígamos e feiticeiros

---

173 *Ibidem*. fl. 15.

174 *Ibidem*. fl. 8. Marcá é uma dignidade entre os pescadores e os maometanos do Malabar, significa chefe, comandante. Ver Sebastião Rodolfo Dalgado. *Glossário luso-asiático*. Coimbra: Imprensa da Universidade, 1919. v. 2, p. 38.

175 ANTT. Inquisição de Goa. Proc. 5330. (1599). fl.11.

176 Foi possível localizar um processo de caso de sodomia do padre João da Costa, português, natural de Lisboa, da província de Madre Deus dos capuchos, de 44 anos de idade. O padre fez em 1666 uma confissão à mesa do Tribunal, onde

estavam sempre muito presentes nas condenações da Inquisição de Goa, para além das condenações que envolviam as práticas de gentilismo, apostasias e fugas para a terra dos mouros. Mas em termos de quantidades de consultas, de dúvidas e debates suscitados entre o Conselho Geral e os inquisidores de Goa, as questões aqui destacadas eram as mais freqüentes no funcionamento cotidiano do tribunal inquisitorial do Estado da Índia.

---

relatou que tivera intercurso sexual com seis meninos entre os 10 e 13 anos. Em 1670, foi preso após uma série de denúncias feitas por pais de meninos ou por eles mesmos ao tribunal relatando novos atos e novas tentativas perpetradas pelo religioso. João da Costa confessou tudo e foi relaxado à justiça secular, mas com a ressalva de ser enviado ao Conselho Geral do Santo Ofício (obedecendo o critério de não causar escândalo no Oriente) e só em Lisboa a sentença foi completada: "ele está convicto no crime nefando de sodomia contra naturam, e como tal, convicto, confesso, devasso, relapso, escandaloso e incorrigível" é condenado em 1672. ANTT. Inquisição de Goa. Proc. 12.197.

IV. Goa: cidadela cristã no Oriente

"Alexandre antigamente
desatou com uma espada
um nó com que estava atada
a conquista do Oriente
A nossa ainda é mais valente
pois vemos que desta vez
desatou, cortou, desfez
não do Bramanismo um só
como o outro Alexandre um nó
mais nós três nós, três"

In: João da Cunha Jaques. *Espada de David contra o Golias do Bramanismo Péssimo inimigo de Nosso Senhor Jesus Cristo, verdadeiro Deus e verdadeiro Homem.* (século XVII)

1. O *estado* da Índia no século XVII

Ao longo do século XVI, Goa – a capital do Estado da Índia, seu centro administrativo, econômico, militar, político e religioso – consolidou sua imagem de pólo da cristianização da Ásia e da África oriental, chegando a ser definida como a "pequena Roma do Oriente". De fato, como já foi visto nos capítulos anteriores, era ali que se concentravam o arcebispado, as bases das principais ordens religiosas, um grande número de clérigos seculares, igrejas, confrarias e o Tribunal do Santo Ofício. Além disso, a cidade assistiu a instalação de cinco concílios provinciais (1567, 1575, 1585, 1592 e 1606), onde foram discutidas diversas questões relativas à conversão dos gentios. Portanto, sua identificação como sede da cristandade no Oriente não é difícil de ser aceita.[1]

Em contrapartida, é verdade que também persistiam traços de *orientalização*, ou de *indianização,* como define George Davison Winius, resultado dos contatos constantes entre as culturas portuguesa e hindu. Para esse autor, "o império da Ásia Portuguesa era literalmente meio indiano, isto é, mestiço".[2] Um bom exemplo é a difusão do uso do palanquim (espécie de liteira usada na Índia) pelos membros da corte e pelo próprio vice-rei até finais do século XVI, quando ocorreu uma limitação de seu uso, como sinal de distinção social.

Mesmo assim, sua caracterização como uma cidade cristã era muito visível e predominante, o que foi notado por diversos viajantes, especialmente pelo italiano Pietro Della Valle,[3] que registrou a seguinte impressão sobre o cotidiano religioso da capital do Estado da Índia em uma de suas cartas:

---

1 O processo de ocidentalização cultural de Goa intensifica-se a partir da chegada dos jesuítas segundo Catarina Madeira Santos. «Goa é a chave de toda a Índia». Perfil político da capital do Estado da Índia (1505-1570). Lisboa: Comissão Nacional Para as Comemorações dos Descobrimentos Portugueses, 1999. p. 224.

2 George Davison Winius *A lenda negra da Índia Portuguesa:* Diogo do Couto, os seus contemporâneos e o *Soldado Prático.* Contributo para o estudo da corrupção política nos impérios do início da Europa moderna. Trad. Ana Barradas. Lisboa: Edições Antígona, 1994, p. 185.

3 José Antônio Ismael Gracias. *A Índia em 1623 e 1624*: excertos das memórias do viajante italiano Pietro Della Valle. Nova Goa: Imprensa Nacional, 1915. Nesse trabalho há uma biografia de Pietro Della Valle e o autor faz uma seleção de trechos das oito cartas que o italiano escreveu da Índia para um amigo em Roma. Há ainda uma outra publicação de Edward Grey (editor). *The travels of Pietro Della Valle in India*: from the old english translation of 1664. New Delhi: Asian Educational Services, 1991, 2 v. que possui a íntegra dessas cartas, mas todas em inglês. Os originais das cartas perderam-se. Della Valle possui uma

> creio que não há país algum no mundo onde se façam tantas procissões no ano, como em Goa. Isto é motivado pelo número de ordens religiosas, muito maior do que a cidade carece; essas ordens gozam também de grande autoridade e são muito ricas; o povo naturalmente ocioso e ávido de espetáculos, desprezando outros cuidados de mais peso e certamente mais proveitosos, aplicam-se prontamente a semelhantes coisas. Embora isto seja bom sob o ponto de vista religioso, contudo parece improfícuo numa cidade que confina com inimigos, e é metrópole de um reino situado entre os bárbaros, que está sempre em guerras, e onde se não deve pensar mais que em armas e esquadras; um tão grande número de eclesiásticos e religiosos é incômodo ao Estado e nocivo à milícia.[4]

Della Valle demonstra nesse trecho não só ter entendido o peso do aparato religioso que existia em Goa, como também a contradição dele decorrente, pois no contexto do início do século XVII existiam sérias ameaças à integridade física dos domínios lusitanos na Ásia, nomeadamente da crescente presença holandesa e inglesa no Oriente, asso-

---

das histórias mais fantásticas que se pode ler sobre os homens aventureiros do século XVII e merece ser aqui registrada. Nasceu em Roma, em 1586 e pertencia a uma antiga e nobre família romana. Teve um desapontamento amoroso e passou a chamar-se o "Peregrino", seguindo para o Oriente, por sugestão de um amigo. Foi de Nápoles a Constantinopla em 1614. Depois foi para a Ásia Menor, Egito, Palestina, vale do Eufrates e em 1616 casou-se em Bagdá com uma cristã armênia. O casamento não o impediu de continuar as viagens, agora acompanhado pela esposa. Foram para a Pérsia e por seis anos viajaram pelo país. No meio da jornada uma mocinha georgiana foi adotada por sua esposa e também acompanhava-os. Próximos a Ormuz a mulher faleceu em 1622. Embalsamou-a e carregou-a para a Índia, chegando a Goa. Permaneceu nesta cidade por um ano e meio. Em 1624 voltou para a Europa, mas só chegou a Roma em 1626. Della Valle então colocou sua esposa embalsamada no mausoléu da família e casou-se com a jovem georgiana com quem teve quatorze filhos. Morreu em 1652. Era músico e inventou dois instrumentos: um tipo de cimbalo e de violino.

4 José Antônio Ismael Gracias. *Op. cit*, p. 152-153.

ciada ao processo de fortalecimento dos reinos hindus e muçulmanos da região. Além da questão da defesa havia ainda significativos problemas econômicos enfrentados pelos administradores do Estado da Índia. Todas essas complicações ampliaram as dificuldades enfrentadas na ação de cristianização desenvolvida em Goa no período seiscentista.

No entanto, não foi apenas um viajante como Della Valle que notou problemas no Ásia portuguesa. Já desde o último quartel do século XVI alguns portugueses faziam duras apreciações ao que definiam como os desmandos dos funcionários da Coroa portuguesa que atuavam no Oriente. Diogo do Couto desponta como um dos melhores exemplos de crítica a esse estado de coisas, assim como Francisco Rodrigues Silveira. O primeiro é autor do livro *O soldado prático*, e o segundo, do *Reformação da Milícia e Governo do Estado da Índia Oriental*; os dois viveram no Oriente e serviram como soldados na região, e é a partir dessa experiência que escreveram seus trabalhos.[5] A obra de Diogo do Couto é anterior, redigida ainda no tempo de D. Sebastião. Já Francisco Rodrigues Silveira escreveu nas primeiras décadas do século XVII, mas sua experiência na Índia durou de 1586 a 1598.

Maria Leonor García da Cruz enfatiza que as críticas feitas por esses autores "não transmitem necessariamente um espírito pessimista", mas constituíam julgamentos incisivos da administração portuguesa na Índia.[6] A autora destaca ainda que Couto atribuiu as responsabilidades pelos desmandos no Oriente ao monarca, enquanto que Silveira não é tão explícito quanto a isso, mesmo assim não deixou de denunciar os abusos

---

5 Está sendo utilizada aqui a edição de Diogo do Couto. *O soldado prático*. Lisboa: Sá da Costa, 1980. Já para o texto de Francisco Rodrigues Silveira utiliza-se a antologia organizada por Maria Leonor García da Cruz. *Os «Fumos da Índia»: uma leitura crítica da expansão portuguesa*. Com uma antologia de textos dos séculos XVI-XIX e uma cronologia da expansão portuguesa e do império ultramarino (c. 1336-1899). Lisboa: Cosmos, 1998. p. 261-270. As biografias dos autores aqui apresentadas também estão baseadas nessa autora, p. 409-410.

6 *Idem*, p. 29

e erros que ocorriam na Índia.[7] Em uma passagem apontou os mesmos problemas que Della Valle registrou de forma mais ácida:

> pois tantos clérigos, tantos frades, tantos mosteiros e conventos, tantas casas de prazer, quintas e jardins para recreação de religiosos, em partes tão pouco firmes e seguras, de que servem? Quanto mais acertado fora converterem-se algumas delas em armazéns de armas. [...] Se querem os portugueses sustentar o que têm na Índia e adquirir de novo alguma coisa, de nada devem fazer tanto cabedal como do que hoje não fazem algum, que é da ordem e disciplina militar. Esta é só a com que poderão assegurar seu domínio: e sem ela tenham por averiguado que em breve se lhes resolverá tudo em fumo ou vento.[8]

Outro historiador, George Davison Winius, ao analisar a obra *O soldado prático* de Diogo do Couto e outros registros de seus contemporâneos, tal como o de Francisco Rodrigues Silveira, recomenda a separação das afirmações críticas desses autores do conceito de *decadência* "que se formou muito mais tarde, em volta das descrições neles contidas" por parte da historiografia portuguesa.[9] Destaca que Couto e Silveira eram críticos que discutiam as bases morais das ações de muitos funcionários da Coroa portuguesa e que muitas das suas observações serviram de referência para uma posterior reflexão dos historiadores sobre a decadência do Estado da Índia.

Um certo pessimismo da interpretação historiográfica portuguesa do século XIX reforçou a tese da decadência. Para tanto contribuíram nomes do porte de Alexandre Herculano, Antero de Quental e Oliveira

7 *Idem*, p.52-53.

8 Francisco Rodrigues Silveira. *Reformação da Milícia e Governo do Estado da Índia Oriental*. In: Maria Leonor García da Cruz. *Op. cit*, p. 265.

9 George Davison Winius. *Op. cit*, p. 179.

Martins.[10] No século XX as reflexões sobre a questão da decadência permaneceram em pauta, e há muita discussão sobre o tema.

Antônio Sérgio responsabilizou a "ferocidade" da Inquisição oriental e a presença dos jesuítas em Portugal como as causas da "ruína econômica" e da destruição da "cultura mental" portuguesa. Vê também outra razão para a decadência: a união das coroas ibéricas, que "fez cair sobre nós a Holanda e a Inglaterra".[11] Dessa forma, as posições portuguesas do além-mar foram atacadas e os lucros oriundos das atividades comerciais prejudicados pelas disputas entre as nações europeias.

De maneira mais sofisticada, o historiador Jaime Cortesão identificou o início do processo de decadência do Estado da Índia no ano de 1557, ano da conquista de Macau, ou seja, da expansão territorial máxima dos portugueses no Oriente. A partir daí, segundo Cortesão, a contradição fundamental do plano de Afonso de Albuquerque – "a desproporção entre a sua grandeza e as minguadas possibilidades dos portugueses"[12] – seria o alimento para a desestruturação do Império português no Oriente. Com isso, o historiador português colocou-se em oposição a uma tendência historiográfica que responsabilizava exclusivamente a administração do período da União Ibérica pelo declínio do Estado da Índia:

> entre a história do Estado da Índia, desde 1557 a 1580, e a do período que vai deste último ano a 1640, ou seja, durante a união de Portugal a Castela, não há contraste profundo ou variação brusca que permita separá-los. Bem ao contrário. Um processo de decadência, que vinha já do reinado de D. João III,

10 No presente estudo concentraremos a discussão da noção de decadência a alguns autores do século XX. Para aprofundamento da discussão para o século XIX ver o estudo de Maria Leonor García da Cruz, *Op. cit,* p. 11-93.

11 Antônio Sérgio. *Breve interpretação da história de Portugal.* Lisboa: Sá da Costa, 1988, p. 99 e 106.

12 Jaime Cortesão. *História da expansão portuguesa.* Lisboa: Imprensa Nacional/ Casa da Moeda, 1993, p. 182.

> prossegue através destes dois períodos a sua marcha aluidora até destruir os alicerces do nosso império no Oriente, que desaba subitamente, teatralmente, entre os anos de 1637 e 1641.[13]

Ao afirmar a decadência como processo longo, Cortesão não isenta de responsabilidade a administração filipina, mas ajusta melhor a análise, ao reconhecer que a política externa que lançou Portugal no cenário das disputas territoriais das monarquias européias se revelou um desastre para o equilíbrio do domínio português no Oriente. Associada a esse contexto de pressões de origem europeia, Cortesão agrega a questão dos conflitos com os reinos locais da Índia, nomeadamente a expansão do Império Mogol de finais do século XVI, que ameaçava diretamente a própria capital do Estado da Índia, além dos persas, que tomaram Ormuz em 1622, com o apoio dos ingleses.[14] Ademais, Cortesão acrescenta outros aspectos para a decadência, já sobejamente conhecidos, a exemplo da corrupção dos funcionários da administração lusitana e o enfraquecimento naval português.

Através de uma abordagem econômica, se João Lúcio de Azevedo concorda com Cortesão e identifica o agravamento da crise a partir do período de governo castelhano, não esquece, porém, de frisar as razões profundas da decadência portuguesa no Oriente. Para isso ressalta que somente na época da conquista a Índia pagava o seu custo, uma vez que as guerras e conquistas proporcionavam largos lucros. Quando foi "estabelecido o domínio, a ilusão dos primeiros tempos dissipou-se, e

---

13 *Idem*, p. 187.

14 Antônio da Silva Rego considera o ano de 1622 como "dramático" pois além da tomada de Ormuz, nesse mesmo ano aconteceram o ataque holandês a Macau e o "grande martírio" de Nagasaki, onde as autoridades japonesas prenderam 55 cristãos que foram executados, 30 deles decapitados, 25 queimados. Antônio da Silva Rego. 1622: ano dramático na História da expansão portuguesa no Oriente e Extremo-Oriente. In: *Memórias da Academia das Ciências de Lisboa*. Lisboa, 1977. t. XVIII, p. 39.

Portugal, acorrentado à sua obra, foi-se dessangrando de homens e cabedais em proveito dos ávidos aventureiros que exploravam a conquista".[15]

A. R. Disney é outro estudioso que defende a ideia da decadência do Império português oriental. Ele considera que nas quatro primeiras décadas do século XVII houve um claro declínio do comércio português na Ásia, com algumas exceções, principalmente para a rota Macau-Nagasaki. Concentrando sua análise nas variações entre receitas e despesas, Disney afirma a crise econômica do Estado da Índia, agravada, segundo o autor, pela corrupção dos funcionários portugueses, as crescentes despesas com as campanhas militares e o enfraquecimento do poderio naval português.[16]

Mais recentemente, a explicação da crise do Estado da Índia foi apresentada por Francisco Bethencourt e Kirti Chaudhuri na obra de síntese *História da Expansão Portuguesa*, até mesmo na divisão cronológica dos volumes, já que o primeiro termina em 1570, ano que, segundo os autores, marca o início das dificuldades dos portugueses no Oriente.[17] Complementarmente, no capítulo sobre o comércio português no século XVII, Chaudhuri divide o desempenho econômico do Estado da Índia em três períodos: na primeira década houve uma continuidade do sistema de comércio de carreira; nas décadas de 1620 e 1630 detecta-se uma crescente crise e escassez financeira; somente nas últimas décadas do século XVII houve uma recuperação, mas nunca no mesmo nível dos períodos anteriores.[18]

---

15 João Lúcio de Azevedo. Épocas de Portugal econômico: esboços de história. Lisboa: Clássica Editora, 1988, p. 151.

16 A. R. Disney. *A decadência do Império da pimenta*: o comércio português na Índia no início do século XVII. Trad. Pedro Jordão. Lisboa: Edições 70, 1981, p. 67-89.

17 Francisco Bethencourt e Kirti Chaudhuri (dirs.). *História da expansão portuguesa*. Lisboa: Círculo de Leitores e Autores, 1998. v. 1, p. 9.

18 Kirti Chaudhuri. O Comércio Asiático. In: Francisco Bethencourt e Kirti Chaudhuri (dir). *Op. cit.* v. 2, p. 212.

No entanto, vale dizer que não há unanimidade entre os historiadores atuais sobre a questão do declínio do Estado da Índia. João Paulo Oliveira e Costa não considera que o último quartel do século XVI tenha sido de decadência e crise no Oriente português. Para ele o que houve foi a perda de hegemonia, decorrente da União Ibérica, que colocou Portugal no jogo da política européia que a Espanha praticava, o que fragilizou o poderio lusitano nas partes orientais.[19] Contra o argumento do aumento da importância do Brasil e do Atlântico para Portugal, o que para muitos é um indicador da crise no Oriente, esse autor sugere uma outra interpretação, dizendo que D. João III transformou "um império unipolar, praticamente centrado no Oriente, para um bipolar, em que a Coroa se empenhava ao mesmo tempo nos seus domínios asiáticos e na sua colônia americana".[20] Sendo assim, para João Paulo Oliveira e Costa o que ocorreu no século XVII foi uma reestruturação da presença portuguesa na Ásia, e não um processo de decadência.

Outro historiador que defende esse princípio é Artur Teodoro de Matos.[21] Ao estudar os orçamentos do Estado da Índia para os anos de 1581 e 1587-88, o autor refuta a "tese decadentista" do Oriente português para o último quartel do século XVI. Ressalta que não se pode deixar de distinguir dois ramos de atividades comerciais exercidas pelos portugueses na região: o comércio regional, de cabotagem, feito no Índico e em direção ao Extremo Oriente, e a rota entre a Índia e Portugal, atividade de grande porte e de longa distância. Apesar dos reveses causados pelos atritos com holandeses e ingleses e as pressões dos reinos orientais, a dinâmica e importância dessas atividades econômicas sobreviveram. Conclui afirmando que:

---

19 João Paulo Oliveira e Costa. A diáspora missionária. João Francisco Marques e Antônio Camões Gouveia (coord). *História religiosa de Portugal.* Humanismos e Reformas. Lisboa: Círculo de leitores, 2000. v. 2, p. 286.

20 *Idem*, p. 285.

21 Artur Teodoro de Matos. *O Estado da Índia nos anos de 1581-1588: estrutura administrativa e econômica* – alguns elementos para seu estudo. Ponta Delgada: Universidade dos Açores, 1982.

> será pois de abandonar a ideia de decadência do império oriental português nos anos que imediatamente sucedem à união dos dois reinos ibéricos e que teve em Jaime Cortesão e Lúcio de Azevedo os seus mais ilustres defensores. Mesmo nas três primeiras décadas seiscentistas, quando já o Oriente português acusava um real e progressivo declínio financeiro e econômico, os carregamentos da pimenta continuavam a chegar regularmente a Lisboa [...]. O período é de estabilidade econômica e financeira não acusando os sintomas de degradação que por vezes se lhe atribui.[22]

Sanjay Subrahmanyam concorda com a constatação de que as receitas do Estado da Índia "não tenham caído de forma apreciável entre os finais do século XVI e os finais do século XVII", além de perceber a permanência de oscilações nos orçamentos que indicavam dúvidas sobre sua viabilidade financeira,[23] utilizando o termo "recuo do Império" para definir os acontecimentos na Ásia portuguesa ao longo do século XVII. O historiador indiano mais uma vez contribui ao analisar detidamente as pressões dos reinos orientais associadas ao conflito luso-holandês, destacando o caráter multidimensional do tema.

Para Subrahmanyam o período mais crítico do século XVII foi o de 1610 a 1665, especialmente a década de 1630, que afirma ter sido desastrosa para a Ásia portuguesa em função de uma série de reveses colecionados pela "aposta de levar a guerra ao campo inimigo", do vice-rei D. Miguel de Noronha, conde de Linhares, cujo governo durou de 1629 a 1635.[24] No entanto, para o período de 1665 a 1700, o autor indiano afirma que o Estado da Índia continuava a existir, apesar dos dramáticos problemas enfrentados anteriormente, e cria, inclusive, uma condição de

---

22 *Idem*, p. 44.

23 Sanjay Subrahmanyam. *O império asiático português – 1500-1700*: uma história política e econômica. Lisboa: Difel, 1995, p. 267-268.

24 *Idem*, p. 232-233.

equilíbrio em relação aos impérios holandês e inglês no Oriente, a ponto de possibilitar a expansão das Novas Conquistas de Goa no século XVIII. Conclui dizendo:

> deste modo, no último quartel do século XVII, quando o Estado da Índia podia agora curar as suas chagas, havia diminuído consideravelmente a sua dimensão comparado com a situação em 1600. Ainda incluía um conjunto de territórios dispersos, desde Timor, na Insulíndia Oriental, até à África oriental, mas as suas posições na Ásia do sul e do sueste haviam sido perdidas. Não era agora mais do que um conjunto de nichos territoriais e de redes comerciais, estas dominadas por mercadores geralmente ansiosos por manter o Estado à distância.[25]

C. R. Boxer, por sua vez, apresenta uma posição intermediária nesse debate historiográfico. Destaca a expansão holandesa no Oriente e, reconstituindo suas conquistas em detrimento das posições portuguesas, sublinha a conquista de Tidore e Amboíno em 1605, até a tomada de Cochim em 1663, afirmando assim que:

> os holandeses haviam desalojado os portugueses da sua posição de beneficiados com a parte de leão no comércio de transporte, nos mares asiáticos, entre o Japão e a Arábia. [...] Os únicos locais de onde os holandeses não conseguiram expulsar os portugueses foram Macau, na costa sul da China e das ilhas mais afastadas de Sunda Menor (Timor, Solor, Flores), na Indonésia.[26]

A vitória dos holandeses verificou-se, segundo o historiador inglês, graças à sua superioridade em recursos econômicos, humanos e maríti-

25 *Idem*, p. 389.

26 C. R. Boxer. *Império colonial português*. Trad. Inês Silva Duarte. Lisboa: Edições 70, 1977, p. 121. O autor não se refere à permanência dos portugueses no Índico, em Goa e Diu, por exemplo.

mos, favorecida pela insalubridade de algumas posições portuguesas, especialmente a ilha de Moçambique e Goa, o que complicava a situação em termos demográficos, devido à difusão de doenças tropicais.[27] Sobre Goa, Boxer informa que as condições tinham piorado dramaticamente desde o cerco que a cidade sofrera em 1570-71 e, ao longo do tempo, a insalubridade aumentou progressivamente devido à natureza porosa do solo que permitiu que as águas dos esgotos contaminassem os poços de água potável que abasteciam a população da cidade, difundindo, assim, diversas doenças gastrointestinais. Além disso, a existência de águas estagnadas em fontes e tanques facilitava a proliferação de mosquitos transmissores de malária, o que fez crescer os índices de pessoas infectadas por essa doença. Além dessas, outras epidemias assolaram a cidade nos séculos XVI e XVII: varíola, cólera, febres tifóides e outros tipos de febres malignas.[28]

Na sua análise, Boxer não esqueceu também de mencionar as pressões feitas pelos inimigos orientais dos portugueses, dando especial atenção ao avanço dos Maratas no último quartel do século XVII. O autor destacou ainda a questão da corrupção da administração portuguesa, ponto salientado por todos os estudiosos do tema. Por fim, Boxer aborda de maneira surpreendente a questão, pois não enfatiza o que se poderia chamar de derrota dos portugueses, mas questiona como foi possível aos portugueses, diante de tantas adversidades, conseguirem manter suas posições fundamentais no Oriente, sugerindo que a resposta resida na sua tenacidade e a capacidade de recuperação, oferecendo uma estimulante alternativa à discussão se houve decadência do Império luso-oriental,[29] Boxer expõe bem a questão ao afirmar que:

---

27 *Idem*, p. 122.

28 *Idem*, p. 138-139. O cerco a Goa de 1570-71 foi feito pelos príncipes do Malabar que se aliaram para tentar expulsar os portugueses, atacando além de Goa, Chaul e Chale. O cerco a Goa começou em dezembro de 1570 e durou sete meses. A insalubridade de Goa motivou a transferência da cidade para Pangim, na foz do rio Mandovi, em 1760.

29 *Idem*, p. 150-151.

> finalmente, deve-se salientar que a «decadência» da Ásia portuguesa, tão lamentada pelos contemporâneos ao tempo, e tão acentuada pelos historiadores a partir de então, não foi igualmente evidente em todos os momentos e locais e houve intervalos de relativa calma e prosperidade. Tanto a época dourada dos conquistadores seiscentistas como a penúria de muitos dos seus descendentes, têm a tendência para ser exageradas retrospectivamente.[30]

Portanto, para uns, crise, decadência ou declínio; para outros, reestruturação ou redefinição de linhas de força. Em todo caso, pode-se dizer que o século XVII assistiu a algumas transformações na estrutura do Estado da Índia. Até mesmo a capacidade de centralização das decisões em Goa viu-se abalada pelas pressões militares e perda de posições estratégicas por parte dos portugueses, e também pelo aumento da importância de outras regiões no Oriente, especialmente Macau. Catarina Madeira Santos afirma que já na década de 1570 pode-se ver "a alteração das condições de governo no Estado da Índia e a desatualização de Goa como centro de gravidade político".[31] De todo modo, as condições adversas do século XVII apenas consolidaram os problemas crônicos enfrentados pela cidade. Mas apesar de todas essas vicissitudes, Goa continuou sendo uma referência para o trabalho apostólico no Oriente, ainda que nesse aspecto uma nova conjuntura tenha alimentado novos conflitos.

2. A *Propaganda Fide versus* Padroado: a intervenção de Roma

Todo o fluxo de religiosos que chegava ao Oriente por intermédio de Portugal no século XVI e início do XVII estava submetido à lógica do padroado português que, submetendo a Igreja ao Estado, associava estreitamente a expansão militar e comercial portuguesa, fosse na Ásia, na África ou na América, à propagação da fé católica.

---

30 *Idem*, p. 153.

31 Catarina Madeira Santos. *Op. cit*, p. 24.

De uma maneira geral, toda a região oriental estaria sob a jurisdição do padroado português, mas essa era uma suposição mais fictícia do que real, uma vez que o domínio lusitano estava restrito a determinados pontos-chave das principais rotas comerciais no Índico e no Pacífico. É verdade que a ação missionária dos jesuítas rompeu muitas vezes esse limite geopolítico do Império português, do que não faltam inúmeros exemplos: a missão do padre Antônio de Andrade no Tibete, entre 1624 e 1635, e mesmo as experiências no Império Mogol, no Ceilão, no Japão e na China, especificamente nas regiões fora dos limites das cidades e fortalezas com presença portuguesa.[32]

Portugal não fazia restrições à nacionalidade dos clérigos que se dirigiam ao Oriente, como prova a variedade de procedências dos jesuítas enviados à Ásia: além dos portugueses, para ali foram espanhóis, ingleses, franceses, belgas, holandeses, irlandeses, alemães, suíços, italianos e poloneses;[33] mas havia a obrigatoriedade de todos, religiosos seculares ou regulares de qualquer nação, viajarem em embarcações portuguesas, e o destino principal era quase sempre Goa.[34]

No entanto, desde fins do século XVI surgiram críticas a essa hegemonia lusitana no Oriente proporcionada pelo padroado, tanto por

---

32 Para aprofundamento dessa missão ver Hugues Didier (org). *Les portugais au Tibet*: les premières relations jésuites (1624-1635). Paris: Editions Chandeigne, 1996.

33 José Wicki. Liste der Jesuiten-Indienfaher 1541-1758. In: *Portugiesische Forschungen der Gorresgesellschaft*. Erste Reihe, Aufsatze zur portugiesischen kulturgeschichte, 7. Band 1967, Munster, 1969, p. 252-334.

34 Essa obrigatoriedade tinha sido decisão do rei, mas chegou a ser referendada pelo papado em 1600 pelo breve *Onerosa Pastoralis* que obrigava todos os missionários que fossem para China e Índia a saírem de Lisboa em navios portugueses. No entanto, pouco tempo depois, em 1608, houve uma alteração em relação à exclusividade do porto e dos navios portugueses feita pelo breve *Sedis Apostolicae* do papa PauloV para as ordens mendicantes; Urbano VIII ampliou esse direito às outras ordens religiosas em 1633 e, por fim, Clemente X estendeu-o aos clérigos seculares. Ver em Antônio da Silva Rego. *O padroado português do Oriente*: esboço histórico. Lisboa: Agência Geral das Colônias, 1940. p. 67 e em Miguel de Oliveira. *História Eclesiástica de Portugal*. Lisboa: Europa-América, 1994, p. 141.

parte do mundo católico, quanto de países protestantes.[35] Boxer destacou que "os portugueses tinham em grande parte abandonado as atitudes e a mentalidade de conquistadores que os haviam inspirado nas primeiras décadas da sua expansão na Ásia e encontravam-se fundamentalmente interessados no comércio pacífico e em conservarem o que já tinham conseguido", o que alimentava a suspeita de que não estavam a serviço da propagação da fé.[36]

Os ataques iniciais partiram dos frades espanhóis missionários das ordens mendicantes nas Filipinas, que contestaram o monopólio jesuítico e o próprio padroado no Oriente, alegando que nem o reino de Portugal, nem a Companhia de Jesus tinham homens suficientes para levarem a cabo a evangelização da Ásia.[37] As queixas foram encaminhadas a Roma e lá encontraram eco, pois o papado começava a rever sua antiga posição de privilegiar as coroas ibéricas, em detrimento da autoridade papal.

Segundo Boxer, a supressão do *patronazgo* de Espanha e do padroado de Portugal nas Américas não seria possível, uma vez que nessa região os reis ibéricos desempenhavam todos os deveres e direitos que implicavam tais privilégios concedidos pela Santa Sé. Mas no Oriente o caso era muito diferente, não apenas pelas críticas aos portugueses, que chegavam a Roma, mas principalmente porque não havia uma efetiva dominação territorial das conquistas lusitanas na Ásia e, ainda mais, uma

35 Alguns pensadores como Hugo Grotius contestaram a pretensão de hegemonia nos mares dos portugueses usando como justificativa o fato deles não terem obtido sucesso na tarefa de alargamento da fé. Ver C. R. Boxer. *Império colonial português...*, p. 93.

36 *Idem*, p. 92-93.

37 Ver Angel Santos Hernández. Los patronatos español y portugués: conflictos em zonas fronterizas. In: *Congresso Internacional De História: Missionação Portuguesa e encontros de culturas*. Actas. África Oriental, Oriente e Brasil. Lisboa: Universidade Católica Portuguesa/Comissão Nacional Para as Comemorações dos Descobrimentos Portugueses/Fundação Evangelização e Culturas, 1993. v. III, p. 511-537.

fraca rede episcopal fora montada na região.[38] Essa brecha foi aproveitada por um novo órgão criado pelo papado, o qual traria mais elementos de tensão para o Oriente: a *Sagrada Congregação de Propaganda Fide.*

Existem dois momentos na formação da Sagrada Congregação da Fé: um entre os anos de 1572 a 1621, a Comissão Cardinalícia da Propaganda Fide; e o outro, a partir de 1622, quando o papa Gregório XV instituiu a Sagrada Congregação de Propaganda Fide (composta por treze cardeais e dois prelados, ajudados por um secretário e um consultor). O papa Gregório XIII formou a primeira comissão com o objetivo de promover a união entre Roma e os cristãos orientais (eslavos, gregos, sírios, egípcios, armênios e abissínios). Esses primeiros esforços foram bem sucedidos principalmente entre os cristãos sírios, tanto os do Líbano quanto os do Malabar. Mas a morte de Gregório XIII em 1585 e um conturbado período de sete anos com a seguida sucessão de quatro papas fizeram com que a Comissão Cardinalícia se enfraquecesse.

No entanto, em 1622, o papa Gregório XV revitalizou a instituição dando-lhe nova estrutura, novo nome – *Sagrada Congregação de Propaganda Fide* – e novos objetivos: a conversão dos hereges e incrédulos; a preservação da fé católica nas regiões que ainda não haviam sido totalmente influenciadas pelo protestantismo; a criação de obstáculos para o avanço de novas contestações à igreja de Roma; a difusão do cristianismo nas regiões não católicas de todo o mundo, sendo o globo dividido em treze regiões, das quais oito eram européias.[39] Mas no conjunto, a intervenção da Propaganda Fide estimulou sérios atritos e conflitos entre a Santa Sé e a Coroa portuguesa em um contexto extremamente delicado, marcado pelo não reconhecimento da independência portuguesa por parte do Papado – o que só ocorreria em 1669.

---

38 C. R. Boxer. *Império colonial português...* p. 228-229. A observação sobre a fragilidade da rede episcopal é de João Paulo Oliveira e Costa. *Op. cit.* v. 2, p. 293.

39 U. Benigni. Sacred Congregation of Propaganda. In: *New Advent Catholic Encyclopedia.* www.newadvent.org/cathen/12456a.htm e João Paulo Oliveira e Costa. *Op. cit.* v. 2, p. 293.

A intervenção de Roma na missionação em escala mundial, através da Propaganda Fide, não se limitou à Ásia. Na África ocidental, como lembra Boxer, os capuchinhos italianos "provaram ser os missionários mais eficientes de interior", e a Coroa portuguesa chegou a cooperar com os novos missionários para ali enviados, bem como para Cabo Verde e São Tomé.[40] Porém, no caso do Congo em particular, as tensões não tardariam a se fazer presentes, dado o empenho do rei *manicongo* D. Garcia Afonso II em desatender o padroado português, incentivando a ida de capuchinhos italianos e espanhóis sem passar por Lisboa, em um momento de deterioração das relações luso-congalesas e da própria guerra de restauração portuguesa em face de Espanha, deflagrada nos anos 1640.[41] Mesmo no Brasil, onde o domínio português se reabilitou após a expulsão dos holandeses (1654) e onde o padroado era mais firme, a Propaganda Fide se fez presente, como no caso dos capuchinhos franceses enviados ao nordeste a partir dos anos 1670. Eduardo Hoornaert, comentando a atuação do célebre frei Martinho de Nantes, definiu-o como "exemplo de missionário livre do Padroado".[42]

O cerne da discussão repousava na seguinte questão: para a Propaganda, o padroado português era um privilégio, e se porventura o rei não conseguisse cumprir com os deveres que lhe eram inerentes, a Sé poderia revogá-lo. Já para Portugal, o padroado era um direito que havia

---

40 C. R. Boxer. *A Igreja e a expansão ibérica (1440- 1770)*. Lisboa: Edições 70, 1990, p. 104.

41 C. R. Boxer. *Império colonial português...* p. 122. Desde finais do século XV os portugueses mantinham contato com o reino do Congo. Os missionários conseguiram a conversão do rei Nzinga Nkuwu que passou a chamar-se João I. As relações entre o reino do Congo e os portugueses alternaram-se em alianças e desentendimentos. Na época de D. Garcia Afonso II chegou a haver uma aproximação com os holandeses. Ver também Ronald Raminelli. Império da Fé: ensaio sobre os portugueses no Congo, Brasil e Japão. In: João Fragoso *et alli*. *O Antigo Regime nos trópicos*: a dinâmica imperial portuguesa (séculos XVI-XVIII). Rio de Janeiro: Civilização Brasileira, 2001, p. 230-232.

42 Eduardo Hoornaert *et alli*. *História da Igreja no Brasil*: ensaio e interpretação a partir do povo. Petrópolis: Vozes, 1992, p. 116.

sido concedido por diversas bulas papais, e estava diretamente associado à soberania do rei. Assim, o ponto central do problema era a possibilidade de se retirar essa prerrogativa da monarquia lusitana.[43]

Boxer resume o litígio entre a Santa Sé e a Coroa portuguesa dizendo:

> o papado defendia agora que os favores e os privilégios concedidos anteriormente à Coroa de Portugal não podiam ser interpretados como um contrato estritamente bilateral, e que o *jus patronatum* não era de modo nenhum uma total alienação do direito superior e essencial da Igreja. A Santa Sé, sob a pressão das circunstâncias, podia modificar, retirar ou revogar os antigos privilégios do padroado, se interesses mais elevados e o maior bem das almas postulassem uma tal ação.[44]

Ainda segundo Boxer, o primeiro secretário da Propaganda Fide, o prelado italiano Francesco Ingoli, era antiportuguês e grande opositor dos jesuítas, e dedicou-se à tarefa de reunir o máximo de acusações contra o padroado português, chegando a enumerá-las da seguinte maneira:

> [...] a nomeação real dos funcionários eclesiásticos; a equiparação dos decretos reais aos breves pontifícios; o fornecimento de fundos insuficientes para a manutenção das igrejas; o fato de se deixarem bispados vagos; a relutância dos bispos em ordenarem os padres asiáticos, mesmo quando estes possuíam todas as qualificações necessárias, como acontecia com muitos dos brâmanes goeses; o batismo de pagãos à força; a recusa dos jesuítas em colaborarem com as outras ordens religiosas e as pressões por eles exercidas sobre os seus convertidos no mesmo sentido. Algumas das sés eram tão vastas em extensão que os bispos não podiam cumprir devidamente os seus

43 Antônio da Silva Rego. *O padroado português...*, p. 24.

44 C. R. Boxer. *Império colonial português...*, p. 232.

> deveres espirituais, mesmo que tentassem fazer. Finalmente, outra crítica feita vulgarmente aos portugueses era a de que eram excessivamente devotos das formas e cerimônias exteriores da Igreja mas negligenciavam o desenvolvimento espiritual de cada indivíduo.[45]

Na Ásia, o responsável pelas justificativas que embasavam os ataques do secretário da Propaganda Fide era um clérigo goês, brâmane, de nome Mateus de Castro. Nascido por volta de 1594, provavelmente ficou órfão ainda muito jovem e foi levado para o colégio franciscano dos Reis Magos em Goa. Depois de estudar na cidade por cinco anos, tivera sua ordenação impedida pela recusa do arcebispo de Goa, Cristóvão de Sá, uma vez que este clérigo teria prometido que não ordenaria nenhum padre brâmane, segundo o próprio Mateus de Castro. Agastado por essa decisão, resolveu ir a Roma em 1621, ali chegando somente em 1625 após uma longa jornada por terra. Protegido por Ingoli, fez os estudos teológicos no *Collegium Urbanum* e foi ordenado em 1630. Enviado a Goa em 1633, suas credenciais não foram aceitas pelas autoridades eclesiásticas portuguesas, que duvidaram de sua autenticidade. Retornou então a Roma, convencido de que a presença portuguesa era um entrave ao desenvolvimento do clero nativo goês, desencadeando uma série de denúncias contra o padroado lusitano. Por iniciativa da Propaganda Fide, foi consagrado bispo de Crisópolis em 1637 e enviado novamente para a Índia três anos depois, como vigário apostólico no reino de Bijapur. Em 1653, fomentou um ataque a Goa ao incitar o sultão muçulmano de Bijapur e os holandeses, além de informar sobre as fragilidades da cidade a esses dois inimigos dos portugueses. Escreveu ainda uma carta aos brâmanes de Goa intitulada *O Espelho dos Brâmanes*, conclamando um levante desse grupo contra o domínio português. Seus planos falharam, uma vez que o ataque a Goa fracassou e, pressionado mais uma vez, regressou a Roma em 1658, onde morreu em 1677. Por toda a vida, Mateus

45 *Idem*, p. 230.

de Castro dedicou-se a criticar a política dos portugueses de discriminação do clero goês, ansiando pela expulsão dos lusitanos da região, por considerar ser esta a única maneira para a difusão do cristianismo na Índia.[46]

O eco dessas acusações e críticas, não raro exageradas ou injustas, embora muitas vezes exatas, pode ser visto no texto de um breve papal de Alexandre VII em 1658 que, para justificar suas decisões, listava minuciosamente os problemas de evangelização que ocorriam sob o padroado português no Oriente:

> 1º. O clero obriga os pobres a trabalhar na construção das Igrejas, sem lhes dar salário algum;
> 2º. Este mesmo clero, em lugar de recorrer aos meios morais e convenientes para atrair a mocidade e as crianças às instruções religiosas, emprega a este fim pancadas e pauladas;
> 3º. Os eclesiásticos admitem nas escolas públicas ou recusam a entrada nelas unicamente conforme o seu arbítrio e sem um motivo razoável;
> 4º. Não consentem que os convertidos possam abraçar a vida religiosa;
> 5º. A pregação, confissão e administração dos sacramentos são proibidos ao clero indígena, mesmo aqueles que apresentam as condições necessárias: sendo o resultado desta proibição, ficarem milhares de pessoas impedidas de receber os sacramentos;
> 6º. A comunhão é recusada aos pobres, ainda mesmo à hora da morte;
> 7º. Os catecúmenos são batizados sem receberem a devida instrução religiosa, e até mesmo quando eles ainda são em parte pagãos;

46 *Idem*, p. 132 e 247-248. Ver também uma breve, mas muito elucidativa biografia de Mateus de Castro em Pratima Kamat. Some Protesting Priests of Goa. In: Teotônio R. de Souza. *Essays in Goan History*. New Delhi: Concept Publishing Company, 1989, p. 104-108.

> 8°. As conversões são a consequência, ora de promessas falazes, ora de vexames e violências;
> 9°. Consente-se aos pagãos que façam sacrifícios nas Igrejas dos cristãos;
> 10°. Recusa-se a sepultura aos pobres, a não haver quem pague o enterro;
> 11°. A pregação é excessivamente rara, e mesmo quando haja, é na língua portuguesa, a qual não é entendida pela maior parte do auditório;
> 12°. O clero intervém nos negócios políticos.[47]

Um exemplo da dureza do julgamento consolidada no citado breve pode ser percebido nas críticas aos negócios eclesiásticos numa Sé que estava vaga desde 1652, e que o próprio papado não provia, recusando-se a consagrar bispos portugueses por não reconhecer a independência de 1640, situação que se prolongaria até 1669.[48]

No Conselho de Estado, reunido em Lisboa nos dias 28 de março e 1 de julho de 1656, o rei de Portugal, ao fazer um balanço de sua ação de disseminar a fé católica associada à extensão de seu império, explicitou suas preocupações com as inquietações que fora informado existirem em Goa, resultado da vacância do arcebispado, e que deixava "faltando a tantas almas as quais as tochas que as havia de encaminhar no escuro e tormentoso dessa vida".[49]

Por outro lado, para evidenciar que muitas das críticas listadas no breve de Alexandre VII eram de fato procedentes, vale lembrar alguns métodos violentos de conversão usados pelos inacianos, a exemplo do

---

47 Theodore Bussierres. *Historia do Scisma portuguez na India*. Lisboa: Tipografia de L. C. da Cunha, 1854, p. 29-30.

48 C. R. Boxer. *Império colonial português...*, p. 230 e António Lourenço Farinha. *A expansão da fé no Oriente*: subsídios para a História colonial. Lisboa: Agência geral das Colônias, 1943, p. 118.

49 Biblioteca da Ajuda. Conselho de Estado. 1 de julho de 1656. cod. 51-VI-43. fls. 15 v e 38-38 v.

caso ocorrido em Goa narrado pelo jesuíta Francisco Cabral ao Geral da Companhia de Jesus, Claudio Acquaviva, em carta de 1591, informando sobre a conversão dos gentios de aldeias vizinhas:

> [...] estes gentios, além das mais superstições, têm para si que o serem gentios consiste em 2 coisas, *silicet*, em conservarem e não lhes ser cortada uma certa gadelha de cabelos que têm e que chamam *sendin* e em lhe não entrar na boca coisa algum cristão. E tanto que se lhe cortam o cabelo que digo ou lhe metem algum comer na boca, ainda que seja por força, cuidam que já não ficam gentios e têm perdida a casta, e que lhe é necessário torná-la a tomar de novo; e tem pela maior injúria do mundo e o maior mal fazerem-lhe cada uma destas coisas, porque cuidam que com isso deixam de ser gentios. Ora suposto isto, a maneira que se tem em se fazerem aqui alguns batismos é esta. Quando vem o tempo em que se hão de fazer, vão alguns Irmãos do colégio de dois em dois pelas aldeias adjacentes e palmares a buscar caça, *silicet*, gentios para serem cristãos. E alguns destes Irmãos, que têm mais fervor do necessário, tomam alguns [...] e os trazem com algum achaque, ou lhe metem o comer na boca contra a sua vontade, por onde cuidam que têm perdida a casta; e a outros cortam o *sindin* [sic] e depois, ou com afagos ou com ameaças, que os farão meter nas galés, trabalham tanto com eles que, ou por vontade ou em que lhes fez, vem a dizer que se farão cristãos e assim se batizam muitos.[50]

Esse testemunho é irrefutável, pois continha denúncias de excessos de irmãos jesuítas, ao que o Geral da Companhia de Jesus respondeu

50 José Wicki. *Documenta Indica*. Romae: Monumenta Historica Societatis Iesu, 1981. v. XV. p. 581. *Sendin, sendi, xenddi, xendim* trata-se de um rabicho portado pelos hindus de muitas classes, segundo Sebastião Rodolfo Dalgado. *Glossário luso-asiático*. Coimbra: Academia das Ciências, 1921. v. II, p. 302.

com repetidas recomendações de moderação que, no entanto, nem sempre foram obedecidas.

Baseado em todas os ataques partidos de Roma, o esforço missionário nas regiões que se encontravam fora dos domínios portugueses no Oriente foi então assumido pela Propaganda Fide que, em 1658, estabeleceu os dois primeiros vigários apostólicos, membros de uma nova sociedade missionária chamada de *Sociétés des Missions Étrangères*: François Pallu, bispo de Heliópolis, e Pedro de la Motte Lambert, bispo de Berito, para as missões de Tonquim e da Cochinchina, e países vizinhos; o órgão também incentivou a fundação de várias missões francesas e italianas na África e no Oriente.[51]

O rei de Portugal D. João IV reagiu em seguida, enviando ordens a Goa para que fossem presos os vigários apostólicos que lá chegassem — ou qualquer religioso que não tivesse a autorização real —, e em seguida deportados para Lisboa, com a ressalva de se guardar o devido respeito ao hábito de religiosos.[52]

A crise estava estabelecida, e várias querelas sobre jurisdição eclesiástica derivaram desse quadro geral aqui exposto. Em 1673 o papa Clemente X fez um breve de conteúdo muito rígido, dirigido ao arcebispo de Goa, desligando os vigários apostólicos de toda a jurisdição *extra dominium temporale regni Portugallie*, ameaçando-o de privação do ofício, entre outras penas, caso não obedecesse a esta limitação de autoridade eclesiástica. Nesse mesmo ano, pelo breve *Solli Citudo Pastoralis*, o mesmo papa declarou que a Inquisição de Goa não tinha nenhum poder nos territórios não sujeitos à Coroa portuguesa. Em seguida, na bula *Decet Romanum Pontificem*, renovou todos os privilégios concedidos anterior-

51 Antônio da Silva Rego. *O padroado português...*, p. 39.

52 C. R. Boxer. *Império colonial português...*, p. 231. O autor informa que essas ordens repetiram-se no tempo, mas variavam em termos de obediência, ao longo do tempo.

mente aos vigários apostólicos, declarando-os absoluta e inteiramente independentes de Goa e do padroado português.[53]

Rego considera este o início da "dupla jurisdição" no Oriente, que só serviu para enfraquecer a ação de cristianização na região, por expor a divisão entre os católicos e possibilitar maiores atritos.[54] No entanto, é possível se fazer outra leitura dos acontecimentos afirmando, ao contrário, que as determinações de Clemente X apenas cristalizaram uma divisão que já existia de fato, e tiveram como objetivo a afirmação da autoridade papal e, como resultado, o enfraquecimento do padroado português.

Formalmente, os jesuítas aceitaram a bula de Clemente X no ano seguinte, mas na prática alguns atritos continuaram existindo entre os missionários e as diversas ordens religiosas que se debruçavam sobre o trabalho de evangelização em terras não dominadas pelos portugueses.[55]

Dessa forma, no final de todo esse processo de discussão acerca do padroado português e das ações do papado, pode-se perceber que a partir do terceiro quartel seiscentista, de um modo geral, coexistiam no Oriente três modelos de igreja missionária:

---

53 Antônio da Silva Rego. *O padroado português...* p. 49. Para a discussão de fatores endógenos e exógenos do fim do padroado português ver Manuel Gonçalves Martins. O desaparecimento do Padroado Português do Oriente e os agentes externos. In: *Congresso Internacional De História: Missionação Portuguesa e encontros de culturas.* Actas. África Oriental, Oriente e Brasil. Lisboa: Universidade Católica Portuguesa/Comissão Nacional Para as Comemorações dos Descobrimentos Portugueses/Fundação Evangelização e Culturas, 1993. v. III, p. 649-669.

54 *Idem*, p. 45.

55 Este posicionamento da Companhia de Jesus é compreensível se for lembrado que em 1585 por um breve de Gregório XIII a ordem foi encarregada da evangelização da China e do Japão, com exclusividade. Em 1600, outro breve permitiu que as ordens mendicantes pudessem entrar na China e no Japão, mas essa decisão é mínima, se comparada com as ações de Clemente X em 1673, pois quebrava a lógica do padroado português à qual os jesuítas estavam vinculados. *Idem*, p. 66-67.

- um de cariz tipicamente colonial, apresentado ou imposto aos Orientais, sobretudo pelos religiosos das ordens mendicantes e pelo clero diocesano, tanto do Padroado como do Patronato, em que os fiéis asiáticos se enquadravam numa estrutura predominantemente europeia. A adaptação a alguns costumes locais processou-se mais à revelia do programa missionário que por força dele;
- um outro, também assaz ocidentalizante, era seguido pelos padres da propaganda. Estes, embora não abdicassem das práticas tradicionais latinas, procuravam criar uma hierarquia eclesiástica asiática [...];
- finalmente, um terceiro, seguido apenas por algumas comunidades jesuíticas, tinha por objetivo não a orientalização da hierarquia, mas a da própria vivência cristã. Procurava-se nesses casos que os clérigos europeus se adaptassem às civilizações asiáticas e não que o clero nativo se tornasse em veículo do cristianismo europeu.[56]

Esses modelos entrariam em choque em diversas oportunidades, gerando grandes tensões entre clérigos seculares e regulares em vários pontos do Oriente. As diferenças de métodos no que se refere às práticas de missionação dos jesuítas, das demais ordens religiosas e dos padres da Propaganda Fide, por exemplo, ficaram em debate por longo tempo na querela dos ritos malabares e chineses, só definitivamente condenados por volta da metade do século XVIII.

Para Boxer, em resumo:

> qualquer estudo feito em profundidade da história do padroado durante os séculos XVII e XVIII deve mostrar que foi muito mais vezes objeto de críticas do que de elogios entusiásticos por parte dos estrangeiros, quer estes últimos fossem franceses, espanhóis e italianos católicos romanos, ou ingleses e holande-

56 João Paulo Oliveira e Costa. *Op. cit.* v. 2, p. 299.

> ses, protestantes. [...]frequentemente estas críticas eram justificadas, mas é igualmente evidente que, mesmo quando o padroado se havia tornado mais uma responsabilidade do que um bem para a Igreja, havia algumas exceções muito honrosas.[57]

Para além da discussão sobre se as críticas ao padroado português eram justificadas, deve-se perceber que o ambiente proporcionado por esse extenso debate sempre reverberou em Goa, somando-se às ameaças dos inimigos infiéis, às dificuldades econômicas, aos problemas políticos e sociais. Todos esses aspectos reunidos reforçavam situação de cerco e insularidade que os habitantes da cidade frequentemente experimentavam.

3. Colaboração e conflito na cidadela cristã

A sociedade colonial na Ásia portuguesa era essencialmente militar e comercial, segundo Boxer, mas não se pode esquecer que a cruz estava associada à espada e às especiarias.[58] Goa possuía todas essas características, e tornou-se o espaço físico das maiores colaborações, mas também de conflitos graves entre as regiões que compunham a Índia portuguesa.

Segundo Raquel Soeiro de Brito a cidade de Goa tinha uma frente marítima de cerca de 2 km, e toda a área urbana seria de 4 km^2, sendo que o centro da cidade estaria na faixa ribeirinha, contido em cerca de 1km de frente e 0,5 km de profundidade. As principais ruas eram pavimentadas e as secundárias eram de terra batida. A via principal, a rua Direita ou dos Leilões, estava ligada ao Cais dos Vice-Reis, entrada da cidade para quem chegasse por via marítima, e onde se concentrava a maior atividade comercial da cidade, com um mercado de pérolas, peças de ouro, pedras preciosas, escravos, sedas, tapetes, cavalos, ou seja, mercadorias oriundas de todo o Oriente. A principal entrada terrestre era a rua de São Pedro, localizada nas proximidades do arsenal da cidade

---

57 C. R. Boxer. *Império colonial português...*, p. 240.

58 *Idem*, p. 293.

– importante centro de construção naval no Oriente –, instalado na rua das Naus de Ormuz e onde se concentravam locais de venda de bebidas alcoólicas, pela presença de grande número de trabalhadores. No centro de Goa situavam-se "dezesseis das quarenta e uma ruas principais, cinco das dezessete igrejas mais importantes, incluindo a Sé, cinco dos doze conventos", além dos prédios da administração: o Tribunal da Relação, o Tribunal da Inquisição, a Alfândega, a Misericórdia, o Hospital Real, o Palácio dos Vice-Reis, o quartel. Na área central da cidade também havia os principais largos e monumentos da cidade: o Terreiro dos Galos, a Praça do Sabaio e o Arco dos Vice-Reis. Ou seja, tratava-se de "um verdadeiro centro político, religioso e cívico".[59]

Os dados sobre a população de Goa são muito imprecisos, vagos e sem homogeneidade de informações, pois nem sempre há a discriminação entre portugueses e naturais da terra. Russell-Wood informa que "em 1524 existiam na cidade quatrocentos e cinqüenta chefes de família portugueses; em 1540, esse número para 1.800, mas incluía tanto mestiços como portugueses da Europa".[60] Francisco Bethencourt refere-se ao registro de Diogo do Couto para o cálculo da população de Goa no final do século XVI: sessenta mil cristãos.[61] As informações só se tornam mais sistemáticas para o século XVIII, que indicam para meados desse século a população de 206.596 habitantes.[62] Sanjay Subrahmanyam utiliza-se dos dados de Antônio Bocarro no seu *Livro de plantas de todas as forta-*

---

59 Raquel Soeiro de Brito. *Goa e as praças do Norte*: revisitadas. Lisboa: Comissão Nacional Para as Comemorações dos Descobrimentos Portugueses, 1998, p. 99-100.

60 A. J. R. Russell-Wood. A sociedade portuguesa no ultramar. In: Francisco Bethencourt e Kirti Chaudhuri (dirs.). *Op. cit.* v. 1, p. 267.

61 Francisco Bethencourt. As Câmaras e Misericórdias. In: Francisco Bethencourt e Kirti Chaudhuri (dirs.). *Op. cit.* v. 1, p. 358.

62 A. J. R. Russell-Wood. Comunidades étnicas. In: Francisco Bethencourt e Kirti Chaudhuri (dirs.). *Op. cit.* v. 3, p. 210. Para o século XVIII, ver o estudo de Maria de Jesus dos Mártires Lopes. *Goa setecentista*: tradição e modernidade. Lisboa: Centro de Estudos dos Povos e Culturas de Expressão Portuguesa/Universidade Católica Portuguesa, 1996, especialmente o capítulo II.

lezas, cidades e povoações do Estado da Índia, "compilado entre 1633 e 1635, com o auxílio do secretário do então vice-rei conde de Linhares, Pedro Barreto de Resende", para estimar a população da Ásia portuguesa, ao menos em duas categorias usualmente utilizadas por autoridades e cronistas da época: os *casados moradores* e os religiosos das quatro principais ordens existentes no Oriente – jesuítas, franciscanos, dominicanos e agostinianos.[63] O historiador indiano explica que a categoria *casado* abrangia tanto os que eram portugueses por inteiro quanto mestiços e até mesmo cristãos conversos asiáticos, motivo pelo qual Bocarro utiliza a distinção de *casados brancos* e *casados negros*.[64] A cidade de Goa possuía 800 *casados brancos* e 2.200 *casados negros*, ou seja, um total de 3.000 casados. O total para toda a Ásia portuguesa era de 4.903 *casados brancos* e 7.435 *casados negros*, somando-se 12.338 casados.

Outro grupo identificado por essa fonte é o dos clérigos regulares, que em Goa totalizavam 599 pessoas, num universo para todo o Estado da Índia de cerca de 1.813 religiosos.[65] Subrahmanyam enfatiza o caráter parcial desses dados, ou seja, que eles devem ser analisados apenas como indicadores de tendências gerais da população na primeira metade do século XVII. Uma alternativa para complementar essa informação poderia ser os registros dos jesuítas sobre os batizados, mas também aí os números referiam-se à região de Salcete e, ainda assim, não há um registro continuado, o que inviabiliza tal quantificação.

Deve-se entender que a capital do Estado da Índia e da cristandade no Oriente possuía significativas referências arquitetônicas que correspondiam à necessidade de demonstração visual de sua grandeza. É importante lembrar que muitos templos hindus e mesquitas muçulmanas eram ricos e grandiosos no Oriente, induzindo a uma manifestação equivalente por parte dos cristãos portugueses, numa espécie de "rivalidade visual".

---

63 Sanjay Subrahmanyam. *Op. cit*, p. 309.

64 *Idem*, p. 311.

65 *Idem*, p. 312-315.

Desde os primórdios da ocupação lusitana até meados do século XVII – quando se começou a pensar na transferência da cidade para local com menos problemas de insalubridade – foram feitas construções que buscavam exprimir a fé professada e que se pretendia expandir. As capelas de Santa Catarina, padroeira da cidade, de Santo Antônio, de Nossa Senhora do Monte; as igrejas do Rosário, de Bom Jesus (erigida pelos jesuítas), de Nossa Senhora da Graça dos Agostinhos; a Sé Catedral; o Colégio de São Paulo; os conventos com suas respectivas igrejas dos franciscanos, dos teatinos e o das Mônicas (primeiro mosteiro feminino da Ásia) são alguns dos prédios que formavam impressionante expressão da devoção religiosa de Goa. O viajante italiano Della Valle deixou sua apreciação sobre os edifícios da cidade dizendo que:

> os melhores são as igrejas, pertencentes, na maior parte, a muitas ordens religiosas – agostiniana, dominicana, franciscana, de carmelitas descalços e jesuítas – com mui numerosos conventos para um e outro sexo; e de fato, metade das ordens que existem aqui, bastariam para uma cidade maior que Goa. Mas, além dessas igrejas, há igualmente muitas outras de clérigos seculares, igrejas paroquiais e capelas; e por fim, a sé ou catedral, que não é, porém, o melhor, nem o maior templo da cidade, havendo muitos que o excedem. Durante a minha permanência, a sé ainda não estava pronta, tendo as obras chegado a pouco mais da metade; daí o parecer-me pequena e menos majestosa; mas vi, há pouco, a planta geral do edifício e julgo que, em se completando, será uma igreja magnífica.[66]

Além de igrejas e conventos, outra forma de manifestação da religiosidade em Goa se encontra no grande número de confrarias que surgiram na cidade e nas regiões vizinhas, como Salcete e Bardez. Essa

---

66 José Antônio Ismael Gracias. *Op. cit*, p. 25.

forma de organização da população cristã portuguesa e indiana também foi um importante elemento de difusão do cristianismo.

A primeira confraria fundada em Goa foi a de Nossa Senhora do Rosário em 1511, logo após a conquista, que ficou vinculada à Sé na Igreja de Santa Catarina a partir de 1533. Na Sé também foram fundadas outras confrarias, com destaque para a de S. Pedro (século XVI) e a do Santíssimo Sacramento (século XVII).[67] Havia ainda as confrarias dos regulares. Na igreja do convento dos franciscanos havia a Confraria do Cordão de São Francisco, de 1592. Na igreja do convento dos dominicanos havia a Confraria dos Cafres de Nossa Senhora do Rosário, de 1548 que, como o nome sugere, era formada pelos cristãos naturais da terra; a de Jesus, de nobres portugueses; e a do Espírito Santo, dos cortesãos e ministros. Na dos agostinianos existiam sete confrarias, com destaque para a de Nossa Senhora de Assunção. Na Igreja da Cruz dos Milagres dos oratorianos foi fundada a confraria de nossa Senhora do Bom Sucesso, em 1671. Existiam também as confrarias das ordens terceiras: a Confraria da Madre de Deus (1576); a da Imaculada Conceição; a do Santo Sepulcro e a de Nossa Senhora do Cabo.[68] Em Bardez, região de missionação atribuída aos franciscanos, Leopoldo da Rocha sugere o número de dez confrarias por volta de 1600, pois há poucos registros.[69]

Com certeza, a ordem religiosa que mais fomentou a instituição de confrarias foi a Companhia de Jesus em Goa, mais especialmente em Salcete. A Confraria de Conversão à Fé foi criada em 1541 pelo vigário-

---

67 Leopoldo da Rocha. *As confrarias de Goa (séculos XVI-XX)*: conspecto histórico-jurídico. Lisboa: Centro de Estudos Históricos Ultramarinos, 1973, p. 21-23. Trata-se de um estudo muito minucioso e extenso das confrarias goesas. O autor nota que a longevidade das confrarias fundadas em Salcete é muito maior das que surgiram na velha cidade de Goa. Até a data da autoria do trabalho muitas das confrarias de Salcete ainda sobreviviam.

68 *Idem*, p.27-53. As informações cotejadas pelo autor nem sempre são completas, o que o obrigou a muitas vezes não informar as datas de fundação de muitas das confrarias citadas.

69 *Idem*, p. 88.

-geral Miguel Vaz e pelo mestre Diogo da Borba, teólogo e pregador, com o objetivo de espalhar o cristianismo através do Seminário de Santa Fé para a formação de um clero nativo. Com a chegada de Francisco Xavier, Miguel Vaz considerou que o seminário estaria em melhores mãos se administrado pelos jesuítas; após alguma hesitação por parte de Xavier e de seus superiores, a Companhia de Jesus ficou responsável pelo seminário, que passou a se chamar "Colégio de São Paulo", mantendo os vínculos com a Confraria de Conversão à Fé, cuja sede ficava na capela do colégio. Também associada a essa instituição havia a Confraria de Nossa Senhora da Anunciação, com o objetivo de animar os jovens escolares a progredirem na vida espiritual pela prática da vida sacramental, instituída pelo padre Manuel da Veiga.

A Confraria das Onze Mil Virgens foi fundada em 1552 por ideia do jesuíta Gaspar Barzeu, inspirado pela relíquia de "uma santa cabeça das onze mil virgens, atribuída a Santa Geracina, trazida pelo também jesuíta P. Antônio Gomes em 1548".[70] Vinculadas à Casa Professa de Bom Jesus existiam três confrarias: a dos Naturais da Terra, a Irmandade dos Portugueses e a de Cafres e outros moços da terra, cujo objetivo era "ministrar doutrina cristã adaptada à inteligência da gente rude e boçal"[71] (as duas primeiras fundadas em 1613 e a última em 1648). Note-se que os jesuítas tinham a prática de instituir irmandades diferentes para portugueses e nativos, e mesmo entre os últimos, também faziam distinções. De certa forma, tal procedimento adaptou-se bem à realidade do sistema de casta hindu, uma vez que mesmo os convertidos ao cristianismo "não abdicavam do enquadramento social que estas lhes destinavam".[72]

Em Salcete, onde a missionação tinha ficado oficialmente ao cargo da Companhia de Jesus desde 1555, houve uma verdadeira proliferação das confrarias, pois os jesuítas geralmente fundavam três dessas associações

70 *Idem*, p. 10-17.

71 *Idem*, p. 19.

72 Caio Boschi. Sociabilidade religiosa laica: as irmandades. In: Francisco Bethencourt e Kirti Chaudhuri (dirs.). *Op. cit.* v. 3, p. 386.

onde se fixavam, "tendo como invocações o Santíssimo Sacramento, as almas e um santo escolhido ao sabor das circunstâncias locais ou do contexto da época, com forte incidência para a devoção da Senhora do Rosário".[73]

Leopoldo da Rocha afirma ser muito difícil precisar as datas de fundação de todas as confrarias, mas localiza sua existência em diversos registros e menções feitos mesmo que em épocas posteriores, como por exemplo uma relação de certidões passadas pelos escrivães das confrarias datadas da metade do século XVIII.[74] Mesmo que de forma imprecisa, é possível afirmar que era grande o número dessas instituições em Salcete. O jesuíta Sebastião Gonçalves registrou em 1614 as igrejas fundadas pela Companhia de Jesus, relacionando algumas de suas respectivas confrarias. Assim, sobre a igreja em Rachol, informou que "a invocação da igreja é de Nossa Senhora das Neves", e que havia quatro "confrarias bem servidas", a do Santíssimo Sacramento, da Virgem, de Jesus, de Santa Ana. Sobre a igreja de Margão disse que ali havia três confrarias, as do Espírito Santo, a de Nossa Senhora e a do Anjo Custódio.[75]

Não há o registro de todas as confrarias, portanto, mas são conhecidas aquelas das freguesias de Salcete nos séculos XVI e XVII, ao todo 24, o que possibilita derivar um número aproximado de irmandades, ao aceitar-se a média de três confrarias para cada igreja. A título de ilustração, essas freguesias e os nomes de suas respectivas igrejas foram colocados no quadro abaixo:

---

73 *Idem*, p. 356.

74 Leopoldo da Rocha. *Op. cit*, p. 111.

75 Sebastião Gonçalves. *História dos religiosos da Companhia de Jesus* e do que fizeram com a divina graça na conversão dos infiéis a nossa santa fee catholica nos reynos e provincias da India Oriental. Coimbra: Atlantida, 1957. v. 3, p. 90.

Quadro V – Freguesias de Salcete (séculos XVI e XVII)

LOCALIDADE	IGREJA	ANO
Assolnã	N. S. dos Mártires	1616
Betalbatim	N. S. dos Remédios	1635
Carmonã	N. S. do Socorro	1607
Chandor	N. S. do Belém	1645
Chicalim	S. Francisco Xavier	1625
Chinchinim	N. S. da Esperança	1590
Benaulim	S. João Batista	1581
Colvã	N. S. das Mercês	1635
Cortalim	S. Filipe e S. Tiago	Século XVI
Cuncolim	N. S. da Saúde	Século XVII
Curtorim	Santo Aleixo	1597
Loutulim	Salvador do Mundo	1581
Majordã	N. S. Mãe de Deus	1588
Margão	Espírito Santo	1564
Mormugão	Santo André	1570
Navelim	N. S. do Rosário	1597
Orlim	S. Miguel Arcanjo	1568
Rachol	N. S. das Neves	1576
S. Tomé	São Tomé	Século XVI
Saneale	N. S. da Saúde	Século XVII
Seraulim	N. S. do Pilar	1635
Varcã	N. S. da Glória	1635
Velsão	N. S. da Assunção	1635
Vernã	Santa Cruz	1568

Fonte: Leopoldo da Rocha. As confrarias de Goa (séculos XVI-XX): conspecto histórico-jurídico. Lisboa: Centro de Estudos Históricos Ultramarinos, 1973. p. 397-421.

O jesuíta Gomes Vaz, ao descrever uma cerimônia religiosa que ocorrera na igreja de Cortalim, em carta aos companheiros em Portugal datada de 1567, resumiu de maneira muito arguta a função que essas confrarias e as festas religiosas por elas promovidas exerciam no processo de cristianização:

> usa-se destas solenidades em semelhantes tempos porque servem muito para crescimento destas novas plantas, as quais grandemente se movem com as cerimônias e cultos exteriores e para confusão dos gentios; para que vendo estes a diferença e vantagem que nossas festas fazem às suas, fiquem envergonhados e confundidos.[76]

Apesar dessa consciência da importância funcional e da profusão de confrarias em Salcete, no início da instalação dessas instituições, na segunda metade do século XVI, houve hesitações dos próprios jesuítas sobre se elas estariam na alçada da ordem a qual pertenciam, pois:

> [...] levantou-se, logo de início, um grave problema de ordem moral, relativo à continuação destas associações de piedade sob a direção dos religiosos Jesuítas. As confrarias, como corporações essencialmente religiosas, implicavam a cura direta das almas, no caso, a formação espiritual dos associados. Mas não seria alheio às *constituições* da Ordem que os seus membros se empenhassem mais na missão de converter as almas, lançassem as bases da cristandade, à maneira de semeadores errantes do Evangelho, sem fincar raízes definitivas em parte alguma? Depois, estaria dentro do espírito inaciano andarem os Religiosos da Companhia de Jesus empenhados em negócios da administração temporal, como exigem os patrimônios das confrarias? Problemas como estes achavam-se em sério debate nas reuniões dos casos da Moral no Colégio de São Paulo de Goa.[77]

Os Gerais da Companhia, Inácio de Loiola e Francisco de Bórgia, mostraram-se reticentes e desconfiados em relação a essa questão, mas não atuaram claramente contra as irmandades, permitindo algumas que estivessem adequadas às Constituições da ordem. As dúvidas e questões

76 José Wicki. *Documenta Indica...* v. II, p. 410.

77 Leopoldo da Rocha. *Op. cit,* p. 116-117.

permaneceram até a chegada do visitador Alexandre Valignano que, com seu conhecido sentido pragmático, resolveu o problema, afirmando a importância das confrarias no processo de evangelização e organizando uma consulta aos superiores da Companhia de Jesus da Província da Índia. Em 1575, Valignano promoveu a "Primeira Congregação Provincial da Índia da Companhia de Jesus", onde apresentou o assunto das confrarias, havendo quem defendesse sua supressão, e outros, incluindo o próprio visitador, que não viam grandes problemas na sua existência. Após os debates, concluiu-se pela sua manutenção, mas com as seguintes ressalvas:

> a Congregação decidiu, portanto, que não obstava às *Constituições* a existência destas corporações, mas guardando-se que os religiosos se abstivessem de exigir delas emolumentos e ajudas para a celebração das próprias festas. Não haveria inconveniente em aceitar dos administradores das confrarias o que eles espontaneamente oferecessem, não só para a celebração das festas próprias da confraria, como também doutras do templo, e isso sem descaso da pobreza a que está votada a Companhia e sem compromisso de pacto de estipêndio ou obrigação.[78]

Ainda que tivessem sobrevivido certas reservas de consciência entre os inacianos sobre o envolvimento da Companhia de Jesus com a fundação de confrarias, estas provavelmente desapareceram em 1587, quando o papa Xisto V, através da bula *Romanum Decet Pontificem*, delegou aos jesuítas a responsabilidade pela ereção de irmandades na Índia.

O grande número de confrarias, em função da duplicidade de funções, por vezes criava condições para que surgissem atritos. Um bom exemplo foi a censura imposta pela Misericórdia de Goa à Irmandade dos Portugueses, associada à Casa Professa de Bom Jesus, pois sua ação

---

78 *Idem*, p. 123. Os apontamentos feitos por Valignano sobre a *Primeira Congregação Provincial da Índia da Companhia de Jesus* encontram-se transcrito por José Wicki. *Documenta Indica...* v. X, p. 589-648.

assistencial entrava em conflito com a da importante instituição portuguesa, um dos pilares do mundo ultramarino, nos dizeres de Boxer. Como resultado, a irmandade foi extinta em 1616.[79]

No último quartel do século XVII houve outra crise envolvendo as confrarias de Salcete, relacionadas aos jesuítas, embora dessa vez a discussão estivesse associada à questão de jurisdição. Quem promoveu o debate foi o próprio arcebispo Antônio Brandão, que tomou posse em 1675, e enfrentava o problema de colocação do clero nativo, cada vez maior em número e necessitando ocupar funções na hierarquia eclesiástica.[80] A crise precipitou-se graças à inabilidade do Provincial da Companhia de Jesus, Fernão de Queiroz, que não obedeceu a regra de pedir permissão ao arcebispo para visitar as igrejas de Salcete. Leopoldo da Rocha acrescenta ainda que o superior jesuíta utilizou nessa visita o cerimonial reservado aos arcebispos, tal como "repiques de sinos, entrada com pálio, recepção com laudate, visita ao sacrário, exame dos livros da fábrica e confrarias". Para complicar ainda mais a situação, o Provincial retornou a Goa para assistir à festa de Santo Inácio, quando promoveu outro episódio de constrangimento, pois esqueceu-se de mandar colocar o baldaquim em cima do trono reservado ao arcebispo, que viu o esquecimento como ato proposital do superior da Companhia de Jesus na Índia.[81]

O arcebispo agiu então de maneira incisiva: iniciou uma visita pastoral às ilhas de Pangim e Taleigão, entre outras, e despachou para Salcete a negação do direito dos jesuítas fazerem visitas às igrejas da região, proibindo os párocos de atenderem às solicitações do provincial da Companhia de Jesus, além de exigir vistas dos livros de contas das irmandades. Em seguida, encaminhou sua visita para as terras de Salcete, e tomou várias medidas para extinguir a autoridade dos jesuítas naquelas freguesias. O atrito iria agravar-se na igreja de Majordã, onde o jesuíta Antônio Luís recusou-se a mostrar os livros das confrarias requisita-

79 Leopoldo da Rocha. *Op. cit*, p. 17.

80 *Idem*, p. 378.

81 *Idem*, p. 380-381. Baldaquim é uma espécie de dossel sustentado por colunas.

dos pelo arcebispo, alegando estarem com o reitor do colégio de Rachol. Irritado, o arcebispo exigiu que lhe fossem mostrados os livros em tempo curtíssimo, no que não foi obedecido nem pelo padre Antônio Luís, nem pelo reitor do colégio, o padre Paviziani. Os dois foram fulminantemente excomungados pelo arcebispo. O episódio está registrado com cores muito fortes na *Memória para a História Eclesiástica do Arcebispado de Goa e seus sufragâneos*, que conta que o arcebispo chegou na:

> Igreja de Majordã em que era vigário o Pe. Antônio Luís lhe pediu os livros; não lhos quis dar, dizendo que era igreja isenta, por ser da Companhia, foi monido; respondeu que o Padre Reitor do Colégio Torquato Paviziani os levara; disse-lhe os mandasse vir; não o fez, foi declarado excomungado e se retirou para o Colégio, no caminho o meirinho geral o fez apear do andor dando busca se levava dinheiro ou prata da Igreja; foi monido o P. Reitor a que desse os livros, não deu cumprimento, foi declarado e fixa a excomunhão nas portas da Igreja, donde o Reitor a mandou recolher, e fazer em pedaços. Sucedeu a festa das Virgens, dia solene naquele colégio onde tem altar, saiu a celebrar a Missa do dia o mesmo padre vigário excomungado declarado; saiu-se a gente da Igreja e logo o padre Antônio de Barros a acalmá-la, persuadindo que aquela excomunhão era irrisória, que não podia o Primaz excomungar aos religiosos, respondeu um soldado de uma das companhias que residem em Rachol que fosse isso dizer aos turcos, que eles eram cristãos.[82]

O desacato era evidente, assim como a tentativa de contornar a tensão perante os fiéis. A resposta do soldado de Rachol mostra que a situação era muito tensa. Em Goa, o arcebispo exigiu os livros do provincial Queiroz, que os enviou, cedendo finalmente às pressões. Por outro

82 Biblioteca Nacional de Lisboa. *Memória para a História Eclesiástica do Arcebispado de Goa e seus sufragâneos*. Coletânea de textos do séculos XVII e XVIII. Cod. 176. fl. 38.

lado, o arcebispo atendeu à solicitação de absolvição dos padres Paviziani e Antônio Luís, alegando o escândalo que essa censura causara entre os gentios.[83] Mas tudo isso não findou o conflito. A situação ficou mais delicada e outras instâncias de poder da cidade tentaram apaziguar a questão, a exemplo do vice-rei e do Senado de Goa. Mas o Provincial da Companhia de Jesus, alegando as humilhações sofridas, informou que os jesuítas sairiam das igrejas de Salcete em dezembro de 1677, abrindo, assim, caminho para que o arcebispo pudesse prover esses cargos eclesiásticos.[84]

O que parecia uma derrota, era provavelmente uma manobra dos jesuítas, pois enquanto cediam na Índia, articulavam a reação no próprio reino. Em 1681 chegou à cidade de Goa uma resolução real que devolvia Salcete aos jesuítas, fundamentada em consultas ao Tribunal da Mesa de Consciência e a pessoas doutas sobre o tema e na jurisdição que o rei tinha sobre Salcete, por ser ele o Grão Mestre da Ordem de Cristo. Leopoldo da Rocha percebeu a influência dos jesuítas nessa resolução real afirmando que, do ponto de vista jurídico, a premissa da jurisdição da Ordem de Cristo sobre Salcete era errada, pois no momento da fundação do bispado de Goa esse direito teria sido revogado.[85] Mas na época isso não ficou esclarecido, e houve partidários das duas interpretações. A controvérsia arrastou-se até meados do século XVIII, mas, ao menos em 1681, a ordem real possibilitou o retorno dos jesuítas às igrejas de Salcete.

Essa crise é um bom exemplo dos conflitos que irrompiam em Goa, envolvendo autoridades eclesiásticas e civis, clero secular e regular, justiça do rei e da Igreja. No entanto, as confrarias não serviam apenas como combustível para alimentar tais disputas. Também eram responsáveis por demonstrações de afirmação da fé, como já foi destacado inicialmente na observação do viajante Pietro Della Valle: o número impressionante de festas religiosas em Goa, especialmente de procissões. O viajante italiano descreveu inclusive uma festividade promovida pela Inquisição:

83 Leopoldo da Rocha. *Op. cit*, p. 381-384.

84 *Idem*, p. 385-386.

85 *Idem*, p. 398-417.

> a 29 [de abril], dia de S. Pedro mártir, os inquisidores, que o consideram fundador da Inquisição, celebraram uma grande festa, que acabavam de instituir em seu louvor, defronte da sua casa da Inquisição. Na Igreja de S. Domingos foram cantadas vésperas no dia 28 e no dia 29 uma solene missa com assistência dos inquisidores *in pontificalibus*. À tarde percorreu a cidade uma cavalgada de fidalgos portugueses a pedido dos inquisidores e um ou dois dias depois houve uma tourada à espanhola [...].[86]

Para confirmar o que foi constatado por Della Valle, pode-se utilizar um interessante documento, intitulado *Memória para a História Eclesiástica do Arcebispado de Goa e seus sufragâneos*, onde estão registradas as principais procissões que se faziam na cidade:

> a primeira é no dia de Santa Catarina aos 25 de novembro, em memória de ser nele a tomada aos Mouros a cidade de Goa de que é padroeira, concorrem a ela muitas vezes os Vice-reis, e toda a nobreza, em que os cavaleiros tomam os seus mantos, o Senado da Câmara que leva sua bandeira, as comunidades de S. Domingos, Sto. Agostinho, de S. Francisco com suas cruzes, todas as das freguesias da cidade e Ilha de Goa e suas adjacentes com todo o seu clero com sobrepeliz, as bandeiras dos Mesteres desta cidade e S. Jorge com outros modos e danças que nesta terra se usam. [...] Corre as principais ruas da cidade, centra em uma ermida de Santa Catarina levantada num dos lugares [...] em que houve maior resistência e no altar da ermida descansa a relíquia [um pedaço do queixo] da Santa que o sacerdote leva debaixo do Pálio. [...] A outra procissão é no dia 1º de dezembro, aclamação de D. João IV. Sai com uma relíquia de S. Francisco Xavier que todos os anos trazem a Sé dois padres da Companhia antes de sair a procissão, [...] sai

86 José Antônio Ismael Gracias. *Op. cit*, p.159.

> pelas ruas públicas de Goa, centra na Casa Professa donde se pões a tal relíquia no altar do dito Santo [...].[87]

Informa ainda que participavam dela o Cabido, o Senado da Câmara, todas as cruzes e clero das freguesias da cidade, ilha de Goa e adjacentes, e as comunidades religiosas.[88] Havia ainda as procissões de 3 de dezembro, de S. Francisco Xavier; a de São Sebastião contra doenças; outras em função dos êxitos militares dos portugueses; a de S. Tomé, patrono e apóstolo de toda a Índia; a de Corpus Christi, "não no seu dia próprio, 5ª feira depois da *Dominica in Albis* e se reza do sacramento neste dia com toda solenidade do próprio em toda costa da Índia"; e por último uma procissão que saía da Sé até a ermida da Cruz dos Milagres.[89]

O viajante italiano teve a oportunidade de registrar algumas outras procissões que não foram citadas no texto citado acima. Em 30 de setembro de 1623, por exemplo, Della Valle anotou que:

> os dominicanos com a irmandade do Rosário fizeram uma solene procissão em Goa com muitos andores e imagens, vestidas à sua maneira e adornadas com ricas jóias; todas as ruas do trânsito estavam juncadas de folhagem verde e flores, e as janelas tendidas de custosos tapetes e colchas. À festa do Rosário, que é anual, assistiu toda a cidade. Essa procissão realiza-se depois das vésperas, e na manhã do dia da festa há outra procissão, limitada ao adro da igreja, mas com igual pompa e com Santíssimo Sacramento.[90]

Testemunhou, ainda, todos os festejos dos jesuítas relacionados à canonização de Inácio de Loiola e Francisco Xavier, em fevereiro de 1624, descrevendo assim a procissão do dia 19 que os encerrou:

---

87 Biblioteca Nacional de Lisboa. *Memória para a História Eclesiástica do Arcebispado de Goa e seus sufragâneos.* Coletânea de textos do séculos XVII e XVIII. Cod. 176. fl. 235.

88 *Ibidem.* fl.235.

89 *Ibidem.* fl. 235-236.

90 José Antônio Ismael Gracias. *Op. cit,* p. 50.

> [...] saindo da igreja de S. Paulo o Velho, seguiu pelas principais ruas da cidade, e recolheu na do Bom Jesus; procissão que excedeu tudo o mais em carros triunfais, navios e outras máquinas, cheias de gente que representava diversas coisas com boa música e muita gente em pé dançando. Também desta solenidade se imprimiu uma relação. Seguiam os padres da Companhia, revestidos de pluviais conduzindo o corpo de Xavier, encerrado num belo e rico caixão de prata, mui bem trabalhado, e atrás de tudo a imagem do Santo. Vinham depois uns padres levando um grande estandarte com os retratos dos Santos (Inácio e Xavier) e por fim todas as cruzes das paróquias dos jesuítas de Salcete, e apenas os frades de S. Francisco. Das outras comunidades religiosas não apareceu frade algum, porque não costumam ir às procissões dos jesuítas, desde que estes não vão às daquelas.[91]

Devem ser destacadas duas observações do italiano: a participação das igrejas de Salcete na procissão e a ausência de outras ordens religiosas, com exceção dos franciscanos, em festas tão fundamentais para a identidade dos jesuítas. Mais uma vez percebe-se aí que as tensões e conflitos no interior do clero regular eram grandes.

Já outro viajante, François Pyrard, registrou a festa da Páscoa, demonstrando estranheza em relação ao que acontecia nas procissões:

> quando chega a festa da Páscoa, toda a quinta e sexta-feira santas fazem procissões gerais, como é uso em todas as terras de el-rei de Espanha, e nas tais procissões vão grande cópia de penitentes de todas as qualidades, que se disciplinam e marcham de joelhos com os braços cruzados. Seria impossível representar todas as cerimônias e modos estranhos e supersticiosos que nestes atos observam. Para estes penitentes há lugares à maneira de hospitais, providos de grande quantidade de vinagres, doces, pão,

91 *Idem*, p. 151.

> vinho e outras espécies de refrescos e muitos panos brancos. O vinagre serve para lhes lavar as feridas e o mais para os restaurar comendo e bebendo; e ainda os panos para os limpar e curar.[92]

O francês demonstra nesse trecho que considerava as manifestações religiosas dos fiéis goeses excessivas e exageradas, pois qualifica negativamente o que testemunhou.

Portanto, as confrarias tiveram importante participação no trabalho de evangelização em Goa e adjacências, enfatizando os aspectos exteriores da manifestação religiosa cristã, como as festas e procissões. Encontravam eco nas populações hindus, que valorizavam essas demonstrações por estarem acostumados às suas próprias tradições. Muito tenuamente, percebe-se que alguns elementos culturais se mesclavam nessas festas, misturando práticas religiosas de diferentes religiões, admitidas pelo clero transigente com a visão de mundo dos recém-convertidos, tanto que esse tipo de festejo adquiriu vida longa e existe até os nossos dias. Charles Borges ressaltou que tais devoções religiosas católicas, particularmente as procissões, são ainda hoje muito importantes para os cristãos goeses, que estão sempre mais presentes às festas de *Corpus Christi* ou da sexta-feira da Paixão do que regularmente nas obrigações cotidianas do fiel para com a Igreja. Borges defende que isso ocorre justamente porque a presença de elementos culturais locais nessas festividades garantiu sua longevidade.[93]

Outra instituição que procurava desenvolver a difusão da fé no Oriente era a do *Pai dos Cristãos*. O Alvará Régio de 1532 oficializou o cargo de *Pater christianorum* (pai dos cristãos), com o ordenado de 30.000 réis (em Goa, pois havia variações de acordo com a cidade na qual

92 Francisco Pyrard (De Laval). *Viagem de Francisco Pyrard, de Laval contendo a notícia de sua navegação às Índias Orientais, Ilhas de Maldivas, Maluco e ao Brasil, e os diferentes casos que lhe aconteceram na mesma viagem nos dez anos que andou nestes países (1601 a 1611)*... Ed. Joaquim Helidoro da Cunha Rivara. Porto: Livraria Civilização, 1944. v. 2, p. 77.

93 Charles Borges. The changing faces of Christianity in Goa: from being Portuguese to being Indian? In: *Lusotopie 2000* "Lusophonies asiatiques, Asiatiques em lusophonies". Paris, Karthala, mars 2001, p. 437-438.

o Pai dos Cristãos atuava). Com a criação desse cargo "pretendia-se fundamentalmente sistematizar algumas ações até ali desconexas e arranjar um local onde fosse possível albergar os catecúmenos durante a instrução nas coisas da fé. Para isso, diligenciava-se encomendar a comunidade recém-formada a «um bom homem que seja como Pai destes Cristãos e que tenha deles especial cuidado»".[94] Wicki destaca que "a instituição do «Pai dos Cristãos» a favor da cristandade é exclusivamente portuguesa nas Missões do Oriente e em particular na Índia".[95]

É importante destacar que a instituição não era eclesiástica, mas laica e do Estado, com função pública, embora também recebesse interferência por parte das autoridades da Igreja, que legislaram sobre muitas de suas ações nas decisões do primeiro Concílio de Goa (1567). Havia *Pais dos Cristãos* nas principais praças e fortalezas dos portugueses: em Baçaim, Taná, Chaul, Damão, Goa, Cochim, Ceilão, Ormuz, Malaca e Macau. Wicki acrescenta ainda que cada ordem ficou responsável por determinadas regiões: os jesuítas por Goa e Salcete; os franciscanos por Bardez e Baçaim; os dominicanos por Mahim, Tarapur, Damão e Chaul; e os agostinianos por Ormuz.[96]

As atribuições dadas aos Pais dos Cristãos eram muitas e variadas. Em alguns momentos podiam servir como árbitro nos dissídios que

---

94 Maria Benedita Araújo. O "Pay dos Christãos". Contribuição para o estudo da Cristianização da Índia. In: Congresso Internacional De História: Missionação Portuguesa e encontros de culturas. Actas: África Oriental, Oriente e Brasil. Lisboa: Universidade Católica Portuguesa/Comissão Nacional Para as Comemorações dos Descobrimentos Portugueses/Fundação Evangelização e Culturas, 1993. v. II, p. 305-324.

95 José Wicki. *O Livro do "Pai dos cristãos"*. Lisboa: Centro de Estudos Históricos Ultramarinos, 1969. p. IX. Essa publicação transcreve dois manuais de Pais dos Cristãos de jesuítas de Goa, com documentos copiados por eles: alvarás, provisões e leis que norteavam suas ações. Apesar da criação do cargo remontar a 1532, Wicki só registra a aparição da figura do Pai dos Cristãos em 1537 e informa que a instituição foi extinta em 1842, com o fechamento da Casa dos Catecúmenos de Goa.

96 *Idem*, p. XI.

ocorressem entre cristãos; outras vezes, eram instados pela Inquisição de Goa a testemunhar sobre questões relacionadas a denúncias e processos do santo tribunal. Um bom exemplo encontra-se registrado na documentação do Conselho Geral do Santo Ofício, que guarda uma lista de gentios que foram presos em 22 de julho de 1685 "porque achavam nesta Ilha de Goa celebrando um casamento e ritos e cerimônias gentílicas, e outros diversos crimes os quais pediram o batismo".[97] O inquisidor desconfiou do pedido e mandou uma ordem para que o Pai dos Cristãos declarasse em certidão os nomes que constavam do livro dos batizados. O jesuíta Luís de Abreu, que então ocupava o cargo, prontamente cumpriu a solicitação do inquisidor e enviou a lista com os batizados de dezembro de 1683 até novembro de 1686. Muitos nomes se repetiam nas duas relações, o que indica a tentativa de dissimulação de alguns prisioneiros. Infelizmente não há nenhum outro registro sobre o caso, mas pode-se imaginar os procedimentos que foram tomados pelos inquisidores a partir dessa constatação, a julgar pelo elevado número de penitenciados por gentilidade no século XVII.

Além das questões que envolveram instituições do Estado da Índia, pode-se constatar no cotidiano outros tipos de colaborações e conflitos, parte dos quais registrados nos papéis inquisitoriais. Havia desconfianças entre as ordens, e todos estavam atentos para fazer acusações, como é o caso da denúncia feita contra frei Manoel de Monti Oliveti, franciscano, em nome do padre Onofre Cerqueira, da Companhia de Jesus, ao comissário da inquisição em Baçaim e reitor do colégio, o padre Francisco de Vergara, também jesuíta, em 25 de fevereiro de 1609. O denunciante declarou ter assistido à pregação do frei franciscano no dia 4 de outubro de 1608 onde louvara São Francisco com "proposições temerárias e malsoantes", a primeira "que ninguém conheceu mais de Deus nesta vida que São Francisco depois da Virgem Nossa Senhora", e a segunda "que ninguém hoje gosta mais de Deus na outra vida que São

97 ANTT. Conselho Geral do Santo Ofício. Maço 31. doc. 28. Lista dos gentios que foram presos em 22 de julho de 1685.

Francisco tirando a Virgem Nossa Senhora".[98] Para além da gravidade do que foi dito, a iniciativa da denúncia ter partido de um jesuíta possibilita perceber rivalidades entre as ordens.

Um outro exemplo de conflito pode ser detectado em outro episódio em Goa, quando um fidalgo assassinara outro em 23 de maio de 1629 por questões de adultério. O assassino, D. Julianes de Noronha, escondeu-se na casa do inquisidor mais antigo na época, João Delgado Figueira, que ficava contígua aos cárceres secretos da Inquisição. Ao saber disso, o ouvidor geral do crime, Paulo Rabello, dirigiu-se imediatamente para lá, e "com todas as justiças levando escadas e machados as casas em que estava e abrira as barras por força e sem respeito ao lugar", procurou o criminoso "abrindo todas as portas em que podia haver perigo tirara o homiziado, excedendo em tudo o modo que então se tinha na Índia em semelhantes casos".[99]

Tratava-se na verdade de um grave desrespeito à autoridade do Santo Ofício, que certamente arranhava a imagem do tribunal na cidade. Dessa forma, o Conselho Geral respondeu à consulta com a recomendação de que as demais autoridades de Goa respeitassem a Inquisição, enviando solicitação ao rei para que ele demonstrasse o seu descontentamento com o ocorrido.

Outro ponto de atrito ocorreu na questão do uso do palanquim. O uso desse meio de transporte estava largamente disseminado até finais do século XVI, quando se iniciou um processo de restrição de seu uso. Catarina Madeira Santos informa que:

> já em 1597, limitava-se o uso dos palanquins aos capitães das fortalezas, vedores da fazenda, secretário de Estado, ouvidor

98 ANTT. Inquisição de Lisboa. Cadernos do Promotor. nº 8. livro 209. Traslado da Denunciação contra o Padre frei Monti Oliveti. 25 de fevereiro de 1609. fl. 409-409 v.

99 ANTT. Conselho Geral do Santo Ofício. Livro 101.Consulta do Conselho Geral sobre a prisão que fez Paulo Rebello nas casas do Inquisidor de Goa. 10/01/1631. Lisboa. fl. 2 v-3. O episódio foi narrado pelo próprio inquisidor João Delgado Figueira em carta ao Conselho Geral do Santo Ofício do dia 6 de fevereiro de 1630. Antônio Baião. *A Inquisição de Goa*. Correspondência dos inquisidores da Índia (1569-1630). Coimbra: Imprensa da Universidade, 1930. v. II, p. 742.

> geral do crime, desembargadores e ouvidor da cidade. E, mais tarde, em 1615, proibia-se radicalmente o uso de palanquins na Índia, sem expressa licença do vice-rei.[100]

Mais tarde, em 1630, o vice-rei Conde de Linhares tinha mandado executar uma lei que proibia o uso do palanquim, exceto pelo arcebispo que já estava velho e doente, o que aborreceu os inquisidores, desejosos de manter esse privilégio. Estes pediram a intervenção do Conselho Geral do Santo Ofício que, de Lisboa, solicitou ao vice-rei que permitisse o uso de palanquim aos inquisidores. A resposta do Conde de Linhares ao Conselho Geral é uma pérola de desacato ao Santo Ofício, alegando que o rei:

> tinha mandado com muito fundadas razões que não andasse nenhum homem em braços de outros, porque desta delícia nascera afeminarem-se os homens e que na Índia havia muitas mulas que os Inquisidores de Portugal andam nelas que assim podiam fazer o mesmo, ou inventar [?] carretas com cavalos em que andassem.[101]

A mesa do Conselho Geral do Santo Ofício solicitou ao rei que fizesse o vice-rei voltar atrás.

A correspondência entre o Conde de Linhares e o inquisidor João Delgado Figueira exemplifica a que ponto chegaram os atritos. No dia 10 de março de 1630 o vice-rei enviou uma carta ao inquisidor onde reclamava que este havia faltado ao "negócio do serviço de Sua Majestade", marcado pelo conde, solicitando, ao fim da missiva, uma resposta ao pé da carta. João Delgado Figueira respondeu conforme solicitado:

---

100 Catarina Madeira Santos. *Op. cit*, p. 233.

101 ANTT. Conselho Geral do Santo Ofício. Livro 101. Consulta do Conselho sobre a lei que o Conde de Linhares publicou sobre a proibição dos palanquins. 10/01/1631. Lisboa. fl. 6 v.

> por V. Exª. me manda que responda ao pé desta o faço, e nela me manda dar razão porque me escusei de ir a uma junta que V. Exª. faz de todos os ministros deste Estado, prelados maiores e inferiores das religiões [...]. Primeiramente digo que no serviço de S. Majestade não falho um ponto, e este ano com estar só neste Santo Ofício por não poder acudir a todas as diligências que se me cometeram do serviço [...]; além de estar tão maltratado que me não posso bolir e estar há 4 meses em casa sem poder ir aos ofícios divinos por V. Exª. me proibir andar em uma cadeira como andam muito dos ministros Inquisidores e não Inquisidores em Portugal que não são tão enfermos como eu e não ter outra coisa em que andar e ser caluniado e mal aceito do pouco andar a pé [...].[102]

Concluiu afirmando que devia toda obediência ao vice-rei, mas que sua alegação justificava sua falta; em uma última provocação, disse ter faltado outras vezes, e que o conde de Linhares não tinha feito tanto caso. No dia seguinte, visivelmente irritado, o vice-rei voltou a solicitar uma resposta de João Delgado Figueira na mesma folha, abaixo do registro do inquisidor, acrescentando que sua proibição do uso da cadeira não era pessoal e sim genérica. Reconheceu que havia um inquisidor em Lisboa que a utilizava, mas este tinha que vencer ladeiras muito dificultosas, enquanto o percurso que Figueira tinha que percorrer em Goa era muito mais fácil. Afirmou, por último, que já havia oferecido a ele dinheiro para comprar uma mula. João Delgado Figueira responde dessa vez secamente, dizendo que "se queira dar por satisfeito com eu dizer de mim que nem pude e nem posso mais pelas razões de minhas indisposições e as mais que tenho dado".[103] Fica claro que o inquisidor entendia

102 Biblioteca da Ajuda. Miscelânea Coleções de Francisco Barreto. Cartas do Vice-rei da Índia, Conde de Linhares (D. Miguel de Noronha) para o inquisidor em Goa, João Delgado Figueira e resposta do inquisidor. 10 de março de 1630. Códice 51-VI-9. fl. 5.

103 *Ibidem*. fl. 6.

que a proibição do uso do palanquim era um desrespeito à condição de seu cargo, apesar das alegadas justificativas de saúde. Por fim, o Conselho Geral do Santo Ofício despachou em favor do inquisidor de Goa.[104]

O mesmo João Delgado Figueira, ainda no tempo em que era promotor do Tribunal do Santo Ofício na cidade, foi protagonista de mais um atrito, dessa vez entre Inquisição e a Companhia de Jesus. O centro da questão era a discussão sobre os ritos gentílicos defendidos pelo padre Roberto Nobili como sinais exteriores e inofensivos à fé católica. Os debates já se desenvolviam desde 1610 quando, em 1618, o papa Paulo V ordenou que o arcebispo e os inquisidores de Goa fizessem uma junta para analisar as práticas do jesuíta italiano no Malabar. Em 31 de janeiro de 1619 foi instalada a comissão formada pelos arcebispos de Goa e Cranganor e pelo promotor da Inquisição, João Delgado Figueira. O propósito da junta era tomar "perfeita informação se os ritos dos brâmanes e a linha e o sendi e o sândalo e uso de lavatórios são sinais da falsa seita dos ídolos".[105]

Logo o primeiro registro refere-se ao arcebispo de Cranganor, que apresentou à junta um "tratado comprido" sobre a natureza dos ritos gentílicos, recomendando que fosse lido por teólogos. Além disso, havia livros trazidos de Maduré, mas que só ele e o padre Nobili saberiam ler. O arcebispo de Goa solicitou então que eles lhes contassem o que havia nos livros. O jesuíta italiano foi o primeiro a falar, e defendeu o caráter político dos ritos gentílicos.[106]

No dia 9 de fevereiro de 1619 o arcebispo de Cranganor enviou uma carta à comissão, onde declarou que ele e os padres da Companhia de Jesus sabiam "de vista e experiência de muitos anos e da lição dos li-

104 ANTT. Conselho Geral do Santo Ofício. Liv. 101. Consulta do Conselho sobre a junta que o Conde de Linhares fez a que chamou o inquisidor João Delgado e ele não foi. Lisboa. 13/11/1631.

105 ANTT. Conselho Geral do Santo Ofício. Liv. 207. Consultas da Inquisição de Goa (1572-1620). fl. 52.

106 *Ibidem*. fl. 61.

vros e línguas dos brâmanes" que a linha, o sândalo e os lavatórios eram sinais da nobreza das famílias brâmanes, fazendo forte defesa de Nobili.[107]

Entretanto, havia quem discordasse. Uma carta do Bispo de Cochim, datada de 6 de junho de 1619, usa o mesmo argumento da experiência para denunciar de forma veemente os ritos gentílicos, ao afirmar que: "há trinta e cinco anos e seis meses que vim para a Índia [...] e pela experiência que tenho destas partes [...] tenho sabido que a linha é sinal demonstrativo de gentilidade e de religião falsa que os brâmanes gentios professam".[108]

João Delgado Figueira articulou seus trabalhos apresentando primeiramente um arrazoado sobre a questão, enumerando as dúvidas enviadas pelo papa e depois contrapondo argumentos contra e a favor dos ritos gentílicos. Desdobrou as dúvidas em dois níveis: "se é lícito" e "se é necessário" o uso dos ritos gentílicos. Afirmou logo a princípio que não era lícito, sem mais delongas, por serem evidências de ligação com a religião dos gentios, mas dedicou-se em seguida à análise da necessidade da permissão do uso dos ritos para o bem da conversão. Concluiu dizendo que: "os ditos sinais protestativos da gentilidade oriental são sinais muito pertencentes à religião dos ditos pagodes e não se convém que se permitam na Cristandade", enfatizando o caráter diabólico dessas manifestações.[109] Trata-se de um texto elegante, extremamente erudito, que demonstra o grande conhecimento da realidade indiana que tinha João Delgado. Além desse parecer, ou voto — que ficou nos registros da Inquisição —, elaborou ainda um parecer em latim, datado de 10 de abril de 1619, com cópias despachadas para Roma e para o Conselho Geral do Santo Ofício em Lisboa; são oitenta e seis folhas nas quais o promotor desenvolve as idéias já expostas.[110]

---

107 *Ibidem*. fl. 64.

108 *Ibidem*. fl. 79.

109 *Ibidem*. fl. 83-96.

110 ANTT. Conselho Geral do Santo Ofício. Liv. 474, Parecer de João Delgado Figueira, promotor e deputado da Inquisição de Goa sobre os sinais gentílicos.

No entanto, este não se restringiu à construção de uma argumentação contra os ritos gentílicos. Em 1620 recebeu um texto de cinco padres brâmanes, vigários de igrejas de Goa, que afirmavam "ser a linha e curumbim sinal de seita". Nele os clérigos seculares nativos explicavam que:

> a linha de que é a questão, ordinariamente se faz de nove fios porque têm os brâmanes para si, e de opinião que corre entre eles, que o mundo se reparte em nove partes, e desses nove fios se fazem três cordéis delgados, os quais lançam ao tiracolo do ombro esquerdo ao modo de colar como um só. Estes três cordéis em protestação dessa divindade falsa que adoram, tem um só nó porque dizem que estas três falsas pessoas são Brama, Visnnú, Mtayesou; compondo de nove fios para mostrar que todas as criaturas destas nove partes do mundo estão sujeitas a estes falsos deuses que adoram.[111]

Relataram ainda que a linha era posta pelo sacerdote hindu, o *boto*, o que implicava necessariamente frequentar uma série de cerimônias gentílicas. Por fim, desautorizaram completamente a interpretação defendida por Nobili e pelo arcebispo de Cranganor, e alertaram para "o perigo de escândalo para a Cristandade". Após esse episódio, no mesmo ano, João Delgado Figueira fez uma convocação para se apresentarem à Inquisição vários portugueses, civis (11) e religiosos (2), que habitavam por longo tempo a cidade de Goa, e a clérigos seculares nativos (7) de várias paróquias da cidade e adjacências (inclusive Bardez e Salcete). Para todos fez a mesma pergunta: "se sabiam o significado da linha". Todos responderam que sim, e todos, sem exceção, disseram que ela era um sinal de seita gentílica. Não é difícil perceber o objetivo do promotor: trata-se da construção de um argumento bem alicerçado para defender a objeção aos métodos de cristianização de Nobili, destacando a possibilidade de escândalo que a permissão do uso dos ritos gentílicos podia

Goa, 10 de abril de 1619. 86 fls.

111 ANTT. Conselho Geral do Santo Ofício. Liv. 207. Consultas da Inquisição de Goa (1572-1620). fl. 98.

causar à cristandade sitiada da capital.[112] O empenho de João Delgado Figueira em desautorizar os métodos de cristianização de Nobili no Malabar deve ter angariado muitas antipatias contra o promotor, além de outras já apresentadas até aqui envolvendo sua figura.

Outra demonstração de como existiam tensões de várias origens na cidade pode ser vista no traslado da "Devassa que se criou neste Santo Ofício da morte do padre Antônio de Andrade religioso da Companhia de Jesus e Deputado dele", enviado a Lisboa para apreciação do Conselho Geral do Santo Ofício.[113] Tratava-se, na verdade, do registro dos testemunhos sobre o assassinato do padre jesuíta Antônio de Andrade, que fora envenenado em pleno refeitório do colégio de São Paulo de Goa. A Inquisição tomara as rédeas da investigação por suspeitar que o homicídio tinha sido perpetrado como atentado à autoridade do santo tribunal, desconfiando que o padre fora morto por ser deputado do Santo Ofício goês, presunção que se justificava pela suspeita de que o crime ocorrera num sábado, véspera do auto-de-fé no qual o padre faria o sermão.

É interessante lembrar que o jesuíta Antônio de Andrade era uma figura de grande destaque na Companhia de Jesus. Nascido em Oleiros, Castelo Branco, Portugal, no ano de 1580, foi admitido ao noviciado em 1596, partindo para a Índia em 1600. Em Goa completou a formação religiosa e, em seguida, foi enviado a Agra, como superior e visitador da missão mogol. Ali reuniu informações sobre o Tibete e decidiu empreender uma viagem para essa região. Em 1624 iniciou a jornada, conseguindo superar as dificuldades do Himalaia e localizando as nascentes do rio Ganges. Chegou enfim ao reino de Guge, e obteve permissão do rei local para pregar a fé católica. Retornando a Agra, informou por carta ao visitador da Companhia de Jesus na Índia, André Palmeiro, sobre a sua ousada viagem, e em 1625 voltou ao Tibete, onde conseguiu a conversão do rei e da rainha de Guge, entre outros habitantes locais. Em 1629 foi chamado a Goa para assumir o cargo de provincial e depois o de reitor, além de ter assumido o cargo de deputado da Inquisição de Goa, em

112 *Ibidem*. fl. 292-302.

113 ANTT. Inquisição de Lisboa. Proc. 13942. (1634).

1633. Não se pode esquecer também que esse jesuíta participou ativamente da visitação de Antônio de Vasconcelos ao Tribunal dessa cidade em 1632, como secretário das sessões, quando se fundamentaram sérias acusações contra o inquisidor João Delgado Figueira. Preparava-se para voltar ao Tibete quando foi envenenado.[114]

O primeiro a ser ouvido pelo inquisidor Antônio de Faria Machado, juntamente com o deputado frei Jerônimo da Paixão, em 29 de março de 1634, foi frei Diogo de Santa Maria, agostiniano, morador de Goa, onde exercia a medicina (graduado pela Universidade de Coimbra). Seu relato afirmava, sem hesitações, que a morte do jesuíta e deputado do Santo Ofício tinha sido motivada por envenenamento, e que a substância utilizada era "refinada". Relacionou tecnicamente quais os indícios observados no estado de saúde do padre para fazer essa afirmação: seis dias sem urinar, fluxo de sangue na boca, pulso cada vez mais fraco à medida que chegava perto da morte. Informou ainda que ele havia tomado três goles da água, e só então desconfiara do veneno. Tomou várias "contra-peçonhas", mas de nada adiantaram os remédios. Curiosamente, em seu testemunho afirma só ter sido chamado a ver Antônio de Andrade quando já lá se iam quatro dias de doença. Provavelmente os companheiros do reitor do colégio jesuíta hesitaram em tornar público tal evento, enquanto acalentaram esperanças de que o padre sobreviveria.[115]

O padre Tomás de Barros, jesuíta, teólogo, morador no colégio de São Paulo, foi o segundo a testemunhar. Afirmou que:

> ele sabe e é geralmente sabido no dito colégio da Companhia que o dito padre Deputado morreu de peçonha e que lhe foi dada na água de gorgoleta que se põe no lugar determinado para o Reitor, como ele atualmente era, e lhe foi dada ao Sábado, ao jantar antes do Domingo do auto-de-fé que se contaram quatro

---

114 Para um resumo das viagens de Antônio de Andrade ver Hugues Didier. *Op. cit*, p. 7-26. A obra reúne ainda as cartas do jesuíta e um interessante estudo iconográfico.

115 ANTT. Inquisição de Lisboa. Proc. 13942. (1634). fl. 1 v-2.

> de março, por quanto estando ele jantando na segunda mesa e botando água da dita gorgoleta em uma porcelana e levando-a a boca para beber dela, bebeu alguma quantidade até que sentiu na língua e na garganta os efeitos que aquela água que tinha bebido lhe fizera e causara pela peçonha que tinha, dizendo aos companheiros que estava cheio de peçonha e alevantando-se logo da mesa, depois de mandar ao Ministro da casa visse que água era aquela que estava na gorgoleta [...].[116]

Atormentado, o reitor teria tomado grande quantidade de azeite e vomitado em seguida, o que não fora suficiente para neutralizar o veneno. Enquanto isso, os companheiros davam a água bebida por Antônio de Andrade a um cachorro, que apresentou os mesmos sintomas observados no reitor. Após a morte do cão, abriram suas entranhas e constataram que tinha as tripas inchadas, sinal que comprovava a presença de veneno.[117] Tomás de Barros relatou ainda que Antônio de Andrade morreu depois de muitos dias de agonia e, ao final, tinha diversas brotoejas pelo corpo e grandíssimo ardor interno.

Em seguida, o inquisidor perguntou a Tomás de Barros quem poderia ter colocado o veneno na água, ao que o jesuíta respondeu dizendo que haveria de ser algum religioso do colégio, ou talvez um dos filhos de João Rodrigues de Lisboa, contratador cristão-novo e morador de Goa, afirmando depois que não acreditava nessa hipótese. Achava mais provável que tivesse sido um padre da Companhia, acrescentando nomes: padre Diogo de Areda, morador da casa professa, e o irmão Antônio Salvador, morador do colégio; os dois ainda teriam outro cúmplice, o padre Antônio Rodrigues Junior, também morador da casa professa, e estariam desgosto-

116 *Ibidem*. fl. 3-3 v.

117 Provavelmente o veneno era o solimão, poderoso corrosivo, mas também é uma designação genérica para poções venenosas. A palavra é de origem árabe.

sos com algumas atitudes do reitor. Informou ainda que o irmão Salvador era cristão-novo, e que o padre Diogo sabia preparar muitos venenos.[118]

A carga feita por Tomás de Barros contra o irmão Salvador é fortíssima. A citação de suas considerações é longa mas, por sua riqueza, merece ser transcrita:

> primo, não ir o dito irmão Salvador comer no dia da peçonha à própria mesa, sendo costume e obrigação vir a ela: sobre o qual indício forma ele testemunha conceito que sendo costume do Reitor ir também sempre comer à própria mesa, não quis o dito irmão achar-se na própria mesa por que senão perturbasse com a vista do caso. 2°. Disse ele testemunha que ouviu ao padre Manuel de Souza professo e morador no mesmo colégio que sabia perguntara o dito irmão Salvador a outro irmão cujo nome lhe não disse, no dia do caso da peçonha, se estava ele dito Salvador corado do rosto ou descorado. 3ª. Que achando-se o dito irmão Salvador na segunda mesa quando o caso aconteceu e dizendo: Jesus que desastre! Depois da mesa no tempo da sesta, indo o irmão Manuel Rodrigues morador no mesmo colégio avisar ao irmão Miguel d'Almeida espavorido do caso, encontrou-se com o dito irmão Salvador que vinha com o padre João da Costa e o dito irmão Salvador se fez de novas sobre o caso, perguntando: que é isso, está o padre Reitor mal ou está doente. 4°. Disse mais que ouvira ao pe. Cristóvão de Atouguia ministro do dito colégio que ele sabia de ouvida que o dito irmão Salvador dissera: pode ser que quem lhe deu a peçonha não pretendeu matá-lo, senão impedir que não pregasse no cadafalso. 5°. Que ele dito irmão Salvador andou aqueles dias depois do caso, três ou quatro a ele próximos, muito descorado e como perturbado e no falar embaraçado, e alcançado como testemunha viu e notou por este irmão Salvador ser muito corado de seu natural e muito

118 ANTT. Inquisição de Lisboa. Proc. 13942. (1634). fl. 4 v-6 v.

> atrevido e desembaraçado no falar. 6º. que o dito irmão Salvador, o dia em que se enterrou o dito padre Andrade, se foi meter a incensar seu corpo, sem ser para isso mandado pelo ministro do dito colégio, a quem pertence apontar os que hão de fazer estes ministérios; forma ele testemunha sobre esta conjectura que se o dito irmão estivesse em boa consciência, não se fora entremeter neste ofício, e assim que iria para dar satisfação de si e tirar alguma suspeita que dele poderia haver. Disse mais que sabe ele testemunha que no tempo da doença do dito padre Andrade, mas não sabe em que dia, indo o padre Antão de Morais criado do bispo Dom João da Rocha, visitar o padre João de Sousa lente de véspera no dito colégio e falando com ele sobre a dita doença, disse que o dito padre não havia de escapar, e que isso sabe porque lho disse o padre Flamínio Caló, dizendo que lho dissera o dito padre João de Sousa.[119]

Das onze testemunhas ouvidas pelo inquisidor (dez jesuítas e um agostiniano), o relato de Tomás de Barros é o mais detalhado e minucioso. Foi ele o responsável pela citação de nomes dos acusados, que seriam repetidos em parte por outras testemunhas. Nenhum outro religioso presente ao santo tribunal fez considerações e reflexões tão detalhadas. Alguns relatos reforçariam pontos específicos, mas pouco foi acrescentado ao dito por Tomás de Barros, com a exceção do relato do padre Flamínio Caló, que aduziu uma informação ao testemunho do companheiro:

> [...] foi visto o dito irmão estar escondido na casa de água que está junto ao refeitório e tem uma janela que cai sobre o lugar da mesa em que costuma comer o reitor por onde se presume que no tempo que conforme ao costume da religião, os padres e religiosos, antes de entrarem na própria mesa, costumam ter um quarto exame de consciência em seus cubículos, este irmão entraria no refeitório pela dita casa de água e então lançaria a

119 *Ibidem*. fl. 7-9 v.

> peçonha na gorgoleta do dito padre e que depois porque veria e entenderia que não poderia sair pelo refeitório, sem ser visto de alguns padres e religiosos, se deixaria ficar, e estar escondido na dita casa d'água em que foi visto estar escondido ao tempo da mesa própria e que isto sabe ele testemunha por lho dizer e relatar o padre Manuel Sousa, vice-reitor do colégio[...].[120]

Outras declarações feitas pelo padre Caló sobre a motivação do assassinato, diferentes daquelas fornecidas por Tomás de Barros, apontaram a grande amizade que ligava o irmão Salvador ao padre Antônio Rodrigues Junior (teriam vindo juntos do reino), e os problemas que o primeiro tivera com o reitor envenenado remontariam aos tempos em que Antônio de Andrade era provincial, quando tentara despedir Salvador da Companhia de Jesus.[121]

Em seu requerimento, o promotor solicitou a prisão e recolhimento aos cárceres da Inquisição do irmão Salvador, por ser "tido geralmente por cristão-novo, nos quais se acha mais propensão contra os ministros do Santo Ofício", e que ele devia ser "examinado sobre a dita culpa".[122] Entretanto, a Mesa do Santo Ofício de Goa agiu com maior prudência, e todos os presentes reunidos em 18 de julho de 1634 entenderam que:

> [...] ainda que contra ele resultavam indícios legítimos para ser preso, vista a qualidade do crime ser de dificultosa prova que não pertencia a conhecimento dele ao Tribunal do Santo Ofício por constar da mesma devassa que a morte do p. Antônio d'Andrade foi maquinada, e traçada em razão de inimizades particulares que com ele tinham o dito irmão Salvador e mais pessoas que se tem que nisto entrevieram, e que sem embargo disto se acabasse a dita devassa e que com este assunto fosse enviada ao Ilmo Snor Bispo Inquisidor Geral.[123]

120 *Ibidem*. fl. 11-12 v.

121 *Ibidem*. fl. 11.

122 *Ibidem*. fl. 30 v.

123 *Ibidem*. fl. 30 v-31.

Em Lisboa, no dia 29 de fevereiro de 1636, o Inquisidor Geral deu o parecer de acordo com a decisão da Mesa do Santo Ofício de Goa.

Nesse episódio, narrado apenas a partir do ponto de vista da investigação inquisitorial — pois não foi possível encontrar a documentação jesuítica correspondente ao caso —, há elementos sobremodo interessantes. Aparentemente, como aliás concluíram os inquisidores, o caso resultara de brigas internas da Companhia de Jesus, quando não de inimizades meramente pessoais, ou ainda de algum tipo de *vendeta*, uma vez que Antônio de Andrade participou ativamente da visitação de Antônio de Vasconcelos ao Tribunal de Goa em 1632, que não apenas implicou o inquisidor João Delgado Figueira, mas também outros funcionários, especialmente notários. A princípio chegou-se a pensar em uma conspiração de cristãos-novos contra o jesuíta e, indiretamente, contra a Inquisição, demonstrando que sobreviviam tensões dessa ordem na cidade. Entretanto, o Santo Ofício não se deixou levar por essa teia de intrigas, reconhecendo que, apesar de cristão-novo, seu crime não pertencia ao foro inquisitorial.[124]

De maneira que, se foram funcionários ressentidos do tribunal goês que mandaram envenenar o reitor jesuíta, por vingança, através de um padre cristão-novo; se foi esse mesmo padre que assassinou o reitor por iniciativa própria ou à frente de uma conspiração cristã-nova; ou, ainda, se tudo não passou de ódios intestinos à Companhia de Jesus, tudo permaneceu envolto em mistério. O próprio Santo Ofício preferiu não dar continuidade à investigação, e pode ser que tivesse outras razões para tanto, além da alegada insuficiência de provas ou inadequação de foro.

Todos os exemplos aqui apresentados demonstram que a "Roma do Oriente" tinha muitas ações coordenadas entre instâncias civis e religiosas,

124 As poucas informações recolhidas sobre esse episódio na presente pesquisa identificaram a sobrevivência da interpretação de que Antônio de Andrade foi "envenenado à traição por um serviçal do Colégio de São Paulo ao que parece de conivência com os judeus de Goa, em vésperas de pregar num auto-de-fé". Verbete Antônio de Andrade. In: *VERBO Enciclopédia Luso-Brasileira de cultura*. Lisboa: Verbo, 1964. v. 2, p. 191.

no intuito da cristianização, mas também demonstram, por outro lado, que vicejavam conflitos de toda sorte nos vários níveis da sociedade goesa.

Da mesma forma, havia também oscilações entre um esforço de ocidentalização diante da constante influência de costumes indianos, no espaço cada vez mais confinado da cidadela cristã no Oriente. Como afirma Serge Gruzinski, as fronteiras apresentavam-se como elas costumam ser: porosas, permeáveis, flexíveis; deslocam-se e podem ser deslocadas.[125] Havia as ameaças externas à cidade de Goa, mas havia ainda uma série de acontecimentos na própria dinâmica da sociedade indo-portuguesa que promovia uma mistura que muitos acreditavam que deviam ser combatidas, tal como os inquisidores que viam as cerimônias gentílicas como diabólicas e pretenderam extirpá-las de seu cotidiano. No entanto, outros lançavam mão dos recursos místicos para a proteção de suas vidas, recuperação da saúde, ou encontro de tesouros que promovessem uma condição de vida melhor, como se pode entrever nos registros sobreviventes da Inquisição de Goa. Ao mesmo tempo, proliferavam confrarias e irmandades, processões serpenteavam pelas ruas da cidade, em celebrações perfeitamente cristãs, embora associadas aos hábitos muito antigos das comunidades hindus. As fronteiras dentro da cidadela cristã eram também porosas, permeáveis e flexíveis.

4. Em busca de uma "ordem goesa": a Congregação do Oratório da Santa Cruz dos Milagres

Como visto anteriormente, um dos problemas que existiam em Goa, que sem dúvida cresceu muito ao longo do século XVII, foi a questão do clero nativo. Esse quadro resultou da própria contradição do processo de cristianização promovido pelos portugueses na Índia. A ação evangelizadora, que não se limitava apenas à conversão, mas que também fomentava a formação de um clero arregimentado entre os convertidos da sociedade local, ao mesmo tempo mantinha critérios de segregação

125 Serge Gruzinski. *O pensamento mestiço*. Trad. Rosa Freire d'Aguiar. São Paulo: Companhia das Letras, 2001, p. 48-49.

responsáveis por enorme tensão. De um lado, havia um número crescente de religiosos seculares não-europeus e, do outro, colocações eclesiásticas muito aquém desse número.[126]

Além disso, diversos outros problemas assolavam o Oriente português: os atritos com a Holanda e a Inglaterra; as pressões militares dos inimigos "infiéis" ao redor dos territórios lusitanos; as disputas de hegemonia na ação religiosa entre o papado e a Coroa; os conflitos existentes na própria cidade de Goa, com as rivalidades entre as ordens religiosas, entre o clero secular e regular, entre representantes das instituições civis e religiosas. Tudo conspirava para incrementar ainda mais a tensão geral.

Desde meados do século XVI, quando recrudesceu a ação evangelizadora na Índia portuguesa, nota-se uma série de iniciativas por parte das autoridades civis e eclesiásticas para a cristianização das populações hindus desses territórios. A prática dos batismos em massa, a fundação de seminários, a legislação restritiva às práticas religiosas hindus, o aparato visual dos edifícios religiosos, as confrarias e as procissões, tudo fazia parte de um projeto de construção da cristandade no Oriente, um projeto de afirmação da civilização européia que, em contato com as tradições das culturas locais, lançou mão de inúmeros instrumentos.

Apesar do destaque dado nessa pesquisa ao papel da Companhia de Jesus, nem remotamente pode-se supor que apenas essa ordem atuava nesse campo. Mesmo em menor grau, talvez não tão sistematicamente quanto os jesuítas, mas com certeza efetivamente, outras ordens participaram desse esforço, a exemplo dos franciscanos, que monopolizaram as conversões de Bardez, e os dominicanos em Tissuari.[127]

---

126 As primeiras ordenações de clérigos nativos de Goa remontam aos anos de 1532 e 1533. Ver Antônio Lourenço Farinha. *A expansão da fé no Oriente*: subsídios para a História colonial. Lisboa: Agência geral das Colônias, 1943, p. 20.

127 Ver Cipriano da Cunha Gomes. A cristianização de Bardês. In: *Boletim do Instituto Vasco da Gama*. Separata. Bastorá/Goa: Tipografia Rangel, 1957. Castilho de Noronha. A cristianização da Ilha de Tissuari não foi exclusivamente obra dos religiosos da ordem de S. Domingos. In: *Boletim do Instituto Vasco da Gama*. Separata. nº 80, Bastorá/Goa: Tipografia Rangel, 1961. Este último autor

Em Goa, cabeça da cristandade no Oriente devido ao seu papel de centro administrativo eclesiástico, havia a presença de uma grande massa de religiosos vindos da Europa. Na verdade, era ali que se concentravam, pois o número dos que eram "lançados" em ação missionária era sempre inferior ao dos que povoavam as várias instituições clericais da cidade. Um indicador importante dessa pressão "demográfica religiosa" pode ser visto na proibição de edificação de conventos na Índia sem a licença especial do rei, feita em 1615.[128]

Ainda assim, a formação de um clero nativo constituía-se como algo fundamental para a obra de conversão, mas também útil do ponto de vista prático, uma vez que, devido ao domínio das línguas locais, os clérigos naturais da terra tinham maior acesso aos recém-convertidos. Nesse sentido, a proibição que em 1658 o papa Alexandre VII fez aos missionários da Índia de fazerem confissão por meio de intérprete, através do breve *Sacrosancti apostulatus*, pode ser vista como mais uma estratégia de pressão de Roma sobre o padroado português, e uma forma de incentivar o aproveitamento do clero indiano e/ou mestiço.[129]

Cabe aqui uma importante reflexão. O esforço de expansão e da decorrente colonização por parte de Portugal nos séculos XVI e XVII só havia sido possível graças ao processo de miscigenação que os portugueses promoveram nas regiões que ocuparam. Por tratar-se de um "ambiente fronteiriço, de guerras contínuas, que permanecem até ao fim do século XVIII, muito poucas mulheres foram para a Índia, em comparação com os homens".[130] Sendo assim, os filhos dos casamentos de

---

afirma que outras ordens religiosas estiveram evangelizando a ilha de Tissuari, negando o monopólio dos dominicanos na região. De todo o modo, o contrário não aconteceu, quer dizer, franciscanos e jesuítas consolidaram suas presenças nas respectivas regiões que lhes foram atribuídas.

128 Fortunato de Almeida. *História da Igreja em Portugal*. Porto: Portucalense, 1967. v 2, p. 252.

129 *Idem*, p. 256.

130 C. R. Boxer. *As relações raciais no Império colonial português – 1415-1825*. Porto: Aforamento, 1988, p. 61.

portugueses com mulheres indianas constituíam um grupo de número significativo e fundamental para a afirmação da presença lusitana no Oriente. Por outro lado, nesse mesmo período percebe-se no reino um processo de valorização dos critérios de "pureza de sangue", que impregnou toda a lógica da sociedade portuguesa, desde colocações nos cargos da administração do rei até a instalação do Tribunal do Santo Ofício.

No Oriente, Boxer diz que:

> a política da Coroa portuguesa relativamente à barreira de cor no Estado da Índia nem sempre foi clara e consistente, mas, no conjunto os reis portugueses seguiram o princípio de que a religião e não a cor deveria ser o critério para a cidadania portuguesa, e que todos os convertidos asiáticos ao cristianismo deveriam ser tratados como iguais dos seus correligionários portugueses. Leis neste sentido foram promulgadas, em 1562 e 1572, mas [...] nunca foram totalmente cumpridas.[131]

A formação do clero nativo também deve ser analisada sob esse ângulo contraditório. Não havia restrição a serem formados clérigos de origem indiana ou mestiça, mas as restrições de carreira existiam. Novamente Boxer indica:

> [...] os portugueses na Índia estavam preparados para educar candidatos indianos e mestiços ao sacerdócio secular, mas mantiveram-nos em posições estritamente subordinadas como sistema de política eclesiástica e colonial, e recusaram sem apelo deixá-los tornarem-se jesuítas, dominicanos, franciscanos ou agostinhos inteiramente responsáveis.[132]

131 *Idem*, p. 70-71.

132 *Idem*, p. 67.

Em geral, as ordens religiosas hesitaram inicialmente em obstar a entrada de indianos e de mestiços, mas com o tempo acabaram por recusar qualquer admissão desse tipo.

No caso dos jesuítas, a recomendação para a proibição da entrada de nativos na ordem foi feita por Valignano, com a notável exceção dos japoneses – os "brancos do Oriente" –, segundo suas próprias palavras. O Geral da Companhia adotou a posição de Valignano, que passou a ser a da própria Companhia de Jesus, que permitiu apenas a entrada de japoneses, a princípio, e depois a de chineses e coreanos.[133]

Somente na segunda metade do século XVIII as ordens religiosas estabelecidas no Oriente adotariam uma postura mais flexível em relação à admissão de indianos. Entretanto, o século XVII foi muito marcado por essa intransigência, o que inviabilizava aos clérigos locais o caminho da carreira regular. Restava, então, a carreira secular, mas nela também, como foi visto, os postos mais altos da hierarquia estavam interditados. O exemplo das reações negativas das autoridades eclesiásticas de Goa contra Mateus de Castro, clérigo brâmane anteriormente mencionado, é um bom indicador disso.

Apesar da importância do referido clérigo brâmane como símbolo da reação goesa à intransigência das autoridades eclesiásticas de Goa, já destacada na crise entre a Propaganda Fide e o padroado português, o acontecimento mais significativo das expectativas frustradas do clero indiano encontra-se na formação da *Congregação do Oratório da Santa Cruz dos Milagres, em 1682.*

Nas *Memórias para a História Eclesiástica de Goa e Missões da Ásia* encontra-se o relato das origens da congregação:

> [...] uns quatro Presbíteros, naturais de Margão das terras de Salcete, a saber os padres Pascoal da Costa Jeremias, José Cabral, Simão Vaz e José da Silva, se recolheram espontanea-

133 C. R. Boxer. *The Christian Century in Japan: 1549-1650*. Los Angeles/London: University of California Press/ Cambridge University Press, 1951, p. 81.

> mente na Ermida de S. João do Deserto, que ficava no monte da freguesia de Guadalupe das Ilhas de Goa, com intento de servir a Deus apartados do tráfego do mundo, tratando da reforma de suas vidas e aproveitamento dos próximos e assim nessas terras, como na Missão do sul, que então estava bem falta dos operários evangélicos.[134]

No ano seguinte, a ermida em que se encontravam foi desocupada devido à destruição que sofrera no período das chuvas e por estar em região muito ameaçada por ataques do inimigo marata Sambagi. Foram abrigados pela Igreja de Santa Cruz dos Milagres em 1684, por iniciativa dos irmãos da confraria dessa igreja.[135] Nessa época se agregaram ao grupo outros clérigos, também brâmanes como os quatro primeiros, com destaque para o padre José Vaz.

José Vaz nasceu em 1650 ou 1651, filho de Cristóvão Vaz e Maria Miranda, brâmanes, todos naturais da aldeia de Sancoale em Salcete, estudou no colégio de S. Tomás dos jesuítas e ordenou-se padre em 1676. Era considerado um clérigo competente, bom pregador e tinha sido vigário de vara na missão do Canará por três anos.[136] Foi ele que providenciou vincular essa iniciativa dos clérigos goeses aos estatutos da Congregação do Oratório de Lisboa, enviando solicitação ao próprio padre Bartolomeu de Quental.

---

134 Biblioteca Nacional de Lisboa. Reservados. *Memórias para a História Eclesiástica de Goa e Missões da Ásia.* Microfilme F. 3085. fl. 79. Note-se que a origem dos padres é Salcete, portanto a sua formação provavelmente foi de responsabilidade dos jesuítas, o que talvez explique a motivação por trabalhos de característica missionária que a nova ordem pretendia desenvolver.

135 Leopoldo da Rocha. *Op. cit*, p. 52-53.

136 Para sua biografia foram usadas as informações de Ernest R. Hull. Blessed Joseph Vaz. In: *New Advent Catholic Encyclopedia*. www.newadvent.org/cathen/15317b.htm e da Biblioteca Nacional de Lisboa. Reservados. *Memórias para a História Eclesiástica de Goa e Missões da Ásia.* Microfilme F. 3085. fl. 84. Hull afirma que Vaz nasceu em 21 de abril de 1651, enquanto no manuscrito há a menção a 1650.

A Congregação do Oratório de S. Filipe de Néri havia sido fundada em Roma em 1550, e introduzida em Portugal em 1668 pelo padre Bartolomeu de Quental, sob inspiração do espírito de renovação da Igreja Católica pós-tridentina. Tratava-se de:

> uma sociedade de padres seculares que não constituíam uma ordem propriamente, ficando submetidos à hierarquia episcopal. A igualdade entre os seus membros, a autodisciplina e a valorização dos princípios eram suas características. Além da assistência religiosa à "indigência desgraçada" e à "velhice inválida", seu primeiro objetivo era "educar no culto da verdade os que têm que constituir a sociedade e dirigir os negócios públicos".[137]

O termo "congregação (*congregatio*) deriva do verbo latino *congregare* que significa reunir, criar comunidade sob a orientação de um determinado ideal (carisma) em função do qual são elaboradas regras que devem orientar os membros dessa mesma comunidade". É importante notar que "até o século XVIII todos os institutos religiosos eram designados em sentido estrito por «ordens religiosas»".[138]

É certo que o padre Vaz percebeu os pontos de confluência entre a iniciativa dos religiosos brâmanes goeses e as orientações gerais dessa congregação, daí a solicitação encaminhada a Lisboa. A resposta de Quental foi enviada em março de 1687 e dizia que:

---

137 Francisco José Calazans Falcon. *A época pombalina: política econômica e monarquia ilustrada.* São Paulo: Ática, 1982, p. 208. José Sebastião da Silva Dias, autor clássico da historiografia portuguesa, diz que a Congregação do Oratório "não era uma ordem religiosa no sentido exato da expressão, mas uma sociedade de padres diretamente sujeitos ao Ordinário diocesano e sem compromisso de voto solene. O seu fim principal consistia na educação da juventude, o que a tornava concorrente da Companhia de Jesus". In: Portugal e a cultura européia – séculos XVI-XVIII. *Biblos.* Lisboa, n.28, 1952, p.339.

138 Carlos Moreira Azevedo (dir). *Dicionário de história religiosa de Portugal.* Lisboa: Círculo dos Leitores, 2000. v. 1, p. 484. A definição da distinção é feita no Código Canônico de 1917.

> com muita alegria de minha alma li a carta de Vossa Reverência [...] por ver nela o devido ânimo, com que Vossa Reverência e os mais padres, seus companheiros, desejam dedicar-se a Deus Nosso Senhor, e como para esse efeito querem tomar por protetor a nosso Santo Patriarca São Felipe Néri, e guardar os estatutos desta nossa Congregação do Oratório de Lisboa. Não podia eu faltar e, ajudar tão santos intentos; para esse efeito vão os estatutos e regras [...].[139]

Apesar da pronta resposta, devido aos procedimentos burocráticos necessários, somente em 1691 a congregação começou a ser regulada pelos estatutos do Oratório de Lisboa. De 1682 até essa data havia um estatuto da comunidade religiosa que, na verdade, tratava-se mais de um horário.[140]

Em Goa a iniciativa ganhou a aprovação de um jesuíta, Francisco Simões, que em 1690 recebeu a incumbência de avaliar a iniciativa por parte das autoridades eclesiásticas. Simões emitiu parecer favorável à fundação do Oratório em Goa, enviado ao bispo de Cochim, no qual dizia que:

> obedecendo ao despacho de Vossa Senhoria, li os estatutos da Congregação dos Clérigos do Recolhimento de Santa Cruz dos Milagres, que se pretende erigir nessa cidade de Goa e que eu, há muito tempo, desejo ver erigida por me persuadir que, se estes reverendos padres se unirem e conservarem no modo de vida que pretendem, poderão, ao diante, ser de muito préstimo, assim para a reforma dos costumes de seus naturais, como também para a conservação dos gentios, para a qual, se lhes não faltar o zelo e espírito, tem muitas qualidades que lhes facilitarão as empresas das missões, nas quais poderão entrar e vi-

139 M. da Costa Nunes. *Documentação para a História da Congregação do Oratório de Santa Cruz dos Milagres do clero natural de Goa.* Lisboa: Centro de Estudos Históricos Ultramarinos, 1966, p. 24-25.

140 *Idem*, p. 8-9.

> ver livremente, pois os ajudam as cores e o idioma, os costumes e o gênio semelhantes ao daqueles com quem hão de tratar. E, por esta causa e também porque os naturais destas terras, que deveras se resolveram a deixar o mundo e servir a Deus, tenham lugar e companhia para o poderem fazer, coisa que até agora lhes faltava [...].[141]

Apesar da aprovação ser explícita, pode-se notar uma leve desconfiança do jesuíta na capacidade dos padres goeses perseverarem na proposta. Mas também há uma constatação de que o trabalho missionário teria um auxílio na identificação que se pretendia criar entre o clérigo e os fiéis. No entanto, Vaz não encontrou apoio imediato do arcebispo, D. Frei Agostinho da Anunciação, que relutou em dar a sua aprovação. Segundo M. da Costa Nunes, não é certo que essa restrição era motivada pela antipatia do arcebispo contra o clero nativo ou, por outra, resultado de genuínas dúvidas de jurisdição eclesiástica;[142] o mais provável é que tenha sido uma mistura de ambas.

Outro jesuíta, padre Francisco de Souza, foi quem aconselhou os padres da Santa Cruz dos Milagres a fazerem uma boa negociação com Roma, para superar as dificuldades locais.[143] Naturalmente, não se pode tomar a atitude dos dois jesuítas como resultado de uma orientação genérica da Companhia de Jesus, mas não deixa de ser uma constatação do sentido pragmático dos inacianos aqui envolvidos, que talvez percebessem que esse era um interessante caminho para assimilar goeses ao esforço de missionação no Oriente.

Finalmente, em 1698 o arcebispo concedeu a licença para a fundação da Congregação do Oratório em Goa, fazendo algumas alterações nos estatutos no sentido de consolidar a jurisdição do arcebispado. A ressalva pode ser entendida como reflexo das disputas que este enfren-

141 *Idem*, p. 33-34.

142 *Idem*, p. XIII-XIV.

143 *Idem*, p. 75-77.

tara ao longo do século XVII.[144] Em 1703 o rei de Portugal enviou um alvará autorizando o funcionamento da congregação e, em 1707, o papa Clemente XI concedeu a aprovação para que os padres da Santa Cruz dos Milagres adotassem os mesmos estatutos que os oratorianos de Lisboa, sendo este considerado o ano de sua fundação propriamente dita.

A princípio, os padres da Santa Cruz fizeram alguns trabalhos missionários em Bardez e Salcete, mas o esforço maior e de verdadeira repercussão foi feito no Ceilão – o domínio dos holandeses tinha debilitado a missionação católica na ilha –, para onde foi o próprio José Vaz, onde morreu em 1711. Boxer afirma a importância da "ação apostólica de um grupo de oratorianos de Goa, chefiados por fr. José Vaz, cujos trabalhos devotados em Ceilão, salvaram o catolicismo romano de extinção, nesta ilha, no fim do século XVII".[145]

Deve-se destacar que essa congregação fundada em Goa por clérigos nativos é um fenômeno de extrema originalidade. Até onde foi possível observar no âmbito dessa pesquisa, em todas as diversas obras que analisam a missionação no Oriente, nada semelhante foi encontrado, seja na China, no Japão ou em outra região da Ásia que tivesse entrado em contato com a evangelização desenvolvida com o apoio do padroado português.[146] Algo parecido só veio a existir em 1750, quando uma "outra comunidade de inspiração nativa, a Ordem Terceira dos Carmelitas

---

144 *Idem*, p. 154-157.

145 C. R. Boxer. *As relações raciais no Império colonial português – 1415-1825*. Porto: Aforamento, 1988, p. 69.

146 As principais obras consultadas foram: Pascale Girard. *Os religiosos ocidentais na China na Época Moderna:* ensaio de análise textual comparada. Macau/Lisboa: Fundação Macau/Instituto Politécnico de Macau/ Comissão Nacional para as Comemorações dos Descobrimentos Portugueses, 1999; Andrew Ljungstedt. *An historical sketch of the Portuguese settlements in China and of the Roman Catholic church and mission in China*. Boston: James Monroe & Co., 1836; Beatriz Basto da Silva. *Cronologia da História de Macau – séculos XVI-XVII*. Macau: Direção dos Serviços de Educação, 1992. v. 1 e C. R. Boxer. *The Christian Century in Japan: 1549-1650*. Los Angeles/London: University of California Press/ Cambridge University Press, 1951.

Claustrais" foi criada, também em Goa. E, à diferença dos oratorianos, esta aceitava membros da casta chardó,[147] ou seja, as rivalidades de castas também devem ser adicionadas ao contexto dos vários mecanismos de distinção étnica existentes na sociedade hindu, ou se o olhar for ampliado, na sociedade luso-indiana.

Em um interessante ensaio Charles Borges propõe o questionamento sobre a atitude do clero nativo de Goa, discutindo se era uma reação à dominação colonial ou resultado de frustrações pessoais. Sua conclusão é de que aqueles que aceitaram o cristianismo não ficaram isentos de uma experiência de discriminação, e adquiriram mais rapidamente a consciência dessa segregação.[148] Certamente o aspecto da decepção encontrado pela maior parte do clero nativo goês era um fator que alimentava insatisfação e atitudes de resistência ou de insubordinação.

Por outro lado, a desconfiança que pesava sobre os brâmanes, visível nos registros dos primeiros jesuítas e outros religiosos que chegaram à região, não foi completamente apagada num período de um século, apesar da flexibilização das práticas missionárias promovida desde o início do XVII, principalmente pelos padres da Companhia de Jesus e especialmente em áreas onde a Coroa portuguesa não tinha uma presença efetiva. Acrescentem-se, ainda, as próprias rivalidades de castas, que por volta do início dos seiscentos motivou, por exemplo, um chardó – casta cristã –, chamado João da Cunha Jaques, morador na aldeia de Cuncolim em Salcete, a escrever um livrinho intitulado *Espada de David contra o Golias do Bramanismo Péssimo inimigo de Nosso Senhor Jesus Cristo, verdadeiro Deus e verdadeiro Homem*, onde afirmava que o maior inimigo da cristandade era o brâmane, e convocava os cristãos da Índia a cortar

147 A. J. R. Russell-Wood. Comunidades étnicas. In: Francisco Bethencourt e Kirti Chaudhuri (dirs.). *História da expansão portuguesa*. Lisboa: Círculo de Leitores e Autores, 1998. v. 3, p. 214.

148 Charles Borges. Foreign Jesuits and native resistance in Goa. In: Teotônio R. de Souza. *Essays in Goan History*. New Delhi: Concept Publishing Company, 1989, p. 69.

pela espada aquele mal, revivendo em novos parâmetros as antigas tensões entre esses dois grupos.[149]

O texto de Jaques é muito elaborado e erudito. Faz citações em latim e em sânscrito, usa textos da bíblia e dos livros sagrados hindus, refere-se a Aristóteles e a Francisco Xavier; os capítulos são chamados de "golpes", a espada são suas palavras. No prólogo, justificou "desembanhar a espada" em função de quatro motivos:

> mostrar que os brâmanes gentios convertidos à nossa Santa Fé Católica e batizados e pelo conseguinte os seus descendentes cristãos, já pela misericórdia de Deus não são brâmanes, nem se deve chamar de brâmanes. [...] O segundo porque tendo S. Francisco Xavier decidido na epístola que os brâmanes são os piores e mais perversos de todos os Índios, fraudulentos, falsários e mentirosos, ainda sejam tão demais ilustres e nobres da Índia, não o sendo senão sem outro princípio, nem fundamento, mas que por procederem do rosto ou cabeça do Brama falso Deus dos gentios; que os brâmanes enquanto gentios creiam nesta fábula sua cegueira os desculpa. Porém que depois de batizados eles e seus descendentes cristãos repitam a mesma fábula para fundar nela a sua nobreza é ponto que se deve ventilar e refutar. [...] O terceiro é que os brâmanes em um tratado intitulado *Epítome da genealogia dos Brâmanes* inventando duas árvores, uma da geração dos judeus e outra dos brâmanes, dizem que os seus avós gentios adoraram por Deus é o Santo Patriarca Abraão. Esta identidade tem seqüelas tão fatais que todo fiel cristão deve puxar a dita espada para a dividir. Porque se Brama e Abraão é o mesmo; segue-se que Cristo Senhor nosso é filho de Brama, falso Deus dos gentios.[150]

149 Biblioteca da Ajuda. *Espada de David contra o Golias do Bramanismo Péssimo inimigo de Nosso Senhor Jesus Cristo, verdadeiro Deus e verdadeiro Homem.* João da Cunha Jaques. Códice 49 – II – 9.

150 *Ibidem.* fls. 2v-4v.

Declarações difamatórias contra os chardós feitas por brâmanes era o quarto e último motivo para a elaboração do livro. Trata-se de uma obra muito ilustrativa da sobrevivência das rivalidades entre as castas, mesmo no universo daqueles que haviam sido cristianizados, além de demonstrar que o orgulho de casta era um elemento importante para a manutenção da hegemonia dos brâmanes.

Portanto, as desconfianças em relação a estes podiam partir das autoridades portuguesas e mesmo de representantes de outras castas, e as tensões daí resultantes podiam gerar problemas de inserção social. A discussão essencial aqui é o significado do processo de cristianização realizado na Índia, nomeadamente a contradição fundamental que resultou da preocupação em formar clérigos capazes de auxiliar nas práticas de evangelização. Cabe ressaltar que o ideal das autoridades eclesiásticas portuguesas nesse caso era a atribuição de uma participação subalterna ao clero nativo, uma função de intermediação. Mas essa condição subalterna que se pretendia impor ao clero goês atingiu em cheio a própria dignidade do grupo no qual mais se investiu na formação eclesiástica: os brâmanes. Mesmo aproximando-se dos valores cristãos e europeus, a lógica da formação cultural desses homens fomentava expectativas de distinção em relação aos outros grupos sociais hindus cristianizados. Deu-se uma transposição da lógica das castas mesmo após a efetiva conversão de vários grupos hindus. Dessa forma, havia um constante fator de tensão criado pelas políticas discriminatórias colocadas em prática aberta ou veladamente por ordens religiosas e autoridades eclesiásticas. A fórmula para solucionar esse impasse podia variar entre a postura agressiva de um Mateus de Castro, que hostilizou o padroado português, ou a mais sutil de um José Vaz, que liderou os oratorianos goeses, mas ambas sinalizaram claramente que a cristianização de Goa "insularizada" e carregada de tensões, teria que mudar seus rumos.

Conclusão

> [...] *aqui entram as seitas, os ritos e cerimônias, as quais os costumes e leis invioláveis de suas Respublicas, as quais de nenhum modo quebrantam, ainda em suas pequenas e a nosso parecer escusadas coisas; pois se em coisas que em Europa se mudam com facilidade, com tão grande rigor as conservam; que dificuldade haverem de mudar leis antigas, ritos e cerimônias pertencentes à falsa Religião dos Idólatras, mouros e judeus. E estas dificuldades em todo mundo reinam, muito mais sem comparação dominam o Oriente, no qual vivem quatro nações de gente, cristãos, judeus, mouros e gentios.*
>
> Sebastião Gonçalves (SJ). *História dos Religiosos da Companhia de Jesus...* (século XVII)

Para Serge Gruzinski as monarquias católicas ibéricas e seus domínios transformaram-se no teatro de interações entre o cristianismo, o islã e as "idolatrias", como eram designados os cultos existentes na América, África e as grandes religiões asiáticas. O esforço de cristianização, que pode ser entendido como "ocidentalização", fez com que essas monarquias sustentassem pela primeira vez uma burocracia em escala planetária, cujos principais representantes foram a Companhia de Jesus e a Inquisição. Não obstante, os contatos entre as civilizações produziram uma realidade múltipla, com a mistura de elementos tradicionais das culturas envolvidas num "processo de mestiçagem", como é definido pelo autor. Diante dessa realidade múltipla o historiador tem de transformar-se numa espécie de "eletricista" - que Gruzinski chega a enunciar sob a forma da expressão "eletricista-historiador" –, capaz de estabelecer as conexões geradas a partir dos contatos de civilizações, de culturas, as chamadas "histórias conectadas".[1]

Um bom exemplo desse processo descrito por Gruzinski pode ser encontrado na experiência de cristianização ocorrida em Goa durante os séculos XVI e XVII. Geralmente destaca-se a originalidade da ocupação dessa cidade no conjunto da expansão portuguesa, na medida em que os colonizadores se utilizaram das práticas comerciais e da estrutura da vida rural goesas, embora tenham deixado marcas religiosas católicas muito evidentes nessa sociedade.[2] É inegável que a cristianização foi uma inserção da cultura européia na realidade indiana, especificamente na de Goa. Mas não se deve esquecer que as fronteiras entre as culturas são maleáveis e comportam trocas. Dessa forma, pode-se observar, em contrapartida, a "indianização" - ou "hinduização" - de algumas práticas religiosas dos grupos cristãos de Goa.[3] É muito comum a prática de colocar colares de flores nas imagens de santos, especialmente de São Francisco Xavier, apóstolo das Índias, reproduzindo uma prática de tratamento dada a deuses hindus. Por outro lado, símbolos externos da vida cristã podem ser vistos nas casas e aldeias da cidade e adjacências. Em Salcete, os jesuítas conseguiram, com o tempo, que os moradores substituíssem a planta sagrada usada como proteção – *tulâss* – que todo o hindu mantinha na entrada de sua casa, por uma roseira de Santa Catarina

1 Serge Gruzinski. Les mondes mêlés de la monarchie catholique et autres "connected histories". In: *ANNALES HSS*, janvier-février 2001, nº 1, p. 89-92.

2 Orlando Ribeiro. Originalidade de Goa. In: *Atas*. Lisboa: III Colóquio Internacional de Estudos Luso-brasileiros, 1959. v. 1, p. 179.

3 Charles J. Borges. The changing faces of Christianity in Goa: from being Portuguese to being Indian? In: *Lusotopie 2000* "Lusophonies asiatiques, Asiatiques em lusophonies". Paris, Karthala, mars 2001, p. 435-437.

ou por um cruzeiro, tornando, assim, fácil a identificação das habitações dos cristãos locais, ao mesmo tempo em que se combatia uma manifestação de "gentilidade".[4]

Outro aspecto comumente ressaltado para indicar o enraizamento da cristianização de Goa é o número de cristãos existentes na região. É verdade que nos séculos XVI e XVII esse número foi sempre crescente, ao basear-se especialmente nas fontes jesuíticas, mas o século XIX oferece um quadro distinto, mesmo que se considerem as diferenças territoriais, uma vez que desde meados do século XVIII os portugueses haviam acrescentado ao território de Goa as terras das *Novas Conquistas*, cujas populações não sofreram o mesmo esforço evangelizador dos séculos anteriores. Considera-se que o primeiro censo confiável realizado em Goa é o de 1881, quando foi detectado que 58% da população era de cristãos e 42 % de hindus. Em 1950, ainda sob o domínio português, outra estatística demonstrou que a população hindu era majoritária, com o índice de 55% dos habitantes, enquanto os cristãos constituíam-se em 42%. No entanto, mesmo havendo uma tendência demográfica de diminuição de cristãos, esse último censo indicava uma predominância da população cristã na região das *Velhas Conquistas*, nomeadamente em Salcete, com o índice de 79%.

Em 1981, vinte anos após a independência de Goa, as estatísticas indicavam um maior número de hindus, com índice ainda superior ao de 1950, 64%, contra um significativo declínio dos habitantes cristãos, 31%. Não há a informação nesse caso do índice de cristãos nas *Velhas Conquistas*, mas mesmo esses indicadores gerais revelam uma tendência de diminuição desse número, o que comumente é explicada por uma estagnação do crescimento dessa população derivada, principalmente, de uma dramática migração de goeses cristãos para outras regiões da Índia e do mundo.[5]

---

4 Luís Filipe Thomaz. O cristianismo e as tradições pagãs na Índia portuguesa. In: *Actas do Congresso Internacional de Etnografia*. Lisboa: Junta de Investigações do Ultramar, 1965. v. 4, p. 9-10.

5 Raquel Soeiro de Brito. *Goa e as praças do Norte*: revisitadas. Lisboa: Comissão Nacional Para as Comemorações dos Descobrimentos Portugueses, 1998, p. 39-43. *Cf.* Teotônio R. de Souza. *Goa: roteiro histórico-cultural*. Lisboa: Grupo de

Quando se compara o processo de cristianização de Goa com o da América hispânica, especialmente nas regiões onde existiam sociedades organizadas de maneira mais complexa, como eram os casos das civilizações asteca e inca, nota-se que os resultados, tanto do ponto de vista quantitativo como no de enraizamento do cristianismo, são muito diferentes. No caso americano, a cristianização difundiu-se de forma generalizada. Não se está aqui avaliando a mecânica do processo, se há assimilação, aculturação, ou inculturação. Apenas destaco que, nos dias atuais, os países que pertenceram ao domínio espanhol têm na fé católica um elemento de identidade cultural inquestionável. Na América portuguesa e em outras regiões dos domínios americanos pertencentes à Espanha, de maneira diferente, a cristianização também se consolidou, mas graças à própria lógica de colonização, que se baseou na ocupação do território onde viviam esparsas populações indígenas. Ao referir-se aos contatos entre as civilizações e culturas menos complexas, usando o Brasil como exemplo, Braudel afirma que: "o português aparece e o índio primitivo retrai-se, cede o seu lugar".[6]

No caso do Oriente, especificamente no de Goa, a realidade era muito diferente, ou, "tudo se complica e a toada já não é a mesma quando o avanço não é feito sobre o vazio".[7] Não só as densidades demográficas eram infinitamente maiores na Índia, como se tratavam de civilizações muito antigas e profundamente enraizadas. O hinduísmo, como um conjunto de concepções e práticas religiosas que pautavam a vida dos indianos, possuía um complexo sistema de castas que ditava uma organização da sociedade em termos de grupos, e toda sua lógica reforça a totalidade social em detrimento do interesse individual. Trata-se, portanto, de uma

---

trabalho do Ministério da Educação para as comemorações dos Descobrimentos Portugueses, 1996, p. 73.

6 Fernand Braudel. *Civilização material, economia e capitalismo – séculos XV-XVIII*: as estruturas do quotidiano. Trad. Telma Costa. Lisboa: Teorema, 1992. t. 1, p. 76.

7 *Idem*, p. 78.

poderosa barreira que dificultava a aproximação das culturas que a expansão portuguesa proporcionava.

Na América espanhola, especificamente nas regiões das civilizações asteca e inca, também havia dificuldades de se superar as altas densidades populacionais, apesar dos recursos técnicos de defesa serem mais frágeis no caso americano do que no do Oriente. Os esforços de cristianização feitos pelos espanhóis nos seus domínios na América, por outro lado, foram formidáveis. No plano institucional numerosas ordens religiosas instalaram-se desde o início da ocupação territorial, universidades, bispados e arcebispados em toda parte, três tribunais do Santo Ofício em pontos estratégicos do império, todas essas iniciativas serviram para formar uma forte estrutura com o propósito de desenvolver a evangelização. Campanhas como "conquista espiritual" e "extirpação de idolatrias" foram motos essenciais da presença espanhola na América, sobretudo nos dois primeiros séculos. Mas tudo isso só se tornou possível, evidentemente, em razão de ter ocorrido uma efetiva conquista territorial, militar e política do mundo indoamericano. Partindo do exemplo espanhol e para além das características da sociedade hindu já ressaltadas, deve-se buscar na própria estrutura do Estado da Índia explicações sobre os limites da cristianização que ali teve lugar. O Império português no Oriente estava montado como uma rede e tinha como principal ambição o controle da circulação de mercadorias. Os portugueses nunca promoveram um real esforço de conquista de territórios que não aqueles que consolidariam suas posições. A tarefa provavelmente estaria além das capacidades da Coroa portuguesa. Pode-se dizer o mesmo em relação à cristianização, aliás, associada diretamente à expansão portuguesa. Por mais missionários que se dirigissem para o Oriente, fossem jesuítas, franciscanos, agostinianos, dominicanos ou religiosos da Propaganda Fide, a tarefa era hercúlea e fadada a enfrentar enormes obstáculos, que se não eram totalmente intransponíveis, mesmo depois de ultrapassados, alcançavam resultados modestos.

A Companhia de Jesus foi uma das ordens que mais esforços envidou para a missionação. É verdade que não agiu de maneira uniforme como costumeiramente são apresentadas as ações dos jesuítas. No presente estudo foi possível notar que havia modelos diferenciados nos métodos de conversão das populações indianas, causa inclusive de graves embates entre grupos de inacianos.

É interessante perceber que, onde a presença portuguesa não era efetiva, a abordagem dos jesuítas tendia mais a um modelo de "orientalização", a partir do último quartel do século XVI. Nas regiões onde havia o respaldo das autoridades portuguesas houve maior tendência à "ocidentalização", mesmo que houvesse níveis de flexibilização junto às populações locais; a contraposição dos métodos de conversão utilizados em Salcete e no Maduré comprova essa afirmação.

Por outro lado, a cristianização não estava apenas a cargo dos jesuítas ou de outras ordens religiosas. A Inquisição também desempenhava seu papel nessa ação. Como tribunal que julgava as questões de fé, mas atrelado à Coroa portuguesa, o Tribunal do Santo Ofício de Goa tornou-se o mais poderoso instrumento no processo de "ocidentalização" da sociedade goesa. O esforço foi grande, a tal ponto que promoveu a alteração do alvo tradicional desse tribunal: a perseguição aos cristãos-novos. A partir dos finais do século XVI a preocupação com as gentilidades ocupou o centro das atenções dos inquisidores. Mesmo com a recorrente recomendação de brandura em relação aos neófitos, a própria natureza das conversões feitas em Goa servia de material quase inesgotável para a ação persecutória inquisitorial. Nesse aspecto, chega-se a uma importante contradição: o enorme esforço de evangelização feito principalmente pelos jesuítas, que privilegiava os batismos em massa, colaborava para a frouxidão do conhecimento da doutrina e franqueava a possibilidade de se cometerem heresias, retro-alimentando o próprio alvo da Inquisição oriental. Além disso, os batismos em massa eram interessantes também pelas próprias características do sistema de castas, pois a conversão em grupo facilitava a inserção social desses novos cristãos, que assim perpetuavam um elemento fundamental da cultura hindu, constituindo-se em forte elemento de "indianização" ou "hinduização" do catolicismo.

Sem dúvida houve colaborações entre a Inquisição de Goa e a Companhia de Jesus, mas com certeza muitos dos conflitos basearam-se numa divergência fundamental em relação à postura do que se entendia ser o ato de cristianizar. Mesmo com variações, pode-se dizer que, de maneira geral, os jesuítas tendiam a uma postura de flexibilização de determinadas práticas culturais, desde que elas fossem consideradas apenas manifestações exteriores de identidade política ou social, o que era aceitável dentro do espírito de adaptação paulina. Em contrapartida, os inquisidores pautavam-se pela ortodoxia, e mesmo que tenham ficado perplexos diante da complexa realidade indiana, logo procuraram os padrões usuais de perseguição e de ação na conduta social dos indianos cristãos recém-convertidos. Essa tarefa mostrou-se também extraordinária, pois num mundo onde as fronteiras eram extremamente flexíveis, maleáveis, porosas, aumentar-se a pressão poderia resultar em esforço perdido, como fica evidente quando se constata a migração de goeses para outras regiões da Índia, fugindo da legislação feita pelos vice-reis ou do aumento da atuação da Inquisição de Goa, o que ameaçava seus interesses e seu estilo de vida.

Deve-se ainda aqui dimensionar melhor a atuação do Tribunal goês. Há a necessidade de fazer-se um ajuste no olhar sobre sua ação, a modo de evitar a tradição de "lenda negra" que a envolve. Não há como negar que foi o tribunal de fé mais ativo dos que existiram na Coroa portuguesa. Mas com certeza era também a realidade mais complexa com a qual um tribunal da Inquisição já se havia confrontado, o que pode ser verificado no número de processados registrados. Mas é importante notar que os níveis percentuais dos relaxados ao braço secular não fugiam das médias históricas dos tribunais inquisitoriais lusitanos, até onde foi possível constatar a partir dos dados fragmentários que sobreviveram à destruição da documentação do tribunal goês.

Desde a segunda metade do século XVI desenvolveram-se métodos de conversão que promoveram o crescimento da população cristã na costa ocidental da Índia. Mas é possível ver que no século XVII a forma de se fazer a cristianização em Goa acabou criando muitos problemas. As tensões entre o clero nativo, as autoridades eclesiais portuguesas, o padroado português e as próprias restrições de pureza de sangue exigidas para o ingresso nas ordens religiosas no Oriente contribuíram para evidenciar as contradições promovidas pelo processo de evangelização desenvolvido na Índia. A dura oposição do brâmane Mateus de Castro ou a preocupação com a ação de missionação defendida pelos clérigos seculares nativos de Goa, responsáveis pela fundação da Ordem da Santa Cruz dos Milagres, são indicadores das dificuldades de assimilação do clero indiano na estrutura eclesiástica da Índia, provavelmente por uma desconfiança fundamental acerca da qualidade da formação desses religiosos.

Entretanto, seja com a flexibilidade de um bom número de jesuítas, com a rigidez da Inquisição ou com o interesse de inserção nas atividades missionárias do clero secular goês, a verdadeira marca da cristianização de Goa está no seu caráter insular, confinado, posto sob cerco, pois em torno da cidadela cristã, capital do Estado da Índia, da considerada Roma do Oriente, existiam multidões que não compartilhavam a fé católica com os portugueses, e que por isso eram consideradas inimigas e uma ameaça à cristandade. Mas essa ilha de cristãos em que Goa havia se transformado também convivia, dentro de suas defesas, com a presença desse universo de diferenças religiosas que promovia contraditoriamente a orientalização dos cristãos que viviam na cidade. As fronteiras existiam nos limites físicos do domínio português na Índia, mas também havia fronteiras dentro da cidade de Goa e, por suas características intercambiáveis, foi possível promover uma rica circulação de padrões culturais nesse espaço. Portanto, a originalidade da cristianização de Goa repousa em três elementos que se antagonizaram, mas que também promoveram uma síntese singular: a ocidentalização dos hindus, a orientalização ou indianização dos portugueses e a insularidade do catolicismo goês, finisterra da cristandade lusitana.

Fontes

FONTES MANUSCRITAS:
ARQUIVO NACIONAL DA TORRE DO TOMBO

Seção de Leitura Geral

Conselho Geral do Santo Ofício

Livros 101; 102;184; 207; 213; 214; 227; 298; 311; 462; 463; 474.

Maços: 31 (doc. 28, 47, 48); 35; 36 (doc. 4, 6, 13); 38 (doc. 8, 9, 15); 39 (doc. 14, 23, 24; 27)

Inquisição de Coimbra

Processo 242

Inquisição de Évora

Processo 7717

Inquisição de Lisboa

Livro 840

Cadernos do Promotor: 4 – livro 205; 8 – livro 209; 13 – livro 214; 68 – livro 262; 85 – 278.

Processos: 351; 1047; 1620; 1689; 2947; 5037; 5330; 8450; 12197; 12916; 13942; 13942; 14993; 15086; 15474; 16889

Ministério do Reino
Livro 480

Seção de Microfilme
Casa do Cadaval – nº 26 – rolo 581

BIBLIOTECA DA AJUDA
Copiador de Cartas
Códice 51-VIII-17 (Carta do Bispo ao Rei – 1608)
Códice 51-VIII-19 (Carta do Bispo ao Rei – 1605)

Conselho de Estado
Códice 51-VI-43 (Reuniões do Conselho de Estado)

Consultas Políticas e Históricas: Conselho de Fazenda
Códice 51-VI-21 (Consulta do Conselho da Fazenda)

Jaques
Códice 49-II-9 (Espada de Davi contra o Golias do Bramanismo)

Jesuítas na Ásia:
Ânuas 1660 e 1661
Códice 49-V-7 (Resposta do Padre Nobili às censuras de Goa)
Códice 49-V-12 (Retratação do Padre Mateus Cebrian)
Códice 49-V-17 (Justificação do Padre Alexandre Cícero)
Códice 49-V-34 (Missões de Tonquim)
Códice 49-V-8 (Relação das Soleníssimas Festas da Beatificação de Inácio de Loyola)

Miscelânea de Francisco Barreto

Códice 51-VI-9 (Cartas do Vice-rei da Índia, Conde de Linhares)

Miscelânea Ultramarina

Códice 51-VII-27 (Relatoria do Recolhimento dos clérigos naturais congregados na Igreja da Santa Cruz dos Milagres)

BIBLIOTECA NACIONAL DE LISBOA

Seção de Reservados

Coleção das mais célebres sentenças das Inquisições de Lisboa, Évora, Coimbra e Goa Microfilme F. 2349 e F. 5096.

Coleção de listas impressas e manuscritas dos autos de fé públicos e particulares. Códice 866. Microfilme F. 5173.

FIGUEIRA, João Delgado. *Repertório Geral de três mil e oitocentos processos despachados pelo Santo Ofício de Goa desde a sua constituição até 1623*. Microfilme F. 2545.

GONÇALVES, Sebastião. *Primeira parte da historia dos religiosos da Comp.ª de Jesus* e do que fizeram com divina graça na conversão dos infieis à nossa sancta fee catholica nos reynos e provincias da India Oriental [Manuscrito]composta pelo P. e Sebastiam Gonçalves religioso da mesma Comp.ª – 1614 – Letra de várias mãos. Microfilme F. 4869.

Lista dos penitenciados pela Inquisição de Goa de 1685 a 1806. Microfilmes F. 1438 e F. 1439.

Memórias para a História Eclesiástica de Goa e Missões da Ásia. Códice 177. Microfilme F. 3085.

Memórias para a História Eclesiástica do Arcebispado de Goa e seus sufragâneos. Códice 175. Microfilme F. 2527.

BIBLIOTECA NACIONAL DO RIO DE JANEIRO

Seção de Manuscritos

Inquisição de Goa – 9 códices.

FONTES IMPRESSAS: BIBLIOTECA NACIONAL DE LISBOA

Seção de Leitura Geral

ALBUQUERQUE, Luís (editor). *Crônica do Descobrimento e primeiras conquistas da Índia pelos portugueses*. Lisboa: Imprensa Nacional/ Casa da Moeda, 1986.

BAIÃO, Antônio. *A Inquisição de Goa*. Correspondência dos inquisidores da Índia (1569-1630). Coimbra: Imprensa da Universidade, 1930. v. II.

DELLON, Charles. *Narração da Inquisição de Goa*. Lisboa: Antígona, 1996.

GRACIAS, José Antônio Ismael. *A Índia em 1623 e 1624*: excertos das memórias do viajante italiano Pietro Della Valle. Nova Goa: Imprensa Nacional, 1915.

GREY, Edward (editor). *The travels of Pietro Della Valle in India*: from the old english translation of 1664. New Delhi: Asian Educational Services, 1991.

LINSCHOTEN, Jan Huygen van. *Itinerário, Viagem ou Navegação para as Índias Orientais ou Portuguesas*. Lisboa: Comissão Nacional para as Comemorações dos Descobrimentos Portugueses, 1997.

MENDES, Antônio Lopes. *A Índia portuguesa*. Lisboa: Fundação Oriente, 1992. 2 v.

PYRARD (De Laval), Francisco. *Viagem de Francisco Pyrard, de Laval contendo a notícia de sua navegação às Índias Orientais, Ilhas de Maldivas, Maluco e ao Brasil, e os diferentes casos que lhe aconteceram na mesma viagem nos dez anos que andou nestes países (1601 a 1611), com a descrição exata dos costumes, leis, usos, polícia e Governo; do Trato e Comércio que neles há; dos animais, árvores, frutas e outras singularidades que ali se encontram*. Ed. Joaquim Helidoro da Cunha Rivara. Porto: Livraria Civilização, 1944. 2v.

RÊGO, Raul (editor). *O último regimento e o regimento da economia da Inquisição de Goa*. Lisboa: Biblioteca Nacional, 1983.

SOUSA, Francisco de. *O Oriente conquistado a Jesus Cristo pelos padres da Companhia de Jesus da Província de Goa.* Introd. e Rev. M. Lopes de Almeida. Porto: Lello & Irmão Editores, 1978.

WICKI, José. *Documenta Indica.* Romae: Monumenta Historica Societatis Iesu, 1948-1988. 18 v.

____. *O Livro do «Pai dos cristãos».* Lisboa: Centro de Estudos Históricos Ultramarinos, 1969.

Seção de Reservados

POZZE, Lorenzo delle. *Lettere annue del Giappone, China, Goa et Ethiopia* (1615, 1616,1617, 1618, 1619). Napoli: Lazaro Scoriggio, MDCXXI.

VITELLESCHI, Motio. *Lettere Annue detiopia, malabar, Brasil e Goa.* Dall'anno 1620 al 1624. Roma: Francesco Corbelletti, MDCXXVII.

BIBLIOTECA NACIONAL DO RIO DE JANEIRO

Seção de Obras Gerais

REGO, António da Silva. *Documentação para a História das missões do padroado português do oriente.* (Índia). Edição facsimilar da de 1952. Lisboa: Fundação Oriente/Comissão Nacional para as Comemorações dos Descobrimentos portugueses, 1991-1996. 13 v.

VALIGNANO, Alessandro. *História Del principio y progresso de la Compañía de Jesús en las Índias Orientales.* Roma: Institutum Historicum S. I., 1944.

UNIVERSIDADE DO ESTADO DE SÃO PAULO

Biblioteca de Filosofia – Faculdade de Filosofia, Letras e Ciências Humanas

TRANCOSO, Gonçalo Fernandes. *Tratado sobre o hinduísmo* (Maduré, 1612). Anotada por José Wicki. Lisboa: Centro de Estudos Históricos Ultramarinos, 1973.

Biblioteca de História – Faculdade de Filosofia, Letras e Ciências Humanas

NUNES, M. da Costa. *Documentação para a História da Congregação do Oratório de Santa Cruz dos Milagres do clero natural de Goa*. Lisboa: Centro de Estudos Históricos Ultramarinos, 1966.

Biblioteca do Instituto de Estudos Brasileiros – IEB

GONÇALVES, Diogo. *Historia do Malavar*. Münster: Aschendorffsche verlagsbuch Handlung, 1955.

GUERREIRO, Fernão. *Relação anual das coisas que fizeram os padres da Companhia de Jesus nas suas missões* (1600-1603). Dirigida e prefaciada por Artur Viegas. Coimbra: Imprensa da Universidade, 1930. t. I.

______. *Relaçam annual das cousas que fizeram os padres da Companhia de Jesus nas partes orientais & em algũas outras da conquista deste Reyno nos annos de 604 & 605 & do processo da conversam & christandade daquellas partes*. Tiradas das cartas dos mesmos padres que de la vieram pelo padre Fernam Guerreiro da mesma Companhia, natural de Almodouvar de Portugal. Lisboa: Pedro Crasbeek, 1607.

______. *Relaçam annual das cousas que fizeram os padres da Companhia de Jesus nas partes orientais & em algũas outras da conquista deste Reyno nos annos de 606 & 607 & do processo da conversam & christandade daquellas partes*. Tiradas das cartas dos mesmos padres que de la vieram pelo padre Fernam Guerreiro da mesma Companhia, natural de Almodouvar de Portugal. Lisboa: Pedro Crasbeek, 1609.

______. *Relaçam annual das cousas que fizeram os padres da Companhia de Jesus nas partes orientais & em algũas outras da conquista deste Reyno nos annos de 607 & 608 & do processo da conversam & christandade daquellas partes com hũa addiçam à relaçam de Ethiopia*. Lisboa: Pedro Crasbeek, 1611.

Bibliografia

LIVROS e ARTIGOS

AFONSO, John Correia. *Indo-portuguese history: sources and problems.* Bombay/ Delhi/ Calcutta/ Madras: Oxford University Press, 1981.

ALBUQUERQUE, Luís de *et alli. O confronto do olhar:* o encontro dos povos na época das navegações portuguesas. Lisboa: Editorial Caminho, 1991.

ALBUQUERQUE, Luís de. *Dúvidas e certezas na História dos descobrimentos portugueses* (2ª parte). Lisboa: Vega, 1991.

ALBUQUERQUE, Teresa. *Santa Cruz: Calapor – profile of a village in Goa.* Goa: Fernandes Publication, 1989.

ALCAIDE, Elisa Luque e SARANYAMA, Josep-Ignsasi. *La Iglesia Catolica y América.* Madri: Mapfre, 1992.

ALCALÁ, A. (org). *Inquisición española y mentalidad inquisitorial.* Barcelona: Ariel, 1984.

ALDEN, Dauril. *The making of an enterprise*: the Society of Jesus in Portugal, Its Empire and Beyond, 1540-1750. Stanford: Stanford University Press, 1996.

____. Some considerations concerning jesuit enterprises in Asia. In: GONÇALVES, Nuno da Silva (coord). *A Companhia de Jesus e a missionação no Oriente*. Actas do colóquio Internacional. Lisboa: Brotéria/ Fundação Oriente, 2000.

ALENCASTRO, Luiz Felipe de. *O trato dos viventes*: formação do Brasil no Atlântico sul. São Paulo: Companhia das Letras, 2000.

ALEXANDRE, Valentim. *Os sentidos do Império.* Questão nacional e questão colonial na crise do Antigo Regime português. Porto: Aforamento, 1993.

ALMEIDA, Rita Heloísa de. *O Diretório dos índios*: um projeto de "civilização" no Brasil do século XVIII. Brasília: Editora da UnB, 1997.

ALVES, Jorge Manuel dos Santos. *Notícias de missionação e martírio na Índia e Insulíndia (de 1500 a meados do século XVII).* Lisboa: Alfa, 1989.

AMIEL, Charles e LIMA, Anne. *L'Inquisition de Goa*: La relation de Charles Dellon (1687). Paris: Editions Chandeigne, 1997.

ANDERSON, Perry. *Linhagens do Estado Absolutista.* São Paulo: Brasiliense, 1985.

ANDRADE, José Ignácio de. *Cartas escritas da Índia e da China*. Macau: Livros do Oriente/ Imprensa Oficial de Macau, 1998.

ARAÚJO, Maria Benedita. O "Pay dos Christãos". Contribuição para o estudo da Cristianização da Índia. In: *Congresso Internacional De História: Missionação Portuguesa e encontros de culturas. Actas. África Oriental, Oriente e Brasil.* Lisboa: Universidade Católica Portuguesa/ Comissão Nacional Para as Comemorações dos Descobrimentos Portugueses/ Fundação Evangelização e Culturas, 1993. v. II.

AUBIN, Jean (dir). *La decouverte, le Portugal et l'Europe.* Paris: Fundation Calouste Gulbenkian, 1990.

AZEVEDO, Antônio Emílio d'Almeida. *As comunidades de Goa: história das instituições antigas.* Lisboa: Viúva Bertrand e Cª, 1890.

AZEVEDO, João Lúcio de. *Épocas de Portugal económico*: esboços de história. Lisboa: Clássica Editora, 1988.

____. *Os jesuítas e a Inquisição em conflito no século XVII.* Lisboa: Academia das Ciências de Lisboa, 1916.

BAIÃO, Antônio. *A Inquisição de Goa*. Tentativa de história da sua origem, estabelecimento, evolução e extinção. Lisboa: Academia de Ciências, 1945. v. I.

BANGERT, William V. *História da Companhia de Jesus*. Trad. Joaquim dos Santos Abranches e Ana Maria Lago da Silva. Porto/São Paulo: Livraria Apostolado da Imprensa/ Edições Loyola, 1985.

BARRETO, Luís Felipe. *Lavrar o mar: os portugueses e a Ásia* (c. 1480 – c. 1630). Lisboa: Comissão Nacional Para as Comemorações dos Descobrimentos Portugueses, 2000.

____. *Os descobrimentos portugueses e a ordem do saber*: uma análise sociocultural. Lisboa; Gradiva, 1989.

____. *Caminhos do saber no Renascimento português*: estudos de história e teoria da cultura. Lisboa: Imprensa nacional/Casa da Moeda, 1986.

____. *Descobrimentos e Renascimento*: formas de ser e pensar nos séculos XV e XVI. Lisboa: Imprensa Nacional/ Casa da Moeda, 1983.

BASTIDE, Roger. *Antropologia aplicada*. Trad. Maria Lúcia Pereira e J. Guisburg. São Paulo: Perspectiva, 1979.

BATAILLE, Georges. *Teoria da religião*. Trad. Sergio Goes de Paula e Viviane de Lamare. São Paulo: Ática, 1993.

BELLO, Angela Ales. *Culturas e religiões*: uma leitura fenomenológica. Trad. Antonio Angonese. Bauru: Edusc, 1998.

BENNASSAR, Bartolomé (org). *L'Inquisition Espagnole (XVe-XIXe siècles)*. Paris: Marabout, 1982.

____. *Inquisición española: poder politico y control social*. Barcelona: Editorial Crítica, 1981.

BETHENCOURT, Francisco e CHAUDHURI, Kirti (dirs.). *História da expansão portuguesa*. Lisboa: Círculo de Leitores e Autores, 1998-99. v. 1, 2 e 3.

BETHENCOURT, Francisco. *História das Inquisições*: Portugal, Espanha e Itália – séculos XV–XIX. São Paulo: Companhia das Letras, 2000.

BLOCH, Marc. *Apologia da História*: ou o ofício de historiador. Trad. André Telles. Rio de Janeiro: Jorge Zahar Ed., 2001.

BORGES, Charles J. *The economics of the Goa jesuits*: an explanation of their rise and fall. New Delhi: Concept Publishing Company, 1994.

BOSSY, *A cristandade no Ocidente: 1400-1700*. Trad. Maria Amélia Silva Melo. Lisboa: Edições 70, 1990.

BOUCHON, Geneviève. *Inde découverte, Inde retrouvée* (1498-1630): études d'histoire indo-portugaise. Lisboa/ Paris: Comissão Nacional Para as Comemorações dos Descobrimentos Portugueses/ Centre Culturel Calouste Gulbenkian, 1999.

____.*Portugal e o Oriente*. Lisboa: Quetzal Editores/ Fundação Oriente, 1994.

____. *L'Asie du Sud à l'époque des Grandes Decouvertes*. Londres: Variorum, 1987.

BOURDIEU, Pierre. *A economia das trocas simbólicas*. Trad. Sergio Miceli. São Paulo: Perspectiva, 1999.

BOXER, C. R. *From Lisbon to Goa (1500-1750)*: studies in portuguese maritime enterprise. Aldershot: Variorum, 1997.

____ *A Igreja e a expansão ibérica (1440- 1770)*. Lisboa: Edições 70, 1990.

____. *As relações raciais no Império colonial português – 1415-1825*. Porto: Afrontamento, 1988.

____. *A Índia portuguesa em meados do século XVII*. Trad. Luís Manuel Nunes Barão. Lisboa: Edições 70, 1982.

____. *A mulher na expansão ultramarina ibérica (1415-1815)*: alguns factos, ideias e personalidades. Lisboa: Livros Horizonte, 1977.

____. *Império colonial português*. Trad. Inês Silva Duarte. Lisboa: Edições 70, 1977.

____. *Portuguese society in the Tropics*. The Municipal Councils of Goa, Macao, Bahia e Luanda (1510-1800). Cambridge: Hakluyt Society at University Press, 1964.

____. *Race relations in the portuguese colonial empire (1415-1825)*. Oxford: Clarendon, 1963.

____. *The Christian Century in Japan: 1549-1650*. Los Angeles/ London: University of California Press/ Cambridge University Press, 1951.

BRAGA, Isabel M. R. Mendes Drumond. *Mouriscos e cristãos no Portugal quinhentista*: duas culturas e duas concepções em choque. Lisboa: Hugin, 1999.

BRAUDEL, Fernand. *Civilização material, economia e capitalismo – séculos XV-XVIII*. Trad. Telma Costa. Lisboa: Teorema, 1992-1993, t. 1 e t. 3.

____. *Gramática das civilizações*. Trad. Antônio de Pádua Danese. São Paulo: Martins Fontes, 1989.

____. *O Mediterrâneo e o mundo mediterrânico na época de Filipe II*. Lisboa: Martins Fontes, 1984. 2 v.

BRITO, Raquel Soeiro de. *Goa e as praças do Norte*: revisitadas. Lisboa: Comissão Nacional Para as Comemorações dos Descobrimentos Portugueses, 1998.

____. *Goa e as praças do Norte*. Lisboa: Junta de Investigações do Ultramar, 1966.

BURKE, Peter (org). *A escrita da História*: novas perspectivas. Trad. Magda Lopes. São Paulo: Unesp, 1992.

____. *Cultura popular na Idade Moderna*: Europa, 1500-1800. Trad. Denise Bottmann. São Paulo: Companhia das Letras, 1989.

BUSSIERRES, Theodore. *Historia do Scisma portuguez na India*. Lisboa: Tipografia de L. C. da Cunha, 1854.

CARDOSO, Ciro Flamarion e VAINFAS, Ronaldo. *Domínios da História*: ensaios de Teoria e Metodologia. Rio de Janeiro: Campus, 1997.

CARREIRA, José Nunes. *Outra face do Oriente*: viagens dos portugueses no Próximo Oriente. Lisboa: Europa-América, 1997.

CASTRO, Paulo de. *Goa, um aspecto do colonialismo português*. Rio de Janeiro: Serviço de Informações da Embaixada da Índia, 1965.

CHANDEIGNE, Michel (org). *Goa 1510-1685*: l'Inde portugaise, apostolique et commerciale. Paris: Autrement, 1996.

____. *Lisboa ultramarina: 1415-1580*. A invenção do mundo pelos navegadores portugueses. Rio de Janeiro: Jorge Zahar, 1992.

CHARTIER, Roger. *A História cultural entre práticas e representações.* Lisboa: Difel, 1988.

CHAUNU, Pierre. *O tempo das Reformas.* Lisboa: Edições 70, 1993. 2v.

CLASTRES, Pierre. *Arqueologia da violência: um ensaio de antropologia política.* São Paulo: Brasiliense, 1982.

____. *La société contre l'État*: recherches d'anthropologie politique. Paris: Editions de Minuit, 1974.

CORREIA, Alberto Carlos Germano da Silva. *História da colonização portuguesa na Índia.* Lisboa: Divisão de publicações e Biblioteca Agência Geral das Colônias, 1948-1958. 6 v.

CORREIA, José Manuel. *Os portugueses no Malabar* (1498-1580). Lisboa: Imprensa Nacional/ Casa da Moeda, 1997.

_____. Evangelização portuguesa em Cochim nos séculos XVI e XVII. In: *Congresso Internacional De História: Missionação Portuguesa e encontros de culturas.* Actas. África Oriental, Oriente e Brasil. Lisboa: Universidade Católica Portuguesa/Comissão Nacional Para as Comemorações dos Descobrimentos Portugueses/ Fundação Evangelização e Culturas, 1993. v. II.

CORREIA-AFONSO, John. Ignatius of Loyola, Portugal and the Indian Missions. In: *Congresso Internacional De História: Missionação Portuguesa e encontros de culturas.* Actas. África Oriental, Oriente e Brasil. Lisboa: Universidade Católica Portuguesa/Comissão Nacional Para as Comemorações dos Descobrimentos Portugueses/ Fundação Evangelização e Culturas, 1993, v. II.

CORTESÃO, Jaime. *História da expansão portuguesa.* Lisboa: Imprensa Nacional/ Casa da Moeda, 1993.

COSTA, João Paulo A. de Oliveira e. *A missão de João de Brito.* Lisboa: Secretariado Nacional das Comemorações dos 5 Séculos, 1992.

COSTA, João Paulo A. de Oliveira e. e RODRIGUES, Victor Luís Gaspar. *Portugal y Oriente*: el proyecto indiano del Rey Juan. Madrid: Mapfre, 1992.

CRUZ, Maria Leonor García da. *Os «Fumos da Índia»: uma leitura crítica da expansão portuguesa.* Com uma antologia de textos dos séculos XVI-XIX e uma cronologia da expansão portuguesa e do império ultramarino (c. 1336-1899). Lisboa: Cosmos, 1998.

CUCHE, Denys. *A noção de cultura nas Ciências Sociais.* Trad. Viviane Ribeiro. Bauru: EDUSC, 1999.

CUNHA, Ana Cannas da. *A Inquisição no Estado da Índia*: origens (1539-1560). Lisboa: Arquivos Nacionais/ Torre do Tombo, 1995.

DELUMEAU, Jean e MELCHIOR-BONNET, Sabine. *De religiões e de homens.* Trad. Nadyr de Salles Penteado. São Paulo: Edições Loyola, 2000.

DELUMEAU, Jean e COTTRET, Monique. *Le catholicisme entre Luther et Voltaire.* Paris: Presse Universitaire de France, 1971.

DELUMEAU, Jean. *As grandes religiões do mundo.* Lisboa: Presença, 1997.

____. *A confissão e o perdão: as dificuldades da confissão nos séculos XIII a XVIII.* Trad. Paulo Neves. São Paulo: Companhia das Letras, 1991.

____. *História do medo no Ocidente: 1300-1800.* Trad. Maria Lúcia Machado e Heloisa Jahn. São Paulo: Companhia das Letras, 1989.

____. *Nascimento e afirmação da Reforma.* Trad. João Pedro Mendes. São Paulo: Pioneira, 1989.

DERRIDA, Jacques e VATTIMO, Gianni.(orgs). *A religião*: o seminário de Capri. São Paulo: Estação Liberdade, 2000.

DEYON, Pierre. *O mercantilismo.* Trad. Paulo de Salles Oliveira. São Paulo: Perspectiva, 1973.

DIAS, Eduardo. *O Islão na Índia.* Lisboa: Livraria Clássica Editora, 1942.

DIAS, José S. da Silva. *Os descobrimentos e a problemática cultural do século XVI.* Lisboa: Editorial Presença, 1988.

____. *Correntes de sentimento religioso em Portugal (séculos XVI a XVIII).* Coimbra, 1960. 2 t.

DIDIER, Hugues (org). *Les portugais au Tibet*: les premières relations jésuites (1624-1635). Paris: Editions Chandeigne, 1996.

____. *Francisco Xavier*: pioneiro da inculturação. Trad. Denise Lolito. São Paulo: Paulinas, 1996.

DIFFIE, Bailey W. e Winius, George D. *A fundação do Império Português* (1415 - 1580). Lisboa: Vega, 1993. 2 v.

DIFFIE, Bailey W. *Prelúdio ao Império*: navegações e comércio pré-henriquinos. Trad. Flávia Coelho Dias. Lisboa: Teorema, 1989.

DISNEY, A. R. *A decadência do Império da Pimenta:* Comércio português na Índia no início do século XVII. Trad. Pedro Jordão. Lisboa: Edições 70, 1981.

DUTRA, Francis A. e SANTOS, João Camilo dos. *The portuguese and the Pacific*. International Colloquium at Santa Barbara. Santa Barbara: University of California, 1995.

ECO, Umberto. *Interpretação e superinterpretação.* Trad. Mônica Stahel. São Paulo: Martins Fontes, 1993.

EISENBERG, José. *As missões jesuíticas e o pensamento político moderno*: encontros culturais, aventuras teóricas. Belo Horizonte: Ed. UFMG, 2000.

EISENSTADT, S. N. *A dinâmica das civilizações*: tradição e modernidade. Trad. Manuel Galhardo. Lisboa: Cosmos, 1991.

ELIADE, Mircea. *Imagens e símbolos*: ensaio sobre o simbolismo mágico-religioso. São Paulo: Martins Fontes, 1996.

____. *O sagrado e o profano*: a essência das religiões. São Paulo: Martins Fontes, 1996.

____. *Mefistófeles e o andrógino*: comportamentos religiosos e valores espirituais não-europeus. Trad. Ivone Castilho Benedetti. São Paulo: Martins Fontes, 1991.

____. *A history of religious ideas*. Trad. Willard R. Trask, Alf Hiltebeitel e Diane Apostolos-Cappadona. Chicago: The University Press of Chicago, 1981-85. v. 1, 2 e 3.

____. *Tratado de história das religiões*. Trad. Natália Nunes e Fernando Tomaz. Lisboa: Cosmos, 1977.

ELIAS, Norbert. *O processo civilizador.*Trad. Ruy Jungmann. Rio de Janeiro: Jorge Zahar Ed., 1994. 2 v.

ELLIOT, J. H. *A Europa dividida (1559-1598).* Lisboa: Editorial Presença, 1985.

ELTON, G. R. *A Europa durante a Reforma (1517-1559).* Lisboa: Editorial Presença, 1982.

FALCON, Francisco José Calazans. *A época pombalina: política econômica e monarquia ilustrada.* São Paulo: Ática, 1982.

FAORO, Raymundo. *Os donos do poder*: formação do patronato político brasileiro. Porto Alegre: Globo, 1984. v. 1.

FARINHA, António Dias. *Os portugueses no Marrocos.* Lisboa: Instituto Camões/ Coleção Lazúli, 1999.

FARINHA, António Lourenço. *Vultos missionários da Índia* Quinhentista. Cucujães: Editorial Missões, 1955.

____. *A expansão da fé no Oriente*: subsídios para a História colonial. Lisboa: Agência geral das Colônias, 1943.

FASANA, Enrico e SORGE, Giuseppe (org). *Civiltà indiana ed impatto europeo nei secoli XVI-XVIII*: l'apporto dei viaggiatori e missionari italiani. Milano: Jaca Book, 1988.

FEBVRE, Lucien. *Erasmo, la contrarreforma y el espíritu moderno.* Trad. Carlos Piera. Barcelona: Martínez Roca, 1970.

FEIO, Mariano. *As castas hindus de Goa.* Lisboa: Junta de Investigação Científica do Ultramar/ Centro de Estudos de Antropologia Cultural, 1979.

FERRO, Gaetano. *As navegações portuguesas no Atlântico e no Índico.* Trad. José Colaço Barreiros. Lisboa: Teorema, 1989.

FERRO, Marc. *História das colonizações*: das conquistas às independências - século XIII a XX. Trad. Rosa Freire D'Aguiar. São Paulo: Companhia das Letras, 1996.

FOIS, Mario. A Igreja européia na época da fundação da Companhia de Jesus. In: GONÇALVES, Nuno da Silva (coord). *A Companhia de*

Jesus e a missionação no Oriente. Actas do colóquio Internacional. Lisboa: Brotéria/ Fundação Oriente, 2000.

FOUCAULT, Michel. *Vigiar e punir*: nascimento da prisão. Trad. Raquel Ramalhete. Petrópolis: Vozes, 1987.

FRAGOSO, João, BICALHO, Fernanda e GOUVÊA, Maria de Fátima. *O Antigo Regime nos trópicos*: a dinâmica imperial portuguesa (séculos XVI-XVIII). Rio de Janeiro: Civilização Brasileira, 2001.

FRANÇA, Eduardo D'Oliveira. *Portugal na época da Restauração*. São Paulo: Hucitec, 1997.

GARCÉS, Carlos Alberto. *El cuerpo como texto:* la problemática del castigo corporal em el siglo XVIII. San Salvador de Jujuy: Universidad Nacional de Jujuy, 1999.

GEERTZ, Clifford. *A interpretação das culturas*. Rio de Janeiro: Guanabara-Koogan, 1989.

GINZBURG, Carlo. *Olhos de madeira*: nove reflexões sobre a distância. Trad. Eduardo Brandão. São Paulo: Companhia das Letras, 2001.

____. *A micro-história e outros ensaios*. Trad. António Narino Lisboa: Difel, 1991.

____. *História noturna:* decifrando o sabá. São Paulo: Companhia das Letras, 1991.

____. *Mitos, emblemas e sinais*: morfologia e história. Trad. Federico Carotti. São Paulo: Companhia das Letras, 1989.

GIRARD, Pascale. *Os religiosos ocidentais na China na Época Moderna:* ensaio de análise textual comparada. Macau/ Lisboa: Fundação Macau/ Instituto Politécnico de Macau/ Comissão Nacional para as Comemorações dos Descobrimentos Portugueses, 1999.

GODINHO, Vitorino Magalhães. *O papel de Portugal nos séculos XV-XVI*: Que significa descobrir? Os novos mundos e um mundo novo. Lisboa: Grupo de Trabalho do Ministério da Educação para as Comemorações dos Descobrimentos Portugueses, 1994.

____. *Mito e mercadoria, utopia e prática de navegar (séculos XIII-XVIII)*. Lisboa: Difel, 1990.

____. *Os descobrimentos e a economia mundial.* 2ª ed. Lisboa: Editorial Presença, 1981-1985. 4 v.

____. *Ensaios II*: sobre história de Portugal. Lisboa: Sá da Costa, 1978.

____. *A expansão quatrocentista portuguesa*: problemas das origens e da linha de evolução. Lisboa: Empresa Contemporânea de Edições, 1944.

GRACIAS, José Antônio Ismael. *Goa*: fanal da espiritualidade portuguesa. Goa: Imprensa nacional, 1960.

GREENBLATT, Stephen. *Possessões maravilhosas*: o deslumbramento do novo mundo. São Paulo: Edusp, 1996.

GRUZINSKI, Serge. *O pensamento mestiço*. Trad. Rosa Freire d'Aguiar. São Paulo: Companhia das Letras, 2001.

____. *A passagem do século (1480-1520)*: as origens da globalização. Trad. Rosa Freire D'Aguiar. São Paulo: Companhia das Letras, 1999.

GUIMARÃES, José Maria Teixeira. *As comunidades indianas das Velhas Conquistas* (projeto de reforma). Nova Goa: Imprensa Nacional, 1885.

GUENÉE, Bernard. *O Ocidente nos séculos XIV e XV: os Estados*. Trad. Luiza Maria F. Rodrigues. São Paulo: Pioneira/ Edusp, 1981.

HAUBERT, Maxime. Índios e jesuítas no tempo das missões. Trad. Maria Appenzeller. São Paulo: Companhia das Letras/ Círculo do Livro, 1990.

HEERS, Jacques. *O Ocidente nos séculos XIV e XV: aspectos econômicos e sociais*. Trad. Anne Arnichand da Silva. São Paulo: Pioneira/ Edusp, 1981.

HELLER, Agnes. *O homem do Renascimento*. Trad. Conceição Jardim e Eduardo Nogueira. Lisboa: Editorial Presença, 1982.

HERCULANO, Alexandre. *História da origem e estabelecimento da Inquisição em Portugal*. Lisboa: Europa-América, s/d. 3 v.

HERNÁNDEZ, Angel Santos. Los patronatos español y portugués: conflictos em zonas fronterizas. In: *Congresso Internacional De História: Missionação Portuguesa e encontros de culturas*. Actas. África Oriental, Oriente e Brasil. Lisboa: Universidade Católica Portuguesa/Comissão

Nacional Para as Comemorações dos Descobrimentos Portugueses/ Fundação Evangelização e Culturas, 1993. v. III.

HESPANHA, António M. *Os espaços de um Império* (estudos). Lisboa: Comissão Nacional Para as Comemorações dos Descobrimentos Portugueses, 1999.

____. *Os construtores do Oriente português*. Porto: Comissão Nacional para as Comemorações dos Descobrimentos Portugueses, 1998.

____. *Panorama histórico da cultura jurídica européia*. Lisboa: Europa-América, 1997.

____. *As vésperas do Leviathan*. Instituições e poder político. Portugal Século XVII. Coimbra: Almedina, 1994.

HOLANDA, Sérgio Buarque de. *Visão do Paraíso: os motivos edênicos no descobrimento e colonização do* Brasil. São Paulo: Brasiliense, 1992.

HOORNAERT, Eduardo *et alli*. *História da Igreja no Brasil*: ensaio e interpretação a partir do povo. Petrópolis: Vozes, 1992.

HOURANI, Albert. *Uma história dos povos árabes*. Trad. Marcos Santarrita. São Paulo: Companhia das Letras, 1994.

HUNT, Lynn. *A nova história cultural*. Trad. Jefferson Luís de Camargo. São Paulo: Martins Fontes, 1992.

JEAUNEAU, Édouard. *A filosofia medieval*. Trad. João Afonso dos Santos. Lisboa: Edições 70, 1992.

KANTOROWICZ, Ernst H. *Os dois corpos do rei:* um estudo sobre teologia política medieval. Trad. Cid Knipel Moreira. São Paulo: Companhia das Letras, 1998.

KAPPLER, Claude. *Monstros, demônios e encantamentos no fim da Idade Média*. Trad. Ivone Castilho Benedetti. São Paulo: Martins Fontes, 1993.

KI-ZERBO, Joseph. *Storia dell'Africa nera*: un continente tra la preistoria e il futuro. Roma: Einaudi, 1977.

KULKARNI, A. R. Marathi records on village communities in Goa archives. In: *II Seminário Internacional de História Indo-portuguesa* – Actas. Lisboa: Instituto de Investigação Científica Tropical, 1985.

LABORINHO, Ana Paula, SEIXO, Maria Alzira e MEIRA, Maria José (org). *A vertigem do Oriente*: modalidades discursivas no encontro de culturas. Lisboa/ Macau: Cosmos/ Instituto Português do Oriente, 1999.

LACH, Donald F. *Asia in the making of Europe*. Chicago/ London: The University Chicago Press, 1965-1993, v. I e III.

LACOUTURE, Jean. *Os jesuítas: os conquistadores*. Trad. Ana Maria Capovilla. Porto Alegre: L&PM, 1994. v. 1.

LADURIE, Emmanuel Le Roy. *O Estado monárquico*: França – 1460-1610. São Paulo: Companhia das Letras, 1994.

LAPA, José R. Amaral. *Livro da visitação do Santo Ofício ao Estado do Grão-Pará* (1763-1769). Petrópolis: Vozes, 1978.

LEITE, Serafim. *História da Companhia de Jesus no Brasil*. Lisboa/Rio de Janeiro: Portugália/Civilização Brasileira, 1938- 1945. 10 v.

LEWIS, Bernard. *Cultures in conflict*: christians, muslims, and jews in the Age of Discovery. New York: Oxford University Press, 1995.

LING, Trevor. *História das religiões*. Lisboa: Presença, 1993.

LJUNGSTEDT, Andrew. *An historical sketch of the Portuguese settlements in China and of the Roman Catholic church and mission in China*. Boston: James Monroe & Co., 1836.

LOPES, Antônio. História da Província Portuguesa da Companhia de Jesus: com especial incidência nas Províncias e Missões do Oriente. In: GONÇALVES, Nuno da Silva (coord). *A Companhia de Jesus e a missionação no Oriente*. Actas do colóquio Internacional. Lisboa: Brotéria/ Fundação Oriente, 2000.

LOPES, Maria de Jesus dos Mártires. *Goa setecentista*: tradição e modernidade. Lisboa: Centro de Estudos dos Povos e Culturas de Expressão Portuguesa/Universidade Católica Portuguesa, 1996.

LOUREIRO, Rui Manuel e GRUZINSKI, Serge (coord). *Passar as fronteiras*: II Colóquio Internacional sobre mediadores culturais. Séculos XV a XVIII. Lagos: Centro de Estudos Gil Eanes, 1999.

LOUREIRO, Rui Manuel. O descobrimento das civilização indiana nas cartas dos jesuítas (século XVI). IN: *Encontro sobre Portugal e Índia*. Lisboa: Fundação Oriente/Livros Horizonte, 2000.

LOURENÇO, Eduardo. *A nau de Ícaro e Imagem e miragem da lusofonia*. São Paulo: Companhia das Letras, 2001.

MAGALHÃES, Joaquim Romero. *Portugueses no mundo do século XVI*: espaços e produtos. Lisboa: Comissão Nacional Para as Comemorações dos Descobrimentos Portugueses, 1998.

MANOEL, Jerônimo P. A. da Câmara. *Missões dos jesuítas no Oriente nos séculos XVI e XVII*. Lisboa: Imprensa Nacional, 1894.

MARAVALL, José Antonio. *Estado Moderno y mentalidad social. (Siglo XV a XVII)*. Madri: Alianza Editorial, 1972, t. I.

MARQUES, João Francisco e GOUVEIA, Antônio Camões (coord). *História religiosa de Portugal*. Humanismos e Reformas. Lisboa: Círculo de leitores, 2000, v. 2.

MARQUES, João Francisco. A evangelização da Índia no Epistolário de Afonso de Albuquerque e S. Francisco Xavier. Cotejo e problemas. In: *Congresso Internacional De História: Missionação Portuguesa e encontros de culturas*. Actas. África Oriental, Oriente e Brasil. Lisboa: Universidade Católica Portuguesa/Comissão Nacional Para as Comemorações dos Descobrimentos Portugueses/ Fundação Evangelização e Culturas, 1993, v. II.

MARTINS, Manuel Gonçalves. O desaparecimento do Padroado Português do Oriente e os agentes externos. In: *Congresso Internacional De História: Missionação Portuguesa e encontros de culturas*. Actas. África Oriental, Oriente e Brasil. Lisboa: Universidade Católica Portuguesa/Comissão Nacional Para as Comemorações dos Descobrimentos Portugueses/ Fundação Evangelização e Culturas, 1993, v. III.

MATOS, Artur Teodoro. *O Estado da Índia nos anos de 1581-1588: estrutura administrativa e econômica* – alguns elementos para seu estudo. Ponta Delgada: Universidade dos Açores, 1982.

MATOS, Luís. *Imagens do Oriente no século XVI*: reprodução do códice português da Biblioteca Casanatense. Lisboa: Imprensa Nacional – Casa da Moeda, 1985.

MATOS, Manuel Cadafaz de. A produção tipográfica da Companhia de Jesus no Oriente, entre os séculos XVI e XVII ao serviço da missionação portuguesa. Alguns dados para a História da Leitura a partir de catálogos bibliográficos macaenses (1584-1700). In: *Congresso Internacional De História: Missionação Portuguesa e encontros de culturas.* Actas. África Oriental, Oriente e Brasil. Lisboa: Universidade Católica Portuguesa/Comissão Nacional Para as Comemorações dos Descobrimentos Portugueses/ Fundação Evangelização e Culturas, 1993, v. II.

____. Um voto de peregrinar a Santiago de Compostela feito nos cárceres de Goa – as desventuras de Pyrard de Laval e de Dellon ante os inquisidores na Índia portuguesa do século XVII (Um estudo de mentalidades). In: SANTOS, Maria Helena Carvalho dos (coord). *Comunicações apresentadas ao 1º Congresso Luso-Brasileiro sobre Inquisição.* Lisboa: Sociedade Portuguesa de Estudos do Século XVIII/Universitária Editora, 1989. v.2.

MATTOSO, José (dir). *História de Portugal.* Lisboa: Editorial Estampa, 1997, v.2, 3, 4.

MAURO, Frédéric. *Portugal, o Brasil e o Atlântico* (1570-1670). Trad. Manuela Barreto. Lisboa: Editorial Estampa, 1997.

____. *A expansão européia.* Trad. Franco de Sousa. Lisboa: Editorial Estampa, 1988.

MAX, Frédéric. *Prisioneiros da Inquisição*; relato de vítimas das inquisições espanhola, portuguesa e romana transcritos por um levantamento histórico. Trad. Jusman Gomes e Suzana Fercik Staudt. Porto Alegre: L&PM, 1991.

____. Le procès inquisitorial et la captivité du médicin français Charles Dellon à Goa et à Lisbonne (1673-1677) Essai d'étude critique. In: SANTOS, Maria Helena Carvalho dos (coord). *Comunicações apre-*

sentadas ao 1º Congresso Luso-Brasileiro sobre Inquisição. Lisboa: Sociedade Portuguesa de Estudos do Século XVIII/Universitária Editora, 1989. v.2.

MELO, Carlos Mercês de. *The recruitment and formation of native clergy in India* (16th-19 th century). Lisboa: Agência Geral do Ultramar, 1955.

MENDONÇA, José Lourenço D. de. e MOREIRA, Antonio Joaquim. *História dos principais atos e procedimentos da Inquisição em Portugal*. Lisboa: Imprensa Nacional/ Casa da Moeda, 1980.

MOFFETT, Samuel Hugh. *A history of Christianity in Ásia*: beginnings to 1500. New York: Orbis Books, 1998. v. 1.

MUNDADAN, C. M. I. *The arrival of the Portuguese in India and the Thomas Christians under Mar Jacob (1498-1552)*. Bangalore: Dharmaram College, 1967.

NAEF, Werner. *La idea del Estado en la Edad Moderna*. Trad. Felipe Gonzalez Vicen. Madrid: Aguilar, 1973.

NAIPAUL, V. S. *Índia*: um milhão de motins agora. Trad. S. Duarte. São Paulo: Companhia das Letras, 1997.

NEILL, Stephen. *Missões cristãs*. Trad. Fernando de Barros. Lisboa: Editora Ulisseia, s/d.

NEVES, Guilherme Pereira das. *E receberá mercê*: a mesa de Consciência e Ordens e o clero secular no Brasil 1808-1828. Rio de Janeiro: Arquivo Nacional, 1997.

NEVES, L. F. Baêta. *O combate dos soldados de Cristo na terra dos papagaios: colonialismo e repressão cultural*. Rio de Janeiro: Forense Universitária, 1978.

NORONHA, Antônio de. *Os hindus de Goa e a República portuguesa*. Nova Goa: Imprensa Nacional, 1922.

NOVAES, Adauto (org.). *A outra margem do Ocidente*. São Paulo: Companhia das Letras, 1999.

____. *A descoberta do homem e do mundo*. São Paulo: Companhia das Letras, 1998.

NOVAIS, Fernando A. *Portugal e Brasil na crise do antigo sistema colonial (1777-1808)*. São Paulo: Hucitec, 1986.

____. *Estrutura e dinâmica do Antigo Sistema Colonial (séculos XVI-XVIII)*. São Paulo: Brasiliense, 1986.

NOVINSKY, Anita e CARNEIRO, Maria Luiza Tucci (orgs.). *Inquisição*: ensaios sobre mentalidade, heresia e arte. São Paulo: Expressão e Cultura/EdUSP, 1992.

NOVINSKY, Anita. *A Inquisição*. São Paulo: Brasiliense, 1996.

____. *Cristãos-novos na Bahia: a Inquisição no Brasil*. São Paulo: Perspectiva, 1992.

OLIVEIRA, Antônio de. *Poder e oposição política em Portugal no período filipino* (1580-1640). Lisboa: Difel, 1991.

PAGDEN, Anthony. *Lords of all the World:* ideologies of Empire in Spain, Britain and France (c. 1500- c. 1800). New Haven/ London: Yale University Press, 1995.

PALEARI, Giorgio. *Religiões do povo*: um estudo sobre a inculturação. São Paulo: AM Edições, 1990.

PANIKKAR, K. M. *A dominação ocidental na Ásia*: do século XV aos nossos dias. Trad. Nemésio Salles. Rio de Janeiro: Paz e Terra, 1977.

PASSOS, Antônio. *As aldeias de Goa*. Coimbra: Coimbra Editora, 1957.

PEARSON, M. N. *Os portugueses na Índia*. Trad. Ana Mafalda Telo. Lisboa: Editorial Teorema, 1990.

PEDROSO, Sebastião José. *Resumo histórico acerca da Antiga Índia portugueza*. Acompanhado de algumas reflexões concorrentes ao que ainda possuímos na Ásia, Oceania, China e África. Lisboa: Typographia Castro Irmão, 1884.

PEREIRA, A. B. de Bragança. *Etnografia da Índia portuguesa*. Bastorá: Tipografia Rangel, 1940, 2 v.

____. *História religiosa de Goa*. Bastorá: Tipografia Rangel, s/d. v. 1. (Separata do Oriente português).

PEREIRA, Isaías Rosa. *A inquisição em Portugal*: séculos XVI-XVII – período Filipino. Lisboa: Vega, 1993.

PIERONI, Geraldo. *Os excluídos do Reino*: a Inquisição portuguesa e o degredo para o Brasil Colônia. Brasília/São Paulo: Editora da UnB/ Imprensa Oficial do Estado, 2000.

PISSURLENCAR, P. *Goa pré-portuguesa através dos escritores lusitanos dos séculos XVI e XVII*. Bastorá: Tipografia Rangel, 1962.

____. *Agentes da diplomacia portuguesa na Índia (hindus, muçulmanos, judeus e parses)*. Bastorá: Tipografia Rangel, 1952.

POLIAKOV, Leon. *De Maomé aos marranos*. Trad. Ana M. Goldberger Coelho e J. Guinsburg. São Paulo: Perspectiva, 1996.

PRADO JR., Caio. *Formação do Brasil contemporâneo*. São Paulo: Brasiliense, 1977.

PRIOLKAR, A. K. *The Goa Inquisition*: a quartercentenary commemoration study of the Inquisition in India. Bombay: The Bombay University Press, 1961.

RADULET, Carmem M. Fontes jesuíticas relativas à Índia: documentação e projeção internacional. In: GONÇALVES, Nuno da Silva (coord). *A Companhia de Jesus e a missionação no Oriente*. Actas do colóquio Internacional. Lisboa: Brotéria/ Fundação Oriente, 2000.

RAJ, M. Arumai. The Portuguese missionaries' contribution to the historiography of South India. In: *Congresso Internacional De História: Missionação Portuguesa e encontros de culturas*. Actas. África Oriental, Oriente e Brasil. Lisboa: Universidade Católica Portuguesa/Comissão Nacional Para as Comemorações dos Descobrimentos Portugueses/ Fundação Evangelização e Culturas, 1993. v. II.

RAMINELLI, Ronald. *Imagens da colonização*: a representação do índio de Caminha a Vieira. Rio de Janeiro: Jorge Zahar Editor, 1996.

RANKE, Leopold Von. *Historia de los papas en la época moderna*. 7ª ed. Trad. Eugenio Ímaz. Cidade do México: Fondo de Cultura Económica, 1997.

RAO, R. P. *Portuguese rule in Goa (1510-1961)*. London: Asia Publishing House, 1963.

REGO, António da Silva. *Estudos de história luso-africana e oriental (séculos XVI- XIX)*. Lisboa: Academia Portuguesa de História, 1994.

____. *Lições de missionologia*. Lisboa: Junta de Investigação do Ultramar/ Centro de Estudos Políticos e Sociais, 1961.

____. *O padroado português do Oriente*: esboço histórico. Lisboa: Agência Geral das Colônias, 1940.

RÊGO, Yvone Cunha (org). *Feiticeiros, profetas e visionários*: *textos antigos portugueses*. Lisboa: Imprensa Nacional/ Casa da Moeda, 1981.

RIBEIRO, Orlando. Originalidade de Goa. In: *Atas*. Lisboa: III Colóquio Internacional de Estudos Luso-brasileiros, 1959. v. 1.

RICOEUR, Paul. *Interpretações e ideologias*. Trad. Hilton Japiassu. Rio de Janeiro: Francisco Alves, 1988.

____. *Teoria da interpretação: o discurso e o excesso de significação*. Trad. Artur Morão. Lisboa: Edições 70, 1987.

ROBUSTO, Rodrigo Wolfang. *Goa*: terra indo-portuguesa. Porto: Tipografia Gráfica da Batalha, 1953.

ROCHA, Leopoldo da. *As confrarias de Goa (séculos XVI-XX)*: conspecto histórico-jurídico. Lisboa: Centro de Estudos Históricos Ultramarinos, 1973.

ROMANO, Ruggiero e TENENTI, Alberto. *Los fundamentos del mundo moderno: Edad Media tardía, Renacimiento, Reforma*. Trad. Marcial Suárez. Madrid: Siglo XXI, 1981.

ROSSA, Walter. *Cidades indo-portuguesas*. Lisboa: Comissão Nacional para as Comemorações dos Descobrimentos Portugueses, 1997.

RUBERT, Arlindo. *História de la Iglesia en Brasil*. Madri: Mapfre, 1992.

RUSSELL-WOOD, A. J. R. *Fidalgos e filantropos*: a Santa Casa de Misericórdia da Bahia, 1550-1775. Trad. Sérgio Duarte. Brasília: Editora da UnB, 1981.

SALDANHA, Antônio Vasconcelos de. *A Índia Portuguesa e a política do Oriente de Setecentos*. Lisboa: Alfa, 1989.

SALVADOR, José Gonçalves. *Cristãos-novos, jesuítas e Inquisição*. São Paulo: Pioneira, 1969.

SANTOS, Catarina Madeira. *«Goa é a chave de toda a Índia»*. Perfil político da capital do Estado da Índia (1505-1570). Lisboa: Comissão Nacional Para as Comemorações dos Descobrimentos Portugueses, 1999.

SANTOS, Eugenio dos. *O Oratório no norte de Portugal: contribuição para o estudo da história religiosa e social.* Porto: INIC, 1982.

SARAIVA, Antônio José. *Inquisição e cristãos-novos*. Lisboa: Estampa, 1994.

SCAMMELL, G. V. *Ships, Oceans and Empires*. Aldershot: Variorum, 1995.

SCHOUTEN, Maria Johanna (org). *A Ásia do sudeste*: história, cultura e desenvolvimento. Lisboa: Vega, 1998.

SCHURHAMMER, Georg. *Orientalia*. Roma/ Lisboa: Institutum Historicum S.I./ Centro de Estudos Históricos Ultramarinos, 1963.

SÉRGIO, Antônio. *Breve interpretação da História de Portugal*. Lisboa: Sá da Costa, 1989.

SHATTUCK, Cybelle. *Hinduísmo*. Trad. Carmo Vasconcelos Romão. Lisboa: Edições 70, 2001.

SILVA, Carmo da. Evangelização e Imprensa nos séculos XVI e XVII na Índia. In: *Congresso Internacional De História: Missionação Portuguesa e encontros de culturas*. Actas. África Oriental, Oriente e Brasil. Lisboa: Universidade Católica Portuguesa/Comissão Nacional Para as Comemorações dos Descobrimentos Portugueses/ Fundação Evangelização e Culturas, 1993. v. II.

SILVA, Joaquim Candeias. *O fundador do "Estado Português da Índia": D. Francisco de Almeida - 1457 (?) - 1510*. Lisboa: Imprensa Nacional/ Casa da Moeda, 1996.

SILVA, Lina Gorenstein Ferreira da. *Heréticos e impuros*: a Inquisição e os cristãos-novos no Rio de Janeiro - século XVIII. Rio de Janeiro: Secretaria Municipal de Cultura, Departamento Geral de Documentação e Informação Cultural, Divisão de Editoração, 1995.

SIQUEIRA, Sônia A. *A Inquisição portuguesa e a sociedade colonial.* São Paulo: Ática, 1978.

SNYDERS, Georges. *La pédagogie en France aux XVIIe et XVIIIe siècles.* Paris: Presses Universitaires de France, 1965.

SOUZA, Laura de Mello e. *O diabo e a Terra de Santa Cruz: feitiçaria e religiosidade popular no Brasil colonial.* São Paulo: Companhia das Letras, 1986.

SOUZA, Teotônio R. de e BORGES, Charles J. (ed). *Jesuits in India*: in a historical perspective. Macau: Instituto Cultural de Macau/ Xavier Center of Historical Research, 1992.

SOUZA, Teotônio R. de. O ensino e a missionação jesuíta na Índia. In: GONÇALVES, Nuno da Silva (coord). *A Companhia de Jesus e a missionação no Oriente.* Actas do colóquio Internacional. Lisboa: Brotéria/ Fundação Oriente, 2000.

____. *Goa: roteiro histórico-cultural.* Lisboa: Grupo de trabalho do Ministério da Educação para as comemorações dos Descobrimentos Portugueses, 1996.

____. *Goa medieval:* a cidade e o interior no século XVII. Lisboa: Editorial Estampa, 1993.

____. Christianization and cultural conflict in Goa 16th-19th centuries. In: *Congresso Internacional De História:* Missionação Portuguesa e encontros de culturas. Actas. Missionação: Problemática Geral e Sociedade Contemporânea. Lisboa: Universidade Católica Portuguesa/Comissão Nacional Para as Comemorações dos Descobrimentos Portugueses/ Fundação Evangelização e Culturas, 1993. v. IV.

____. *Essays in Goan History.* New Delhi: Concept Publishing Company, 1989.

SOWELL, Thomas. *Conquest and cultures*: an international history. New York: Basic Books, 1998.

SPENCE, Jonathan D. *O palácio da memória de Matteo Ricci (a história de uma viagem: da Europa da Contra-Reforma à China da dinastia*

Ming). Trad. Denise Bottmann. São Paulo: Companhia das Letras, 1986.

STEENGERGHEN, F. Van. *O tomismo*. Trad. J. M. da Cruz Pontes. Lisboa: Gradiva, 1990.

SUBRAHMANYAM, Sanjay. *O império asiático português – 1500-1700*: uma história política e econômica. Lisboa: Difel, 1995.

TAVARES, Maria José Pimenta Ferro. *Judaísmo e Inquisição*: estudos. Lisboa: Presença, 1987.

TAWNEY, R. H. *A religião e o surgimento do capitalismo*. Trad. Janete Meiches. São Paulo: Perspectiva, 1971.

TENGARRINHA, José (org.). *História de Portugal* Bauru/ São Paulo/ Lisboa: Edusc/ Unesp/ Instituto Camões, 2000.

THOMAZ, Luís Filipe. *De Ceuta a Timor*. Lisboa: Difel, 1994.

____. *Vinte anos de historiografia ultramarina portuguesa (1972-1992)*. Lisboa: Comissão Nacional Para as Comemorações dos Descobrimentos Portugueses, 1993.

____. Estrutura política e administrativa do Estado da Índia no século XVI. In: *II Seminário Internacional de História Indo-portuguesa*. Lisboa: Instituto de Investigação Científica Tropical, 1985. separata.

____. O cristianismo e as tradições pagãs na Índia portuguesa. In: *Actas do Congresso Internacional de Etnografia*. Lisboa: Junta de Investigações do Ultramar, 1965. v. 4.

TILLY, Charles. *Coerção, capital e Estados europeus*. Trad. Geraldo Gerson de Souza. São Paulo: Edusp, 1996.

TODOROV, Tzvetan. *As morais da história*. Lisboa: Europa-América, 1992.

____. *A conquista da América: a questão do outro*. Lisboa: Martins Fontes, 1983.

TOURAULT, Philippe. *História concisa da Igreja*. Trad. Maria Georgina Segurado. Lisboa: Europa-América, 1998.

VAINFAS, Ronaldo. *A heresia dos índios:* catolicismo e rebeldia no Brasil colonial. São Paulo: Companhia das Letras, 1995.

____. *Trópico dos pecados: moral, sexualidade e Inquisição no Brasil colonial.* Rio de Janeiro: Campus, 1989.

____. *Ideologia e escravidão: os letrados e a sociedade escravista no Brasil colonial.* Petrópolis: Vozes, 1986.

VANEIGEM, Raoul. *As heresias*. Trad. Júlio Henriques. Lisboa: Antígona, 1995.

VELHO, Maria Selma de Vieira. *Goa – a synthesis of Indo-portuguese cultural relations*. Lisboa: Instituto de investigação Científica Tropical, 1985.

VELINKAR, Joseph V. Early Evangelization Methods in Salcete (Goa). In: *Congresso Internacional De História: Missionação Portuguesa e encontros de culturas*. Actas. Volume II: África Oriental, Oriente e Brasil. Lisboa: Universidade Católica Portuguesa/Comissão Nacional Para as Comemorações dos Descobrimentos Portugueses/ Fundação Evangelização e Culturas, 1993. v. II.

VILLAR, Ernesto de la Torre (org.). *La expansión hispanoamericana en Ásia*: siglos XVI y XVII. Ciudad de México: Fondo de Cultura Económica, 1980.

WACHTEL, Natthan. Aculturação. *In:* LE GOFF, Jacques e NORA, Pierre. *História: novos problemas*. Trad. Theo Santiago. Rio de Janeiro: Fancisco Alves, 1988.

WICKI, José. *As relações de viagens dos jesuítas na carreira das Naus da Índia de 1541 a 1598*. Lisboa: Instituto de Investigação Científica Tropical, 1985.

WINIUS, George Davison. *A lenda negra da Índia Portuguesa:* Diogo do Couto, os seus contemporâneos e o *Soldado Prático*. Contributo para o estudo da corrupção política nos impérios do início da Europa moderna. Trad. Ana Barradas. Lisboa: Edições Antígona, 1994.

XAVIER, Ângela Barreto. *"El Rei aonde póde & não aonde quér"*: razões da Política no Portugal seiscentista. Lisboa: Edições Colibri/Faculdade de Ciências Sociais e Humanas da Universidade Nova de Lisboa, 1998.

XAVIER, Felipe Nery. *Bosquejo histórico das Comunidades das aldeias dos Conselhos das Ilhas, Salcete e Bardez.* Nova Goa: Imprensa Nacional, 1852.

OBRAS DE REFERÊNCIA

ALMEIDA, Fortunato de. *História da Igreja em Portugal.* Porto: Portucalense, 1967-71. 4 v.

ANDRADE, Antonio Alberto Banha de. *Dicionário de História da Igreja em Portugal.* Lisboa: Editorial Resistência, 1980. v. 1 e 2.

AZEVEDO, Carlos Moreira (dir). *Dicionário de história religiosa de Portugal.* Lisboa: Círculo dos Leitores, 2000. 2 v.

BLUTEAU, Raphael. *Vocabulário portuguez e latino.* São Paulo/Rio de Janeiro: Sonopress Rimo/UERJ – DECULT, 2000. 1 CD-ROM [versão digitalizada dos dez volumes do original].

DALGADO, Sebastião Rodolfo. *Estudo sobre os crioulos Indo-portugueses.* Lisboa: Comissão Nacional para as Comemorações dos Descobrimentos Portugueses, 1998.

____. *Glossário luso-asiático.* Coimbra: Imprensa da Universidade, 1919-1921. 2 v.

ELIADE, Mircea e COULIANO, Ioan P. *Dicionário das religiões.* Trad. Ivone Castilho Benedetti. São Paulo: Martins Fontes, 1994.

FARINHA, Maria do Carmo Jasmins Dias. *Os arquivos da Inquisição.* Lisboa: ANTT/Serviço de Publicação e Divulgação, 1990.

FILORAMO, Giovanni e Menozzi, Daniele (org). *Storia del cristianesimo*: l'età moderna. Roma: Laterza, 1997. v. 3.

GERHARDS, Agnès. *Dictionnaire historique des ordres religieux.* Paris: Fayard, 1998.

LIPINER, Elias. *Santa Inquisição*: terror e linguagem. Rio de Janeiro: Documentário, 1977.

MORAIS, Carlos Alexandre de. *Cronologia geral da Índia portuguesa (1498-1962).* Lisboa: Referência/ Editorial Estampa, 1997.

NAZARETH, Casimiro Cristovão. *Mitras lusitanas no Oriente.* Catálogo dos prelados da Igreja Metropolitana e primacial de Goa e das dioceses sufragâneas com recopilação das ordenanças por eles emitidas e sumário dos fatos notáveis da História eclesiástica de Goa. Lisboa: Imprensa Nacional, 1897.

NEW ADVENT CATHOLIC ENCYCLOPEDIA. http://www.newadvent.org/cathen/

OLIVAL, Fernanda *et alli* (orgs.). *Guia de fontes portuguesas para a História da Ásia.* Lisboa: Imprensa Nacional/Casa da Moeda, 1998, v. 1.

OLIVEIRA, Miguel de. *História Eclesiástica de Portugal.* Lisboa: Europa-América, 1994.

REGO, Antônio da Silva. 1622: ano dramático na História da expansão portuguesa no Oriente e Extremo-oriente. In: *Memórias da Academia das Ciências de Lisboa.* Lisboa, 1977. t. XVIII.

ROMANO, Ruggiero (dir). *Enciclopédia Einaudi.* Lisboa: Imprensa Nacional - Casa da Moeda, 1987-1998, v. 12, 20 e 38.

SERRÃO, Joel. *Dicionário de História de Portugal.* Lisboa: Iniciativas Editoriais, 1963-1971, 4 v.

SILVA, Beatriz Basto da. *Cronologia da História de Macau - séculos XVI-XVII.* Macau: Direção dos Serviços de Educação, 1992. v. 1.

SILVA, Maria Beatriz Nizza da (org). *Dicionário da História da colonização portuguesa no Brasil.* Lisboa/São Paulo: Verbo, 1994.

VAINFAS, Ronaldo (dir). *Dicionário do Brasil colonial* (1500-1808). Rio de Janeiro: Objetiva, 2000.

VERBO Enciclopédia Luso-Brasileira de cultura. Lisboa: Verbo, 1963-1965, v. 1, 2, 3.

VISCONDE DE LAGOA. *Grandes e humildes na epopéia portuguesa no Oriente (séculos XV, XVI e XVII).* Lisboa: Academia Portuguesa da História, 1942, 3v.

PERIÓDICOS

ARTIGOS EM REVISTAS

ARNOLD, Thomas F. Diverging military cultures of East and West: the very long sixteenth century. In: *Mare Liberum*. Lisboa, nº 20, p. 57-70, dez. 2000.

ASSAYAG, Jackie. Por e contra, muçulmanos e hindus. A construção do outro numa cultura compósita: a Índia. In: *Oceanos*: culturas do Índico. Lisboa, nº 34, p. 152-162, abr-jun 1998.

BONIFÁCIO, Maria de Fátima. António Sérgio: "o historiador comprometido". In: *Penélope: fazer e desfazer a História*. Lisboa, nº 2, p. 129-141, fev.-maio 1989.

BORGES, Charles. The changing faces of Christianity in Goa: from being Portuguese to being Indian? In: *Lusotopie 2000* "Lusophonies asiatiques, Asiatiques em lusophonies". Paris, Karthala, p. 435-454, mars 2001.

BOSE, Sugata. Estado, economia e cultura na orla do Índico: teoria e história. In: *Oceanos*: culturas do Índico. Lisboa, nº 34, p. 25-36, abr-jun 1998.

BOXER, Charles R. Fidalgos portugueses e bailadeiras indianas (séculos XVII e XVIII) In: *Revista de História*. São Paulo, nº 45, p. 83-105, jan.-mar. 1961.

BRÁSIO, Antônio. Por missiologia. In: *Revista Portugal em África*. Coimbra, separata nº 35, p. 5-27, 1949.

CHARTIER, Roger. La Conscience de la Globalité (commentaire). In: *ANNALES HSS*. Paris, nº 1, p. 119-123, janvier-février 2001.

COELHO, Antônio Borges. Tradição e mudança na política da Companhia de Jesus face à comunidade dos cristãos-novos. In: *Revista de História*. Porto, v. X, p. 87-94, 1990.

CUNHA, Mafalda Soares da. e MONTEIRO, Nuno Gonçalo. Vice-reis, governadores e conselheiros de governo do Estado da Índia (1505-

1834). In: *Penélope: fazer e desfazer a História*. Lisboa, nº 15, p. 91-120, jun.-set. 1995.

CURTO, Diogo Ramada. The European Expansion during the Early Modern Period: a research proposal. In: *Mare Liberum*. Lisboa, nº 20, p. 23-31, dez. 2000.

DE WITTE, Charles-Martial. Les bulles pontificales et l'expansion portugais au XVe siècle. In: *Revue d'Histoire Ecclésiastique*. Louvain, t. LIII, 1958.

DIAS, José Sebastião da Silva. *Portugal e a cultura européia* – séculos XVI-XVIII. In: Biblos, Lisboa, n.28, 1952.

FERREIRA, Ana Maria Pereira. Estrangeiros na Índia no tempo de Afonso de Albuquerque: os anônimos. In: *Anais de História de além-mar*. Lisboa, nº 1, p. 53-58, 2000.

FERRO, João Pedro. A epistolografia no quotidiano dos missionários jesuítas nos séculos XVI e XVII. In: *Lusitania Sacra*. Lisboa, 2ª Série, t. V, p. 137-158, 1993.

GOMES, Cipriano da Cunha. A cristianização de Bardês. In: *Boletim do Instituto Vasco da Gama*. Separata. Bastorá/Goa: Tipografia Rangel, 1957.

GRUZINSKI, Serge. Les mondes mêlés de la monarchie catholique et autres "connected histories". In: *ANNALES HSS*. Paris, nº 1, p. 85-117, janvier-février 2001.

HESPANHA, António Manuel. Os bens eclesiásticos na época moderna. Benefícios, padroados e comendas. In: *Anais de História de além-mar*. Lisboa, nº 1, p. 59-76, 2000.

____. Ascensão e queda do imaginário imperial. In: *Penélope: fazer e desfazer a História*. Lisboa, nº 15, p. 31-38, jun.-set. 1995.

MACEDO, Jorge Borges de. Observação, cultura científica e descobrimentos. In: *Portugaliae Historica*: Portugal no mundo. Lisboa, 2ª série, v. I, p. 139-168, 1991.

MARQUES, José. Da situação religiosa de Portugal nos finais do século XV à missionação do Brasil. In: *Revista Histórica*. Centro de História da Universidade do Porto. Porto, v. XI, p. 45- 63, fev. 1991.

MARTINS, Mario. Teatro sagrado nas cristandades da Índia portuguesa (séc. XVI). In: *Didaskalia*. Lisboa, Universidade Católica Portuguesa, v. 5, p. 155-190, 1975.

____. As cartas de S. Francisco a Francisco Mansilhas. In: *Brotéria*. Lisboa, v. LIV, fase 5, p. 3-10, maio 1952.

MCPHERSON, Kenneth. Uma história de duas conversões: Deus, a cobiça e o desenvolvimento de novas comunidades na região do Índico. In: *Oceanos*: culturas do Índico. Lisboa, nº 34, p. 74-85, abr-jun 1998.

LOPES, Maria de Jesus dos Mártires. A Inquisição de Goa na primeira metade de Setecentos. In: *Mare Liberum*. Lisboa, nº 15, p. 107-136, jun. 1998.

LOURENÇO, Eduardo *et alli*. Os jesuítas e a idéia de Portugal. In: *Oceanos*. Lisboa, nº 12, p. 36-120, nov. 1992.

NEWITT, Malyn. O impacto dos portugueses no comércio, política e estruturas de parentesco da África oriental no século XVI. In: *Oceanos*: culturas do Índico. Lisboa, nº 34, p. 62-72, abr-jun 1998.

NORONHA, Castilho de. A cristianização da Ilha de Tissuari não foi exclusivamente obra dos religiosos da ordem de S. Domingos. In: *Boletim do Instituto Vasco da Gama*. Separata. nº 80, Bastorá/Goa: Tipografia Rangel, 1961.

PEREZ, Rosa Maria. Hinduísmo e cristianismo em Goa (II). Deuses clandestinos e devotos e fiéis. In: *Oceanos*: culturas do Índico. Lisboa, nº 34, p. 174-180, abr-jun 1998.

POLÓNIA, Amélia. Descobrimentos e a expansão ultramarina portuguesa. Um olhar historiográfico diverso. In: *Anais de História de além-mar*. Lisboa, nº 1, p. 9-32, 2000.

PUJOL, Xavier Gil. Centralismo e localismo? Sobre as relações políticas e culturais entre Capital e Territórios nas monarquias européias dos séculos XVI e XVII. In: *Penélope: fazer e desfazer a História*. Lisboa, nº 6, p. 119-144, 1991.

SALLMANN, Jean-Michel.Qu'est-ce qu'um saint? In: *Rives nord-méditerranéennes*: Saints et sainteté. Aix-en-Provence, 2ª série, nº 3, p. 11-17, 1999.

SANTOS, Joaquim Luís dos. Projeção cultural do cristianismo na Índia portuguesa. In: *Boletim da Sociedade de Geografia de Lisboa*. Separata. Lisboa, p. 336-353, out-dez. 1961.

SUBRAHMANYAM, Sanjay. Du Tage au Gange au XVIe Siècle: une conjoncture millénariste à l'échelle eurasiatique. In: *ANNALES HSS*. Paris, nº 1, p. 51-84, janvier-février 2001.

TAVIM, José Alberto Rodrigues da Silva. A Inquisição no Oriente (século XVI e primeira metade do século XVII): algumas perspectivas. In: *Mare Liberum*. Lisboa, nº 15, p. 17-31, jun. 1998.

____. Uma presença portuguesa em torno da «sinagoga nova» de Cochim. *In*: *Oceanos*: Diáspora e expansão – os judeus e os descobrimentos portugueses. Lisboa, nº 29, p. 108-117, jan-mar 1997.

THOMAZ, Luís Felipe. Factions, interests and messianism: the politics of Portuguese expansion in the east, 1500-1521. In: *The Indian Economic and Social History Review*. New Delhi, v. 28, nº 1, p. 97-109, jan-mar 1991.

TRICHUR, Raghuraman S. Politics of Goan historiography. In: *Lusotopie 2000* "Lusophonies asiatiques, Asiatiques en lusophonies". Paris, Karthala, p. 637-646, mars 2001.

VILLIERS, John. Vasco da Gama, o Preste João das Índias e os cristãos de São Tomé. In: *Oceanos*: Vasco da Gama. Lisboa, nº 33, p. 57-70, jan-mar 1998.

WICKI, José. Dois compêndios das ordens dos padres gerais e congregações provinciais da província dos jesuítas de Goa, feitos em 1664. In: Separata de *Studia*. Lisboa, nºs. 43-44, jan-dez 1980.

____. Liste der Jesuiten-Indienfaher 1541-1758. In: *Portugiesische Forschungen der Gorresgesellschaft*. Erste Reihe, Aufsatze zur portugiesischen kulturgeschichte, 7. p. 252-334. Band 1967, Munster, 1969.

____. S. Francisco Xavier: as suas viagens e métodos missionários. In: *Brotéria*. Lisboa, v. LV, fase 1, p. 3-10, jul 1952.

WINKS, Robin W. Historiography and Empires. In: *Mare Liberum*. Lisboa, nº 20, p. 7-21, dez. 2000.

TESES E DISSERTAÇÕES

ALMEIDA, Maria Regina Celestino de. *Os vassalos D' El Rey nos confins da Amazônia: a colonização da Amazônia Ocidental (1750 - 1798).* Niterói, 1990. Dissertação (Mestrado em História). Universidade Federal Fluminense. mimeo.

BARROS, Eduardo Judas. *Classes castóides em Goa colonial*: um estudo microssociológico da dinâmica das relações de castas numa aldeia cristã de Goa, na Índia. São Paulo, 1981. Tese (Doutoramento em Ciências Sociais). Universidade de São Paulo. mimeo.

BRANDÃO, Renato Pereira. *A cruz de Cristo na Terra de Santa Cruz*: a geopolítica dos descobrimentos e o domínio estratégico do Atlântico sul. Niterói, 1999. Tese (Doutorado em História). Universidade Federal Fluminense. mimeo.

CALAINHO, Daniela Buono. *Metrópole das mandingas*: religiosidade negra e Inquisição portuguesa no Antigo Regime. Niterói, 2000. Tese (Doutorado em História). Universidade Federal Fluminense. mimeo.

____. *Em nome do Santo Ofício: familiares da Inquisição portuguesa no Brasil Colonial.* Rio de Janeiro, 1992. Dissertação (Mestrado em História). Universidade Federal do Rio de Janeiro. mimeo.

CAMPOS, Pedro Marcelo Pasche de. *Entre a Cruz e a Coroa – relações entre Inquisição e Estado em Portugal na Idade Moderna.* Niterói, 2002. Tese (Doutorado em História). Universidade Federal Fluminense. mimeo.

CARMO, Antônio Duarte de Almeida e. *A Igreja católica na China e em Macau no contexto do Sudeste asiático.* Lisboa, 1995. 2 v. Tese (Doutorado em Ciências Sociais). Universidade Técnica de Lisboa. mimeo.

FARINHA, António Dias. *Os portugueses no Golfo Pérsico (1507-1538)*: contribuição documental e crítica para sua história. Lisboa, 1990. Dissertação Complementar (Doutoramento em História). Faculdade de Letras da Universidade de Lisboa. mimeo.

GOMES, Francisco José da Silva. *O sistema de cristandade colonial: o reino de Deus rebaixado a colônia.* Niterói, 1979. Dissertação (Mestrado em História). Universidade Federal Fluminense. mimeo.

LIMA, Lana Lage da Gama. *A confissão pelo avesso*: o crime de solicitação no Brasil colonial. São Paulo, 1990. 3 v. Tese (Doutorado em História). Universidade de São Paulo. mimeo.

LUME, José Miguel Ribeiro. *Portugueses em cargos, ofícios e funções no Estado Português da Índia (1580-1640).* Contribuição para o seu inventário. Dissertação (Mestrado em História Moderna). Lisboa, 1994. 2 v. Universidade de Lisboa. mimeo.

MANSO, Maria de Deus Beites. *A Companhia de Jesus na Índia: 1542-1622.* Aspectos da sua ação missionária e cultural. Évora, 1999. 2 v. Tese (Doutorado em História). Universidade de Évora. mimeo.

NEVES, Guilherme P. C. Pereira das. *O Seminário de Olinda: educação, cultura e política nos tempos modernos.* Niterói, 1984. 2 v. Dissertação (Mestrado em História). Universidade Federal Fluminense. mimeo.

TAVARES, Célia Cristina da Silva. *Entre a cruz e a espada*: jesuítas e a América portuguesa. Niterói, 1995. Dissertação (Mestrado em História). Universidade Federal Fluminense. mimeo.

Alameda nas redes sociais:
Site: www.alamedaeditorial.com.br
Facebook.com/alamedaeditorial/
Twitter.com/editoraalameda
Instagram.com/editora_alameda/

Esta obra foi impressa em São Paulo no inverno de 2024. No texto foi utilizada a fonte Minion Pro em corpo 10,25 e entrelinha de 15 pontos.